21 世纪普通高等教育规划教材·会计系列

审计学

（第四版）

吴秋生　主编

上海财经大学出版社

图书在版编目(CIP)数据

审计学/吴秋生主编.—4版.—上海:上海财经大学出版社,2018.8
(21世纪普通高等教育规划教材·会计系列)
ISBN 978-7-5642-3076-0/F·3076

Ⅰ.①审…　Ⅱ.①吴…　Ⅲ.①审计学-高等学校-教材　Ⅳ.①F239.0

中国版本图书馆 CIP 数据核字(2018)第 167722 号

□ 责任编辑　李宇彤
□ 装帧设计　晨　宇

审 计 学
(第四版)
吴秋生　主编

上海财经大学出版社出版发行
(上海市中山北一路 369 号　邮编 200083)
网　　址:http://www.sufep.com
电子邮箱:webmaster @ sufep.com
全国新华书店经销
上海华业装璜印刷厂印刷装订
2018 年 8 月第 4 版　2018 年 8 月第 1 次印刷

787mm×1092mm　1/16　22.5 印张　576 千字
印数:18 001—22 000　定价:42.00 元

21世纪普通高等教育规划教材

21 SHI JI PU TONG GAO DENG JIAO YU GUI HUA JIAO CAI

编委会

BIAN WEI HUI

第四版前言

2006 年我国独立审计准则全面颁布后，我们据此编写了全面反映审计准则要求和审计实务发展的《审计学》；2010 年我们根据审计实务的最新发展对本教材进行了第一次修订；2014 年我们根据财政部基于风险导向审计要求对审计准则的修订和中国注册会计师协会对注册会计师职业道德规范的修订对本教材进行了第二次修订。近年来，财政部又对注册会计师审计准则进行了修订，并增加了内部控制审计、关键审计事项等新审计准则，审计理论与审计信息化、智能化等审计实务也有了新的发展。为了保证本教材能够比较及时地反映最新审计理论与实务的发展，保证人才培养质量，近期我们又对本教材进行了重点修订，增加了最新审计准则和审计实务的有关内容，更新和丰富了有关章节的复习思考题和讨论分析题，纠正了原有教材中某些表达不明确、不准确的方面，提高了本教材的新颖性、可阅读性和教学方便性。本教材适合作为高校经济管理类和经济法学类等本科专业学生学习审计学使用，也可作为会计、审计、经济监督管理等专业人员学习审计知识使用。

本次修订由吴秋生教授和杨瑞平教授负责，独正元、鲍瑞雪硕士协助收集、整理了有关资料。本教材在编写和修订过程中吸收和引用了很多国内外同行的同类教材的相关内容，特别是全国注册会计师考试的相关内容，在此，我们对相关作者表示衷心的感谢！由于我们的学识有限，本教材肯定存在不少不足甚至错误，恳请读者批评指正。

吴秋生

2018 年 5 月 26 日

目 录

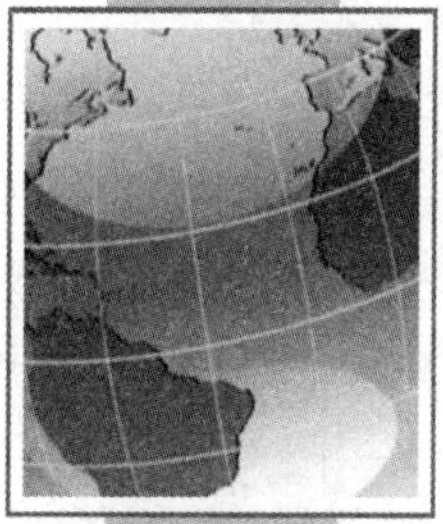

第一章 总 论

第一节 审计的本质与特征

一、审计的本质

(一)审计的产生

审计是社会经济发展到一定阶段的产物,是适应社会经济发展的需要而产生的。在人类社会早期,由于生产力的发展、社会财富的增多,财产的所有权和经营权产生了分离,形成了财产所有者与经营管理者之间的受托经济责任,即经营管理者接受财产所有者的委托,按照财产所有者的意志,管好用好财产,保证其安全完整、保值和不断增值的经济关系。在这种经济关系下,所有者和经管者之间必然存在目标的不一致,经管者可能为了扩大自身的利益而侵蚀所有者的利益,如贪污或消极怠工等,从而形成代理成本。所有者为了切实维护自身的经济利益,保证经管者能合理、合法和有效地使用所有者的财产,防止他们不负责任和营私舞弊,就必须利用会计信息对他们进行监督。因为会计信息具有综合性和可验证性的特点,即通过验证后的会计信息可以比较全面、客观地反映经管者受托经济责任的履行情况。

最初,由于所有者比较固定和单一,财产较少,经营规模较小,会计技术简单,所有者既有可能,也有必要对经管者提供的会计信息亲自进行监督。后来,随着所有者财产的日益增多,经营规模的日益扩大,经济活动的日益复杂,所有者日益分散和流动,管理活动和会计工作日益专业化,所有者越来越不可能,也不必要对经管者提供的会计信息亲自进行审查监督,但又必须进行这种审查监督,因此,所有者只能退而求其次,花费一定的成本委托或授权经管者以外的,能有效进行这种审查的"第三方"来代替其进行这种监督。对所有者而言,只要这种代理监督成本小于经管者可能造成的所有者的财富损失,这种委托就是合算的。当这种监督职能从所有者手中分离出来,委托或授权给一个与财产受托经济责任关系双方无关,又深谙会计信息验证的阶层来执行时,审计便应运而生了。

(二)审计的发展

最早产生两权分离的是国家财产的所有权与管理权,国王(或人民)将财产委托给各级官员进行管理,产生了国家财产所有权与管理权之间的受托经济责任关系,因而最早产生的审计就是官厅(政府)审计。

进入资本主义社会后,公司产生了,形成了企业财产所有权与经营权的分离,企业所有者将自己的财产委托给经理人员经营管理,产生了企业财产所有权与经营权之间的受托经济责任关系,从而产生了民间审计(注册会计师审计)。

第二次世界大战结束后，企业规模得到了迅速的发展壮大，管理层次也因此大为增加，形成了高层管理人员向低层管理人员委托授权管理的局面，产生了不同管理层之间的委托代理这样一种特殊的受托经济责任关系，从而推动了内部审计的产生。

（三）审计的本质

两权分离产生了受托经济责任关系；受托经济责任关系的存在和发展，产生了对审计这种经济鉴证、监督形式的客观需要，促进了审计的产生，并推动审计的不断发展。因此，受托经济责任关系是审计赖以存在的客观基础；审计本质上是一种有独立性的经济鉴证、监督形式。审计的基本作用是维系受托经济责任关系，保障经济活动能够有序有效地进行。

由于审计是建立在受托经济责任关系基础上的有独立性的经济鉴证、监督形式，所以，人们通常把受托经济责任关系称为审计关系，在此基础上审计关系人就有三方：审计人、审计委托人或授权人、被审计人。这三方关系人的关系是：审计人接受审计委托人或授权人的委托或授权，对被审计人进行审计，向审计委托人或授权人报告审计结果，以实现审计委托人或授权人对被审计人的有效监督，维系他们之间的受托经济责任关系。

二、审计的本质特征

鉴证、监督主体必须具有独立性。因此，独立性是审计的本质特征。

（一）审计独立性的含义

审计的独立性是指审计主体身份上的超脱性，精神上的公正性。

所谓身份上的超脱性，是指审计主体至少与被审计人之间，有时还要与审计委托人之间，在组织人事上没有隶属关系，在血缘上没有近亲关系，在财务上没有利害关系。身份上的超脱也称形式上的独立，是相对于审计关系人之外的人而言的，即能使审计关系人之外的人认为审计主体是独立的各种表现。

所谓精神上的公正性，是指审计主体应具有能够公正地对待审计活动有关利益各方的品质和能力，包括品质上的正直、诚实，能力上的充分胜任，工作上的认真负责，成果上的权威公允。精神上的公正也称实质上的独立，是相对审计关系人之间而言的，即能使所有审计关系人都认为审计主体是独立的各种表现。

为了确保审计主体具有独立性，从而确保审计独特价值或作用的发挥，多数国家的宪法，各国的审计法律、法规、审计准则和审计职业道德规范，世界审计组织的审计准则和审计职业道德规范等，都对各类审计主体的独立性做出了明确的要求或规定，各类审计主体应当严格遵循。

（二）审计独立性的意义

审计的独立性意味着审计是一种客观公正的监督，是一种财产所有者可以放心委托而受托经营管理者可以放心接受的经济监督形式，意味着审计必须存在于受托经济责任关系之上，必须以客观公正的鉴证为基本职责，即主要进行“监”——审查验证，不进行或少进行“督”——督促纠正，但要以“监”促“督”、助“督”，为审计委托人行使督促纠正权服务。如果审计主体需要一定的督促权，那也应当是为了保证客观公正地进行“监”所需要的那些督促权。

具有独立性也意味着审计是一种经济鉴证、监督形式，审计委托或授权者与审计主体之间也是一种委托代理关系，委托代理双方也存在着利益差别，审计主体在审计过程中也可能存在道德风险和逆向选择，需要他律和自律。政府需要制定相关法律、法规、规章，进行规制和监管；审计职业组织需要制定准则、职业道德规范等，进行自律。

独立性是审计价值的重要源泉。审计的价值不仅源于其专业性，更是源于其独立性。具有充分独立性的审计主体出具的审计查验报告才是令人信服的、可以利用的、有价值的报告；没有足够的独立性，甚至丧失独立性的审计主体出具的查验报告，对社会不仅无益，而且有害。近年来国内外发生的重大财务欺诈与审计失败案件，均是源于有关注册会计师和会计师事务所严重丧失独立性所致。因此，可以说，独立性是审计的生命线。

独立性也是审计能够发挥其独特作用的保证。审计所出具的查验报告之所以能够为审计关系人各方所自愿接受，就是源于以客观、公正为核心内容的审计独立性。审计主体是为审计委托人、被审计人以及社会公众利益服务的，而不是为某一方面服务的。其他各种经济监督形式，如财政监督、财务监督、工商监督等，其审查结论之所以要强制执行，就是因为这些监督都是为自己的业务管理服务的。当然，这不是说只有审计才是有价值的、必要的，其他经济监督也是有独特价值的、必要的。这说明，基于受托经济责任关系的基础上，财产所有者要有效地实现对经营管理者的监督，必须也只能依靠审计来实现这种监督，而不能依靠其他经济监督形式来实现。

三、审计的定义

审计的定义是对审计本质特征的全面描述。它对于人们正确理解和运用审计工作，保证审计工作的质量，充分发挥审计工作的作用，具有十分重要的指导意义。审计的定义随着审计的发展和人们对审计认识的发展而不断发展。目前人们比较公认的审计的定义是美国会计学会 1973 年对审计的定义："审计是一个系统化过程，即通过客观地获取和评价有关经济活动与事项认定的证据，以证实这些认定与既定标准的相符程度，并将结果传达给有关使用者。"这说明审计应当具备如下特点：

其一，审计应当是一个系统化过程，需要精心设计和认真实施，不能是随意的活动。

其二，审计以有关经济活动与事项的认定为对象。认定是指财务报表等书面记录的编制者在记录中对某种状况的明确或隐含的表达。

其三，审计的主要工作是获取和评价有关经济活动和事项的认定与既定标准（如会计准则）是否相符的充分与适当的证据。

其四，审计的直接目的是证实认定与既定标准的相符程度，以形成对相关认定的审计结论，如真实与否、完整与否等。

其五，审计的最终目的是对经济活动和事项（财务报表公允真实性等）发表审计意见，并将审计意见传达给有关使用者。

其六，审计工作的根本要求是客观性，即实事求是地发表审计意见。为此，注册会计师必须具有诚信、客观、公正的品质。

其七，审计的基本作用是提高被审计信息的可靠性或可信度，提高信息使用者判断或决策的正确性。

第二节　审计的主要分类

要了解审计的具体内容，把握审计活动的规律，正确开展审计工作，就有必要对审计进行系统的分类。审计可以按照多种标准进行分类，但主要分类有以下几种。

一、政府审计、注册会计师审计与内部审计

审计按其执行主体不同，可分为政府审计、注册会计师审计和内部审计三种。审计主体是指审计活动的发起者。

(一)政府审计

政府审计(government audit)，又称国家审计，是由政府审计机关及其审计人员依法实施的审计。一切保管和使用公共资产的单位和人员都应当接受政府审计监督。

政府审计对于保护公共资产安全完整，促进公共资产公平有效使用，服务人民民主，强化国家法制，维护国家经济秩序和安全，提高国家治理能力，推进国家治理现代化，都具有重要的作用。

政府审计机关是指依法接受人民委托，负责对国家财政收支、公营部门财务收支及其他有关经济活动进行审计的国家机关。我国的政府审计机关包括国家审计署及其派出机构，地方各级审计局(厅)及其派出机构。政府审计人员是指在政府审计机关中从事审计业务执行和审计活动组织、领导、管理的各类人员。

我国现行《宪法》规定：我国最高"审计机关在国务院总理的领导下，依照法律规定独立行使审计监督权，不受其他行政机关、社会团体和个人的干涉"。省级政府审计机关受省级政府行政首长领导和国家审计署业务指导，对省级政府和国家审计署负责并报告审计结果，省级审计机关正副负责人任免须征得审计署党组同意。省级以下审计机关人财物由省级审计机关统管。

与其他审计相比，政府审计的主要特点是强制性和无偿性。

政府审计的强制性表现在：凡是依法应当接受政府审计监督的单位和个人，政府审计机关都可主动地对其进行审计监督，被审计单位及有关单位和个人不得拒绝、阻挠；政府审计机关做出的审计决定，被审计单位必须执行，但可以申诉。

政府审计的无偿性表现在：政府审计机关的审计经费是由国家财政予以保障的，所以，政府审计机关进行审计监督时，不得从被审计单位获得任何经济利益，不得给被审计单位增加任何经济负担，也不得将自己法定范围内的业务委托给社会中介组织进行对被审计单位的有偿服务。

(二)注册会计师审计

注册会计师审计(CPA audit)是指会计师事务所及其注册会计师所实施的审计，也称民间审计、社会审计、独立审计。会计师事务所及其注册会计师可以接受一切组织和个人的委托，为其提供审计及其他服务。

注册会计师的服务范围十分广泛，包括审计鉴证服务、咨询代理服务，以及其他可以发挥注册会计师专业特长、独立性特征和成本优势的各种业务。其中，审计鉴证服务主要包括财务报表审计、内部控制审计、工程项目审计、经营管理审计、经济责任审计、盈利预测审核等业务。

注册会计师审计对于增进财务等信息的可靠性，提高市场配置资源的效率，维护市场的稳定性，充分发挥市场在资源配置中的决定性作用，具有十分重要的作用，被人们称为"市场经济的基石"。

与其他审计相比，注册会计师审计的主要特点是独立性、受托性和有偿性。

独立性是指会计师事务所及其注册会计师既要独立于被审计人，也要独立于审计委托人，即它应当是双向独立的，是代表社会公众利益的。

受托性是指会计师事务所及其注册会计师只有接受客户书面委托才能提供约定的审计服务,不能强制提供服务。

有偿性是指会计师事务所及其注册会计师提供了合格的约定审计服务后,应当根据国家有关规定和与客户的约定向客户收取审计费用,以弥补自己的成本支出,获取合理的利润。会计师事务所和注册会计师不得以丧失独立性、放弃会计原则为代价从被审计单位获取经济利益。

注册会计师审计虽然不是最古老的审计,但目前却是理论、规范和方法体系最为健全的审计。所以,本书以后各章的内容主要围绕注册会计师审计进行。

(三)内部审计

内部审计(internal audit),是指单位内部审计机构及其人员依照国家和本单位有关规定,对本单位及其下属单位所实施的审计。任何达到一定规模的单位都可以根据自身经营管理特别是内部控制的需要建立和实施内部审计制度。

内部审计机构直接对本单位财务收支、经营活动、治理活动、管理活动进行审计,并发表审计意见。它主要服务于单位的经营管理,帮助管理者有效进行供产销、人财物、投融资以及研究开发等活动,也要服务于公司治理,帮助公司治理层(董事会、监事会等)有效激励和约束管理层。

企业内部审计对于强化公司治理和内部控制效率,提高企业风险防控能力,增加企业价值,遏制企业内部的贪污舞弊和损失浪费等问题,都具有重要意义。为了充分发挥内部审计的上述作用,内部审计机构应当由企业总经理直接领导,应当有权直接向企业董事会报告审计工作发现的重大问题。

内部审计的主要特点是:能够比外部审计(政府审计和独立审计)更经常、更及时、更有针对性地进行审计活动,能从本单位的根本利益出发,主动实施审计活动、做出审计判断、提出审计意见和建议,从而能更有效地帮助本单位实现目标、增加价值。

二、财政收支审计、财务收支审计和其他经济活动审计

审计按其客体不同,可分为财政收支审计、财务收支审计和其他经济活动审计三种。审计的客体就是审计所要审查的对象和内容。

(一)财政收支审计

财政收支是指:政府依法取得的各种收入,如税收、收费、举债、罚款等;政府依据立法机关批准的预算而发生的各种开支,如公共经费、公共工程投资、社会救助支出、社会保障支出等,以及预算外的各种收支。

对政府财政收支的真实性、合法性、效益性、公平性、安全性、环境友好性等实施的审计称为财政收支审计,简称财政审计,它通常只能由政府审计机关实施,是政府审计的核心业务。根据我国现行财政审计体制的安排,某一级政府审计机关执行的财政审计内容通常包括:对本级政府财政预算执行情况的审计;对下一级政府财政预算执行情况和决算的审计;对本级政府及其各部门预算外资金收支的审计;等等。

(二)财务收支审计

财务收支是指:行政单位的拨款收入、经费支出等;事业单位的拨款收入、经营收入、经费支出、经营支出等;企业单位的资产、负债、损益等财务收入和财务支出。

对单位财务收支的真实性、合法性和效益性实施的审计叫做财务收支审计,简称财务审

计。由于各单位的性质不同，所以，不同性质的单位，其财务收支审计执行的主体往往不同，如国有单位财务收支的外部审计通常应由政府审计机关执行，非国有单位财务收支的外部审计通常应由会计师事务所进行，所有单位财务收支的内部审计都应由本单位的内部审计机构来进行。

财务审计的具体形式有多种。最典型的财务审计是企业年度财务报表审计，即通过审计，对财务报表是否具有公允真实性发表审计意见。它是注册会计师最基本、最重要的审计业务，其理论与方法体系目前最为健全。所以，本书以后各章的内容主要围绕企业年度财务报表审计进行。

（三）其他经济活动审计

这里其他经济活动是指与财政财务收支有关的其他经济活动，如环保、公益或爱心捐助等。对这些经济活动也需要进行审计，如环境审计、社会责任审计等，其审计主体应根据所使用资金的性质而定。

三、真实性审计、合法性审计、效益性审计和责任性审计

审计按其目的不同，可以分为真实性审计、合法性审计、效益性审计和责任性审计四种。审计的目的是指审计活动所要解决的最终问题，是审计活动的出发点和归宿。不同审计主体的审计目的是不同的，比如，注册会计师审计主要是对财务报表的公允真实性进行审计，政府审计主要是对财政财务收支的真实性、合法性、效益性、责任性进行审计，内部审计主要是对本单位财务收支的真实性、合法性、效益性进行审计。随着社会经济活动的发展，审计的目的也在不断发展。现阶段的各种审计目的归纳起来是：对被审计单位财政收支、财务收支及其他经济活动的真实性、合法性、效益性和责任性进行审计。

（一）真实性审计

真实性审计就是对被审计单位财务报表、财政预决算报告等所反映的财政收支、财务收支及其他经济活动是否真实进行的审查验证。

由于真实性是一种相对概念，绝对的真实或非常真实通常是难以达到或不值得达到的，所以，真实性通常以大多数人可以接受的真实程度为标准来衡量。这种大多数人可以接受的真实性标准，又通常体现为公认会计准则等公允标准的规定，称为公允真实性。典型的公允真实性审计是企业财务报表审计。企业财务报表审计就是对企业财务报表是否符合公认会计准则发表审计意见。

由于真实性审计是其他各种目的审计的基础，而财务报表审计又是最典型的真实性审计，所以本书以后各章内容将主要以财务报表审计为例进行论述。

（二）合法性审计

合法性审计就是对被审计单位财务报表、财政预决算报告等所反映的财政收支、财务收支及其他经济活动是否符合法律、法规、规章、制度等进行的审查验证，也称遵循性审计、合规性审计。

常见的合法性审计有财经法纪审计等。财经法纪审计是对被审计单位严重违反财经法纪的问题进行的专案审计。需要说明的是，在财务报表审计中，当被审计单位的舞弊与违法行为影响到财务报表的公允真实性时，注册会计师也需要对与财务报表相关的舞弊与违法行为予以关注，进行必要的审查。

(三)效益性审计

效益性审计就是对被审计单位财务报表、财政预决算报告等所反映的财政收支、财务收支及有关其他经济活动是否经济、高效和有效果等进行的审查评价。常见的效益性审计有绩效审计、经营审计、管理审计等。

1. 绩效审计

绩效审计主要是指政府审计机关对财政支出的经济性、效率性、效果性进行的审计。

(1)经济性。经济性是指从事一项活动并使其达到合格质量的情况下耗费资源的最小化。经济性主要关注的是投入是否最少或成本是否最低。某种经济活动获得同等质量的利益所付出的代价越少,表明其经济性越高。如对公共工程、政府机关的物资采购,政府举办或承办的体育运动会等进行审计,就应特别关注其经济性。

(2)效率性。效率性是指一项经济活动中投入资源与产出的产品、服务或其他成果之间的关系。在使用人、财、物和信息等资源进行生产经营、提供服务等活动时,其投入越少而产出越多,则表明其效率越高。如对各类公共服务进行审计,就应特别关注其效率性,是否在预算经费既定或节约的情况下,能够为民众提供数量尽可能多而质量尽可能好的公共服务。

(3)效果性。效果性是指一项经济活动的目标实现程度或从事一项活动时,期望取得的成果与实际取得的成果之间的关系。效果性主要关注的是经济活动的目标实现程度。在资源既定的情况下,经济活动特别是执行公共政策的经济活动,其目标实现的程度越高,意味着其效果性越好。如对保障救济资金使用、环保资金使用、教育资金使用、国防资金使用等进行绩效审计时,就需要特别关注该类支出的效果性。

2. 经营审计

经营审计是指对被审计单位供产销、投融资、研究开发等经营业务活动是否经济、有效所进行的审计。

3. 管理审计

管理审计是指对被审计单位计划、决策、控制、考核等各项管理活动是否高效率,即在管理经费既定的情况下能否多办事、办好事,最大限度地提高企业经济效益所进行的审计。

(四)责任性审计

责任性审计就是对被审计人或单位所承担的经济责任、社会责任等履行是否充分,有无应当依法受到追究责任的问题所进行的审计。典型的责任性审计有领导干部(人员)任期经济责任审计、企业社会责任审计等。向责任评估方向发展是当今世界政府审计发展的又一个重要趋势。

领导干部任期经济责任审计是指审计主体对被审计领导干部任职期间所承担经济责任的履行情况所进行的审查评价。

企业社会责任审计是指审计主体对被审计企业所承担的社会责任的履行情况所进行的审计。

四、账项基础审计、制度基础审计和风险基础审计

一百多年来,为了更有效地实现财务报表审计目标,注册会计师一直随着审计环境的变化调整着审计流程的模式,即审计流程的组成内容与结构,先后出现了账项基础审计、制度基础审计和风险基础审计三种审计流程模式。

(一)账项基础审计

第二次世界大战结束之前,由于企业规模较小,所有者比较固定且能够并愿意对经营者进行直接监督,会计资料较少且其使用者比较单一,因而,财务报表审计流程的模式主要是账项基础审计。

账项基础审计(accounting number-based audit approach)是以会计凭证和账簿为基础,通过直接对会计凭证和账簿进行详细审查(后期也进行抽查),以达到查错纠弊等目的的审计流程模式。其工作的一般步骤是:获取和了解被审计单位的凭证、账目等会计资料,据以编制审计计划;详细审查会计凭证和账簿等资料,努力发现尽可能多而详细的错误和舞弊;出具审计报告,指出存在的错误与舞弊问题。

(二)制度基础审计

第二次世界大战结束之后,随着企业规模的迅速扩大,企业所有者数量急剧增加,对财务信息的依赖程度急剧提高,同时,会计资料也急剧增加,抽样审计成为必然的选择。与此同时,为了使规模日益扩大、外部竞争日益激烈的企业拥有凝聚力、竞争力,内部控制应运而生,为抽样审计提供了可靠的基础。在这样的大背景下,制度基础审计应运而生。

制度基础审计(system-based audit approach)是以了解和评价被审计单位内部控制制度的健全、有效性为基础,确定对会计资料进行抽查的重点和规模,以查明财务报表是否公允真实的审计流程模式。其工作的一般步骤是:了解被审计单位的内部控制等基本情况,据以编制审计计划;必要时进行符合性测试(即对制定的内部控制制度是否得到一贯有效的执行进行的抽样检查);对账目等会计资料进行实质性的审查(即对会计资料是否真实、完整、截止适当、计价准确、分类正确等进行的审查);出具审计报告,以发表审计意见。

(三)风险基础审计

20 世纪 90 年代,随着人类进入信息社会,一方面,人财物、资金、信息流动加速,企业面临的经营环境日益不确定,影响企业目标实现的风险日益增多和扩大;另一方面,加剧的市场竞争诱发了企业更多的舞弊,特别是串通舞弊。在这种情况下,仅仅依据内控有效性来确定审计抽样重点和规模,往往是不充分的,甚至是不可靠的。因此,根据企业面临的风险(影响企业经营目标实现、信息真实可靠、法律法规遵循的各种潜在因素)确定审计抽样审查的重点和规模的风险导向审计产生了。

风险基础审计,也叫风险导向审计(risk-oriented audit approach),是指以对被审计单位面临的风险的识别、评估为基础,以控制审计检查风险(漏查重大错报的概率)水平为导向,计划审计工作,确定审计抽查的重点和规模,以查明财务报表是否公允真实的审计流程模式。其工作的一般步骤是:了解被审计单位及其环境,评估被审计单位重大错报风险水平;根据被审计单位面临的风险水平和降低审计风险的要求,计划审计工作;必要时进行控制测试;对账目等资料进行实质性的审查;出具审计报告,以发表审计意见。

与制度基础审计相比,风险基础审计要求注册会计师将审计资源分配到容易导致财务报表出现重大错报的领域,并要自觉地将审计风险控制在可接受的低水平,更好地解决了抽样审计的随意性和审计资源的分配问题。

第三节 注册会计师审计的产生与发展[①]

一、注册会计师审计的萌芽

注册会计师职业起源于16世纪的意大利。据史料记载,16世纪末,地中海沿岸的商业日益繁荣,出现了合伙经营的商业组织形式,即有多人集资合伙经营商品贸易活动,后来发展到有的合伙人只出资分红而不参加企业的经营活动,形成了财产所有权与经营权的明显分离,也形成了不参与经营活动的合伙人对参与经营活动的合伙人履行受托经济责任情况进行监督的需要,为此,有些不参与经营活动的合伙人开始聘请一些熟悉会计的人士通过对合伙企业的账目进行审查,帮助他们对承担经营活动的合伙人进行有效的监督。这样,16世纪意大利的商业城市便出现了一批具有良好的会计专业知识、专门从事查账和公证工作的人员,注册会计师职业开始萌芽。

二、注册会计师审计的形成

注册会计师审计正式形成于18世纪的英国。1720年,英国发生了南海公司破产案,英国议会聘请会计师查尔斯·斯耐尔对南海公司的会计账目进行审查。斯耐尔通过审查,以独立会计师的身份出具了一份确认该公司存在虚假会计记录、舞弊的查账报告,从而宣告注册会计师审计正式诞生。

18世纪初至19世纪中叶,发端于英国的产业革命极大地推动了商品经济的发展,从而也推动了注册会计师审计的大发展。随着企业规模的不断扩大,相继出现了以发行股票筹集资本为特征的股份公司。公司的所有权和经营管理权出现了明显的分离,从而产生了所有者对经营管理者进行监督的需要。1844年英国政府颁布《公司法》,规定股份公司必须建立监事审计制度,只有经过监事审计过的财务报表才能向股东代表大会报告。由于监事一般是由公司股东代表担任的,而他们大多数对会计业务并不熟悉,难以有效监督,使得这种监督制度流于形式。因此,1845年英国又对《公司法》进行了修订,规定股份公司的账目必须经董事以外的专业人员审计。这一规定促进了注册会计师职业的迅速发展,执业会计师队伍迅速扩大。1853年在苏格兰的爱丁堡创立了世界上第一个执业会计师的专业团体——爱丁堡会计师协会。该协会的成立标志着注册会计师职业的正式诞生。随后英国出现了多家会计师协会。与此同时,英国政府实行了特许会计师制度,想要取得会计师资格,必须经过政府组织的严格考试并得到政府的特许。

这一时期英国成了世界注册会计师审计发展的中心,形成了以详细审计为主要技术特色的英国式审计。这一时期英国独立审计的主要特点是:注册会计师的地位得到了法律确认;审计的目的是查错防弊,保护企业资产的安全、完整;审计的方法主要是详细审计;审计报告的使用人主要是公司股东。

三、注册会计师审计的成熟

注册会计师审计成熟于20世纪初期的美国。美国南北战争结束后,随着英国巨额资本不

① 本部分主要参考了经济科学出版社出版的2015年注册会计师全国统一考试辅导教材《审计》的相关内容。

断流入美国，英国的注册会计师审计制度也传入美国，促进了美国经济的发展，也使美国的注册会计师审计制度迅速形成和发展起来。1886年纽约公布了《公证会计师法》，1887年“美国公共会计师协会”正式组建。早期的美国注册会计师审计，主要是对企业合并时的资产进行验证、设计会计制度和为信用目的而进行的审计，并非为了维护投资者的利益，其方法也多采用英国式的详细审计。

20世纪初，随着美国工业化的急剧推进，特别是受第一次世界大战的影响，美国经济得到了快速发展，逐步成为全球经济发展的中心。当时，美国的短期信用发达，金融资本开始广泛向产业资本渗透，企业同银行的关系更加密切。银行为了维护自身利益，逐渐把企业资产负债表作为了解企业信用的主要依据。这样，以证明企业偿债能力为主要目的的资产负债表审计在美国迅速兴起。

这一时期美国注册会计师审计的主要特点是：审计的对象由会计账目扩大到资产负债表；审计的主要目的变成了查验企业的偿债能力；审计方法突破了传统的详细审计模式，逐步转向抽样审查，大大提高了审计效率；审计报告的使用人除了企业股东外，更突出了债权人。由于资产负债表是美国率先实行的，所以人们称之为美国式审计。

四、注册会计师审计的发展

1929～1933年，资本主义世界经历了历史上最严重的经济危机，大批企业倒闭，工人失业，成千上万的股东和债权人蒙受巨大损失。这一危机震撼了整个资本主义世界，也促使企业的利益相关者更加关注企业的财务状况，并开始重视预示企业未来发展状况的企业盈利能力。与此同时，美国企业的筹资倾向也从银行贷款融资转向证券市场的股票融资，这也促使股票持有者更加关注预示企业未来发展状况的企业盈利能力，显然，资产负债表审计已经无法满足这一时期的社会需要了。于是，美国政府于1933年公布了《证券法》，1934年公布了《证券交易法》，规定上市公司财务报表必须接受注册会计师审计，向社会公众公布注册会计师出具的审计报告。这种以损益表为中心的财务报表审计成了美国的法定审计，也成了现代注册会计师审计的核心内容。从此，美国成了世界注册会计师审计发展的中心，注册会计师审计进入了快速发展的时期。

这一时期注册会计师审计的主要特点是：对财务报表的公允真实性发表审计意见成为独立审计的主要目的，查错纠弊转为次要目的；审计范围扩大到测试相关内部控制，并广泛使用抽样审计；审计报告使用人扩大到股东、债权人、证券交易机构、税务、金融机构及潜在的投资者；审计准则开始制定，审计工作向标准化、规范化过渡；注册会计师资格考试制度广泛推行，注册会计师素质普遍提高。

五、注册会计师审计的繁荣

第二次世界大战后，世界经济得到了空前的发展，经济发达国家通过各种渠道推动本国企业向海外拓展，跨国公司得到空前发展。资本的国际流动带来了注册会计师审计的跨国界发展，形成了一批规模较大的国际会计师事务所，如著名的“八大”国际会计师事务所，20世纪80年代末合并为“六大”，之后又合并为“五大”。2001年美国安然公司会计造假丑闻曝光后，为其提供审计服务的安达信会计师事务所宣布关闭，“五大”又变为“四大”：普华永道（Price Water house Coopers）、安永（Ernst & Young）、毕马威（KPMG）、德勤（Deloitte Touche Tohmatsu）。

与此同时，审计技术方法也得到了快速发展：对财务报表公允真实性发表审计意见和揭露被审计财务报表中的重大错误与舞弊成为同等重要的审计目标，抽样审计方法得到普遍运用，制度基础审计成熟并开始向风险基础审计发展，计算机辅助审计技术、智能审计技术、数据审计技术得到广泛运用。注册会计师业务范围从审计扩大到鉴证、保证服务，并衍生出代理纳税、会计服务、管理咨询等服务。

六、中国注册会计师审计的产生和发展

（一）中国注册会计师审计的产生

中国注册会计师审计产生于辛亥革命之后。辛亥革命后，一批爱国会计学者借鉴国外注册会计师职业发展的经验，开始创办中国注册会计师职业。1918 年 9 月，北洋政府农商部颁布了我国第一部注册会计师法规——《会计师暂行章程》，并于同年批准著名会计学家谢霖先生为中国第一位注册会计师，谢霖先生创办的中国第一家会计师事务所——正则会计师事务所，也获得批准。此后，注册会计师行业在中国得到逐步发展，涌现出了包括潘序伦及其“潘序伦会计师事务所”（后改称“立信会计师事务所”）等一批著名会计师和事务所。1925 年“全国会计师公会”在上海成立，1933 年“全国会计师协会”成立。

（二）中国注册会计师审计的发展

20 世纪 70 年代末，我国开始实行改革开放，商品经济得到快速发展，对会计师服务的需求日益强烈。1980 年 12 月 14 日财政部颁布了《中华人民共和国中外合资企业经营所得税法实施细则》，规定外资企业财务报表要有注册会计师进行审计，为恢复我国注册会计审计提供了法律依据。1980 年 12 月 23 日，财政部发布《关于成立会计顾问处的暂行规定》，标志着我国注册会计师职业开始恢复。1981 年 1 月 1 日“上海会计师事务所”成立，成为新中国成立的第一家会计师事务所。1984 年 9 月 25 日财政部印发《关于成立会计咨询机构问题的通知》，明确了注册会计师的业务范围。1985 年 1 月实施的《中华人民共和国会计法》规定：“经国务院财政部门批准组成会计师事务所，可以按照国家有关规定承办查账业务。”1986 年 7 月 3 日国务院发布《中华人民共和国注册会计师条例》，同年 10 月 1 日起实施。1988 年 11 月 15 日中国注册会计师协会成立。1991 年全国注册会计师资格考试制度开始施行。1993 年 10 月 31 日第八届全国人大常委会审议通过了《中华人民共和国注册会计师法》，并于 1994 年 1 月 1 日起实施，随后陆续制定发布了注册会计师审计准则等一系列注册会计师执业规范。2006 年实现了我国审计准则与国际审计准则的趋同。

关键概念

审计　独立性　受托经济责任　政府审计　注册会计师审计　内部审计　财政审计　财务报表审计　绩效审计　经济责任审计　经营审计　管理审计　风险导向审计　英国式审计　美国式审计　“四大”会计师事务所

准确理解题

1. 下列关于审计独立性的理解错误的是（　　）。

（1）没有独立性，审计工作就没有存在的必要；

(2)没有独立性的组织和人员不能从事审计鉴证工作；

(3)具有独立性的组织和人员实施的鉴证业务质量就是合格的；

(4)不具有独立性的注册会计师不能提供代理记账工作。

2. 下列关于注册会计师财务报表审计的说法正确的是(　　)。

(1)它可以保证财务报表的可信性；

(2)它可以降低财务报表使用者的信息风险；

(3)它也可以称为财务报告审计；

(4)它应当查明被审计单位违法和贪污问题。

复习思考题

1. 怎样理解审计的含义？
2. 为什么说审计的本质是一种有独立性的经济监督活动？
3. 独立性对审计主体有哪些要求？对审计作用的发挥有什么重要意义？
4. 审计按照其执行主体不同可分为哪几类？各有何特点和作用？
5. 效益性审计有哪些具体形式？分别适用于何种情况？
6. 风险导向审计的工作流程是什么？它有哪些优点？

讨论分析题

1. 1987 年 AICPA 百岁华诞时，时任美国总统里根在他的贺信中写道："独立审计为企业和政府的财务报表提供可信度。没有这种可信度，债权人和投资者就难以做出为我们的经济带来稳定和活力的决策。没有注册会计师，我们的资本市场将土崩瓦解。"我们应当怎样理解里根总统所说的"没有注册会计师，我们的资本市场将土崩瓦解"的含义？

2. 小张、小王、小李是三个老朋友。一天，他们在报纸上看到一则欢迎加盟某品牌西餐店的广告，通过对当地市场和客户群进行调查分析后，他们认为在当地开设这样的西餐店会有赚头。于是，他们就选定了经营地址，申请到了该品牌西餐店的特许经营权，并办理了工商注册登记手续，开业资金由三人平均缴付。

小张、小王因对目前工作单位比较满意，且不太懂经济和管理，而小李善于经营管理，且原就业的单位效益较差，所以，他们决定由小李负责经营该西餐店，小李月工资2 000元，每年按税后利润的 10%作为小李的年终奖金。由于小张、小王的工作比较忙，几乎无暇顾及西餐店的经营管理。

第二年初，小李拿出财务报表告诉小张和小王："西餐店经营效果不如当初设想，只能勉强维持收支平衡，没有什么利润可供分红。"小张和小王感到小李的话不可信，决定请 CPA 审计小李提供的财务报表，他俩虽然与 CPA 签订了格式化的审计业务约定书，但为了保证 CPA 尽心尽力地为他们进行审计，就想与 CPA 私下约定：如果 CPA 查出小李有弄虚作假的问题，将加倍支付 CPA 审计费用。

试分析：

(1)小张和小王聘请 CPA 进行审计有必要吗？

(2)他俩出钱聘请 CPA 审计合理吗？

(3)他俩想与 CPA 达成的私下约定合理、合法吗？为什么？

(4)他俩应当如何保证 CPA 尽心尽力地为自己服务？

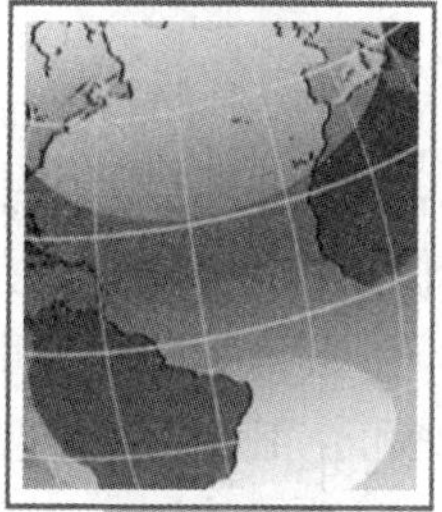

第二章 注册会计师职业道德与法律责任

第一节　注册会计师的职业道德

一、注册会计师职业道德的意义

职业道德是某一职业组织以公约、守则等形式公布的，要求其会员自觉接受的职业行为标准。所谓注册会计师职业道德，是注册会计师执业品德、职业纪律、专业胜任能力及职业责任等的总称。

注册会计师的工作不仅关系到客户的兴旺发达，而且关系到社会公众利益的维护。因此，注册会计师既要对客户负责，更要对社会公众负责，必须具有较高的职业道德水平。保持和提高注册会计师的职业道德水准，不仅有利于保证注册会计师提供高质量的专业服务，促进社会经济健康持续发展，而且有利于注册会计师行业的健康持续发展，社会作用的扩大和社会地位的提高。为此，中国注册会计师协会制定了《中国注册会计师职业道德守则》和《中国注册会计师协会非执业会员职业道德守则》。凡是加入中国注册会计师协会的会员，无论是执业的还是非执业的，都要遵守上述职业道德守则规定的职业道德基本原则和职业道德概念框架，会员要以职业道德基本原则规范自己的职业行为，运用职业道德概念框架解决执业过程中遇到的职业道德问题。

二、注册会计师职业道德的基本原则

注册会计师职业道德基本原则包括：诚信原则、独立性原则、客观和公正原则、专业胜任能力和应有的关注原则、保密原则以及良好职业行为原则。

（一）诚信

诚信，即诚实、守信。诚信原则要求会员应当在所有的职业关系和商业关系中保持对客户和公众合法利益的忠诚，对查明事实的尊重，严守社会公认的正确的道德价值观与行为规范，以及与客户的约定，严格认真地进行审查，客观公正地进行判断，实事求是地发表意见。

注册会计师如果认为业务报告、申报资料或其他信息存在下列问题，则不得与这些有问题的信息发生牵连：含有严重虚假或误导性的陈述；含有缺少充分依据的陈述或信息；存在遗漏或含糊其词的信息。

注册会计师如果注意到已与有问题的信息发生牵连，应当采取措施消除牵连。在鉴证业务中，如果存在与有问题的信息有牵连的情况，只要注册会计师依据执业准则出具了恰当的非标准业务报告，则不被视为与有问题信息有牵连。

(二)独立性

独立性是指会员应当具有诚实守信、客观公正、无私、无偏见、无偏袒的品质,在执行鉴证业务过程中,不受外来力量控制、支配,能严格按照执业规则行事。

注册会计师执行审计、审阅业务以及其他鉴证业务时,应当从实质上和形式上保持独立性,不得因任何利害关系影响其客观性。实质上的独立性是一种内心状态,要求会员在提出结论时不受损害职业判断的因素影响,能够诚信行事,遵循客观和公正原则,保持职业怀疑态度。形式上的独立性是一种外在表现,使得一个理性且掌握充分信息的第三方,在权衡所有相关事实和情况后,认为会计师事务所或审计项目组成员没有损害诚信原则、客观和公正原则或职业怀疑态度。

会计师事务所在承办审计、审阅业务以及其他鉴证业务时,应当从整体层面和具体层面采取措施,保持会计师事务所和项目组的独立性。

(三)客观和公正

客观就是实事求是,不隐瞒,也不虚夸;公正就是公平正直,不歪曲,也不偏袒。

客观公正原则要求会员应当公正处事、实事求是,不得由于偏见、利益冲突或他人的不当影响而损害自己的职业判断。如果存在导致职业判断出现偏差,或对职业判断产生不当影响的情形,注册会计师不得提供相关专业服务。

(四)专业胜任能力和应有的关注

专业胜任能力是指具有会员应当具有的专业知识、技能和经验,能够经济、有效地完成客户委托的业务。在没有专业胜任能力的情况下提供专业服务则构成一种欺诈。会员应当充分认识到自己专业能力的不足,必须切实获得专业资质,并通过持续接受继续教育和专业实践,持续了解和掌握相关的专业技术和业务发展,保持专业胜任能力。在应用专业知识和技能时,应当合理运用职业判断。

应有的职业关注要求会员遵守执业准则和职业道德规范要求,勤勉尽职,认真、全面、及时地完成工作任务。在审计过程中,应当保持职业怀疑态度,运用专业知识、技能和经验,获取和评价审计证据;应当采取措施确保在其授权下工作的人员得到适当的培训和督导;应当使服务对象了解专业服务的固有局限。

(五)保密

与客户坦诚而充分地沟通是有效审计所必需的,是建立在为客户信息保密的基础上的。因此,注册会计师应当对执业活动中获知的涉密信息保密,不得有下列行为:未经客户授权或法律法规允许,向会计师事务所以外的第三方披露所获知的涉密信息;利用所获知的涉密信息为自己或第三方牟取利益。

注册会计师应当对拟接受的客户或拟受雇的工作单位向其披露的涉密信息保密;应当对所在会计师事务所的涉密信息保密;在社会交往中应当履行保密义务,警惕无意中泄密的可能性,特别是警惕无意中向近亲属或关系密切的人员泄密的可能性;应当采取措施确保下级员工以及提供建议和帮助的人员履行保密义务;在终止与客户的关系后,应当对以前职业活动中获知的涉密信息保密;如果获得新客户,可以利用以前的经验,但不得利用或披露以前职业活动中获知的涉密信息。

在下列情形下,注册会计师可以披露涉密信息:法律法规允许披露,并取得客户的授权;根据法律法规的要求,为法律诉讼、仲裁准备文件或提供证据,以及向监管机构报告所发现的违法行为;法律法规允许的情况下,在法律诉讼、仲裁中维护自己的合法权益;接受注册会计师协会或监管机构的职业质量检查，答复其询问和调查；法律法规、执业准则和职业道德规范规定的其他情形。

在决定是否披露涉密信息时，注册会计师应当考虑下列因素：客户同意披露的涉密信息是否为法律法规所禁止；如果客户同意披露涉密信息，是否会损害利害关系人的利益；是否已了解和证实所有相关信息；信息披露的方式和对象；可能承担的法律责任和后果。

（六）良好职业行为

注册会计师应当遵守相关法律法规，避免发生任何损害职业声誉的行为。

注册会计师在向公众传递信息以及推介自己和工作时，应当客观、真实、得体，不得损害职业形象。

注册会计师应当诚实、实事求是，不得有下列行为：夸大宣传提供的服务、拥有的资质或获得的经验；贬低或无根据地比较其他注册会计师的工作。

三、注册会计师职业道德概念框架

职业道德概念框架是指解决职业道德问题的思路和方法，用以指导注册会计师：识别对职业道德基本原则的不利影响；评价不利影响的严重程度；必要时采取防范措施消除不利影响或将其降低至可接受的水平。

在运用职业道德概念框架时，注册会计师应当运用职业判断。如果发现存在可能违反职业道德基本原则的情形，应当评价其对职业道德基本原则的不利影响。在评价不利影响的严重程度时，应当从性质和数量两个方面予以考虑。如果认为对职业道德基本原则的不利影响超出可接受的水平，应当确定是否能够采取预防措施消除不利影响或将其降至可接受的水平。

（一）不利影响因素

注册会计师对职业道德基本原则的遵循可能受到多种因素的不利影响。不利影响的性质和严重程度因注册会计师提供服务类型的不同而不同。归纳起来，不利影响因素包括自身利益、自我评价、过度推介、密切关系和外在压力。

1. 自身利益

自身利益导致不利影响的情形主要包括：

(1)鉴证业务项目组成员在鉴证客户中拥有直接经济利益；

(2)会计师事务所的收入过分依赖某一客户；

(3)鉴证业务项目组成员与鉴证客户存在重要且密切的商业关系；

(4)会计师事务所担心可能失去某一重要客户；

(5)鉴证业务项目组成员正在与客户协商受雇于该客户；

(6)会计师事务所与客户就鉴证业务达成或有收费的协议；

(7)注册会计师在评价所在会计师事务所以往提供的专业服务时发现了重大错误。

2. 自我评价

自我评价导致不利影响的情形主要包括：

(1)会计师事务所对客户提供财务系统的设计或操作服务后，又对系统的运行有效性出具鉴证报告；

(2)会计师事务所为客户编制原始数据，这些数据构成鉴证业务的对象；

(3)鉴证业务项目组成员担任或最近曾担任客户的董事或高级管理人员；

(4)鉴证业务项目组成员目前或最近曾受雇于客户，并且所处职位能够对鉴证对象施加重大影响；

(5)会计师事务所为鉴证客户提供直接影响鉴证对象信息的其他服务。

3. 过度推介

过度推介导致不利影响的情形主要包括：

(1)会计师事务所推介审计客户的股份；

(2)在审计客户与第三方发生诉讼或纠纷时，注册会计师担任该客户的辩护人。

4. 密切关系

密切关系导致不利影响的情形主要包括：

(1)项目组成员的近亲属担任客户的董事或高级管理人员；

(2)项目组成员的近亲属是客户的员工，其所处职位能够对业务对象施加重大影响；

(3)客户的董事、高级管理人员或所处职位能够对业务对象施加重大影响的员工，最近曾担任会计师事务所的项目合伙人；

(4)注册会计师接受客户的礼品或款待；

(5)会计师事务所的合伙人或高级员工与鉴证客户存在长期业务关系。

5. 外在压力

外在压力导致不利影响的情形主要包括：

(1)会计师事务所受到客户解除业务关系的威胁；

(2)审计客户表示，如果会计师事务所不同意对某项交易的会计处理，则不再委托其承办拟议中的非鉴证业务；

(3)客户威胁将起诉会计师事务所；

(4)会计师事务所受到降低收费的影响而不恰当地缩小工作范围；

(5)由于客户员工对所讨论的事项更具有专长，注册会计师面临服从其判断的压力；

(6)会计师事务所合伙人告知注册会计师，除非同意审计客户不恰当的会计处理，否则将影响晋升。

(二)防范措施

1. 注册会计师应采取的防范措施

注册会计师应当运用判断，确定如何应对超出可接受水平的不利影响或将其降至可接受的水平，或终止业务委托或拒绝接受业务委托。进行判断时，注册会计师应当考虑：一个理性且掌握充分信息的第三方，在权衡注册会计师当时可获得的所有具体事实和情况后，是否很可能认为这些防范措施能够消除不利影响或将其降至可接受水平，以使职业道德基本原则不受损害。

应对不利影响的防范措施包括下列两类：

(1)法律法规和职业规范规定的防范措施

①取得注册会计师资格所必需的教育、培训和经验要求；

②持续的职业发展要求；

③公司治理方面的规定；

④执业准则和职业道德规范的要求；

⑤监管机构或注册会计师协会的监控和惩戒程序；

⑥由依法授权的第三方对注册会计师编制的业务报告、申报资料或其他信息进行外部复核。

(2)在具体工作中采取的防范措施

包括会计师事务所和具体业务两个层面的防范措施。

会计师事务所层面的防范措施主要包括：

①领导层强调遵守职业道德基本原则的重要性；

②领导层强调鉴证业务项目组成员应当维护公众利益；

③制定有关政策和程序，实施项目质量控制，监督业务质量；

④制定有关政策和程序，识别对职业道德基本原则的不利影响，评价不利影响的严重程度，采取防范措施消除不利影响或将其降至可接受的水平；

⑤制定有关政策和程序，确保遵循职业道德基本原则；

⑥制定有关政策和程序，识别会计师事务所或项目组成员与客户之间的利益或关系；

⑦制定有关政策和程序，监控对某一客户收费的依赖程度；

⑧向鉴证客户提供非鉴证服务时，指派鉴证业务项目组以外的其他合伙人和项目组，并保证鉴证业务项目组和非鉴证业务项目组分别向各自的业务主管报告工作；

⑨制定有关政策和程序，防止项目组以外的人员对业务结果施加不当的影响；

⑩及时向所有合伙人和专业人员传达会计师事务所的政策和程序及其变化情况，并就这些政策和程序进行适当的培训；

⑪指定高级管理人员负责监督质量控制系统是否有效运行；

⑫向所有合伙人和专业人员提供鉴证客户及其关联实体的名单，并要求合伙人和专业人员与之保持独立；

⑬制定有关政策和程序，鼓励员工就遵循职业道德基本原则方面的问题与领导层沟通；

⑭建立惩戒机制，保障相关政策和程序得到遵守。

具体业务层面的防范措施主要包括：

(1)对已执行的非鉴证业务，由未参与该业务的注册会计师进行复核，或在必要时提供建议；

(2)对已执行的鉴证业务，由鉴证业务项目组以外的注册会计师进行复核，或在必要时提供建议；

(3)向客户审计委员会、监管机构或注册会计师协会咨询；

(4)与客户治理层讨论有关的职业道德问题；

(5)向客户治理层说明提供服务的性质和收费的范围；

(6)由其他会计师事务所执行或重新执行部分业务；

(7)轮换鉴证业务项目组合伙人和高级员工。

下列防范措施也有助于识别或制止违反职业道德基本原则的行为：

(1)监管机构、注册会计师协会或会计师事务所建立有效的公开投诉系统，使会计师事务所合伙人和员工以及公众能够注意到违反职业道德基本原则的行为；

(2)法律法规、职业规范或会计师事务所政策明确规定，注册会计师有义务报告违反职业道德基本原则的行为。

2. 客户应采取的防范措施

注册会计师可以根据业务的性质考虑依赖客户采取的防范措施，但是仅依赖客户的防范措施，不可能将不利影响降低至可接受的水平。客户的防范措施主要包括：

(1)要求由管理层以外的人员批准聘请会计师事务所；

(2)聘任具有足够经验和资历的员工,确保其能够做出恰当的管理决策;

(3)执行相关政策和程序,确保在委托非鉴证业务时作出客观选择;

(4)建立完善的公司治理结构,与会计师事务所进行必要的沟通,并对其服务进行适当的监督。

(三)道德冲突问题的解决

在遵守职业道德基本原则时,注册会计师应当解决遇到的道德冲突问题。在解决道德冲突问题时,注册会计师应当考虑下列因素:遇到的冲突有关的事实;涉及的道德问题;道德冲突问题涉及的职业道德基本原则;会计师事务所制定的解决道德冲突问题的程序;可供选择的措施。在考虑这些因素并权衡可供选择措施的后果后,注册会计师应当确定适当的措施。如果道德冲突问题仍无法解决,注册会计师应当考虑向会计师事务所内部的适当人员咨询。

如果与所在会计师事务所或外部单位存在道德冲突,注册会计师应当确定是否与会计师事务所领导层或外部单位治理层讨论。如果某项重大道德冲突问题未能解决,注册会计师可以考虑向注册会计师协会或法律顾问咨询。如果所有可能解决的措施都无法解决道德冲突问题,注册会计师不得再与产生道德冲突问题的事项发生牵连。在这种情况下,注册会计师应当确定是否退出项目组或不再承担相关任务,或向会计师事务所提出辞职。

注册会计师应当考虑记录涉及的道德冲突问题、解决问题的过程以及做出的相关决策。

四、职业道德的一些具体要求

(一)接受客户关系

在接受客户关系前,注册会计师应当确定接受客户关系是否对职业道德基本原则产生不利影响。如果存在不利影响,如客户不诚信或涉足非法活动等,注册会计师应当通过要求客户对完善公司治理结构或内部控制做出承诺等措施,消除不利影响或将其风险降低至可接受的水平,否则应当拒绝接受客户关系。

(二)承接业务

注册会计师应当遵循专业胜任能力和应有的关注原则,仅向客户提供能够胜任的专业服务。为此,在接受某一客户业务前,应当了解客户的业务性质、经营的复杂程度,以及所在行业的情况;专业服务的具体要求和业务对象,以及注册会计师拟执行工作的目的、性质和范围;相关的监管要求;分派足够的具有胜任能力的员工;必要时利用专家的工作;就执行业务的时间安排与客户达成一致;遵循质量控制政策和程序,以合理保证仅承接能够胜任的业务。

(三)客户变更委托

如果应客户要求或考虑以投标方式接替前任注册会计师,注册会计师可能需要与前任注册会计师直接沟通,核实与变更委托相关的事实和情况,以确定是否适宜承接该业务;当应邀投标时,在标书中说明,在承接业务前需要与前任注册会计师沟通,以了解是否存在不应接受委托的理由;要求前任注册会计师提供已知悉的相关事实或情况,或从其他渠道获取必要的信息,消除不利影响或将其风险降低至可接受的水平,否则应当拒绝接受客户关系。

(四)利益冲突

注册会计师应当根据可能产生利益冲突的具体情形,采取下列措施消除不利影响:如果会计师事务所的商业利益或业务活动可能与客户存在利益冲突,应当告知客户,并在征得其同意的情况下执行业务;如果为存在利益冲突的两个以上客户服务,应当告知所有已知相关方,并在征得他们同意的情况下执行业务;如果为某一特定行业或领域中的两个以上客户提供服务,应当告知客户，并在征得他们同意的情况下执行业务。

如果客户不同意注册会计师为存在利益冲突的其他客户服务，应当终止为其中一方或多方提供服务。

(五)应客户要求提供第二次意见

如果客户要求注册会计师在前任已经发表意见的情况下提供第二次意见，注册会计师应当征得客户同意与前任注册会计师沟通；在与客户沟通中说明注册会计师发表专业意见的局限性；向前任注册会计师提供第二次意见的副本。

如果客户不允许与前任沟通，注册会计师应当考虑是否适宜提供第二次意见。

(六)收费

会计师事务所在确定收费时应当主要考虑下列因素：专业服务所需的知识和能力；所需专业人员的水平和经验；各级别专业人员提供服务所需的时间；提供服务所需承担的责任。在专业服务得到良好的计划、监督及管理的前提下，收费通常以每一专业人员适当的小时收费标准或日收费率为基础计算。收费是否对职业道德基本原则产生不利影响，取决于收费报价水平和所提供的相应服务。如果收费报价明显低于前任相应报价，会计师事务所应当确保在提供专业服务时，遵守执业准则和职业道德规范的要求，使工作质量不受损害，并让客户了解专业服务的范围和收费基础。

除法律法规允许外，注册会计师不得以或有收费方式提供鉴证服务，收费与否或收费多少不得以鉴证工作结果或实现特定目的为条件。为防止出现或有收费，注册会计师应当预先就收费的基础与客户达成书面协议；向预期的报告使用者披露注册会计师所执行的工作及收费的基础；实施质量控制政策和程序；由独立第三方复核注册会计师已执行的工作。注册会计师不得收取与客户相关的介绍费或佣金，也不得向客户或其他方支付业务介绍费。

(七)专业服务营销

注册会计师在营销专业服务时不得：夸大宣传提供的服务、拥有的资质或获得的经验；贬低或无根据地比较其他注册会计师的工作；暗示有能力影响有关主管部门、监管机构或类似机构；作出其他欺诈性的或可能导致误解的声明。

不得采用强迫、欺诈、利诱或骚扰等方式招揽业务，不得对其能力进行广告宣传以招揽业务。

(八)保管客户资产

注册会计师不得向客户索取、收受委托合同约定以外的酬金或其他财物，或利用执行业务之便，牟取其他不当利益。除非法律法规允许或要求，注册会计师不得提供保管客户资金或其他资产的服务。

第二节　审计的独立性要求

一、独立性概念框架

(一)独立性概念框架的内涵

独立性概念框架是指解决独立性问题的思路和方法，以指导注册会计师在执行审计业务时：

(1)识别对独立性的不利影响；

(2)评价不利影响的严重程度；

(3)必要时采取防范措施消除不利影响或将其降至可接受水平。

如果无法采取适当的防范措施消除不利影响或将其降低至可接受的水平，注册会计师应当消除产生不利影响的情形，或者拒绝接受审计业务，或者终止审计业务。在运用独立性概念框架时，注册会计师应当运用职业判断。

在确定是否接受或保持某项业务，某一特定人员能否作为审计项目组成员时，会计师事务所应当识别和评价各种对独立性的不利影响。如果不利影响超出可接受的水平，会计师事务所应当确定能否采取防范措施以消除不利影响或将其降低至可接受水平。

在确定是否保持某项业务时，会计师事务所应当确定现有的防范措施是否仍然有效；如果无效，是否需要采取其他防范措施或者终止业务。

在执行业务过程中，如果注意到对独立性产生不利影响的新情况，会计师事务所应当运用上述独立性概念框架评价不利影响的严重程度。在评价不利影响的严重程度时，注册会计师应当从性质和数量两个方面予以考虑。

(二)独立性概念框架的运用要求

在审计业务活动中，注册会计师在运用独立性概念框架时，应当特别注意下列方面：

1. 会计师事务所应当与网络中的其他会计师事务所的审计客户保持独立

这里的网络是指由多个实体组成，旨在通过合作实现下列一个或多个目的的联合体：

(1)共享收益或分担成本，共享所有权、控制权或管理权；

(2)共享统一的质量控制政策和程序，共享同一经营战略；

(3)使用同一品牌；

(4)共享重要的专业资源，如客户资料、收费安排、合伙人和员工、技术部门、审计方法或审计手册、培训课程和设施等。

2. 审计项目组在评价独立性的不利影响程度及其必要防范措施时，应当考虑实体涉及公众利益的程度

涉及公众利益的实体简称公众利益实体，不仅包括上市公司，也包括一些非上市但按照上市公司审计独立性的要求接受审计的实体，如某些非上市金融企业。还包括债券在证券交易所报价或挂牌进行交易的实体。如果其他实体拥有数量众多且分布广泛的利益相关者，也应将其作为公众利益实体对待。

实体涉及公众利益的程度取决于实体的业务性质、规模和员工的数量等。

3. 审计项目组在识别、评价独立性的不利影响及其防范措施时，应当将客户的关联实体包括在内

关联实体是指与客户存在下列关系之一的实体：

(1)能够对客户施加直接或间接控制的实体，并且客户对该实体重要；

(2)在客户内拥有直接经济利益的实体，并且该实体对客户具有重大影响，而客户的利益对该实体重要；

(3)受到客户直接或间接控制的实体，客户拥有重要直接经济利益且能够对该实体施加重大影响；

(4)与客户处于同一控制下的实体，该实体与客户对其控制方均重要。

4. 注册会计师应当运用职业判断，定期就可能影响独立性的关系和其他事项与客户治理层沟通，以便治理层能够：

(1)考虑会计师事务所在识别和评价对独立性的不利影响时做出的判断是否正确；

(2)考虑会计师事务所为消除不利影响或将其降低至可接受水平所采取的防范措施是否适当；

(3)确定是否有必要采取适当的措施。

当会计师事务所因外部压力和密切关系对独立性产生不利影响时，这种沟通尤其重要。

5. 注册会计师应当按照中国注册会计师审计准则的要求，就遵守独立性要求的情况形成工作记录，包括结论以及为形成结论而讨论的主要内容

如果需要采取防范措施将某种不利影响降至可接受的水平，注册会计师应当记录该不利影响的性质，以及将其降至可接受的水平所采取的防范措施。

如果需要对某种不利影响进行大量分析才能确定是否有必要采取防范措施，而注册会计师认为由于不利影响未超出可接受的水平不需要采取防范措施，注册会计师应当记录不利影响的性质，以及得出不需采取防范措施结论的理由。

6. 注册会计师应当在业务期间和财务报表涵盖的期间独立于审计客户

业务期间自审计项目组开始执行审计业务之日起，至出具审计报告之日止。如果审计业务具有连续性，业务期间结束日应以其中一方通知解除业务关系或出具最终审计报告两者时间孰晚为准。

如果一个实体委托会计师事务所对其财务报表发表意见，并且在该财务报表涵盖的期间或之后成为审计客户，会计师事务所应当确定下列因素是否对独立性产生不利影响：

(1)在财务报表涵盖的期间或之后、接受审计业务委托之前，与审计客户之间存在的经济利益或商业关系；

(2)以往向审计客户提供的服务。

如果在财务报表涵盖的期间或之后，在审计项目组开始执行审计业务之前，会计师事务所向审计客户提供了非鉴证服务，且该非鉴证服务在审计期间不允许提供，会计师事务所应当评价其对独立性产生的不利影响。如果不利影响超出可接受的水平，会计师事务所只有在采取防范措施消除不利影响或将其降低至可接受水平的情况下，才能接受审计业务。

这里的防范措施包括：

(1)不允许提供非鉴证服务的人员担任审计项目组成员；

(2)必要时由其他注册会计师复核审计和非鉴证工作；

(3)由其他会计师事务所评价非鉴证业务的结果，或由其他会计师事务所重新执行非鉴证业务，并且所执行工作的范围能够使其承担责任。

7. 如果由于合并或收购，某一实体成为审计客户的关联实体，会计师事务所应当识别和评价其与该关联实体以往和目前存在的利益或关系，并在考虑可能的防范措施后确定是否影响独立性，以及在合并或收购生效日后能否继续执行审计业务

会计师事务所应当在合并或收购生效日前采取必要的措施终止目前存在的利益或关系。如果无法在合并或收购生效日前终止目前存在的利益或关系，会计师事务所应当评价其产生不利影响的严重程度。该不利影响的严重程度取决于下列因素：

(1)利益或关系的性质和重要程度；

(2)审计客户与该关联实体之间关系的性质和重要程度；

(3)合理终止该利益或关系需要的时间。

会计师事务所应当与治理层讨论，在合并或收购生效日前不能终止利益或关系的原因，以

及对由此产生不利影响严重程度的评价结果。如果治理层要求会计师事务所继续执行审计业务，会计师事务所只有在同时满足下列条件时，才能同意这一要求：

(1)在合并或收购生效日起的六个月内，尽快终止目前存在的利益或关系；

(2)存在利益或关系的人员不得作为审计项目组成员，也不得负责项目质量控制复核；

(3)拟采取适当过渡措施，并就此与治理层讨论。

拟采取的适当过渡措施主要包括：

(1)必要时由审计项目组以外的注册会计师复核审计或非鉴证工作；

(2)由其他会计师事务所再次执行项目质量控制复核；

(3)由其他会计师事务所评价非鉴证业务的结果，或由其他会计师事务所重新执行该非鉴证业务，并且所执行工作的范围能够使其承担责任。

8. 如果注册会计师无意中违反有关规定，但会计师事务所能够立即发现违规情况，并采取必要的措施消除不利影响或将其降低至可接受的水平，通常不被视为损害独立性，但会计师事务所应当决定是否就该情况与治理层讨论。

二、审计业务中损害独立性的重要情形及其防范

(一)经济利益

1. 经济利益的含义

经济利益是指因持有某一实体的股权、债券和其他证券以及其他债务性的工具而拥有的利益，包括为取得这种利益享有的权利和承担的义务。它包括直接经济利益和间接经济利益。

直接经济利益包括：个人或实体直接拥有并控制的经济利益(包括授权他人管理的经济利益)；个人或实体通过投资工具拥有的经济利益，并且有能力控制这些投资工具，或影响其投资决策。常见的直接经济利益包括持有股票、债券、认购权、期权、权证和卖空权等。

间接经济利益是指个人或实体通过投资工具拥有的经济利益，但没有能力控制这些投资工具，或影响其投资决策。

确定经济利益是直接的还是间接的，取决于受益人能否控制投资工具或具有影响投资决策的能力。

2. 经济利益重要性的判断

在审计客户中拥有经济利益可能会对独立性产生不利影响。不利影响存在与否及其严重程度取决于下列因素：

(1)拥有经济利益人员的角色；

(2)经济利益是直接的还是间接的；

(3)经济利益的重要性。

3. 在审计客户中不允许拥有的经济利益

在审计客户中拥有下列直接经济利益或重大间接经济利益，将会对独立性产生非常严重的不利影响，导致没有防范措施能够将其降低至可接受水平的情况：

(1)会计师事务所、审计项目组成员或其主要近亲属在审计客户中拥有直接经济利益或重大间接经济利益。审计项目组成员的定义中所包括的人员除了为执行审计业务成立的项目组外，还包括会计师事务所及网络事务所中能够直接影响审计业务结果的其他人员。主要近亲属是指配偶、父母或子女。

(2)当一个实体在审计客户中拥有控制性的权益，并且审计客户对该实体重要时，会计师

事务所、审计项目组成员或其主要近亲属在该实体中拥有直接经济利益或重大间接经济利益。

(3)当其他合伙人与执行审计业务的项目合伙人同处一个分部时,其他合伙人或其主要近亲属在审计客户中拥有直接经济利益或重大间接经济利益。

(4)为审计客户提供非审计服务的其他合伙人、管理人员或其主要近亲属在审计客户中拥有直接经济利益或重大间接经济利益。

4. 在审计客户中允许拥有但需要采取措施防范不利影响的经济利益

如果审计项目组某一成员的其他近亲属在审计客户中拥有直接经济利益或重大间接经济利益,将对其独立性产生非常严重的不利影响。其他近亲属是指兄弟姐妹、祖父母、外祖父母、孙子女、外孙子女。

会计师事务所应当评价不利影响的严重程度,并在必要时采取防范措施消除不利影响或将其降低至可接受的水平。防范措施主要包括:

(1)其他近亲属尽快处置全部经济利益,或处置全部直接经济利益并处置足够数量的间接经济利益,以使剩余经济利益不再重大;

(2)由审计项目组以外的注册会计师复核该成员已执行的工作;

(3)将该成员调离审计项目组。

其他经济利益的影响及其控制,需要审计人员根据独立性概念框架加以判断确定。

(二)贷款与担保

1. 从银行或类似金融机构等审计客户取得贷款或获得贷款担保对独立性的不利影响及其防范

(1)如果审计客户不按照正常的程序、条款和条件提供贷款或担保,将会对独立性产生非常严重的不利影响,导致没有防范措施能够将其降低至可接受的水平。会计师事务所、审计项目组成员或其主要近亲属不得接受此类贷款或担保。

(2)如果会计师事务所按照正常的贷款程序、条款和条件,从银行或类似金融机构等审计客户取得贷款,即使该贷款对审计客户或会计师事务所影响重大,也可能通过采取防范措施将因自身利益产生的不利影响降低至可接受的水平。采取的防范措施包括由网络中未参与执行审计业务并且未接受该贷款的会计师事务所复核已执行的工作等。

(3)审计项目组成员或其主要近亲属从银行或类似金融机构等审计客户取得贷款,或由审计客户提供贷款担保,如果按照正常的程序、条款和条件取得贷款或担保,则不会对独立性产生不利影响。

2. 从不属于银行或类似金融机构等审计客户取得贷款或由其提供担保对独立性的不利影响及其防范

会计师事务所、审计项目组成员或其主要近亲属从不属于银行或类似金融机构的审计客户取得贷款,或由审计客户提供贷款担保,将会对独立性产生非常严重的不利影响,导致没有防范措施能够将其降低至可接受的水平。

3. 向审计客户提供贷款或为其提供担保对独立性的不利影响及其防范

会计师事务所、审计项目组成员或其主要近亲属向审计客户提供贷款或为其提供担保,将对独立性产生非常严重的不利影响,导致没有防范措施能够将其降低至可接受的水平。

4. 在审计客户开立存款或交易账户对独立性的不利影响及其防范

会计师事务所、审计项目组成员或其主要近亲属在银行或类似金融机构等审计客户开立存款或交易账户,如果账户按照正常的商业条件开立,则不会对独立性产生不利影响。

(三)商业关系

会计师事务所、审计项目组成员或其主要近亲属与审计客户或其高级管理人员之间存在下列商业关系时,将对独立性产生严重的不利影响:

(1)在与客户或其控股股东、董事、高级管理人员共同开办的企业中拥有经济利益;

(2)按照协议,将会计师事务所的产品或服务与客户的产品或服务结合在一起,并以双方名义捆绑销售;

(3)按照协议,会计师事务所销售或推广客户的产品或服务,或者客户销售或推广会计师事务所的产品或服务。

会计师事务所不得介入上述商业关系;如果存在上述商业关系,应当予以终止。如果上述商业关系涉及审计项目组成员,会计师事务所应当将该成员调离审计项目组。

如果审计项目组成员的主要近亲属与审计客户或其高级管理人员存在上述商业关系,注册会计师应当评价不利影响的严重程度,并在必要时采取防范措施消除不利影响或将其降低至可接受的水平。

另外,会计师事务所、审计项目组成员或其主要近亲属从审计客户购买商品或服务,如果交易性质特殊或金额较大,可能会对独立性产生不利影响。会计师事务所应当评价不利影响的严重程度,并在必要时采取防范措施消除不利影响或将其降低至可接受的水平。防范措施主要包括:

(1)取消交易或降低交易规模;

(2)将相关审计项目组成员调离审计项目组。

(四)家庭和私人关系

1. 如果审计项目组成员的主要近亲属是审计客户的董事、高级管理人员或特定员工,或者在业务期间或财务报表涵盖的期间曾担任上述职务,只有把该成员调离审计项目组,才能将对独立性的不利影响降低至可接受的水平。

2. 如果审计项目组成员的主要近亲属在审计客户中所处职位能够对客户的财务状况、经营成果和现金流量施加重大影响,将对独立性产生不利影响。会计师事务所应当评价不利影响的严重程度,并在必要时采取防范措施消除不利影响或将其降低至可接受的水平。防范措施主要包括:

(1)将该成员调离审计项目组;

(2)合理安排审计项目组成员的职责,使该成员的工作不涉及其主要近亲属的职责范围。

3. 如果审计项目组成员的其他近亲属是审计客户的董事、高级管理人员或特定员工,将对独立性产生不利影响。会计师事务所应当评价不利影响的严重程度,并在必要时采取防范措施消除不利影响或将其降低至可接受的水平。防范措施主要包括:

(1)将该成员调离审计项目组;

(2)合理安排审计项目组成员的职责,使该成员的工作不涉及其近亲属的职责范围。

4. 如果审计项目组成员与审计客户的员工存在密切关系,并且该员工是审计客户的董事、高级管理人员或特定员工,即使该员工不是审计项目组成员的近亲属,也将对独立性产生不利影响。有着此类关系的审计项目组成员应当按照会计师事务所的政策和程序的要求,向会计师事务所内部或外部的相关人员咨询。会计师事务所应当评价不利影响的严重程度,并在必要时采取防范措施消除不利影响或将其降低至可接受的水平。防范措施主要包括:

(1)将该成员调离审计项目组;

(2)合理安排审计项目组成员的职责,使该成员的工作不涉及其近亲属的职责范围。

5. 会计师事务所中审计项目组以外的合伙人或员工,与审计客户的董事、高级管理人员或特定员工之间存在家庭或私人关系,可能将对独立性产生不利影响。会计师事务所合伙人或员工在知悉此类关系后,应当按照会计师事务所的政策和程序进行咨询。会计师事务所应当评价不利影响的严重程度,并在必要时采取防范措施消除不利影响或将其降低至可接受的水平。防范措施主要包括:

(1)合理安排该合伙人或员工的职责,以减少对审计项目组可能产生的影响;

(2)由审计项目组以外的注册会计师复核已执行的相关审计工作。

(五)雇佣关系

1. 如果审计项目组前任成员或会计师事务所前任合伙人加入审计客户,担任董事、高级管理人员或特定员工,并且与会计师事务所仍保持重要交往,将产生非常严重的不利影响,导致没有防范措施能够将其降低至可接受的水平。

2. 如果审计项目组前任成员或会计师事务所前任合伙人加入审计客户,担任董事、高级管理人员或特定员工,但前任成员或前任合伙人与会计师事务所已经没有重要交往,仍可能对独立性产生不利影响,会计师事务所应当评价不利影响的严重程度,并在必要时采取防范措施消除不利影响或将其降低至可接受的水平。防范措施主要包括:

(1)修改审计计划;

(2)向审计项目组分派经验更丰富的人员;

(3)由审计项目组以外的注册会计师复核前任审计项目组成员已执行的工作。

3. 如果会计师事务所前任合伙人加入某一实体,而该实体随后成为会计师事务所的审计客户,会计师事务所应当评价对独立性不利影响的严重程度,并在必要时采取防范措施消除不利影响或将其降低至可接受的水平。

4. 如果审计项目组某一成员参与审计业务,当知道自己在未来某一时间将要或有可能加入审计客户时,将因自身利益产生不利影响。会计师事务所应当制定政策和程序,要求审计项目组成员在与审计客户协商受雇于该客户时,向会计师事务所报告。在接到报告后,会计师事务所应当评价不利影响的严重程度,并在必要时采取防范措施消除不利影响或将其降低至可接受的水平。防范措施主要包括:

(1)将该成员调离审计项目组;

(2)由审计项目组以外的注册会计师复核该成员在审计项目组中作出的重大判断。

5. 如果某一关键审计合伙人加入属于公众利益实体的审计客户,担任董事、高级管理人员或特定员工,将会对独立性产生不利影响。关键审计合伙人是指项目合伙人、实施项目质量控制复核的负责人,以及审计项目组中负责对财务报表审计所涉及的重大事项作出关键决策或判断的其他审计合伙人。该关键审计合伙人最早可以在客户次年度财务报表公布之日后加入审计客户。

如果会计师事务所前任高级合伙人(或管理合伙人,或同等职位的人员)加入属于公众利益实体的审计客户,担任董事、高级管理人员或特定员工,除非该高级合伙人离职已超过十二个月,否则独立性将被视为受到损害。

6. 如果会计师事务所向审计客户借出员工,可能对独立性产生不利影响。会计师事务所只能短期向客户借出员工,并且借出的员工不得为审计客户提供中国注册会计师职业道德守则禁止提供的非鉴证服务,也不得承担审计客户的管理层职务。审计客户有责任对借调员工的活动进行指导和监督。

会计师事务所应当评价借出员工产生不利影响的严重程度，并在必要时采取防范措施消除不利影响或将其降低至可接受的水平。防范措施主要包括：

(1)对借出员工的工作进行额外复核；

(2)安排过去借出员工作为审计项目组成员时，使其不对自己在借调期间执行的工作进行审计；

(3)不安排借出员工作为审计项目组成员。

7. 如果在被审计财务报表涵盖的期间，审计项目组成员曾担任审计客户的董事、高级管理人员或特定员工，将产生非常严重的不利影响，导致没有防范措施能够将其降低至可接受的水平。会计师事务所不得将此类人员分派到审计项目组。

如果在被审计财务报表涵盖的期间之前，审计项目组成员曾担任审计客户的董事、高级管理人员或特定员工，可能对独立性产生不利影响。会计师事务所应当评价不利影响的严重程度，并在必要时采取防范措施将其降低至可接受的水平。防范措施包括复核该成员已执行的工作等。

8. 如果会计师事务所的合伙人或员工兼任审计客户的董事或高级管理人员或公司秘书，将因自我评价和自身利益产生非常严重的不利影响，导致没有防范措施能够将其降低至可接受的水平。会计师事务所的合伙人或员工不得兼任审计客户的董事或高级管理人员或公司秘书。

(六)长期业务关系

1. 会计师事务所长期委派同一名合伙人或高级员工执行某一客户的审计业务，将对独立性产生不利影响。会计师事务所应当评价不利影响的严重程度，并在必要时采取防范措施消除不利影响或将其降低至可接受的水平。防范措施主要包括：

(1)将该人员轮换出审计项目组；

(2)由审计项目组以外的注册会计师复核该人员已执行的工作；

(3)定期对该业务实施独立的质量复核。

2. 如果审计客户属于公众利益实体，执行其审计业务的关键审计合伙人任职时间不得超过五年。在任期结束后的两年内，该关键审计合伙人不得再次成为该客户的审计项目组成员或关键审计合伙人。在此期间，该关键审计合伙人也不得有下列行为：

(1)参与该客户的审计业务；

(2)为该客户的审计业务实施质量控制复核；

(3)就有关技术或行业特定问题、交易或事项向项目组或该客户提供咨询；

(4)以其他方式直接影响业务结果。

3. 审计项目组的其他合伙人与属于公众利益实体的审计客户之间长期存在业务关系，将对独立性产生不利影响。会计师事务所应当评价不利影响的严重程度，并在必要时采取防范措施消除不利影响或将其降低至可接受的水平。防范措施主要包括：

(1)将该合伙人轮换出审计项目组，或终止其与审计客户存在的业务关系；

(2)定期对该业务实施独立的质量控制复核。

4. 在审计客户成为公众利益实体之前，如果关键审计合伙人已为该客户服务的时间不超过三年，则该合伙人还可以为该客户继续提供服务的年限为五年减去已经服务的年限。

如果关键审计合伙人为该客户服务了四年或更长的时间，在该客户成为公众利益实体之后，该合伙人还可以继续服务两年。

如果审计客户是首次公开发行证券的公司，关键审计合伙人在该公司上市后连续提供审计服务的期限，不得超过两个完整的会计年度。

（七）提供非鉴证服务

1. 在接受委托向审计客户提供非鉴证服务之前，会计师事务所应当确定提供该服务是否将对独立性产生不利影响。如果没有防范措施能够将不利影响降低至可接受的水平，会计师事务所不得向审计客户提供非鉴证服务。

2. 如果无意中向客户的关联实体或分支机构，或者针对财务报表项目提供了非鉴证服务，会计师事务所应当采取下列补救措施将不利影响降低至可接受的水平，以避免损害独立性：

（1）由其他会计师事务所对客户的关联实体、分支机构或财务报表项目进行审计；

（2）由其他会计师事务所重新执行非鉴证服务，并且所执行工作的范围能够使其承担责任。

3. 会计师事务所通常不得受托向审计客户的下列关联实体提供中国注册会计师职业道德守则限制的非鉴证服务：

（1）不是会计师事务所的审计客户，但能够直接或间接控制审计客户的实体；

（2）不是会计师事务所的审计客户，但在审计客户中拥有直接经济利益的实体，该实体能够对审计客户施加重大影响，并且经济利益对该实体重大；

（3）不是会计师事务所的审计客户，但与审计客户处于同一控制下的实体。

4. 如果审计客户成为公众利益实体，在同时满足下列条件时，会计师事务所向其提供非鉴证服务不会损害独立性：

（1）以往向该实体提供的非鉴证服务符合中国注册会计师职业道德守则有关向非公众利益实体提供非鉴证服务的规定；

（2）在客户成为公众利益实体之前终止，或之后尽快终止中国注册会计师职业道德守则不允许向公众利益实体提供的非鉴证服务；

（3）在必要时已采取防范措施消除对独立性产生的不利影响，或将其降低至可接受的水平。

（八）收费

1. 如果会计师事务所从某一审计客户收取的全部费用占其收费总额的比重很大，则对独立性会产生不利影响。会计师事务所应当评价不利影响的严重程度，并在必要时采取防范措施消除不利影响或将其降低至可接受的水平。防范措施主要包括：

（1）降低对该客户的依赖程度；

（2）实施外部质量控制复核；

（3）就关键的审计判断向第三方咨询，例如向行业监管机构或其他会计师事务所咨询。

2. 如果从某一审计客户收取的全部费用占某一合伙人从所有客户收取的费用总额的比重很大，或占会计师事务所某一分部收取的费用总额的比重很大，也将对独立性产生不利影响。会计师事务所应当评价不利影响的严重程度，并在必要时采取防范措施消除不利影响或将其降低至可接受的水平。防范措施主要包括：

（1）降低对来源于该客户的收费的依赖程度；

（2）由审计项目组以外的注册会计师复核已执行的工作或在必要时提出建议；

(3)定期实施独立的质量控制复核。

3. 如果会计师事务所连续两年从某一属于公众利益实体的审计客户及其关联实体收取的全部费用，占其从所有客户收取的全部费用的比重超过15%，会计师事务所应当向审计客户治理层披露这一事实，并讨论选择下列哪种防范措施，以将不利影响降低至可接受的水平：

(1)在对第二年度财务报表发表审计意见之前，由其他会计师事务所对该业务再次实施项目质量控制复核(简称发表审计意见前复核)；

(2)在对第二年度财务报表发表审计意见之后、对第三年度财务报表发表审计意见之前，由其他会计师事务所对第二年度的审计工作再次实施项目质量控制复核(简称发表审计意见后复核)。

在上述收费比例明显超过15%的情况下，如果采用发表审计意见后复核无法将不利影响降低至可接受的水平，会计师事务所应当采用发表审计意见前复核。

如果两年后每年收费比例继续超过15%，则会计师事务所应当每年向治理层披露这一事实，并讨论选择采取上述哪种防范措施。在收费比例明显超过15%的情况下，如果采用发表审计意见后复核无法将不利影响降低至可接受的水平，会计师事务所应当采用发表审计意见前复核。

4. 如果审计客户长期未支付应付的审计费用，尤其是相当一部分审计费用在出具下一年度审计报告前仍未支付，可能对独立性产生不利影响。会计师事务所通常要求审计客户在审计报告出具前付清上一年度的审计费用。如果在审计报告出具后审计客户仍未支付该费用，会计师事务所应当评价不利影响存在与否及其严重程度，并在必要时采取防范措施消除不利影响或将其降低至可接受的水平。必要时根据逾期收费的重要程度确定是否继续执行审计业务。

5. 或有收费是指收费与否或收费多少取决于交易的结果或所执行工作的结果。如果一项收费是由法院或政府有关部门规定的，则该项收费不被视为或有收费。

会计师事务所在提供审计服务时，以直接或间接形式取得或有收费，将因自身利益产生非常严重的不利影响，导致没有防范措施能够将其降低至可接受的水平。会计师事务所不得采用这种收费安排。

会计师事务所在向审计客户提供非鉴证服务时，如果非鉴证服务以直接或间接形式取得或有收费，出现下列情况之一，将对独立性产生非常严重的不利影响，导致没有防范措施能够将其降低至可接受的水平，会计师事务所不得采用这种收费安排：

(1)非鉴证服务的或有收费由对财务报表发表审计意见的会计师事务所取得，并且对其影响重大或预期影响重大；

(2)网络事务所参与大部分审计工作，非鉴证服务的或有收费由该网络事务所取得，并且对其影响重大或预期影响重大；

(3)非鉴证服务的结果以及由此收取的费用金额，取决于未来或当期与财务报表重大金额审计相关的判断。

在向审计客户提供非鉴证服务时，如果会计师事务所采用其他形式的或有收费安排，会计师事务所应当评价不利影响的严重程度，并在必要时采取防范措施消除不利影响或将其降低至可接受的水平。防范措施主要包括：

(1)由审计项目组以外的注册会计师复核相关审计工作，或在必要时提供建议；

(2)由审计项目组以外的专业人员提供非鉴证服务。

(九)其他

1. 如果某一审计项目组成员的薪酬或业绩评价与其向审计客户推销的非鉴证服务挂钩，将对独立性产生不利影响。会计师事务所应当评价不利影响的严重程度。如果不利影响超出可接受的水平，会计师事务所应当修改该成员的薪酬计划或业绩评价程序，或者采取其他防范措施消除不利影响或将其降低至可接受的水平。防范措施主要包括：

(1)将该成员调离审计项目组；

(2)由审计项目组以外的注册会计师复核该成员已执行的工作。

关键审计合伙人的薪酬或业绩评价不得与其向审计客户推销的非鉴证服务直接挂钩。

2. 如果会计师事务所或审计项目组成员接受审计客户的礼品，将产生非常严重的不利影响，导致没有防范措施能够将其降低至可接受的水平。会计师事务所或审计项目组成员不得接受礼品。

会计师事务所或审计项目组成员应当评价接受款待产生不利影响的严重程度，并在必要时采取防范措施消除不利影响或将其降低至可接受的水平。如果款待超出业务活动中的正常往来，会计师事务所或审计项目组成员应当拒绝接受。

3. 会计师事务所和客户管理层由于诉讼或诉讼威胁而处于对立地位，将影响管理层提供信息的意愿，从而对独立性产生不利影响。会计师事务所应当评价不利影响的严重程度，并在必要时采取防范措施消除不利影响或将其降低至可接受的水平。防范措施主要包括：

(1)如果诉讼涉及某一审计项目组成员，将该成员调离审计项目组；

(2)由审计项目组以外的专业人员复核已执行的工作。

如果此类防范措施不能将不利影响降低至可接受水平，会计师事务所应当拒绝接受审计业务委托，或解除审计业务约定。

第三节　注册会计师的法律责任

一、注册会计师法律责任的成因

注册会计师法律责任是指注册会计师在鉴证业务中没有尽到应有的职业谨慎，存在违约、过失、欺诈等行为，依照有关法律法规应当受到的追究。

(一)应有的职业谨慎与审计失败

应有的职业谨慎是指注册会计师应当具备足够的专业知识和业务能力，按照执业准则的要求执业。

注册会计师在审计过程中没有尽到应有的职业谨慎，就属于审计失败。发生审计失败，注册会计师就要承担法律责任。

审计失败常常由审计客户的经营失败“引爆”。经营失败是指企业由于经济或经营条件的变化(如经济衰退、管理决策失误或激烈的行业竞争等)导致经营业绩下滑、经营困难，甚至破产清算等明显低于投资者预期的情况。被审计单位遭遇经营失败时，遭到损失的投资者很有可能起诉担任审计工作的注册会计师。如果注册会计师在审计过程中没有按照审计准则要求审计，审计失败就发生了。但是，审计客户产生经营失败并不意味着一定会有审计失败。经营失败只是审计失败的重要导火索。产生审计失败的根本原因是注册会计师审计有不符合审计准则要求的地方，包括违约、过失和欺诈行为等。

(二)注册会计师的违约、过失和欺诈行为

所谓违约,是指合同的一方或几方未能达到合同条款的要求。当违约给他人造成损失时,注册会计师或会计师事务所应负违约责任。

所谓过失,是指责任人缺少应具有的职业谨慎,给他人造成损害的行为。通常将过失按程度不同分为普通过失和重大过失。普通过失是指责任人没有严格保持应有的职业谨慎。重大过失是指连起码的正常人的谨慎都没有保持。另有一种过失叫共同过失,即注册会计师和受害方都未能保持合理的谨慎而蒙受损失。

欺诈是以欺骗或坑害他人为目的的一种故意行为。作案者具有不良动机是欺诈与过失的主要区别之一。对于注册会计师而言,欺诈就是为了达到欺骗他人的目的,明知被审计单位的财务报表有重大错报却加以虚假陈述,出具不恰当的审计报告。

与欺诈相关的另一个概念是"推定欺诈",又称"涉嫌欺诈",是指虽无故意欺诈或坑害他人的动机,但存在极端或异常的过失。在涉及注册会计师的诉讼案件中,推定欺诈与重大过失这两个概念往往是很难界定的。近年来,西方的法官们常将重大过失解释为推定欺诈,将推定欺诈与欺诈等效,从而进一步加重了注册会计师的法律责任。

二、我国注册会计师的法律责任

我国注册会计师因为违约、过失或欺诈给被审计单位或其他利害关系人造成损失的,按照有关法律规定,可能被判承担行政责任、民事责任和刑事责任。有关法律规定如下:

(一)行政责任

1.《注册会计师法》的规定

《注册会计师法》第三十九条第一款规定:"会计师事务所违反本法第二十条、第二十一条规定的,由省级以上人民政府财政部门给予警告,没收违法所得,可以并处违法所得一倍以上五倍以下的罚款;情节严重的,并可以由省级以上人民政府财政部门暂停其经营业务或者予以撤销。"

《注册会计师法》第三十九条第二款规定:"注册会计师违反本法第二十条、第二十一条规定的,由省级以上人民政府财政部门给予警告,情节严重的,可以由省级以上人民政府财政部门暂停其执行业务或者吊销注册会计师证书。"

2.《证券法》的规定

《证券法》第二百零一条规定:"为股票的发行、上市、交易出具审计报告、资产评估报告或者法律意见书等文件的证券服务机构和人员,违反本法第四十五条的规定买卖股票的,责令依法处理非法持有的股票,没收违法所得,并处以买卖股票等值以下的罚款。"

第二百零七条规定:"违反本法第七十八条第二款的规定,在证券交易活动中作出虚假陈述或者信息误导的,责令改正,处以三万元以上二十万元以下的罚款;属于国家工作人员的,还应当依法给予行政处分。"

第二百二十三条规定:"证券服务机构未勤勉尽责,所制作、出具的文件有虚假记载、误导性陈述或者重大遗漏的,责令改正,没收业务收入,暂停或者撤销证券服务业务许可,并处以业务收入一倍以上五倍以下的罚款。对直接负责的主管人员和其他直接责任人员给予警告,撤销证券从业资格,并处以三万元以上十万元以下的罚款。"

第二百二十五条规定:"上市公司、证券公司、证券交易所、证券登记结算机构、证券服务机构,未按照有关规定保存有关文件和资料的,责令改正,给予警告,并处以三万元以上三十万元

以下的罚款；隐匿、伪造、篡改或者毁损有关文件和资料的，给予警告，并处以三十万元以上六十万元以下的罚款。”

3.《公司法》的规定

《公司法》第二百零七条第一款规定：“承担资产评估、验资或者验证的机构提供虚假材料的，由公司登记机关没收违法所得，处以违法所得一倍以上五倍以下的罚款，并可以由有关主管部门依法责令该机构停业、吊销直接责任人员的资格证书，吊销营业执照。”

第二百零七条第二款规定：“承担资产评估、验资或者验证的机构因过失提供有重大遗漏的报告的，由公司登记机关责令改正，情节较严重的，处以所得收入一倍以上五倍以下的罚款，并可以由有关主管部门依法责令该机构停业、吊销直接责任人员的资格证书，吊销营业执照。”

4.《违反注册会计师法处罚暂行办法》的规定

为加强注册会计师行业的监督管理，促进注册会计师事业的健康发展，维护社会公共利益和当事人的合法权益，1998 年财政部根据《注册会计师法》和《行政处罚法》，制定发布《违反注册会计师法处罚暂行办法》（以下简称《办法》）。《办法》第四条规定：“对注册会计师的处罚种类包括：（一）警告；（二）没收违法所得；（三）罚款；（四）暂停执业部分或全部业务，暂停执业的最长期限为 12 个月；（五）吊销有关执业许可证；（六）吊销注册会计师证书。”

第五条规定：“对事务所的处罚种类包括：（一）警告；（二）没收违法所得；（三）罚款；（四）暂停执行部分或全部业务，暂停执行的最长期限为 12 个月；（五）吊销有关执行许可证；（六）撤销事务所。”

《办法》除细化规定了注册会计师和事务所违反《注册会计师法》应当承担的行政责任的种类外，还具体规定了对违反《注册会计师法》的注册会计师和事务所实施行政处罚的主体、条件、程序，以及注册会计师和事务所减轻、免除行政责任的情形和救济途径等。

（二）民事责任

1.《民法通则》的规定

1987 年 1 月 1 日施行的《民法通则》第一百零六条规定：“公民、法人违反合同或者不履行其他义务的，应当承担民事责任。公民、法人由于过错侵害国家的、集体的财产，侵害他人财产、人身的，应当承担民事责任。没有过错，但法律规定应当承担民事责任的，应当承担民事责任。”

2.《注册会计师法》的规定

1994 年 1 月 1 日实施的《注册会计师法》在第六章“法律责任”中规定了注册会计师的行政、刑事和民事责任。其中，关于民事责任的条款是第四十二条“会计师事务所违反本法规定，给委托人、其他利害关系人造成损失的，应当依法承担赔偿责任。”

3.《证券法》的规定

2005 年 10 月 27 日新修订的《证券法》第一百七十三条规定：“证券服务机构为证券的发行、上市、交易等证券业务活动制作、出具审计报告、资产评估报告、财务顾问报告、资信评级报告或者法律意见书等文件，应当勤勉尽责，对所依据的文件资料内容的真实性、准确性、完整性进行核查和验证。其制作、出具的文件有虚假记载、误导性陈述或者重大遗漏，给他人造成损失的，应当与发行人、上市公司承担连带赔偿责任，但是能够证明自己没有过错的除外。”

4.《公司法》的规定

《公司法》第二百零七条第三款规定：“承担资产评估、验资或者验证的机构因出具的评估结果、验资或者验证证明不实，给公司债权人造成损失的，除能够证明自己没有过错的外，在其评估或者证明不实的金额范围内承担赔偿责任。"

(三)刑事责任

1.《注册会计师法》的规定

《注册会计师法》第三十九条第三款规定:"会计师事务所、注册会计师违反本法第二十条、第二十一条的规定,故意出具虚假的审计报告、验资报告,构成犯罪的,依法追究刑事责任。"

2.《证券法》的规定

《证券法》第二百三十一条规定:"违反本法规定,构成犯罪的,依法追究刑事责任。"

3.《公司法》的规定

《公司法》第二百一十五条规定:"违反本法规定,构成犯罪的,依法追究刑事责任。"

4.《刑法》的规定

《刑法》第二百二十九条第一款规定:"承担资产评估、验资、验证、会计、审计、法律服务等职责的中介组织的人员故意提供虚假证明文件,情况严重的,处五年以下有期徒刑或者拘役,并处罚金。"

第二百二十九条第二款规定:"前款规定的人员,索取他人财物或者非法收受他人财物,犯前款罪的,处五年以上十年以下有期徒刑,并处罚金。"

第二百二十九条第三款规定:"第一款规定的人员,严重不负责任,出具的证明文件有重大失实,造成严重后果的,处三年以下有期徒刑或者拘役,并处或者单处罚金。"

第二百三十一条规定:"单位犯有本节第二百二十一条至第二百三十条规定之罪的,对单位判处罚金,并对其直接负责的主管人员和其他直接责任人员,依照本节各该条的规定处罚。"

5.《违反注册会计师法处罚暂行办法》的规定

《违反注册会计师法处罚暂行办法》第三十一条规定:"注册会计师和事务所的违法行为构成犯罪的,应当移交司法机关,依法追究刑事责任。"

三、2007 年 6 月 11 日的《司法解释》

2007 年 6 月 11 日最高人民法院发布的《关于审理涉及会计师事务所在审计活动中民事侵权赔偿案件的若干规定》(以下简称《司法解释》),是在梳理以往发布的五个司法解释的基础上,经过充分讨论和反复论证,对审判实践中出现的新情况、新问题作出符合法律精神并切合实际的规定,具有里程碑式的意义。

《司法解释》共 13 条,主要规定了会计师事务所侵权责任产生的事由、利害关系人的范围、诉讼当事人的列置、执业准则的法律地位、归责原则及举证分配、会计师事务所的连带责任和补充责任、认定会计师事务所过失责任的情形和过失认定的标准、会计师事务所免除和减轻赔偿责任的事由以及会计师事务所侵权赔偿顺位和赔偿责任范围等内容。

(一)会计师事务所侵权责任产生的事由

《司法解释》第一条规定:"利害关系人以会计师事务所在从事注册会计师法第十四条规定的审计业务活动中出具不实报告并致其遭受损失为由,向人民法院提起民事侵权赔偿诉讼的,人民法院应当依法受理。"

《注册会计师法》第十四条规定了四类审计业务,即:企业财务报表审计;企业验资;企业合并、分立、清算中的审计;法律、行政法规规定的其他审计业务。根据《司法解释》第一条的规定,会计师事务所无论执行何种审计业务,其在承担民事侵权赔偿责任时都适用相同的法律规定,即《司法解释》的相关规定。会计师事务所不再因为所执行审计业务种类的不同而承担不同的民事侵权赔偿责任。

出具不实报告，就可能承担民事侵权赔偿责任。根据《司法解释》第二条第二款的界定，“不实报告”是指“会计师事务所违反法律法规、中国注册会计师协会依法拟定并经国务院财政部门批准后施行的执业准则和规则以及诚信公允的原则，出具的具有虚假记载、误导性陈述或者重大遗漏的审计业务报告”。根据这一规定，构成不实报告需满足两个条件：一是违反法律法规、执业准则和规则以及诚信公允原则；二是具有虚假记载、误导性陈述或者重大遗漏。

(二)利害关系人的范围

利害关系人的范围，即第三人的范围，是会计师事务所民事责任的核心问题。利害关系人范围的宽窄，最能反映出法律规定所秉承在公众利益和行业利益之间的价值取向。《司法解释》第二条第一款规定：“因合理信赖或者使用会计师事务所出具的不实报告，与被审计单位进行交易或者从事与被审计单位的股票、债券等有关的交易活动而遭受损失的自然人、法人或者其他组织，应认定为注册会计师法规定的利害关系人。”

该条规定及《司法解释》其他相关规定，实际上是依侵权行为法的逻辑，贯彻了民法的公平原则，在被审计单位—会计师事务所—第三人（即财务信息提供人—财务信息鉴证人—财务信息使用人）之间公平分配因被审计单位经营失败或舞弊、会计师事务所审计失败而导致的利害关系人损失。即：会计师事务所应当对一切合理依赖或使用其出具的不实审计报告而受到损失的利害关系人承担赔偿责任，与利害关系人发生交易的被审计单位应当承担第一位责任，会计师事务所仅应对其过错及其过错程度承担相应的赔偿责任，在利害关系人存在过错时，应当减轻会计师事务所的赔偿责任。

(三)诉讼当事人的列置

《司法解释》第三条规定：“利害关系人未对被审计单位提起诉讼而直接对会计师事务所提起诉讼的，人民法院应当告知其对会计师事务所和被审计单位一并提起诉讼；利害关系人拒不起诉被审计单位的，人民法院应当通知被审计单位作为共同被告参加诉讼。利害关系人对会计师事务所的分支机构提起诉讼的，人民法院可以将该会计师事务所列为共同被告参加诉讼。利害关系人提出被审计单位的出资人虚假出资或出资不实、抽逃出资，且事后未补足的，人民法院可以将该出资人列为第三人参加诉讼。”

该条规定涉及三个民事主体、两类诉讼当事人。三个民事主体是指被审计单位、分支机构所属事务所以及被审计单位出资人。两类诉讼当事人是指前述三个民事主体在会计师事务所侵权赔偿案件中应被分别列为共同被告或第三人。这一规定，不但体现了被审计单位—会计师事务所—利害关系人三方之间公平分配损失的原则，而且方便在诉讼中查明事实，一次性解决纠纷。

(四)执业准则的法律地位

《司法解释》第二条第二款、第四条第二款、第六条和第七条等规定，明确将执业准则纳入法律程序范畴，将会计师事务所是否遵循了执业准则的要求作为判断其有无欺诈和过失的重要依据。

(五)归责原则和举证责任分配

归责原则是民事责任制度的核心。民事责任归责原则一般分为两种，即过错责任原则和无过错责任原则。过错责任原则是指有过错才有责任。过错责任原则又可分为一般过错责任原则和过错推定原则。无过错责任原则是指无过错也要承担责任，比如产品责任等。

举证责任分配是证明制度的核心，一般分为谁主张谁举证原则和举证责任倒置原则。

对此,《司法解释》采取以过错责任归责原则为基础,统一适用过错推定原则和举证责任倒置的模式。

《司法解释》第四条第一款明确规定:“会计师事务所因在审计业务活动中对外出具不实报告给利害关系人造成损失的,应当承担侵权赔偿责任,但其能够证明自己没有过错的除外。”根据这一规定,会计师事务所只有存在过错时才承担侵权赔偿责任,无过错不承担责任,但是会计师事务所是否存在过错需要由会计师事务所自己来提出证明。根据《司法解释》第四条第二款规定,会计师事务所可以通过提交相关执业准则以及审计工作底稿等,证明自己没有过错。另外,根据《司法解释》的精神,在确定会计师事务所侵权赔偿责任时,除非会计师事务所能够证明原告利害关系人的损失是由于审计报告以外的其他因素引起,否则就可以推定不实报告与损失的因果关系存在。

(六)会计师事务所的连带责任和补充责任

连带责任是指债务人为多数的情况下,债权人既有权请求所有的债务人清偿债务,也有权请求其中任何一个债务人单独清偿债务的一部分或者全部。清偿了全部债务的债务人,有权就其清偿超过自己应分担的部分,要求其他的债务人按各应承担的部分给予补偿。补充责任是指对主责任的补充清偿责任。所谓主责任,是指行为人本人首先承担的民事责任。当主责任人的财产不足以清偿债务时,不足部分由承担补充责任的人来清偿。

关于会计师事务所在审计活动中,因其出具不实报告给利害关系人造成损失,应当承担何种性质的法律责任,《司法解释》第五条规定了会计师事务所在故意情况下,应当与被审计单位承担连带赔偿责任,第六条和第十条规定了会计师事务所在过失情况下,根据过失大小承担补充责任。

《司法解释》第五条规定:“注册会计师在审计业务活动中存在下列情形之一,出具不实报告给利害关系人造成损失的,应当认定会计师事务所与被审计单位承担连带责任:(一)与被审计单位恶意串通;(二)明知被审计单位对重要事项的财务会计处理与国家有关规定相抵触,而不予指明;(三)明知被审计单位的财务会计处理会直接损害利害关系人的利益,而予以隐瞒或作不实报告;(四)明知被审计单位的财务会计处理会导致利害关系人产生重大误解,而不予指明;(五)明知被审计单位的财务报表的重要事项有不实内容,而不予指明;(六)被审计单位示意作不实报告,而不予拒绝。对被审计单位有前款第(二)至(五)项所列行为,注册会计师按照执业准则、规则应当知道的,人民法院应认定其明知。”从内容上看,该条不但规定了会计师事务所故意出具不实报告的情形,而且根据《注册会计师法》第二十一条第三款,还规定了按照执业准则、规则应当知道的应推定为故意出具不实报告并承担连带责任。《司法解释》的这一创造性规定,能够较好地实现关于公平分配利害关系人损失以及过错与责任相适的指导思想。

(七)会计师事务所过失责任和过失认定标准

《司法解释》第六条第一款规定:“会计师事务所在审计业务活动中因过失出具不实报告,并给利害关系人造成损失的,人民法院应当根据其过失大小确定其赔偿责任。”这一规定明确了两方面问题:

一是会计师事务所过失出具不实报告不承担连带责任。即会计师事务所过失赔偿责任,是在被审计单位、出资人的财产依法强制执行后仍不足以赔偿损失时,会计师事务所才承担赔偿责任。如果被审计单位、出资人的财产依法强制执行后利害关系人的损失全部得以赔偿,那么会计师事务所就可以不承担赔偿责任。

二是会计师事务所承担的赔偿责任大小是与其过失程度相适应的,但没有对过失程度的划分做出明确规定。

对于应认定会计师事务所存在过失的具体情形和认定标准,《司法解释》第六条第二款做出详细规定,即“注册会计师在审计过程中未保持必要的职业谨慎,存在下列情形之一,并导致报告不实的,人民法院应当认定会计师事务所存在过失:(一)违反《注册会计师法》第二十条第(二)、(三)项的规定;(二)负责审计的注册会计师以低于行业一般成员应具备的专业水准执业;(三)制定的审计计划存在明显疏漏;(四)未依据执业准则、规则执行必要的审计程序;(五)在发现可能存在错误和舞弊的迹象时,未能追加必要的审计程序予以证实或者排除;(六)未能合理地运用执业准则和规则所要求的重要性原则;(七)未根据审计的要求采用必要的调查方法获取充分的审计证据;(八)明知对总体结论有重大影响的特定审计对象缺少判断能力,未能寻求专家意见而直接形成审计结论;(九)错误判断和评价审计证据;(十)其他违反执业准则、规则确定的工作程序的行为”。

(八)会计师事务所免除和减轻责任的事由

根据民法理论,民事侵权责任须满足一定的构成要件。一般的民事侵权责任须满足四个构成要件,即行为人主观过错、实际损失的发生、过错与损失之间的因果关系以及行为人违法。如果不能满足这四个构成要件,侵权责任主体就可以提出抗辩,要求免责或者减责。会计师事务所民事侵权赔偿责任也是如此。《司法解释》第一条至第六条,实际上都是根据审计执业的特点,对会计师事务所侵权赔偿责任构成要件的细化规定。如果会计师事务所能够证明自己在特定方面不符合这些构成要件的规定,那么,会计师事务所就可以提出抗辩。

《司法解释》第七条主要从是否存在过错和因果关系两个方面规定了五种会计师事务所免责的情形:“(一)已经遵守执业准则、规则确定的工作程序并保持必要的职业谨慎,但仍未能发现被审计单位的会计资料错误;(二)审计业务所必须依赖的金融机构等单位提供虚假或者不实的证明文件,会计师事务所在保持必要的职业谨慎下仍未能发现虚假或者不实;(三)已对被审计单位的舞弊迹象提出警告并在审计报告中予以指明;(四)已经遵照验资程序进行审核并出具报告,但被审验单位在注册登记之后抽逃资金;(五)为登记时未出资或者未足额出资的出资人出具不实报告,但出资人在登记后已补足出资。”其中,前三项规定属于因没有过错而免责的情形,后两项规定属于因没有因果关系而免责的情形。

同时,《司法解释》第八条还规定了会计师事务所减轻责任的一种情形:“利害关系人明知会计师事务所出具的报告为不实报告而仍然使用的,人民法院应当酌情减轻会计师事务所的赔偿责任。”

除《司法解释》第七条、第八条规定的减责和免责情形外,会计师事务所还可通过主张欠缺侵权责任构成要件等提出抗辩。比如,会计师事务所可以提出自己无过错、没有出具不实报告、没有发生实际损失等。还可以提出其他事实或法律规定可以抗辩的事由,例如,利害关系人的赔偿请求权已超过诉讼时效期限等。

另外,针对实务中部分会计师事务所试图通过在审计报告中限制报告用途来减轻或免除责任的做法,《司法解释》第九条专门做了规定:“会计师事务所在报告中注明‘本报告仅供年检使用’、‘本报告仅供工商登记使用’等类似内容的,不能作为免责的事由。”这是因为,会计师事务所出具的一些审计报告,其用途已为法律法规所规定,会计师事务所无权限定审计报告的用途。

(九)会计师事务所侵权赔偿顺位和赔偿责任范围

在会计师事务所侵权赔偿诉讼案件中,一般涉及多个责任主体。如果多个责任主体之间承担的是连带责任,那么是不存在赔偿顺序问题的。但如果多个责任主体之间没有连带关系,且存在补充责任时,那么就需要确定这些责任主体之间的赔偿顺序。《司法解释》第十条针对会计师事务所因其过失承担补充赔偿责任的案件中,会计师事务所与被审计单位及其瑕疵出资的股东之间的赔偿顺序做出了规定。

会计师事务所与被审计单位之间的责任顺位,《司法解释》第十条第(一)项规定,"应先由被审计单位赔偿利害关系人的损失"。因为,从因果关系的角度看,被审计单位的违约或欺诈行为是导致报告使用人损失的直接原因,不实审计报告只是间接原因。基于这种直接原因与间接原因的区分,对于报告使用人的损失,应当由被审计单位承担第一顺位的责任,会计师事务所承担后顺位的责任。

被审计单位与其瑕疵出资股东之间的责任顺位,《司法解释》第十条第(一)项规定,"被审计单位的出资人虚假出资、不实出资或者抽逃出资,事后未补足,且依法强制执行被审计单位财产后仍不足以赔偿损失的,出资人应在虚假出资、不实出资或者抽逃出资数额范围内向利害关系人承担补充赔偿责任"。因为,被审计单位的瑕疵出资股东未尽出资义务,应当在瑕疵出资数额范围内向公司债权人承担补充赔偿责任。

会计师事务所与被审计单位瑕疵出资股东之间的责任顺位,《司法解释》第十条第(二)项规定:"对被审计单位、出资人的财产依法强制执行后仍不足以赔偿损失的,由会计师事务所在其不实审计金额范围内承担相应的赔偿责任。"因为企业出资人未出资或出资不实,应当对企业的债权人承担相应的民事责任。

在确定会计师事务所侵权赔偿责任范围方面,《司法解释》也区分了故意和过失两种情况。会计师事务所因故意出具不实报告而承担连带责任时,没有最高赔偿额的限定,会计师事务所应当承担的赔偿数额由具体案件中利害关系人的损失数额和其他责任主体赔偿能力决定。会计师事务所因过失出具不实报告而承担补充赔偿责任时,根据《司法解释》第十条第(二)项和第(三)项的规定,无论利害关系人是一个还是多个,无论多个利害关系人是在一个诉讼案件中还是在多个诉讼案件中,会计师事务所就其所出具的不实审计报告承担赔偿责任的最高限额为该审计报告中的不实审计金额。这里的不实审计金额,是指会计师事务所审计报告中的不实证明金额部分,而不是审计报告的全部证明金额。不实的审计金额部分,通常被认为是某一个利害关系人的最大利益损失,会计师事务所承担最高赔偿额不应超过该最大利益损失。

除以上九个主要方面内容外,《司法解释》还针对司法实践中出现的两个突出问题做出了明确规定。

1. 会计师事务所与其分支机构关系问题

针对司法实践中出现的一些会计师事务所与其分支机构法律责任与诉讼地位关系不清问题,《司法解释》第十一条明确规定:"会计师事务所与其分支机构作为共同被告的,会计师事务所对其分支机构的责任承担连带赔偿责任。"

2. 会计师事务所未经审判被擅自追加为被执行人的问题

为保护会计师事务所的合法权益,《司法解释》第十二条明确规定:"本司法解释所涉会计师事务所侵权赔偿纠纷未经审判,人民法院不得将会计师事务所追加为被执行人。"

关键概念

诚信原则　独立性概念框架　专业胜任能力　应有的关注　职业道德概念框架　或有收费

网络会计师事务所　公众利益实体　关联实体　关键审计合伙人　注册会计师法律责任
应有的职业谨慎　审计失败　过失　欺诈　审计利害关系人　过错责任原则

准确理解题

1. 下列关于注册会计师职业道德概念框架的说法错误的有(　　)。

(1)职业道德守则明确禁止的情形就是不允许的，否则就是允许的；

(2)注册会计师应自觉识别威胁职业道德基本原则的情形或关系；

(3)注册会计师应谨慎评价威胁职业道德基本原则遵循的重要程度；

(4)注册会计师面临职业道德威胁时应当拒绝或终止服务。

2. 下列有关审计独立性要求的说法错误的有(　　)。

(1)如果事务所的商业利益或业务活动可能与客户存在利益冲突，应当谢绝委托；

(2)不得同时为存在利益冲突的两个以上客户服务；

(3)可以自主决定为某一特定行业或领域中的两个以上客户提供服务；

(4)如果客户不同意为存在利益冲突的其他客户服务，应当终止为其中一方或多方提供服务。

3. 根据最高人民法院 2007 年 6 月 11 日发布的《关于审理涉及会计师事务所在审计活动中民事侵权赔偿案件的若干规定》(即《司法解释》)，下列说法错误的是(　　)。

(1)注册会计师应当自己举证自己在审计过程中无过失；

(2)出具的审计业务报告如果存在虚假记录、误导性陈述或者重大遗漏的，法院应当认定为不实报告；

(3)利用了审计报告进行交易活动而遭受损失的自然人、法人或者其他组织，应当认定为《注册会计师法》规定的利害关系人；

(4)利害关系人起诉会计师事务所时，应同时起诉被审计单位。

复习思考题

1. 注册会计师执业应当遵守哪些职业道德基本原则？如何遵守？

2. 影响注册会计师遵守职业道德守则的不利影响因素有哪些？注册会计师和会计师事务所应当如何应对这些不利影响因素？

3. 按照职业道德的要求，注册会计师在接受客户关系、承接业务、客户变更委托、利益冲突、应客户要求提供第二次意见、收费、专业服务影响、保管客户资产中，应当如何保持职业道德？

4. 何为独立性概念框架？其运用的一般原则和具体要求是什么？

5. 审计业务中可能有哪些损害独立性的利益或关系？注册会计师分别应当如何防范？

6. 我国注册会计师需要承担哪些法律责任？导致注册会计师承担法律责任的原因有哪些？

7. 根据 2007 年 6 月 11 日最高人民法院发布的《司法解释》，会计师事务所会因为什么、对谁承担何种性质的、多大的民事责任？应当按照什么归责原则和举证要求确认民事责任？过失责任的认定标准是什么？有哪些免除和减轻责任的事由？

讨论分析题

1. X 银行拟申请公开发行股票，委托 ABC 会计师事务所审计了其 2011 年度、2012 年度、2013 年度的财务报表，双方于 2013 年底续签了审计业务约定书。假定该事务所及其审计组成员与 X 银行存在以下情况：

(1)约定书规定，审计费用为 150 万元，提交审计报告时支付 50%，银行成功上市时再支付 50%；

(2)2012 年 7 月，ABC 会计师事务所向 X 银行取得贷款 300 万元；

(3)ABC会计师事务所的合伙人A目前担任X银行的独立董事；
(4)审计组负责人B 2010年度曾经担任X银行的审计部经理；
(5)审计组成员C自2011年以来一直协助X银行编制年度财务报表；
(6)审组成员D的妻子自2011年以来一直担任X银行的统计员；
(7)审组成员E自2013年起利用业余时间推销X银行的信用卡；
(8)审计组利用了本事务所咨询部内部控制评估组对X银行2011年度内部控制评估成果减轻2012年度财务报表审计中的内部控制评审工作量。

要求：分别就上述情况判断各情况对该事务所及其审计组独立性是否有影响，指出事务所应采取的正确对策。

2. 丁公司是一家上市公司，为了获取银行贷款，决定委托ABC事务所对其提交的财务报表进行审计。ABC事务所的分支机构受托委派A注册会计师为项目组长实施审计。审计过程符合审计准则要求，实施了检查有关文件记录、监盘存货、函证相关银行等必要的审计程序，保持了应有的职业谨慎。但是由于丁公司高管人员串通舞弊，致使审计项目组未能发现丁公司隐瞒固定资产修理费200万元(报表层次重要性水平100万元)的问题。因此，A在审计报告中认为财务报表是合法、公允的，并声明“本报告仅供提供贷款的银行使用”，以控制审计风险。一年后，丁公司因经营失败寻求破产保护。丁公司股票持有人张三以ABC事务所出具不实审计报告为由，向法院提起民事诉讼，要求ABC事务所承担连带赔偿责任。法院在受理中发现了前述丁公司隐瞒固定资产修理费200万元的问题。针对张三提起的诉讼，ABC事务所提出了如下三项抗辩理由，要求免于承担民事责任：一是审计工作乃分支机构所为，与本事务所无关；二是张三与本所及分支机构不存在合约关系，因而不是利害关系人；三是审计报告中已注明“本报告仅供提供贷款的银行使用”。所以张三因不当使用审计报告而遭受的损失与本所无关。

要求：回答下列问题并简要说明理由。
(1)A注册会计师在审计过程中是否具有过失问题？为什么？
(2)丁公司股票持有人张三如果因利用审计报告而遭受损失，他可以对哪些单位或个人提起民事诉讼？
(3)ABC事务所针对张三提起的诉讼提出的抗辩理由是否成立？
(4)ABC事务所在本案中可否免于承担民事责任？为什么？

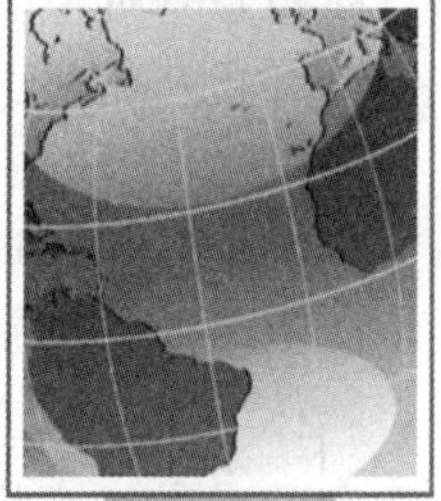

第三章 财务报表审计目标与工作循环

第一节 财务报表审计目标

一、财务报表审计总体目标及其实现

(一)财务报表审计总体目标

1. 财务报表审计总体目标的意义

审计目标是在一定历史环境下,人们通过审计活动所期望达到的境地或最终结果,是审计工作的行动指南,是确定衡量审计质量标准的重要依据。审计业务类型不同,审计目标也有所差异。本章主要介绍财务报表审计目标及其工作循环。

财务报表审计目标包括财务报表审计总体目标以及各类交易、账户余额和披露的具体审计目标两个层次。

财务报表审计总体目标就是提高财务报表预期使用者对财务报表的信赖程度。它包括两个方面:一是对财务报表整体是否不存在由于舞弊和错误导致的重大错报获取合理保证,使得注册会计师能够对财务报表是否在所有重大方面按照适用的财务报告编制基础编制发表审计意见;二是按照审计准则规定,就审计结果与被审计单位管理层和治理层进行沟通后,对财务报表出具审计报告。

这里的舞弊是指被审计单位的管理层、治理层、员工或第三方,使用欺骗手段获取不当或非法利益的故意行为。舞弊与错误是两个相对应的概念,这两个概念针对的都是被审计单位相关方面(如管理层、员工)的行为,这些行为最终都可能导致财务报表出现错报。区分错误和舞弊的标准是,导致错报的行为是否出自故意。舞弊属于故意行为,其目的是为特定个人或利益集团获取不当或非法利益,一般表现为虚报财务信息、非法占用资产、违规使用资金等行为。错误属于非故意行为,一般表现有:为编制财务报表而收集和处理数据时发生失误;由于疏忽和误解有关事实而做出不恰当的会计估计;在运用与确认、计量、分类或列报相关的会计政策时发生失误;等等。

这里的合理保证是指一个合格的注册会计师严格按照审计准则和相关职业道德的要求执行审计工作后应当能够提供的保证程度,是当时社会条件下能够提供的最高水平的保证。它通常要求注册会计师实施一切必要的审计程序,获取充分与适当的审计证据,将审计风险降低至可接受的水平,以积极的方式表达审计意见。

这里所谓适用的财务报告编制基础,是指法律法规要求采用的财务报告编制基础。它分为通用目的编制基础和特殊目的编制基础。通用目的编制基础,是指旨在满足广大财务报表使用者共同的财务信息需求的财务报告编制基础，主要指会计准则和会计制度。特殊目的编制基础，是指旨在满足财务报表特定使用者对财务信息需求的财务报告编制基础，包括计税核算基础、监管机构的报告要求和合同的约定等。适用的财务报表编制基础有时也指管理层和治理层（如适用）在编制财务报表时，就被审计单位性质和财务报表目标而言，采用的可接受的财务报告编制基础。

这里的审计意见是指对被审计单位财务报表整体上是否合法、公允所做的判断。它包括认为被审计单位已审计财务报表整体上合法和公允的无保留意见，认为被审计单位已审计财务报表整体上部分合法和公允的保留意见，认为被审计单位已审计财务报表整体上不合法或不公允的否定意见，以及无法对被审计单位已审计财务报表整体上是否合法和公允发表意见的无法表示意见四种。

这里的管理层是指对被审计单位经营活动的执行负有经营管理责任的人员。治理层是指对被审计单位战略方向以及管理层履行经营管理责任负有监督责任的人员或组织。在某些被审计单位，管理层和治理层的成员部分或全部兼任。在现代公司治理结构下，管理层通过编制财务报表反映受托责任的履行情况；治理层对管理层编制财务报表的过程要实施有效的监督。在治理层的监督下，管理层作为会计工作的行为人，对编制财务报表负有直接责任。

2. 财务报表审计目标产生的原因

财务报表使用者之所以希望注册会计师对财务报表的合法性和公允性发表审计意见，主要有以下四方面原因：

（1）利益冲突。财务报表使用者往往有着各自的利益，且这种利益与被审计单位管理层的利益大不相同。出于对自身利益的关心，财务报表使用者常常担心管理层提供带有偏见、不公正甚至欺诈性的财务报表。为此，他们通常需要向注册会计师寻求审计服务。

（2）财务信息的重要性。财务报表是其使用者进行经济决策的重要信息来源，在有些情况下，还是唯一的信息来源。在进行投资、贷款和其他经济决策时，财务报表使用者期望财务报表中的信息相关、可靠，因此期待注册会计师确定被审计单位是否按公认会计原则编制财务报表。

（3）复杂性。由于会计业务的处理及财务报表的编制日趋复杂，财务报表使用者因缺乏会计知识而难以对财务报表的质量做出评估，所以，他们寻求注册会计师对财务报表的质量进行审计。

（4）间接性。绝大多数财务报表使用者都不参与被审计单位的经营，这种限制导致财务报表使用者不可能接触到编制财务报表所依据的会计记录和会计账簿，即使使用者可以接触，往往由于时间和成本的限制，无法对其进行审查。在这种情况下，使用者只得依赖注册会计师的审计。

3. 财务报表审计目标提出的前提

财务报表审计目标提出的前提是被审计单位管理层和治理层（如适用）认可其与财务报表相关的下列责任：

（1）按照适用的财务报告编制基础编制财务报表，并使其实现公允反映（如适用）；

（2）设计、执行和维护必要的内部控制，以使财务报表不存在由于舞弊或错误导致的重大错报；

（3）向注册会计师提供必要的工作条件，包括允许注册会计师接触与编制财务报表相关的所有信息（如记录、文件和其他事项），向注册会计师提供审计所需的其他信息，允许注册会计师在获取审计证据时不受限制地接触其认为必要的内部人员和其他相关人员。

如果被审计单位管理层和治理层(如适用)不能充分履行上述责任,注册会计师审计工作就无法进行,审计目标就无法实现。因此,被审计单位管理层和治理层(如适用)认可其对财务报表的责任是注册会计师执行审计工作的前提。

4. 财务报表审计目标的作用

财务报表审计目标对注册会计师的审计工作发挥着导向作用,它界定了注册会计师的责任范围:按照《中国注册会计师审计准则》(以下简称《审计准则》)的规定对财务报表发表审计意见。注册会计师作为独立的第三方,对财务报表发表审计意见,就能实现提高财务报表可信赖程度的目标。为履行这一职责,注册会计师应当遵守相关职业道德要求,按照《审计准则》的规定,计划和实施审计工作,获取充分、适当的审计证据,并根据获取的审计证据得出合理的审计结论,发表恰当的审计意见。注册会计师通过签署审计报告确认其责任。

需要说明的是,财务报表审计不能减轻被审计单位管理层和治理层的责任。财务报表编制和财务报表审计是财务信息生成链条上的不同环节,两者各司其职。法律法规要求管理层和治理层对编制财务报表承担责任,有利于从源头上保证财务信息质量。同时,在某些方面,注册会计师与管理层和治理层之间可能存在信息不对称。管理层和治理层作为内部人员,对企业的情况更为了解,更能作出适合企业特点的会计处理决策和判断,因此,管理层和治理层理应对编制财务报表承担完全责任。尽管在审计过程中,注册会计师可能向管理层和治理层提出调整建议,甚至在不违反独立性的前提下为管理层编制财务报表提供协助,但管理层仍然对编制财务报表承担责任,并通过签署财务报表确认这一责任。

如果财务报表存在重大错报,而注册会计师通过审计没有能够发现,也不能因为财务报表已经注册会计师审计这一事实而减轻管理层和治理层对财务报表的责任。

(二)实现财务报表审计目标的基本要求

1. 严格遵守相关的职业道德要求

注册会计师要高质量地实现财务报表审计目标,就应当严格遵守与财务报表审计相关的职业道德要求(包括与独立性相关的要求,下同)。相关的职业道德要求通常是指《中国注册会计师职业道德守则》(以下简称《职业道德守则》)中与财务报表审计相关的规定。

2. 始终保持职业怀疑态度

在计划和实施审计工作时,注册会计师应当保持职业怀疑,认识到可能存在导致财务报表发生重大错报的情形。这是注册会计师实现财务报表审计目标的态度要求。职业怀疑,是指注册会计师执行审计业务的一种态度,包括采取质疑的思维方式,对可能表明由于错误或舞弊导致错报的迹象保持警觉,以及对审计证据进行审慎评价。

职业怀疑意味着,注册会计师执行审计业务时要善于发现疑点并追查清楚,当发现存在相互矛盾的审计证据、可疑的文件记录和答复、可能存在舞弊的迹象等情形时,都要追查清楚;要凭证据"说话",不能因轻信管理层和治理层的诚信而满足于说服力不够的审计证据。

职业怀疑要求注册会计师有必要在整个审计过程中注意降低以下风险:忽视异常情形的风险;对观察得出的审计结论进行过度推广的风险;在确定审计程序的性质、时间安排和范围以及评价审计结果时使用不恰当假设的风险。

3. 始终保持合格的职业判断能力

在计划和实施审计工作时,注册会计师应当始终保持合格的职业判断能力,并适当地加以运用和充分地进行记录。这是注册会计师实现财务报表审计目标的能力要求。所谓合格的职业判断能力，是指注册会计师作为合格职业专家所应当具有的正确判断的能力和恰当运用这种能力的认真负责的态度。获取充分的知识和经验，保持高水平的技能，就疑难问题或争议事项进行的咨询等，有助于保持合格职业判断能力。

评价职业判断是否适当可以基于下列两个方面：

(1)作出的判断是否反映了对审计和会计原则的适当运用；

(2)根据截至审计报告日注册会计师知悉的事实和情况，作出的判断是否适当，是否与这些事实和情况相一致。

审计中的下列决策尤其需要合格的职业判断：

(1)确定重要性和评估审计风险；

(2)为满足审计准则的要求和收集审计证据的需要，确定所需实施的审计程序的性质、时间和范围；

(3)为实现审计准则规定的目标和财务报表审计总体目标，评价是否已获取充分、适当的审计证据以及是否还需执行更多的工作；

(4)评价管理层在应用适用的财务报告编制基础时作出的判断；

(5)根据已获取的审计证据得出结论，如评估管理层在编制财务报表时作出估计的合理性。

如果有关决策不被该业务的具体事实和情况所支持或者缺乏充分、适当的审计证据，则意味着职业判断是错误的。

4. 获取充分、适当的审计证据将审计风险降至可接受的低水平

注册会计师只有获取充分、适当的审计证据，将审计风险降至可接受的低水平，才能够得出合理的结论，形成对财务报表合法性和公允性的审计意见。这是注册会计师实现财务报表审计目标的基本要求。审计意见的类型需要根据获取的审计证据情况及其与被审计单位的沟通情况来选择；注册会计师只有将审计风险降至可接受的低水平，才能得出审计结论，形成审计意见。

5. 恰当认识审计的固有限制

审计存在固有限制。审计的固有限制源于财务报告的性质、审计程序的性质和在合理的时间内以合理的成本完成审计的需要。

(1)财务报告的性质。管理层编制财务报表，需要根据被审计单位的事实和情况，运用适用的财务报告编制基础，进行职业判断。此外，许多财务报表项目涉及主观决策、评估或一定程度的不确定性，并且可能存在一系列可接受的解释或判断。因此，某些财务报表项目的金额本身就存在一定的变动幅度，这种变动幅度不能通过实施追加的审计程序来消除。

(2)审计程序的性质。注册会计师获取审计证据的能力受到实务和法律上的限制。例如，管理层或其他人员可能有意或无意地不提供与财务报表编制相关的或注册会计师要求的全部信息，舞弊可能涉及精心策划和蓄意实施以进行隐瞒，注册会计师没有被授予特定的法律权力(如搜查权)而这种权力对调查是必要的。

(3)在合理的时间内以合理的成本完成审计需要。审计中要求注册会计师处理所有可能存在的信息是不切实际的，基于信息存在错误或舞弊而竭尽所能地追查每一个事项也是不切实际的。正是因为认识到这一点，财务报表使用者只能要求注册会计师在合理的时间内以合理的成本对财务报表形成审计意见。

此外，舞弊特别是涉及高级管理人员的舞弊或串通舞弊、关联方关系和交易的存在与完整

性、违反法律法规行为的发生、可能导致被审计单位无法持续经营的未来事项或情况等,也会限制注册会计师发现重大错报的能力。

由于审计存在固有限制,注册会计师即使按照审计准则的规定适当地计划和执行审计工作,也不能避免当财务报表存在某些重大错报时可能未被发现的风险。因此,财务报表使用者不应期望注册会计师将审计风险降至零,不能要求注册会计师对财务报表不存在由于舞弊或错误导致的重大错报做出绝对保证;注册会计师也不能奢望将审计风险降至零。

但是,审计的固有限制并不能作为注册会计师满足于说服力不足的审计证据的理由。即使存在审计固有限制,注册会计师也必须按照审计准则的要求,特别要考虑在适用的财务报告编制基础上,会计估计是否合理,相关披露是否充分,会计实务的质量是否良好(包括管理层判断是否可能存在偏向)等。同时审计的固有限制也不能作为注册会计师省略必要审计程序或省略不可替代的审计程序的正当理由。为了在合规的时间内以合理的成本对财务报表形成审计意见,注册会计师有必要进行以下工作:

(1)计划审计工作,以使审计工作以有效的方式得到执行;

(2)将审计资源投向最可能存在重大错报风险的领域,并相应地在其他领域减少审计资源;

(3)运用测试和其他方法检查总体中存在的错报。

6. 严格按照审计准则的要求执行审计工作

严格按照审计准则的要求执行审计工作,是保证财务报表审计目标实现的最基本要求。审计准则作为一个整体,为注册会计师执行审计工作以实现总体目标提供了基本标准。审计准则规范了注册会计师的一般责任以及在具体方面履行这些责任时的进一步考虑。每项审计准则都明确了规范的内容、适用的范围和生效的日期。审计准则并不超越规范财务报表审计的法律法规,但是,如果法律法规与审计准则之间存在差异,仅按照相关法律法规的规定执行审计工作,将不会被视为自动地遵守了审计准则。

注册会计师也可能同时按照《中国注册会计师审计准则》和某一国家或地区的审计准则执行审计工作。在这种情况下,除遵守与审计工作相关的每项《中国注册会计师审计准则》外,注册会计师可能有必要实施额外的审计程序,以遵守该国家或地区的相关准则。

审计准则的要求旨在使注册会计师能够实现审计准则规定的目标,进而实现财务报表总体审计目标。因此,注册会计师恰当执行审计准则的要求,预期会为其实现目标提供充分的基础。然而,由于各项审计业务的具体情况存在很大差异,并且审计准则不可能预想到所有的情况,注册会计师有责任确定必要的审计程序,以满足准则的要求和实现目标。针对某项业务的具体情况,可能存在一些特定事项,需要注册会计师实施审计准则要求之外的审计程序,以满足审计准则规定的目标。

在财务报表总体审计目标下,注册会计师需要运用审计准则规定的目标以评价是否已获取充分、适当的审计证据。如果根据评价的结果认为没有获取充分、适当的审计证据,那么注册会计师可以采取下列一项或多项措施来满足审计准则的要求:

(1)评价通过遵守其他审计准则是否已经获取或将会获取进一步的相关审计证据;

(2)在执行一项或多项审计准则的要求时,扩大审计工作的范围;

(3)实施注册会计师根据具体情况认为必要的其他程序。

如果上述措施在具体情况下均不可行或无法实施,注册会计师将无法获取充分、适当的审计证据。在这种情况下,审计准则要求注册会计师确定对审计报告或完成该项业务的能力的影响。

二、被审计单位的认定

所谓认定，是指被审计单位管理层对财务报表各组成要素的确认、计量、列报以及相关的披露做出的明确或隐含的表达。它们是注册会计师考虑财务报表存在错报类型的前提条件，是确定审计具体目标的直接依据，因为注册会计师的基本职责就是确定被审计单位管理层对其财务报表的认定是否恰当。注册会计师对报表项目进行审计的一般流程是：弄清被审计单位管理层的认定，明确可能存在的错报类型（即具体审计目标），评估错报风险水平，设计和实施适当的审计程序，将错报风险控制在可接受的低水平。因此，弄清被审计单位管理层的认定，对于保证审计质量、提高审计效率十分重要。

被审计单位管理层的认定包括：与所审计期间各类交易和事项相关的认定、与期末账户余额相关的认定、与列报和披露相关的认定三类。

（一）与所审计期间各类交易和事项相关的认定

被审计单位管理层对所审计期间的各类交易和事项运用的认定通常分为下列五类：

1. 发生。记录的交易和事项已发生，且与被审计单位有关。

2. 完整性。所有应当记录的交易和事项均已记录。

3. 准确性。与交易和事项有关的金额及其他数据已恰当记录。

4. 截止。交易和事项已记录于正确的会计期间。

5. 分类。交易和事项已记录于恰当的账户。

例如，W 公司主营业务收入账户记录本期收入 500 万元，即意味着 W 公司管理层认定：

（1）本期账户中记录的主营业务收入确已实现；

（2）本期实现的主营业务收入都已记入主营业务收入账户；

（3）本期记入的主营业务收入金额 500 万元是正确的；

（4）主营业务收入记入的会计期间是正确的；

（5）主营业务收入记入的账户也是恰当的。

（二）与期末账户余额相关的认定

被审计单位管理层对期末账户余额运用的认定通常分为下列四类：

1. 存在。记录的资产、负债和所有者权益是存在的。

2. 权利和义务。记录的资产由被审计单位拥有或控制，记录的负债是被审计单位应当履行的偿还义务。

3. 完整性。所有应记录的资产、负债和所有者权益均已记录。

4. 计价和分摊。资产、负债和所有者权益以恰当的金额包括在财务报表中，与之相关的计价和分摊调整已恰当记录。

例如，W 公司的应收票据账户期末余额为 100 万元，则表明 W 公司管理层对应收票据账户余额做了如下认定：

（1）入账的应收票据在资产负债表日确实存在。

（2）入账的应收票据都归 W 公司所有。

（3）所有的应收票据都已入账。

（4）入账的应收票据金额 100 万元是恰当的并已包括在资产负债表中。

(三)与列报和披露相关的认定

各类交易和账户余额的认定正确只是为正确列报打下了必要的基础,财务报表还可能因被审计单位误解有关列报的规定或发生舞弊等而产生错报,还可能因被审计单位没有遵守一些专门的披露要求而导致财务报表错报。因此,注册会计师还应当关注被审计单位管理层各类交易、账户余额及相关事项在财务报表中列报认定的正确性。被审计单位管理层对列报的认定通常分为下列四类:

1. 发生以及权利和义务。披露的交易、事项和其他情况已发生,且与被审计单位有关。

2. 完整性。所有应当包括在财务报表中的披露均已包括。

3. 分类和可理解性。财务信息已被恰当地列报和描述且披露内容表述清楚。

4. 准确性和计价。财务信息和其他信息已公允披露,且金额恰当。

例如,W公司资产负债表中列示有存货2 500万元,且没有在附注中作任何说明,则意味着W公司做了如下认定:

(1)资产负债表中列示的存货在资产负债表日确实存在且属于W公司所有;

(2)所有的存货都已列入资产负债表存货项目;

(3)所有属于存货的账户余额都已恰当地列入资产负债表存货项目,且没有需要说明的特殊情况;

(4)资产负债表中列示的2 500万元的存货金额是正确的。

三、具体审计目标

具体审计目标是审计总目标的具体化,是注册会计师对各类交易和事项、期末账户余额、列报进行审计时所要查明的各项具体问题。具体审计目标是注册会计师确定审计范围、评估重大错报风险、选择和实施审计程序的重要依据。一般而言,具体审计目标应当根据审计总目标和被审计单位管理层的认定来确定。

注册会计师可以按照被审计单位管理层的认定分类确定具体审计目标,也可综合运用认定确定具体审计目标。与被审计单位管理层的认定相对应,具体审计目标包括与所审计期间各类交易和事项相关的审计目标、与期末账户余额相关的审计目标、与列报和披露相关的审计目标三种。

(一)与所审计期间各类交易和事项相关的审计目标

1. 发生

由发生认定推导的审计目标是确认已记录的交易是真实的。例如,如果没有发生销售交易,但在销售明细账和总账中记录了一笔销售,则违反了该目标。

发生认定所要解决的问题是管理层是否把那些不曾发生的项目列入财务报表,它主要与财务报表组成要素的高估有关。

2. 完整性

由完整性认定推导的审计目标是确认已发生的交易确实已经记录。例如,如果发生了销售交易,但没有在销售明细账和总账中记录,则违反了该目标。

发生目标和完整性目标的关注点正好相反。发生目标主要关注交易的高估,而完整性目标主要关注交易的低估。

3. 准确性

由准确性认定推导出的审计目标是确认已记录的交易是按正确金额反映的。例如,如果在销售交易中，发出商品的数量与账单上的数量不符，或是开具账单时使用了错误的销售价格，或是账单中的乘积或加总有误，或是在销售明细账中记录了错误的金额，则违反了该目标。

准确性与发生、完整性之间存在区别。准确性关注的是交易金额的计算和记录是否正确，而发生或完整关注的是交易内容的虚列或隐瞒。例如，若已记录的销售交易是不应当记录的（如发出的商品是寄销商品），则即使发票金额是准确计算的，仍违反了发生目标。再如，若已入账的销售交易是对正确发出商品的记录，但金额计算错误，则违反了准确性目标，但没有违反发生目标。在完整性与准确性之间也存在同样的关系。

4. 截止

由截止认定推导出的审计目标是确认接近于资产负债表日的交易记录于恰当的期间。例如，如果本期交易推迟到下期入账，或下期交易提前到本期入账，均违反了截止目标。

5. 分类

由分类认定推导出的审计目标是确认被审计单位记录的交易经过适当分类。例如，如果将现金销售记录为赊销，将出售经营性固定资产所得的收入记录为营业收入，则导致交易分类的错误，违反了分类的目标。

(二)与期末账户余额相关的审计目标

1. 存在

由存在认定推导的审计目标是确认记录的金额确实存在。例如，如果不存在某顾客的应收账款，在应收账款明细表中却列入了对该顾客的应收账款，则违反了存在性目标。

2. 权利和义务

由权利和义务认定推导的审计目标是确认资产归属于被审计单位、负债属于被审计单位的义务。例如，将他人寄售商品列入被审计单位的存货中，违反了权利目标；将不属于被审计单位的债务记入被审计单位账内，违反了义务目标。

3. 完整性

由完整性认定推导的审计目标是确认已存在的金额均已记录。例如，如果存在某顾客的应收账款，在应收账款明细表中却没有列入对该顾客的应收账款，则违反了完整性目标。

4. 计价和分摊

由计价和分摊认定推导的审计目标是确认资产、负债和所有者权益以恰当的金额包括在财务报表中，与之相关的计价或分摊调整已恰当记录。

(三)与列报和披露相关的审计目标

1. 发生及权利和义务

将没有发生的交易、事项，或与被审计单位无关的交易和事项包括在财务报表中，则违反了该目标。例如，复核董事会会议记录中是否记载了固定资产抵押等事项，询问管理层固定资产是否被抵押，即是对列报的权利认定的运用。如果抵押固定资产，则需要在财务报表中列报，说明其权利受到限制。

2. 完整性

如果应当披露的事项没有包括在财务报表中，则违反了该目标。例如，检查关联方和关联交易，以验证其在财务报表中是否得到充分披露，即是对列报的完整性认定的运用。

3. 分类和可理解性

财务信息已被恰当地列报和描述，且披露内容表述清楚。例如，检查存货的主要类别是否已披露，是否将一年内到期的长期负债列为流动负债，即是对列报的分类和可理解性认定的运用。

4. 准确性和计价

财务信息和其他信息已公允披露，且金额恰当。例如，检查财务报表附注是否分别对原材料、在产品和产成品等存货成本核算方法做了恰当说明，即是对列报的准确性和计价认定的运用。

认定是确定具体审计目标的基础，具体审计目标是选择审计程序的主要依据。因此，认定、具体审计目标和审计程序之间关系非常密切。现举例说明如下（见表3—1）：

表3—1　　认定与审计目标、审计程序之间的关系

认定	审计目标	审计程序
存货存在	存货账面记录是否真实	监盘存货等
现金完整性	现金入账是否完整	检查收据及其入账情况等
货币资金截止	货币资金收支是否记入恰当会计期间	收支凭证与日记账的日期进行核对等
应收账款计价	应收账款计价是否正确（即应收账款是否以正确的净值列报）	检查应收账款账龄分析表、评估计提的坏账准备是否充足等

第二节　对舞弊和法律法规的考虑

一、财务报表审计需要关注的舞弊及其发生机理

（一）财务报表审计中需要关注的舞弊

由于舞弊行为可能导致财务报表发生重大错报，因此，注册会计师实施财务报表审计，还要对被审计单位影响财务报表公允真实性的舞弊行为予以应有的关注。

舞弊是一个宽泛的法律概念，但审计准则并不要求注册会计师对舞弊是否已经发生做出法律意义上的判定，只要求关注导致财务报表发生重大错报的舞弊。这是因为：一方面，当舞弊行为对财务报表不产生重大影响时，注册会计师用于识别和应对财务报表重大错报风险的审计程序可能无法涉及这些行为；另一方面，注册会计师也不具备合适的资格和身份对舞弊是否已经发生做出法律意义上的判定。

基于上述两方面的考虑，在财务报表审计中，注册会计师通常只关注下列两类可能导致财务报表发生重大错报的舞弊行为。

1. 对财务信息做出虚假报告

对财务信息做出虚假报告，可能源于管理层通过操纵利润误导财务报表使用者对被审计单位业绩或盈利能力的判断。

任何舞弊行为都是有动机的，管理层对财务信息做出虚假报告的动机主要包括：

（1）迎合市场预期或特定监管要求；

（2）牟取以财务业绩为基础的私人报酬最大化；

（3）偷逃或骗取税款；

（4）骗取外部资金；

（5）掩盖侵占资产的事实等。

对财务信息做出虚假报告通常表现为：

(1)对财务报表所依据的会计记录或相关文件记录的操纵、伪造或篡改；

(2)对交易、事项或其他重要信息在财务报表中的不真实表达或故意遗漏；

(3)对与确认、计量、分类或列报有关的会计政策和会计估计的故意误用等。

对财务信息做出虚假报告通常与管理层凌驾于控制之上有关。管理层通过凌驾于控制之上实施舞弊的手段主要包括：

(1)编制虚假的会计分录，特别是在临近会计期末时；

(2)滥用或随意变更会计政策；

(3)不恰当地调整会计估计所依据的假设及改变原先做出的判断；

(4)故意漏记、提前确认或推迟确认报告期内发生的交易或事项；

(5)隐瞒可能影响财务报表金额的事实；

(6)构造复杂的交易以歪曲财务状况或经营成果；

(7)篡改与重大或异常交易相关的会计记录和交易条款等。

虽然这些舞弊手段的实施时间不一定有固定规律，但一般认为临近会计期末是舞弊行为的多发时期。在该时期，管理层往往会集中发生突击实施各类财务信息虚假报告的行为。注册会计师应保持应有的职业谨慎，特别关注该时期发生舞弊行为的可能性。当然，对报告期内其他时间舞弊的可能性也要给予应有的关注。

2. 侵占资产

侵占资产是指被审计单位的管理层或员工非法占用被审计单位的资产。侵占资产的手段很多，主要包括：

(1)贪污收入款项。例如侵占收回的货款，将汇入已注销账户的收款转移至个人银行账户。

(2)盗取货币资金、实物资产或无形资产。例如盗取存货自用或售卖，通过向公司竞争者泄露技术资料以获取回报。

(3)使被审计单位对虚构的商品或劳务付款。例如：向虚构的供应商支付款项；收受供应商提供的回扣并提高采购价格；虚构员工名单并支取工资。

(4)将被审计单位资产挪为私用。如将公司资产作为个人贷款或关联方贷款的抵押。

需要注意的是，侵占资产通常伴随着虚假或误导性的文件记录，其目的是隐瞒资产缺失或未经适当授权使用资产的事实。

(二)舞弊发生的机理

舞弊"三角理论"认为，舞弊的发生一般都同时具备动机(压力)、机会、借口三个风险要素。

1. 舞弊者实施舞弊首先要有动机(压力)

例如，侵吞、挪用资产的动机可能是个人生活的入不敷出，或者是为了满足对奢华物质生活的贪欲；对财务信息做出虚假报告，可能是因为管理层出于被审计单位外部或内部实现特定利润目标(有可能不切实际)的压力，特别是当没有实现特定财务目标将会对管理层产生重大不利后果，如影响到管理层个人的经济利益或职务升迁时。

2. 存在得以实施舞弊行为的机会

舞弊的机会一般源于内部控制在设计和运行上的缺陷。例如，内部控制被处于关键管理职位或熟知内部控制的某个薄弱环节的人员所凌驾或规避，就存在着对财务信息做出虚假报告或挪用资产的机会。

3. 舞弊者对自身行为往往做合理化解释

只有舞弊者能够对舞弊行为予以合理化解释，舞弊者才能心安理得，而不会惴惴不安。例如，侵占资产的员工可能认为单位对自身的待遇不公；编制虚假财务报告者可能认为造假不是出于个人私利，而是出于公司集体利益。这些貌似合理的借口，往往与舞弊者特定的性格特征和价值取向有关。

将舞弊行为的发生分解为三项因素，除了具有理论特征描述的功能以外，也为注册会计师在审计实务工作中识别与评估舞弊导致的财务报表重大错报风险提供了多个思考角度，更加有助于审计实务操作。

二、治理层、管理层的责任和注册会计师的责任

（一）治理层、管理层的责任

1. 治理层和管理层的责任

被审计单位治理层和管理层对防止或发现舞弊负有主要责任。

2. 治理层和管理层责任的履行

管理层在治理层的监督下，高度重视对舞弊的防范和遏制是非常重要的。对舞弊进行防范可以减少舞弊发生的机会；对舞弊进行遏制，即发现和惩罚舞弊行为，能够警示被审计单位人员不要实施舞弊。对舞弊的防范和遏制需要管理层营造诚实守信和合乎道德的文化，并且这一文化能够在治理层的有效监督下得到强化。

治理层和管理层的某些行为对舞弊的发生会产生直接影响。审计职业界普遍认为，治理层和管理层以下三方面的行动有助于防范舞弊的发生：

(1)营造和保持讲诚信和讲道德的文化；

(2)评估舞弊风险并实施方案和控制化解风险；

(3)建立适当的舞弊监督程序，如由审计委员会监督内部控制和财务报告。

（二）注册会计师的责任

对于注册会计师发现舞弊的责任，审计职业界与社会公众之间存在“期望差距”。社会公众认为注册会计师有责任发现被审计单位财务报表中的所有舞弊。审计职业界往往会辩解财务报表审计不是专门的舞弊调查，在发现舞弊方面有很大的局限性。“期望差距”的存在往往会影响社会公众对审计行业的信心。从总的趋势来看，审计行业应当更积极地承担发现舞弊的责任。

1. 注册会计师的责任

目前，注册会计师在财务报表审计时对舞弊的责任可以从正反两个方面来界定：

一方面，在按照审计准则的规定执行审计工作时，注册会计师有责任对财务报表整体是否不存在由于舞弊或错误导致的重大错报获取合理保证。对能够导致财务报表产生重大错报的舞弊，注册会计师应当合理保证能够予以发现，这是实现财务报表审计目标的内在要求，也是财务报表审计的价值所在。

另一方面，由于审计的固有限制，即使注册会计师按照审计准则的规定恰当计划和执行了审计工作，也不可避免地存在财务报表中的某些重大错报未被发现的风险。注册会计师不能对财务报表整体不存在重大错报获取绝对保证。

舞弊导致的重大错报未被发现的风险大于错误导致的重大错报未被发现的风险，因为舞弊可能涉及精心策划和蓄意实施以进行隐瞒（如伪造证明或故意漏记交易），或者有意向注册

会计师提供虚假陈述。如果涉及串通舞弊，注册会计师可能更难发现蓄意隐瞒的问题，这可能导致虚假的审计证据被注册会计师误认为具有说服力。

管理层舞弊导致的重大错报未被发现的风险，通常大于员工舞弊导致的重大错报未被发现的风险。其原因是管理层往往可以利用职务之便，直接或间接操纵会计记录，提供虚假的财务信息，或凌驾于为防止其他员工实施类似舞弊而建立的控制之上。

因此，如果在完成审计工作后仍发现有舞弊导致的重大错报，特别是串通舞弊或伪造文件记录导致的重大错报，注册会计师是否要负责任，主要看注册会计师是否严格按照审计准则的规定实施了审计程序，是否获取了充分、适当的审计证据，以及是否根据证据评价结果出具了恰当的审计报告。

2. 注册会计师责任的履行

注册会计师在财务报表审计中考虑舞弊时，同样需要采用风险导向审计的总体思路，即首先识别和评估舞弊风险，然后采取恰当的措施有针对性地予以应对。

(1)评估舞弊风险的程序。

其一，询问。注册会计师应当询问治理层、管理层、内部审计人员，以确定其是否知悉任何舞弊事实、舞弊嫌疑或舞弊指控。注册会计师应当根据不同的询问对象，运用职业判断，确定询问内容。注册会计师还应当就舞弊有关事项向管理层和治理层(如适用)获取书面声明。

其二，评价舞弊风险因素。注册会计师应当评价通过其他风险评估程序和相关活动获取的信息，评价被审计单位财务报表是否表明存在舞弊风险因素。存在舞弊风险因素并不表明必然会发生舞弊，但表明可能存在由于舞弊导致的重大错报风险。注册会计师应当运用职业判断，考虑被审计单位的规模、复杂程度、所有权结构及所处行业等，以确定舞弊风险因素对重大错报风险评估可能产生的影响。

其三，实施分析程序。注册会计师实施分析程序有助于识别对财务报表和审计产生影响的异常金额、比率和趋势所隐藏的舞弊。在实施分析程序以了解被审计单位及其环境时，注册会计师应当评价识别出的异常或偏离预期的关系(包括与收入账户有关的关系)，分析其是否表明存在由于舞弊导致的重大错报风险。

其四，考虑其他信息。注册会计师应当考虑获取的其他信息是否表明存在由于舞弊导致的重大错报风险。其他信息可能来源于项目组内部的讨论、客户承接或续约过程以及向被审计单位提供其他服务所获得的经验。

(2)评估舞弊导致的重大错报风险。舞弊导致的重大错报风险属于需要注册会计师特别考虑的重大错报风险，即特别风险。注册会计师实施舞弊风险评估程序的目的在于识别因舞弊导致的重大错报风险。因此，在识别和评估财务报表层次以及各类交易、账户余额、披露的认定层次的重大错报风险时，注册会计师应当识别和评估舞弊导致的重大错报风险。

在评估舞弊导致的重大错报风险时，注册会计师应当特别关注被审计单位收入确认方面的舞弊风险。COSO 的一份研究报告显示，1987～1997 年提供虚假财务报告的美国公司中，有一半采取的手法是提前确认收入或虚构产生收入的交易。对财务信息做出虚假报告导致的重大错报通常源于多计或少计收入。因此，审计准则规定，在识别和评估由于舞弊导致的重大错报风险时，注册会计师应当基于收入确认存在舞弊风险的假定，评价哪些类型的收入、收入交易或认定导致舞弊风险。如果认为收入确认存在舞弊风险的假定不适用于业务的具体情况，从而未将收入确认作为由于舞弊导致的重大错报风险领域，注册会计师应当在审计工作底稿中记录得出结论的理由。

(3)应对舞弊导致的重大错报风险。在识别和评估舞弊导致的重大错报风险后，注册会计师需要采取适当的应对措施，以将审计风险降低至可接受的水平。舞弊导致的重大错报风险属于特别风险，注册会计师应当按照审计准则的规定予以应对。注册会计师通常从三个方面应对此类风险：

其一，总体应对措施。包括：在分派和督导项目组成员时，考虑承担重要业务职责的项目组成员所具备的知识、技能和能力，并考虑由于舞弊导致的重大错报风险的评估结果；评价被审计单位对会计政策(特别是涉及主观计量或复杂交易的会计政策)的选择和运用，是否可能表明管理层通过操纵利润对财务信息做出虚假报告。在选择审计程序的性质、时间安排和范围时，增加审计程序的不可预见性。

其二，针对舞弊导致的认定层次的重大错报风险实施的审计程序。包括改变拟实施审计程序的性质，以获取更为可靠、相关的审计证据，或获取其他佐证性信息，包括更加重视实地观察或检查，在实施函证程序时改变常规函证内容，询问被审计单位的非财务人员等；改变实质性程序的时间，包括在期末或接近期末实施实质性程序，或针对本期较早时间发生的交易事项或贯穿于本会计期间的交易事项实施测试；改变审计程序的范围，包括扩大样本规模、采用更详细的数据实施分析程序等。

其三，针对管理层凌驾于控制之上的风险实施的程序。包括：测试日常会计核算过程中做出的会计分录以及编制财务报表过程中做出的其他调整是否适当；复核会计估计是否存在偏向，并评价产生这种偏向的环境是否表明存在由于舞弊导致的重大错报风险；对于超出被审计单位正常经营过程的重大交易，或基于对被审计单位及其环境的了解以及在审计过程中获取的其他信息而显得异常的重大交易，评价其商业理由(或缺乏商业理由)是否表明被审计单位从事交易的目的是为了对财务信息做出虚假报告或掩盖侵占资产的行为。

三、财务报表审计对违法行为的关注

(一)注册会计师需要关注的被审计单位违法行为及其责任区分

1. 注册会计师需要关注的被审计单位违法行为

违反法律法规，是指被审计单位有意或无意违背除适用的财务报告编制基础外的现行法律法规的行为。它不包括由治理层、管理层或员工实施的与被审计单位经营活动无关的个人行为。

在财务报表审计中，注册会计师需要关注的可能对财务报表产生重大影响的违法行为包括：

(1)通常对决定财务报表中的重大金额和披露有直接影响的法律法规(如税收和企业年金方面的法律法规)。

(2)对决定财务报表中的金额和披露没有直接影响的其他法律法规，但遵守这些法律法规(如遵守经营许可条件、监管机构对偿债能力的规定或环境保护要求)对被审计单位的经营活动、持续经营能力或避免大额罚款至关重要。

在考虑被审计单位的一项行为是否违反法律法规时，注册会计师应当征询法律意见。因为判断某行为是否违法需要法律裁决，通常超出了注册会计师的专业胜任能力。要注意，某项行为是否违反法律法规最终只能由法院做出判决。

2. 被审计单位管理层和注册会计师对违法行为的责任

(1)管理层遵守法律法规的责任。管理层的责任是在治理层的监督下确保被审计单位的经营活动符合法律法规的规定。法律法规可能以不同的方式影响被审计单位的财务报表。最直接的方式是可能规定了适用的财务报告编制基础或者影响被审计单位需要在财务报表中作出的具体披露。法律法规也可能确立了被审计单位的某些法定权利和义务，其中部分权利和义务将在财务报表中予以确认。此外，法律法规还可能规定了对违反法律法规行为的惩罚。

(2)注册会计师对被审计单位违法行为的责任。针对前述被审计单位需要遵守的两类不同的法律法规，注册会计师应当承担不同的责任：

其一，针对被审计单位需要遵守的第一类法律法规，注册会计师的责任是，就被审计单位遵守这些法律法规的规定获取充分、适当的审计证据。

其二，针对被审计单位需要遵守的第二类法律法规，注册会计师的责任仅限于实施特定的审计程序，以有助于识别可能对财务报表产生重大影响的违反这些法律法规的行为。

(二)注册会计师对被审计单位违法行为的识别和应对

1. 了解和识别被审计单位的违法行为

在了解被审计单位及其环境时，注册会计师应当总体了解下列事项：

(1)适用于被审计单位及其所处行业或领域的法律法规框架；

(2)被审计单位如何遵守这些法律法规框架。

注册会计师应当实施下列审计程序，以有助于识别可能对财务报表产生重大影响的违反其他法律法规的行为：

(1)向管理层和治理层(如适用)询问被审计单位是否遵守了这些法律法规；

(2)检查被审计单位与许可证颁发机构或监管机构的往来函件。

此外，阅读会议纪要；向被审计单位管理层、内部或外部法律顾问询问诉讼、索赔及评估情况；对某类交易、账户余额和披露实施细节测试也可以了解被审计单位的违法行为。

如果注册会计师发现下列事项或相关信息，可能表明被审计单位存在违法行为：

(1)受到监管机构、政府部门的调查，或者支付罚金或受到处罚；

(2)向未指明的服务付款，或向顾问、关联方、员工或政府雇员提供贷款；

(3)与被审计单位或所处行业正常支付水平或实际收到的服务相比，支付过多的销售佣金或代理费用；

(4)采购价格显著高于或低于市场价格；

(5)异常的现金支付，以银行本票向持票人付款的方式采购；

(6)与在"避税天堂"注册的公司存在异常交易；

(7)向货物或服务原产地以外的国家或地区付款；

(8)在没有适当的交易控制记录的情况下付款或交易未经授权或记录不当；

(9)现有的信息系统不能(因系统设计存在问题或因突发性故障)提供适当的审计轨迹或充分的证据；

(10)负面的媒体评论。

如果注意到与识别出的或怀疑存在的违反法律法规行为相关的上述信息，注册会计师应当：

(1)了解违反法律法规行为的性质及其发生的环境。

(2)获取进一步的信息以评价对财务报表可能产生的影响。

2. 注册会计师对被审计单位违法行为的应对

怀疑被审计单位存在违反法律法规行为时，如果治理层能够提供额外的审计证据，注册会计师可以与治理层讨论其发现。如果管理层或治理层(如适用)不能向注册会计师提供充分的信息,证明被审计单位遵守了法律法规,注册会计师可以考虑向被审计单位内部或外部的法律顾问咨询有关法律法规在具体情况下的运用,包括舞弊的可能性以及对财务报表的影响。如果认为向被审计单位法律顾问咨询是不适当的或不满意其提供的意见,注册会计师可以考虑向所在会计师事务所的法律顾问咨询,以确定被审计单位是否存在违反法律法规行为、可能导致的法律后果(包括舞弊的可能性),以及可能采取的进一步行动。

注册会计师应当评价违反法律法规行为对审计的其他方面可能产生的影响,包括对注册会计师风险评估和被审计单位书面声明可靠性的影响。特殊情况下还需要考虑是否解除业务约定。

注册会计师应当与治理层沟通审计过程中注意到的重要的有关违反法律法规的事项。这有利于注册会计师尽到职业责任,为治理层履行对管理层的监督责任提供有用信息。通常应书面沟通,口头沟通形成记录,并提请沟通对象签字确认。

对识别出或怀疑存在的被审计单位违法行为,如果相关法律法规要求向监管机构报告的,注册会计师应当报告;如果无法确定是否有相关法律法规要求向监管机构报告发现的被审计单位的违反法规行为,或者无法确定某项违反法规行为是否应该向监管机构报告,注册会计师通常需要征询相关的法律意见,然后再确定如何处理。

第三节 财务报表审计工作循环

一、审计工作循环的意义

审计工作循环是指某项审计业务从开始到结束应做的各项工作及其顺序。不同的审计业务在审计循环中的具体工作内容有所不同。注册会计师应根据具体审计事项的内容、要求和特点,来确定审计工作循环的具体内容。

运用恰当、有效的审计工作循环,不仅有利于注册会计师有条不紊地进行审计工作,防止工作中的忙乱,节约人力和时间,提高审计工作效率,而且有利于注册会计师发现和抓住被审计单位的审计重点,减少工作的失误,保证审计的质量。因此,注册会计师应根据具体审计业务的实际情况,周密规划审计工作循环。

二、财务报表审计工作循环

财务报表审计工作循环一般包括接受业务委托、计划审计工作、实施风险评估程序、实施进一步审计程序(控制测试和实质性程序)、完成审计工作和编制审计报告几个阶段。

(一)接受业务委托

与被审计单位签订审计业务约定书是财务报表审计工作循环的起点。注册会计师应当在了解被审计单位基本情况的基础上,由会计师事务所接受委托,签订审计业务约定书。

接受业务委托阶段的主要工作包括:了解和评价审计对象的可审性;决定是否考虑接受委托;商定业务约定条款;签订审计业务约定书;等等。

(二)计划审计工作

计划审计工作十分重要,计划不周,不仅会导致盲目实施审计程序,无法获取充分、适当的审计证据以将审计风险降至可接受的低水平,影响审计目标的实现,而且还会浪费有限的审计资源,增加不必要的审计成本,影响审计工作的效率。因此,对于任何一项审计业务,注册会计师在执行具体审计程序之前,都必须根据具体情况制定科学、合理的计划,使审计业务以有效的方式得到执行。一般来说,计划审计工作主要包括:在本期审计业务开始时开展的初步业务活动;制定总体审计策略;制定具体审计计划;等等。计划审计工作不是审计业务的一个孤立阶段,而是一个持续的、不断修正的过程,贯穿于整个审计过程的始终。

(三)实施风险评估程序

审计准则规定,注册会计师必须实施风险评估程序,以此作为评估财务报表层次和认定层次重大错报风险的基础。所谓风险评估程序,是指注册会计师实施的了解被审计单位及其环境并识别和评估财务报表重大错报风险的程序。风险评估程序是必要程序,特别是了解被审计单位及其环境,为注册会计师在许多关键环节做出职业判断提供了重要基础。了解被审计单位及其环境实际上是一个连续和动态地收集、更新与分析信息的过程,贯穿于整个审计过程的始终。注册会计师应当运用职业判断确定需要了解被审计单位及其环境的程度。一般来说,实施风险评估程序的主要工作包括:了解被审计单位及其环境;识别和评估财务报表层次以及各类交易、账户余额、列报认定层次的重大错报风险,包括确定需要特别考虑的重大错报风险(即特别风险)以及仅通过实施实质性程序无法应对的重大错报风险;等等。

(四)实施控制测试和实质性程序

注册会计师实施风险评估程序本身并不足以为发表审计意见提供充分、适当的审计证据,注册会计师还应当实施进一步审计程序,包括实施控制测试(必要时或决定测试时)和实质性程序。因此,注册会计师评估财务报表重大错报风险后,应当运用职业判断,针对评估的财务报表层次重大错报风险确定总体应对措施,并针对评估的认定层次重大错报风险来设计和实施进一步审计程序,以将审计风险降至可接受的低水平。

控制测试是对被审计单位内部控制的设置是否合理、执行是否一贯有效进行审查,以确定被审计单位内部控制的可信程度或直接为查明认定层次的重大错报提供证据。只有存在下列情形之一,控制测试才是必要的:

(1)在评估认定层次重大错报风险时,预期控制的运行是有效的,注册会计师应当实施控制测试以支持评估结果;

(2)仅实施实质性程序不足以提供认定层次充分、适当的审计证据,注册会计师应当实施控制测试,以获取内部控制运行有效性的审计证据。

实质性程序是指注册会计师为了搜集用以直接形成审计结论的审计证据,而对会计资料及其所记录的经济业务进行的审查,包括实质性分析程序和交易、账户余额、列报的细节测试。它是审计循环中最基本的一项工作。由于注册会计师对重大错报风险的评估是一种判断,并且内部控制存在固有局限性,因此,无论评估的重大错报风险结果如何,注册会计师均应当针对所有重大的各类交易、账户余额、列报实施实质性程序,以获取充分、适当的审计证据。当然,实质性程序的规模需要根据审计风险评估和控制测试的结果来确定。如果评估的重大错报风险较高,控制测试结果表明内部控制不太可靠,则实质性程序应采用较大规模来进行;反之,则相反。

由此可见,风险评估程序和实质性程序是每次财务报表审计都应实施的必要程序,而控制测试则不是。在财务报表审计业务中,注册会计师必须通过实施风险评估程序、控制测试(必要时或决定测试时)和实质性程序,才能获取充分、适当的审计证据,得出合理的审计结论,作为形成审计意见的基础。

(五)完成审计工作和编制审计报告

报告阶段是财务报表审计循环的结束阶段。为了实现审计目的，注册会计师在完成财务报表所有循环的进一步审计程序后，还应当按照有关审计准则的规定做好审计完成阶段的工作，并根据收集到的各种审计证据，对照相关审计标准，运用专业判断，形成适当的审计意见，最终出具审计报告。本阶段主要工作有：审计期初余额、比较数据、期后事项和或有事项；考虑持续经营问题和获取管理层声明；汇总审计差异，并提请被审计单位调整或披露；复核审计工作底稿和财务报表；与管理层和治理层沟通；评价所有审计证据，形成审计意见；编制审计报告；等等。

三、审计业务约定书

(一)审计业务约定书的含义和作用

审计业务约定书是指会计师事务所与被审计单位签订的，用以记录和确认审计业务的委托与受托关系、审计目标和范围、双方的责任以及报告的格式等事项的书面协议。会计师事务所承接任何审计业务，都应与被审计单位签订审计业务约定书。

签署审计业务约定书的目的是为了明确约定各方的权利和责任义务，促使各方遵守约定事项并加强合作，保护签约各方的正当利益。审计业务约定书主要有以下作用：

第一，增进会计师事务所与被审计单位之间的相互了解，尤其使被审计单位了解注册会计师的审计责任及需要提供的协助和合作；

第二，可作为被审计单位评价审计业务完成情况，及会计师事务所检查被审计单位约定义务履行情况的依据；

第三，出现法律诉讼时，是确定签约各方应负责任的重要证据。

(二)签订审计业务约定书之前应做的工作

注册会计师在接受审计委托前，需要开展初步业务活动，以实现以下三个主要目的：第一，会计师事务所和注册会计师具备执行业务所需的独立性和能力；第二，不存在因管理层诚信问题而可能影响注册会计师保持该项业务的意愿的事项；第三，与被审计单位之间不存在对业务约定条款的误解。

初步业务活动包括：一是针对保持客户关系和具体审计业务实施相应的质量控制程序；二是评价遵守相关职业道德要求的情况；三是就审计业务约定条款达成一致意见。

针对保持客户关系和具体审计业务实施质量控制程序，并且根据实施相应程序的结果作出适当的决策是注册会计师控制审计风险的重要环节。《中国注册会计师审计准则第1121号——对财务报表审计实施的质量控制》及《质量控制准则第5101号——会计师事务所对执行财务报表审计和审阅、其他鉴证和相关服务业务实施的质量控制》含有与客户关系和具体业务的接受与保持相关的要求，注册会计师应当按照其规定开展初步业务活动。

评价遵守相关职业道德要求的情况也是一项非常重要的初步业务活动。质量控制准则含有包括独立性在内的有关职业道德要求，注册会计师应当按照其规定执行。虽然保持客户关系及具体审计业务和评价职业道德的工作贯穿审计业务的全过程，但是这两项活动需要安排在其他审计工作之前，以确保注册会计师已具备执行业务所需要的独立性和专业胜任能力，且不存在因管理层诚信问题而影响注册会计师保持该项业务意愿等情况。在连续审计的业务中，这些初步业务活动通常是在上述审计工作结束后不久或将要结束时就已经开始了。

在作出接受或保持客户关系及具体审计业务的决策后，注册会计师应当按照《中国注册会计师审计准则第1111号——就审计业务约定条款达成一致意见》的规定，在审计业务开始前，与被审计单位就审计业务约定条款达成一致意见，签订或修改审计业务约定书，以避免双方对审计业务的理解产生分歧。

(三)审计业务约定书的基本内容

审计业务约定书的具体内容和格式可能因被审计单位的不同而不同，但应当包括以下主要内容：

1. 财务报表审计的目标与范围；

2. 注册会计师的责任；

3. 管理层的责任；

4. 指出用于编制财务报表所适用的财务报告编制基础；

5. 提及注册会计师拟出具的审计报告的预期形式和内容，以及对在特定情况下出具的审计报告可能不同于预期形式和内容的说明。

(四)审计业务约定书的特殊考虑

1. 考虑特定需要

如果情况需要，注册会计师还应当考虑在审计业务约定书中列明下列内容：

(1)详细说明审计工作的范围，包括提及适用的法律法规、审计准则，以及注册会计师协会发布的职业道德守则和其他公告；

(2)对审计业务结果的其他沟通形式；

(3)说明由于审计和内部控制的固有限制，即使审计工作按照审计准则的规定得到恰当的计划和执行，仍不可避免地存在某些重大错报未被发现的风险；

(4)计划和执行审计工作的安排，包括审计项目组的构成；

(5)管理层确认将提供书面声明；

(6)管理层同意向注册会计师及时提供财务报表草稿和其他所有附带信息，以使注册会计师能够按照预定的时间表完成审计工作；

(7)管理层同意告知注册会计师在审计报告日至财务报表报出日之间注意到的可能影响财务报表的事实；

(8)收费的计算基础和收费安排；

(9)管理层确认收到审计业务约定书并同意其中的条款；

(10)在某些方面对利用其他注册会计师和专家工作的安排；

(11)对审计涉及的内部审计人员和被审计单位其他员工工作的安排；

(12)在首次审计的情况下，与前任注册会计师(如存在)沟通的安排；

(13)说明对注册会计师责任可能存在的限制；

(14)注册会计师与被审计单位之间需要达成进一步协议的事项；

(15)向其他机构或人员提供审计工作底稿的义务。

2. 集团审计

如果负责集团财务报表审计的注册会计师同时负责组成部分财务报表的审计，注册会计师应当考虑下列因素，决定是否与各个组成部分单独签订审计业务约定书：

(1)组成部分注册会计师的委托人；

(2)是否对组成部分单独出具审计报告；

(3)法律法规的规定；

(4)母公司、总公司或总部拥有组成部分的所有权份额；

(5)组成部分管理层的独立程度。

3. 连续审计

对于连续审计，注册会计师应当考虑是否需要根据具体情况修改业务约定的条款以及是否需要提醒被审计单位注意现有的业务约定条款。下列因素可能导致注册会计师修改审计业务约定条款或提醒被审计单位注意现有业务约定条款：

(1)有迹象表明被审计单位误解审计目标和范围；

(2)需要修改约定条款或增加特别条款；

(3)被审计单位高级管理人员近期发生变动；

(4)被审计单位所有权发生重大变动；

(5)被审计单位业务的性质或规模发生重大变化；

(6)法律法规的规定发生变化；

(7)编制财务报表采用的财务报告编制基础发生变更；

(8)其他报告要求发生变化。

4. 审计业务的变更

在完成审计业务前，如果被审计单位要求注册会计师将审计业务变更为保证程度较低的鉴证业务或相关服务，注册会计师应当考虑变更业务的适当性。

下列原因可能导致被审计单位要求变更业务：

(1)情况变化对审计服务的需求产生影响；

(2)对原来要求的审计业务的性质存在误解；

(3)审计范围存在限制。

上述第(1)和第(2)项通常被认为是变更业务的合理理由，但如果有迹象表明该变更要求与错误的、不完整的或者不能令人满意的信息有关，注册会计师不应认为该变更是合理的。

如果没有合理的理由，注册会计师不应同意变更业务。如果不同意变更业务，被审计单位又不允许继续执行原审计业务，注册会计师应当解除业务约定，并考虑是否有义务向被审计单位董事会或股东会等方面说明解除业务约定的理由。

在同意将审计业务变更为其他服务前，注册会计师还应当考虑变更业务对法律责任或业务约定条款的影响。如果变更业务引起业务约定条款的变更，注册会计师应当与被审计单位就新条款达成一致意见。如果认为变更业务具有合理的理由，并且按照审计准则的规定已实施的审计工作也适用于变更后的业务，注册会计师可以根据修改后的业务约定条款出具报告。为避免引起报告使用者的误解，报告不应提及下列内容：(1)原审计业务；(2)在原审计业务中已执行的程序。只有将审计业务变更为执行商定程序业务，注册会计师才可在报告中提及已执行的程序。

关键概念

财务报表审计总目标　合理保证　适用的财务报告编制基础　审计意见　职业怀疑
被审计单位认定　合格的职业判断能力　财务报表审计具体目标　错误与舞弊　舞弊“三角”理论
特别风险　审计工作循环　违反法律法规　风险评估程序　控制测试　实质性程序　审计业务约定书

准确理解题

1. 下列关于财务报表具体审计目标的说法错误的有(　　)。
(1)完整性目标要求查明账面记录是否符合实际情况；
(2)权利和义务是与各类交易或事项相关的审计目标；
(3)分类是与期末余额相关的重要审计目标；
(4)可理解性是与列报相关的重要审计目标。
2. 下列关于注册会计师职业怀疑态度要求理解错误的是(　　)。
(1)应当假定被审计单位管理层是不诚信的；
(2)不能把客户管理层的声明作为审计证据；
(3)不应当根据发现的舞弊推断客户可能还存在其他问题；
(4)应当关注审计证据间的不一致性和客户各种异常情况。
3. 下列关于有关方面对舞弊责任的说法错误的有(　　)。
(1)防止和发现舞弊是客户管理层、治理层和注册会计师的共同责任；
(2)CPA应按照社会公众的要求查清财报中的舞弊；
(3)如果在完成审计后发现舞弊导致的财报重大错报或审计意见错误，则表明注册会计师没有尽到责任；
(4)如果在完成审计后发现舞弊导致的财报重大错报，则表明客户没有尽到责任。

复习思考题

1. 何为财务报表审计总体目标？这种目标提出的原因和前提是什么？明确审计总体目标有何重要意义？

2. 被审计单位和注册会计师对被审计财务报表分别承担什么责任？为什么说财务报表审计不能减轻被审计单位管理层和治理层的责任？

3. 注册会计师实现财务报表审计目标的基本要求有哪些？

4. 职业怀疑态度和职业判断能力分别对注册会计师有哪些要求？

5. 审计的固有限制源于哪些方面？它对审计目标的确定有何影响？它为什么不能成为注册会计师对于说服力不足的审计证据、省略必要审计程序或省略不可替代的审计程序的正当理由？

6. 严格按照审计准则的要求执行审计工作有何重要意义？它是否意味着注册会计师不能实施审计准则要求之外的审计程序？

7. 被审计单位管理层对所审计期间的各类交易和事项运用的认定通常分为哪几类？对期末账户余额运用的认定通常分为哪几类？对列报的认定通常分为哪几类？

8. 与所审计期间的各类交易和事项相关的审计目标有哪些？与期末账户余额相关的审计目标有哪些？与列报相关的审计目标有哪些？

9. 财务报表审计中注册会计师需要关注哪些舞弊？对这些舞弊注册会计师需要承担什么责任？注册会计师应当如何履行这种责任？

10. 简述舞弊生成机理的“三角理论”的主要内容。

11. 财务报表工作循环一般包括哪些步骤？每个步骤的主要工作有哪些？

12. 审计业务约定书应当包括哪些内容？签约之前应当做好哪些工作？

讨论分析题

1. 下列审计目标对应的管理层认定和常用审计程序是什么?

(1)应收账款是否真实;

(2)应收账款分类是否正确;

(3)应收账款是否提前入账;

(4)坏账准备计提是否充分。

2. A 注册会计师负责审计甲公司 2014 年度财务报表。在审计中,A 遇到了下列事项:

(1)甲公司处于竞争激烈的饮料行业,近年来该公司与同行一样主营业务收入增长均低于 5%,但 2009 年底甲公司董事会要求管理层将 2014 年度主营业务收入增长率确定为 8%。2014 年度甲公司财务报告显示该增长计划已经实现。

(2)甲公司管理层除了领取固定年薪之外,还根据当年主营业务收入增长获得一定比例的奖金。

(3)在以前年度审计中,A 未将收入确认作为由于舞弊导致的重大错报风险领域。

(4)由于当年出现了上述(1)和(2)的情况,所以 A 将收入确认作为由于舞弊导致的重大错报风险领域,实施了向参与财务报告编制有关人员询问的程序,了解会计分录和其他调整中是否存在重要的和异常的事项。

要求:

①针对上述(1)和(2)分析甲公司管理层是否存在舞弊风险因素,并简要说明理由。

②针对上述(3),分析 A 的做法是否适当,并简要说明理由。

③针对上述(4),说明 A 还应当实施哪些审计程序。

3. 政府审计机关对某国有上市公司年度财务报表进行审计时,发现了该公司有金额数百万元的"小金库"。由于该公司财务报表已经过注册会计师审计,所以政府审计机关提请财政部门对该事务所予以行政处罚。你认为,政府审计机关的做法是否适当?为什么?

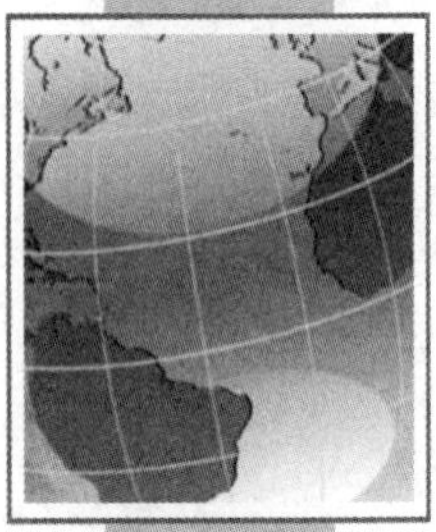

第四章 审计证据与审计工作底稿

第一节 审计证据

一、审计证据的含义和种类

(一)审计证据的含义

审计证据是指注册会计师为了得出审计结论、形成审计意见而使用的所有信息。审计证据的内容包括构成财务报表基础的会计记录中含有的信息和其他信息。

构成财务报表基础的会计记录主要包括原始凭证、记账凭证、总分类账、明细分类账、未在记账凭证中反映的对财务报表的其他调整,以及支持成本分配、计算、调节和披露的手工计算表和电子数据表。

其他信息的内容比较广泛,包括有关被审计单位所在行业的信息、被审计单位的内外部环境的其他信息等。可以用作审计证据的其他信息包括:(1)注册会计师从被审计单位内部或外部获取的会计记录以外的信息,如被审计单位会议记录、内部控制手册、询证函的回函、分析师的报告、与竞争者的比较数据等;(2)注册会计师通过询问、观察和检查等审计程序获取的信息,如通过检查存货获取存货存在性的证据等;(3)注册会计师自身编制或获取的可以通过合理推断得出结论的信息,如注册会计师编制的各种计算表、分析表等。

财务报表依据的会计记录中含有的信息和其他信息共同构成了审计证据,二者缺一不可。如果没有前者,审计工作将无法进行;如果没有后者,可能无法识别出重大错报风险。只有将二者有机结合在一起,才能将审计风险降低至可接受的水平,为注册会计师发表审计意见提供合理基础。

(二)审计证据的种类

1. 按审计证据外在形态分类

根据审计证据的外在具体形态,可以将其划分为实物证据、书面证据、口头证据和环境证据。

(1)实物证据。实物证据是指通过实际观察或有形资产检查所取得的、用以确定某些实物资产是否确实存在的证据。例如,库存现金的数额可以通过有形资产检查加以验证,各种存货和固定资产也可以通过有形资产检查的方式证明其是否确实存在。实物证据通常是证明实物资产是否存在的非常有说服力的证据,但实物资产的存在并不能完全证实被审计单位对其拥有所有权。例如,年终盘点的存货可能包括其他企业寄售或委托加工的部分,或者已经销售而等待发运的商品。再者,通过对某些实物资产的清点,虽然可以确定其实物数量,但质量好坏

(它将影响到资产的价值)有时难以判断。因此,对于取得实物证据的账面资产,还应就其所有权归属及其价值情况另行审计。

(2)书面证据。书面证据是注册会计师所获取的各种以书面文件为形式的一类证据。它包括与审计有关的各种原始凭证、会计记录(记账凭证、会计账簿和明细表)、会议记录和文件、合同、通知书、报告书及函件等。在审计过程中,注册会计师往往要大量地获取和利用书面证据,因此书面证据是审计证据的主要组成部分,也可被称为基本证据。

最常见的书面证据主要包括:会计记录,被审计单位管理层声明书,被审计单位董事会及股东大会会议记录,重要的计划、合同资料,被审计单位的或有损失、关联方交易等其他书面文件。

(3)口头证据。口头证据是被审计单位职员或其他有关人员对注册会计师的提问进行口头答复所形成的一类证据。通常在审计过程中,注册会计师会向被审计单位的有关人员询问会计记录、文件的存放地点,采用特别会计政策和方法的理由,收回逾期应收账款的可能性等。对于这些问题的口头答复,就构成了口头证据。一般而言,口头证据本身并不足以证明事情的真相,但注册会计师往往可以通过口头证据发掘出一些重要的线索,从而有利于对某些需审核的情况做进一步的调查,以搜集到更为可靠的证据。

在审计过程中,注册会计师应把各种重要的口头证据尽快做成记录,并注明是何人、何时、在何种情况下所做的口头陈述,必要时还应获得被询问者的签名确认。相对而言,不同人员对同一问题所做的口头陈述能相互印证时,口头证据具有较高的可靠性。但在一般情况下,口头证据往往需要得到其他相应证据的支持。

(4)环境证据。环境证据又称状况证据,是指对被审计单位产生影响的各种环境事实。具体而言,它包括以下几种:①有关行业和宏观经济的运行情况;②有关内部控制情况;③被审计单位管理人员的素质;④各种管理条件和管理水平。

环境证据一般不属于基本证据,但它可帮助注册会计师了解被审计单位及其经济活动所处的环境,是注册会计师进行判断时必须掌握的资料。

尽管上述各种证据可用来实现各种不同的审计目标,但是对于每一个具体账户及与其相关的认定来说,注册会计师应选择能以最低成本实现全部审计目标的证据,力求做到证据收集既有效又经济。

2. 按照审计证据的来源分类

按照审计证据的来源进行分类,就是要考虑证据是谁产生的,产生后是由谁处理的,以及谁有权接触该证据。按此标准可以将证据划分为来自被审计单位内部的证据和来自被审计单位外部的证据。

(1)内部证据。内部证据是由被审计单位内部机构或职员编制和提供的证据。它包括被审计单位的会计记录、被审计单位管理层声明书,以及其他各种由被审计单位编制和提供的有关书面文件。

按照证据的处理过程,内部证据又包括只在被审计单位内部流转的证据,以及由被审计单位产生,但在被审计单位外部流转,并获得其他单位或个人承认的内部证据两种。前者如发料单、工资计算表等,此类证据由于是被审计单位内部生成并在内部流转,伪造、篡改的可能性较大,注册会计师应结合被审计单位的内部控制情况慎重评价其可靠性;后者如销售发票副本,此类证据虽然是被审计单位内部生成,但由于其在被审计单位外部流转,可通过其他单位或个人进行确认,可靠程度相对较高。

(2)外部证据。外部证据是指由被审计单位以外的组织机构或人士所编制和处理的证据。例如,购货发票、函证回函等,一般具有较强的证明力。

按照证据的处理过程,外部证据又包括由被审计单位以外的机构或人士编制,并由其直接递交给注册会计师的外部证据,以及由被审计单位以外的机构或人士编制,但已由被审计单位持有并递交给注册会计师的书面证据两种。前者如应收账款函证回函等,此类证据不仅由完全独立于被审计单位的外界机构或人士提供,而且未经被审计单位有关职员之手,从而排除了伪造、更改凭证或业务记录的可能性,其证明力最强;后者如银行对账单等,由于此类证据已经过被审计单位职员之手,在评价其可靠性时,注册会计师应考虑被涂改或伪造的难易程度及其已被涂改的可能性。当获取的书面证据有被涂改或伪造的痕迹时,注册会计师应高度警惕。尽管如此,在一般情况下,外部证据仍是比内部证据更具证明力的一种书面证据。

二、审计证据的特征

充分性和适当性是审计证据的两个基本特征。

(一)审计证据的充分性

审计证据的充分性是对审计证据数量的衡量,是指审计证据的数量足以支持注册会计师的审计意见。因此,它是注册会计师为形成审计意见所需审计证据的最低数量要求。

审计证据的充分性主要与注册会计师确定的样本量有关。例如,对某个审计项目实施某一选定的审计程序,从500个样本中获得的证据要比从300个样本中获得的证据更充分。

客观公正的审计意见必须建立在有足够数量的审计证据的基础之上,但是这并不是说审计证据的数量越多越好。为了使注册会计师进行有效率、有效益的审计,注册会计师通常把需要足够数量审计证据的范围降到最低限度。因此,每一个审计项目对审计证据的需要量,以及取得这些证据的途径和方法,应当根据该项目的具体情况来定。在某些情况下,由于时间、空间或成本的限制,注册会计师不能获取最为理想的审计证据时,可考虑通过其他途径或用其他审计证据来替代。注册会计师只有通过不同的渠道和方法取得他认为足够的审计证据时,才能据以发表审计意见。

注册会计师判断审计证据是否充分,应当考虑下列主要因素:

1. 审计风险

注册会计师需要获取的审计证据数量受重大错报风险的影响。重大错报风险越大,需要的审计证据可能越多。具体来说,在可接受的审计风险水平一定的情况下,重大错报风险越大,注册会计师就应实施越多的审查工作,获取越多的审计证据,以便将审计风险控制在可接受的低水平。

2. 具体审计项目的重要性

越是重要的审计项目,对报表公允真实性影响越大,注册会计师对其审计就应当越谨慎,就需要获取较多的审计证据,以支持确保其审计结论的正确;否则一旦出现判断错误,就很容易导致审计意见错误。

3. 注册会计师及其业务助理人员的审计经验

丰富的审计经验,可使注册会计师及其助理人员从较少的审计证据中判断出被审计事项是否存在错误或舞弊行为,相对而言,此时就可降低对审计证据数量的依赖程度。

4. 审计过程中是否发现错误或舞弊

一旦审计过程中发现了被审计事项存在错误或舞弊的行为,被审计单位整体财务报表存在重大错报的风险就增加，注册会计师需增加审计程序和审计证据，以提高作出合理审计结论的保险系数。

5. 审计证据的质量

审计证据质量越高，需要的审计证据可能越少。但如果审计证据的质量存在缺陷，注册会计师仅靠获取更多的审计证据可能无法弥补其质量上的缺陷。因此，判断取证数据量的充分性要以保证审计证据质量的合格为前提。

（二）审计证据的适当性

审计证据的适当性是对审计证据相关性和可靠性的衡量，即审计证据在支持各类交易、账户余额、列报（包括披露，下同）的相关认定，或发现其中存在错报方面具有相关性和可靠性。相关性是指审计证据应与审计目标相关联；可靠性是指审计证据应能如实地反映客观事实。

1. 审计证据的相关性

注册会计师只能利用与审计目标相关联的审计证据来证实被审计单位所认定的事项。例如，存货监盘结果能够独立证明存货是否存在，是否有毁损及短缺，而不能独立证明存货的计价和所有权的情况。

在确定审计证据的相关性时，注册会计师应当考虑：

（1）特定的审计程序可能只为某些认定提供相关的审计证据，而与其他认定无关。例如，检查期后应收账款收回的记录和文件，可以提供应收账款存在和计价的审计证据，但是不一定与应收账款期末截止相关。

（2）针对同一项认定可以从不同来源获取审计证据或获取不同性质的审计证据。例如，注册会计师可以分析应收账款的账龄和应收账款的期后收款情况，以获取与坏账准备计价有关的审计证据。

（3）只与特定认定相关的审计证据并不能替代与其他认定相关的审计证据。例如，有关存货实物存在的审计证据并不能够替代与存货计价相关的审计证据。

2. 审计证据的可靠性

（1）影响审计证据可靠性的因素。审计证据的可靠性受其疏远度、来源、客观性和提供者素质等因素的影响，并取决于获取审计证据的具体环境。具体来说，包括下列因素：

①疏远度。疏远度有两层含义：一是时间上的疏远度，即证据离经济交易发生的时间越近，越具有可靠性。二是空间上的疏远度，证据的证明力随着空间的疏远程度的增加而下降，例如，对验证财务报表余额而言，账簿、记账凭证、原始凭证的疏远度逐步地增加，其对报表余额的证明力也在下降。再如，因为发现正确的事项比发现错误的事项在空间上更与被验证事项接近，因此，正面证据的可靠程度高于反面证据。

②来源。证据取得的来源不同，其可靠性也不同。一般而言，证据的可靠性和证据力与被审计单位对证据的支配力成反向变动，而与证据提供人的独立性成同向变化。提供者越独立，其提供证据的可靠程度越高。因此，外部证据的可靠程度高于内部证据；直接交给注册会计师的外部证据的可靠程度高于经过被审计单位经营管理系统的外部证据；流转在外部的内部证据的可靠程度高于只在单位内部流转的证据。注册会计师通过实地盘点、直接观察和亲自复核获取的审计证据比其他证据更可靠。

③客观性。一般地，证据的主观性低、客观性强，其可靠程度则高；反之，则可靠程度低。由于口头证据带有更多的主观性，因此其可靠程度低于书面证据。同理，应收账款函证、存货实地盘点等证据的可靠程度高于应收账款坏账损失的估计、存货报废损失估计等含有较多主

观判断的证据。

④证据提供者的素质。证据的可靠程度和证据力与证据提供者的素质成同向变化。有时，尽管证据提供者独立程度高，证据本身也比较客观，但若证据提供者不具备应证明事项的相关知识，则获取的证据的可靠程度也值得怀疑。因此，在审计实务工作中，注册会计师往往向有关专家，如律师、质量专家等专业人士咨询，以获取适当的审计证据。

⑤相互印证。由具有不同潜在动机的群体控制的证据比单一来源的证据更可靠。当不同类型的审计证据组合在一起支持某项命题时，审计证据的说服力就增强。这种相互不一致的不同证据所代表的证据也被称为重叠证据，重叠证据的可靠程度高于单个证据。

⑥风险水平。在被审计单位内部控制健全、有效的情况下，审计风险水平就相对较低，审计证据的可靠程度和证据力就会相应得到提高。

需要说明的是，上述规律只能说明一般情况，事实上可能存在与此相悖的情况。注册会计师在评价审计证据时，应尽量选出更为可靠的审计证据，以支持审计结论。

(2)审计证据可靠程度的判断标准。审计证据的可靠程度通常可用下列标准来判断：

①外部独立来源获取的审计证据比从其他来源获取的审计证据更可靠。

②内部控制有效时内部生成的审计证据比内部控制薄弱时内部生成的审计证据更可靠。

③直接获取的审计证据比间接获取或推论得出的审计证据更可靠。

④以文件、记录形式(无论是纸质、电子还是其他介质)存在的审计证据比口头形式的审计证据更可靠。

⑤从原件获取的审计证据比从传真或复印件获取的审计证据更可靠。

如果在审计过程中识别出的情况使注册会计师认为文件记录可能是伪造的或文件记录中的某些条款已发生变动，应当做出进一步调查，包括直接向第三方询证，或考虑利用专家的工作以评价文件记录的真伪。

充分性和适当性是审计证据的两个重要特征，两者缺一不可，只有充分且适当的审计证据才是有证明力的审计证据，才能为发表审计意见提供合理的基础。审计证据的数量会受审计证据质量的影响。审计证据质量越高，需要的审计证据数量可能越少。也就是说，审计证据的适当性会影响审计证据的充分性。需要注意的是，尽管审计证据的充分性和适当性相关，但如果审计证据的质量存在缺陷，那么注册会计师仅靠获取更多的审计证据可能无法弥补其质量上的缺陷。

(三)评价审计证据充分性和适当性的特殊考虑

1. 对文件记录可靠性的考虑

审计工作通常不涉及鉴定文件记录的真伪，注册会计师也不是鉴定文件记录真伪的专家，但应当考虑用作审计证据的信息的可靠性，并考虑与这些信息生成和维护相关控制的有效性。

如果在审计过程中识别出的情况使其认为文件记录可能是伪造的，或文件记录中的某些条款已发生变动，注册会计师应当做出进一步调查，包括直接向第三方询证，或考虑利用专家的工作以评价文件记录的真伪。例如，如发现某银行询证函回函有伪造或篡改的迹象，注册会计师应当做进一步的调查，并考虑是否存在舞弊的可能性。必要时，应当通过适当方式聘请专家予以鉴定。

2. 使用被审计单位生成信息时的考虑

注册会计师为获取可靠的审计证据，实施审计程序时使用的被审计单位生成的信息需要足够完整和准确。例如，通过用标准价格乘以销售量来对收入进行审计时，其有效性受到价格信息准确性和销售量数据完整性和准确性的影响。类似地，如果注册会计师打算测试总体(付款)是否具备某一特性(如授权)，若选取测试项目的总体不完整，则测试结果可能不太可靠。

如果针对这类信息的完整性和准确性获取审计证据是所实施审计程序本身不可分割的组成部分，则可以与对这些信息实施的审计程序同时进行。在其他情况下，通过测试针对生成和维护这些信息的控制，注册会计师也可以获得关于这些信息准确性和完整性的审计证据。然而，在某些情况下，注册会计师可能确定有必要实施追加的审计程序。

在某些情况下，注册会计师可能打算将被审计单位生成的信息用于其他审计目的。例如，注册会计师可能打算将被审计单位的业绩评价用于分析程序，或利用被审计单位用于监控活动的信息，如内部审计报告等。在这种情况下，获取的审计证据的适当性受到该信息对于审计目的而言是否足够精确和详细的影响。例如，管理层的业绩评价对于发现重大错报可能不够精确。

3. 证据相互矛盾时的考虑

如果针对某项认定从不同来源获取的审计证据或获取的不同性质的审计证据能够相互印证，与该项认定相关的审计证据则具有更强的说服力。例如，注册会计师通过检查委托加工协议发现被审计单位有委托加工材料，且委托加工材料占存货比重较大，经发函询证后证实委托加工材料确实存在。委托加工协议和询证函回函这两个不同来源的审计证据互相印证，证明委托加工材料真实存在。

如果从不同来源获取的审计证据或获取的不同性质的审计证据不一致，表明某项审计证据可能不可靠，注册会计师应当追加必要的审计程序。上例中，如果注册会计师发函询证后证实委托加工材料已加工完成并返回被审计单位，委托加工协议和询证函回函这两个不同来源的证据不一致，委托加工材料是否真实存在就受到质疑。这时，注册会计师应追加审计程序，确认委托加工材料收回后是否未入库或被审计单位收回后予以销售而未入账。

4. 获取审计证据时对成本的考虑

注册会计师可以考虑获取审计证据的成本与所获取信息的有用性之间的关系，但不应以获取审计证据的困难和成本为由减少不可替代的审计程序。

在保证获取充分、适当的审计证据的前提下，控制审计成本也是会计师事务所增强竞争和获利能力所必需的。但为了保证审计质量，注册会计师不应将获取审计证据的成本高低和难易程度作为减少不可替代审计程序的理由。

三、获取审计证据的审计程序

在实施风险评估程序、控制测试和实质性程序过程中，注册会计师可以根据需要单独或综合采用检查、观察、询问、函证、重新计算、重新执行和分析程序等审计程序来获取相关审计证据。

(一)检查

检查包括检查记录或文件和检查有形资产。

检查记录或文件是指注册会计师对被审计单位内部或外部生成的，以纸质、电子或其他介质形式存在的记录或文件进行审查。其目的是对财务报表所包含或应包含的信息进行验证。例如，被审计单位通常对每一笔销售交易都保留一份顾客订单、一张发货单和一份销售发票副本。这些凭证对注册会计师验证被审计单位记录的销售交易的正确性是有用的证据。

检查记录或文件可提供可靠程度不同的审计证据，审计证据的可靠性取决于记录或文件的来源和性质。外部记录或文件通常被认为比内部记录或文件可靠，因为外部凭证由被审计单位的客户出具，又经被审计单位认可，表明交易双方对凭证上记录的信息和条款达成一致意见。另外，某些外部凭证编制过程非常谨慎，通常由律师或其他有资格的专家进行复核，因而具有较高的可靠性，如土地使用权证、保险单、契约和合同等文件。

检查有形资产是指注册会计师对资产实物进行审查。检查有形资产程序大多数情况下适用于对现金和存货的审计，也适用于对有价证券、应收票据和固定资产的验证。区分有形资产检查与记录或文件的检查，对具体审计目标来说非常重要。如果被检查的对象，如销售发票，其本身没有价值，则这种证据就是文件检查证据。例如，支票在签发以前是文件，签发以后变成了资产，核销以后，又变成了文件。严格来讲，只有在支票是一项资产时，才能对其进行有形资产检查。

检查有形资产可为其存在性提供可靠的审计证据，但不一定能够为权利和义务或计价认定提供可靠的审计证据。检查有形资产是验证资产确实存在的直接手段，被认为是最可靠、有用的审计证据，是认定资产数量和规格的一种客观手段。在某些情况下，它还是评价资产状况和质量的一种有用方法。

（二）观察

观察是指注册会计师察看相关人员正在从事的活动或执行的程序。例如，对客户执行的存货盘点或控制活动进行观察。

观察提供的审计证据仅限于观察发生的时点，并且可能影响对相关人员从事活动或执行程序的真实情况的了解。观察时点的情况并不能证明一贯的情况。另外，被观察人员对观察的反应也对观察所得证据的客观性产生影响。因此，注册会计师在使用观察程序获取证据的时候，要注意其本身固有的局限性，有必要获得其他类型的证据进行佐证。

（三）询问

询问是指注册会计师以书面或口头方式，向被审计单位内部或外部的知情人员获取财务信息或非财务信息，并对答复进行评价的过程。

知情人员对询问的答复可能为注册会计师提供尚未获悉的信息或佐证证据，也可能提供与已获悉信息存在重大差异的信息，注册会计师应当根据询问结果考虑修改审计程序或实施追加的审计程序。尽管通过询问可以获得大量的证据，但通常不能作为结论性证据，因为它的来源不够独立，并且可能存在偏向的意愿。询问通常不足以发现认定层次存在的重大错报，也不足以测试内部控制运行的有效性，注册会计师还应当实施其他审计程序获取充分、适当的审计证据。

（四）函证

函证是指注册会计师为了获取影响财务报表或相关披露认定的项目的信息，通过直接来自第三方的对有关信息和现存状况的声明，获取和评价审计证据的过程。由于函证来自独立于被审计单位的第三方，因而是受到高度重视，也是经常使用的获取证据的程序。但是函证的成本相对较高，并且有可能给提供者带来不便。函证一般用于对银行存款、银行借款、应收账款、应收票据等项目的审计过程。

注册会计师可采用积极的或消极的函证方式实施函证，也可将两种方式结合起来使用。如果采用积极的函证方式，注册会计师应当要求被询证者在所有情况下必须回函，确认询证函所列示的信息是否正确，或填列询证函要求的信息。如果采用消极的函证方式，注册会计师只要求被询证者仅在不同意询证函列示信息的情况下才予以回函。当同时存在下列情况时，注册会计师可考虑采用消极的函证方式：重大错报风险评估为低水平；涉及大量余额较小的账户；预期不存在大量的错误；没有理由相信被询证者不认真对待函证。

当实施函证时，出于掩盖舞弊的目的，被审计单位可能想方设法拦截或更改询证函及回函的内容。注册会计师应当对选择被询证者、设计询证函以及发出和收回询证函保持控制。这些控制措施包括：将被询证者的名称、单位名称和地址与被审计单位有关记录核对；将询证函中列示的账户余额或其他信息与被审计单位有关资料核对；在询证函中指明直接向接受审计业务委托的会计师事务所回函；询证函经被审计单位盖章后，由注册会计师直接发出；将发出询证函的情况形成审计工作记录；将收到的回函形成审计工作记录，并汇总统计函证结果。

实施函证程序时，注册会计师应评价函证的可靠性。评价函证的可靠性时，注册会计师应当考虑：对询证函的设计、发出及收回的控制情况；被询证者的胜任能力、独立性、授权回函情况、对函证项目的了解及其客观性；被审计单位施加的限制或回函中的限制。

（五）重新计算

重新计算是指注册会计师以人工方式或使用计算机辅助审计技术，对记录或文件中数据计算的准确性进行核对。重新计算可以是复算销售发票和存货的总金额，加总日记账和明细账，检查折旧费用和预付费用的计算，检查应纳税额的计算等。

注册会计师在进行审计时，往往需对被审计单位的凭证、账簿和报表中的数字进行计算，以验证其是否正确。注册会计师的计算并不一定按照被审计单位原先的计算形式和顺序进行。在计算过程中，注册会计师不仅要注意计算结果是否正确，而且要对某些其他可能的差错（如计算结果的过账和转账有误等）予以关注。

一般而言，计算不仅包括对被审计单位的凭证、账簿和报表中有关数字的验算，而且包括对会计资料中有关项目的加总或其他运算。其中，加总又分为横向加总（即横向数字的加总）和纵向加总（即纵向数字的加总）。在财务报表审计中，注册会计师往往需要大量地运用加总技术来获取必要的审计证据。

（六）重新执行

重新执行是指注册会计师以人工方式或使用计算机辅助审计技术，重新独立执行作为被审计单位内部控制组成部分的程序或控制。例如，注册会计师利用被审计单位的银行存款日记账和银行对账单，重新编制银行存款余额调节表，并与被审计单位编制的银行存款余额调节表进行比较。

（七）分析程序

分析程序是指注册会计师通过分析不同财务数据之间以及财务数据与非财务数据之间的内在关系，对财务信息作出评价。分析程序还包括在必要时对识别出的、与其他相关信息不一致或与预期值严重偏离的波动或关系进行调查。例如，注册会计师可以对被审计单位的财务报表和其他会计资料中的重要比率及其变动趋势进行分析，以发现其异常变动项目。对于异常变动项目，注册会计师应进一步调查异常变动的原因，并重新考虑其所采用的审计方法是否合适；必要时，应追加适当的审计程序，以获取相应的审计证据。

一般而言，在整个审计过程中，注册会计师都将运用分析程序。在风险评估阶段和审计结束时的总体复核阶段必须运用分析程序，在实施实质性程序阶段可选用分析程序。

分析程序可用作风险评估程序，以了解被审计单位及其环境。注册会计师实施风险评估程序的目的在于了解被审计单位及其环境并评估财务报表层次和认定层次的重大错报风险。在风险评估过程中使用分析程序也服务于这一目的。分析程序可以帮助注册会计师发现财务报表中的异常变化，或者预期发生而未发生的变化，识别存在潜在重大错报风险的领域。分析程序还可以帮助注册会计师发现财务状况或盈利能力发生变化的信息和征兆，识别那些表明被审计单位持续经营能力问题的事项。

当使用分析程序比细节测试能更有效地将认定层次的检查风险降至可接受的水平时，分析程序可以用作实质性程序。在针对评估的重大错报风险实施进一步审计程序时，注册会计师可以将分析程序作为实质性程序的一种，单独或结合其他细节测试，收集充分、适当的审计证据。此时运用分析程序可以减少细节测试的工作量、节约审计成本、降低审计风险，使审计工作更有效率和效果。

在审计结束或临近结束时对财务报表进行总体复核。在审计结束或临近结束时，注册会计师应当运用分析程序，在已收集的审计证据的基础上，对财务报表整体的合理性作最终把关，评价报表仍然存在重大错报风险而未被发现的可能性，考虑是否需要追加审计程序，以便为发表审计意见提供合理基础。

四、审计证据的信息生成和储存方式对审计程序的影响

审计程序的性质和时间可能受会计数据和其他相关信息的生成和储存方式的影响，注册会计师应当提请被审计单位保存某些信息以供查阅，或在可获得该信息的期间执行审计程序。

随着信息化的发展，可获得的被审计单位各种有关记录大部分是电子形式的记录。例如在电子商务中，被审计单位及其顾客或供应商使用通过公共网络连接的计算机进行商业活动，采购、运输、开具账单、现金收讫和现金支出交易通常全部以电子处理的方式完成。在图像处理系统中，文件可以被扫描和转换成电子图像以便存储和检索，而原始凭证可能在转换后未被保存。某些电子信息可能只存在于特定的时点，注册会计师应当考虑会计数据和其他相关信息的生成与储存方式对实施审计程序的影响。

当信息以电子形式存在时，注册会计师可以通过使用计算机辅助审计技术实施某些审计程序。

第二节　审计工作底稿

一、审计工作底稿的含义及编制目的

(一) 审计工作底稿的含义

审计工作底稿是审计证据的载体，是指注册会计师对制定的审计计划、实施的审计程序、获取的相关审计证据以及得出的审计结论作出的记录。其内容包括注册会计师在制定和实施审计计划时直接编制的、用以反映其审计思路和审计过程的工作记录，注册会计师从被审计单位或其他有关部门取得的、用作审计证据的各种原始资料，以及注册会计师接受并审阅的他人代为编制的审计记录。

(二)编制审计工作底稿的目的

审计工作底稿是注册会计师在审计业务中普遍使用的专业工具。编制或取得审计工作底稿是审计中的一项重要工作。注册会计师应当及时编制审计工作底稿以实现下列主要目的：

1. 提供充分、适当的记录，作为审计报告的基础

审计结论和审计意见是根据注册会计师获取的各种审计证据，结合注册会计师一系列的专业判断形成的。而注册会计师所收集到的审计证据和所作出的专业判断，都完整地记载于审计工作底稿中，因此，审计工作底稿理当成为审计结论与审计意见的直接依据。

2. 提供证据，证明注册会计师按照审计准则的规定执行了审计工作

注册会计师依照审计准则实施了必要的审计程序，方可解脱或减轻其审计责任。注册会计师专业能力的大小、工作业绩的好坏，主要体现在对审计程序的选择、执行和有关的专业判断上，而注册会计师是否实施了必要的审计程序，审计程序的选择是否合理，专业判断是否准确，是否保持了应有的职业怀疑态度，都必须通过审计工作底稿来反映。

3. 便于实施质量控制复核与检查

审计组织进行审计质量控制，主要是指导和监督注册会计师选择实施审计程序，编制审计工作底稿，并对审计工作底稿进行严格复核。有关单位依法进行的审计质量检查，也主要是对审计工作底稿的检查。因此，没有审计工作底稿，审计质量的控制与检查就无法落到实处。

4. 保留对未来审计工作持续产生重大影响的事项的记录

审计业务有一定的连续性，同一被审计单位前后年度的审计业务具有众多联系或共同点。因此，当年度的审计工作底稿对以后年度审计业务具有很大的参考或备查作用，对以后年度审计计划的编制和重点审计领域的确定有很大帮助。

二、审计工作底稿的存在形式及分类

（一）审计工作底稿的存在形式

审计工作底稿可以以纸质、电子或其他介质形式存在。随着信息技术的广泛运用，审计工作底稿的形式从传统的纸质形式扩展到电子或其他介质形式，但无论审计工作底稿存在于哪种介质，审计组织都应当针对审计工作底稿设计和实施适当的控制，以实现下列目的：

（1）使审计工作底稿清晰地显示其生成、修改及复核的时间和人员；

（2）在审计业务的所有阶段，尤其是在项目组成员共享信息或通过互联网将信息传递给其他人员时，保护信息的完整性；

（3）防止未经授权改动审计工作底稿；

（4）允许项目组和其他经授权的人员为适当履行职责而接触审计工作底稿。

在实务中，为便于复核，注册会计师可以将以电子或其他介质形式存在的审计工作底稿通过打印等方式，转换成纸质形式的审计工作底稿，并与其他纸质形式的审计工作底稿一并归档，同时，单独保存这些以电子或其他介质形式存在的审计工作底稿。

（二）审计工作底稿的分类

审计工作底稿通常包括总体审计策略、具体审计计划、分析表、问题备忘录、重大事项概要、询证函回函、管理层声明书、核对表、有关重大事项的往来信件（包括电子邮件）以及对被审计单位文件记录的摘要或复印件等。此外，审计工作底稿通常还包括管理建议书、项目组内部或项目组与被审计单位举行的会议的记录、与其他人士（如其他注册会计师、律师、专家等）的沟通文件及错报汇总等。内容庞杂、格式各异的审计工作底稿可按下列标准进行分类。

1. 按照性质和作用不同，可分为综合类审计工作底稿、业务类审计工作底稿和备查类审计工作底稿

（1）综合类审计工作底稿是注册会计师在审计计划和报告阶段，为规划、控制和总结整个审计工作，并发表审计意见所形成的工作底稿。包括审计业务约定书、审计计划、审计报告草稿、审计总结、审计差异调整表等。

（2）业务类审计工作底稿是注册会计师在审计实施阶段执行审计程序所形成的底稿。如试算表、询证回函、盘存单复印件、会议记录复印件等。

（3）备查类审计工作底稿是注册会计师在审计过程中形成的对审计工作具有参考作用的

工作底稿。如被审计单位的章程、内部控制制度等。

2. 按其保存的时间长短不同,可分为永久性工作底稿和当期工作底稿

(1)永久性工作底稿,又称历史性工作底稿。它是一种永久性的档案,可供注册会计师在以后各次审计中多次使用。属于这类底稿的绝大部分是从被审计单位那里收集来的各种文件和资料。具体包括被审计单位的概况、有关章程和规章制度的副本、重要会议的文件、会议记录和合同的复印件、会计科目一览表、会计和其他程序图、历年的审计计划和内部控制制度执行情况调查表、历年的审计报告书的副本等。在各次审计中,被审计单位的基本情况不会发生重大变化,注册会计师没有必要每次都重编这些工作底稿。对被审计单位进行初次审计时,注册会计师应详细编制这些工作底稿。在以后各次审计中,注册会计师只需抽查这些工作底稿,并予以适当的补充和调整,就可以得到有关的证据,从而节约审计时间,减少审计成本,提高审计效率。

(2)当期工作底稿,又称临时性工作底稿。主要是指在本次审计工作中对于撰写审计报告、做出审计结论和决定有关的那一部分工作底稿。属于这类底稿的绝大部分是由注册会计师在实施审计过程中编制的。具体包括审计计划书、审计日程表、审计工作日记、各种会谈备忘录、各种试算表、各种科目分析表、账户余额调节表、修改会计分录一览表等。这类工作底稿中所记录的内容,每次审查都有较大变化,它们只能用来说明被审计单位本次审计时间范围内的业务情况,而不能用来说明被审计单位今后的业务情况。因此,注册会计师在以后各次审计过程中,必须重新执行有关审计步骤,运用适当的审计方法,根据被审计单位情况的变化重新编制这类工作底稿。

无论按什么标准分类,审计工作底稿通常不包括已被取代的审计工作底稿的草稿或财务报表的草稿、对不全面或初步思考的记录、存在印刷错误或其他错误而作废的文本以及重复的文件记录等。由于这些草稿、错误的文本或重复的文件记录不直接构成审计结论和审计意见的支持性证据,因此,注册会计师通常无须保留这些记录。

三、审计工作底稿的要素及编制要求

(一)审计工作底稿的要素

审计工作底稿通常包括八项要素:审计工作底稿的标题;审计过程记录;审计结论;审计标识及其说明;索引号及编号;编制者姓名及日期;复核者姓名及日期;其他应说明事项。

下面分别对上述八项要素的前七项要素进行说明。

1. 审计工作底稿的标题

每张底稿应当包括被审计单位的名称、审计项目的名称以及资产负债表日或底稿覆盖的会计期间(如果与交易相关)。

2. 审计过程记录

在记录审计过程时,应当特别注意以下几个重点方面。

(1)具体项目或事项的识别特征。在记录实施审计程序的性质、时间安排和范围时,注册会计师应当记录测试的具体项目或事项的识别特征。记录具体项目或事项的识别特征可以实现多种目的。例如,既能反映项目组履行职责的情况,也便于对例外事项或不符事项进行调查,以及对测试的项目或事项进行复核。

识别特征是指被测试的项目或事项表现出的征象或标志。识别特征因审计程序的性质和测试的项目或事项不同而不同。对某个具体项目或事项而言,其识别特征通常具有唯一性,这种特性可以使其他人员根据识别特征在总体中识别该项目或事项并重新执行该测试。如在对

被审计单位生成的订购单进行细节测试时，注册会计师可以以订购单的日期或其唯一编号作为测试订购单的识别特征；对于需要询问被审计单位中特定人员的审计程序，注册会计师可能会以询问的时间、被询问人的姓名及职位作为识别特征；对于观察程序，注册会计师可以以观察的对象或观察过程、相关被观察人员及其各自的责任、观察的地点和时间作为识别特征。

(2)重大事项及相关重大职业判断。注册会计师应当根据具体情况判断某一事项是否属于重大事项。重大事项通常包括：①引起特别风险的事项；②实施审计程序的结果，该结果表明财务信息可能存在重大错报，或需要修正以前对重大错报风险的评估和针对这些风险拟采取的应对措施；③导致注册会计师难以实施必要审计程序的情形；④导致出具非标准审计报告的事项。

在审计工作底稿中对重大职业判断进行记录，能够解释注册会计师得出的结论并提高职业判断的质量。这些记录对审计工作底稿的复核人员非常有帮助，同样也有助于执行以后期间审计的人员查阅具有持续重要性的事项(如根据实际结果对以前作出的会计估计进行复核)。当涉及重大事项和重大职业判断时，注册会计师需要编制与运用职业判断相关的审计工作底稿。例如，如果审计准则要求注册会计师“应当考虑”某些信息或因素，并且这种考虑在特定业务情况下是重要的，要记录注册会计师得出结论的理由；记录注册会计师对某些方面主观判断的合理性(如某些重大会计估计的合理性)得出结论的基础；如果注册会计师针对审计过程中识别出的导致其对某些文件记录的真实性产生怀疑的情况实施了进一步调查(如适当利用专家的工作或实施函证程序)，要记录注册会计师对这些文件记录真实性得出结论的基础。

(3)针对重大事项如何处理不一致的情况。如果识别出的信息与针对某重大事项得出的最终结论不一致，注册会计师应当记录如何处理不一致的情况。记录该情况有助于注册会计师关注这些不一致，并对此执行必要的审计程序，以恰当地解决这些不一致。

但是，对如何解决这些不一致的记录要求并不意味着注册会计师需要保留不正确的或被取代的审计工作底稿。例如，某些信息初步显示与针对某重大事项得出的最终结论不一致，注册会计师发现这些信息是错误的或不完整的，并且初步显示的不一致可以通过获取正确或完整的信息得到满意的解决，则注册会计师无须保留这些错误的或不完整的信息。此外，对于职业判断的差异，若初步的判断意见是基于不完整的资料或数据，则注册会计师也无须保留这些初步的判断意见。

3. 审计结论

审计工作的每一部分都应包含与已实施审计程序的结果及其是否实现既定审计目标相关的结论，还应包括审计程序识别出的例外情况和重大事项如何得到解决的结论。注册会计师恰当地记录审计结论非常重要。注册会计师需要根据所实施的审计程序及获取的审计证据得出结论，并以此作为对财务报表发表审计意见的基础。在记录审计结论时须注意，在审计工作底稿中记录的审计程序和审计证据是否足以支持所得出的审计结论。

4. 审计标识及其说明

审计标识被用于与已实施审计程序相关的底稿。每张底稿都应包含对已实施程序的性质和范围所作的解释，以支持每一个标识的含义。审计工作底稿中可使用各种审计标识，但应说明其含义，并保持前后一致。

5. 索引号及编号

通常，审计工作底稿需要注明索引号及顺序编号，相关审计工作底稿之间需要保持清晰的勾稽关系。为了汇总及便于交叉索引和复核，每个事务所都会制定特定的审计工作底稿归档流程。因此，每张表或记录都应有一个索引号，如 A1、D6 等，以说明其在审计工作底稿中的放置位置。工作底稿中每张表所包含的信息都应当与另一张表中的相关信息进行交叉索引，例如，现金盘点表应当与列示所有现金余额的导表进行交叉索引。利用计算机编制工作底稿时，可以采用电子索引和链接。随着审计工作的推进，链接表还可予以自动更新。例如，审计调整表可以链接到试算平衡表，当新的调整分录编制完后，计算机会自动更新试算平衡表，为相关调整分录插入索引号。同样，评估的固有风险或控制风险可以与针对特定风险领域设计的相关审计程序进行交叉索引。

6. 编制人员和复核人员及执行日期

为了明确责任，在各自完成与特定工作底稿相关的任务之后，编制者和复核者都应在工作底稿上签名并注明编制日期和复核日期。在记录已实施审计程序的性质、时间安排和范围时，注册会计师应当记录：

(1)测试的具体项目或事项的识别特征；

(2)审计工作的执行人员及完成审计工作的日期；

(3)审计工作的复核人员及复核的日期和范围。

在需要项目质量控制复核的情况下，还需要注明项目质量控制复核人员及复核的日期。

通常，需要在每一张审计工作底稿上注明执行审计工作的人员和复核人员、完成该项审计工作的日期以及完成复核的日期。但在实务中，如果若干页的审计工作底稿记录同一性质的具体审计程序或事项，并且编制在同一个索引号中，此时可以仅在审计工作底稿的第一页上记录审计工作的执行人员和复核人员并注明日期。

(二)审计工作底稿的编制要求

注册会计师编制的审计工作底稿，应当使未曾接触该项审计工作的有经验的专业人士清楚地了解以下方面：

1. 按照审计准则的规定实施的审计程序的性质、时间和范围；

2. 实施审计程序的结果和获取的审计证据；

3. 就重大事项得出的结论。

有经验的专业人士主要是指对审计过程、相关法律法规和审计准则的规定、被审计单位的经营环境、与被审计单位所处行业相关的会计和审计问题有合理了解的人员。

四、审计工作底稿的复核

(一)审计工作底稿复核的意义

在审计工作中，一张审计工作底稿往往由一名注册会计师独立编制完成或取得，编制者对有关资料的引用、处理、专业判断和计算分类等方面难免出现某些偏差或失误，因此必须建立审计工作底稿复核制度。该制度是审计机构对审计工作底稿的复核级别、复核要点和复核责任等方面做出的明文规定。通过对审计工作底稿的复核，可以有效地减少或消除人为的审计误差，及时发现和解决审计过程中存在的问题，保证审计计划的顺利执行，降低审计风险，提高审计质量。

(二)审计工作底稿复核的内容

审计工作底稿复核的内容，概括起来包括以下几项：

1. 审计工作底稿中引用的有关资料和数据是否翔实可靠；

2. 注册会计师所获取的审计证据是否充分适当；

3. 注册会计师所做的审计判断是否有理有据；

4. 审计工作底稿中反映的审计程序和方法是否正确恰当；

5. 审计工作底稿中所做的审计评价、审计结论是否客观公正。

(三)审计工作底稿的复核制度

根据《中国注册会计师审计准则第 1121 号——对财务报表审计实施的质量控制》规定，对审计工作底稿的复核可分为两个层次：项目组内部复核和项目质量控制复核。这里主要介绍项目组内部复核。

1. 项目组内部复核的意义

项目组内部复核又包括审计项目经理复核和项目合伙人复核，是每个审计项目必须实施的复核。

审计项目经理复核是对审计工作底稿的全面复核，通常在审计现场进行。项目经理可安排高级助理人员复核低层次助理人员执行的工作，也可以由项目经理亲自完成复核工作。

项目合伙人的复核是项目组内部最高级别的复核，是对重要审计事项的再次把关。

无论哪个级别的复核，复核人员都应当知悉并解决重大的会计和审计问题，考虑其重要程度并适当修改总体审计策略和具体审计计划。此外，项目组成员与客户的专业判断分歧应当得到解决。必要时，应考虑寻求恰当的咨询。

2. 项目组内部复核的内容

为了便于项目质量控制复核，很多会计师事务所都具有详细的业务执行复核工作核对表。见表 4－1 和表 4－2。

表 4－1　　**项目负责经理复核**

复核事项	是/否/不适用	备注
1. 是否已复核已完成的审计计划，以及导致对审计计划作出重大修改的事项？ 2. 是否已复核主要的财务报表项目？ 3. 是否已复核特殊交易或事项，包括债务重组、关联方交易、非货币性交易、或有事项、期后事项、持续经营能力等？ 4. 是否已复核重要会计政策、会计估计的变更？ 5. 是否已复核重大事项概要？ 6. 是否已复核建议调整事项？ 7. 是否已复核管理层声明书，股东大会、董事会相关会议纪要，与客户的沟通记录及重要会谈记录，律师询证函复函？ 8. 是否已复核审计总结？ 9. 是否已复核已审计财务报表和拟出具的审计报告？ 10. 实施上述复核后，是否可以确定下列事项： (1)审计工作底稿提供了充分、适当的记录，作为审计报告的基础； (2)已按照中国注册会计师审计准则的规定执行了审计工作； (3)对重大错误风险的评估及采取的对应措施是恰当的，针对存在的特别风险的审计领域，设计并实施了针对性的审计程序，且得出了恰当的审计结论； (4)作出的重大判断恰当合理； (5)提出的建议调整事项恰当，相关调整分录正确； (6)未更正错误无论是单独还是汇总起来对财务报表整体均不具有重大影响； (7)已审计财务报表的编制符合企业会计准则的规定，在所有重大方面公允反映了被审计单位的财务状况、经营成果和现金流量； (8)拟出具的审计报告措辞恰当，已按照中国注册会计师审计准则的规定发表了恰当的审计意见。		

签字：____________________　　日期：____________________

表 4—2 项目合伙人复核

复核事项	是/否/不适用	备注
1. 是否已复核已完成的审计计划,以及导致对审计计划作出重大修改的事项? 2. 是否已复核重大事项概要? 3. 是否已复核存在特别风险的审计领域,以及项目组采取的应对措施? 4. 是否已复核项目组作出的重大判断? 5. 是否已复核建议调整事项? 6. 是否已复核管理层声明书,股东大会、董事会相关会议纪要,与客户的沟通记录及重要会谈记录,律师询证函复函? 7. 是否已复核审计总结? 8. 是否已复核已审计财务报表和拟出具的审计报告? 9. 实施上述复核后,是否可以确定: (1)对项目负责经理实施的复核结果满意; (2)对重大错误风险的评估及采取的对应措施是恰当的,针对存在的特别风险的审计领域,设计并实施了针对性的审计程序,且得出了恰当的审计结论; (3)项目组作出的重大判断恰当合理; (4)提出的建议调整事项恰当合理,未更正错误无论是单独还是汇总起来对财务报表整体均不具有重大影响; (5)已审计财务报表的编制符合企业会计准则的规定,在所有重大方面公允反映了被审计单位的财务状况、经营成果和现金流量; (6)拟出具的审计报告措辞恰当,已按照中国注册会计师审计准则的规定发表了恰当的审计意见。		

签字:____________________ 日期:____________________

五、审计工作底稿的归档

(一)审计工作底稿的归档期限

注册会计师应当按照审计组织质量控制政策和程序的规定,及时将审计工作底稿归整为最终审计档案。审计工作底稿的归档期限为审计报告日后 60 天内。如果注册会计师未能完成审计业务,审计工作底稿的归档期限为审计业务终止后的 60 天内。

如果针对同一财务信息执行不同的审计业务,出具两个或多个不同的报告,审计组织应当将其视为不同的业务,根据制定的政策和程序,在规定的归档期限内分别将审计工作底稿归整为最终审计档案。

(二)审计工作底稿的归档是一项事务性的工作

在出具审计报告前,注册会计师应完成所有必要的审计程序,取得充分、适当的审计证据并得出适当的审计结论。在审计报告日后将审计工作底稿归整为最终审计档案是一项事务性的工作,不涉及实施新的审计程序或得出新的结论。

在归档期间对审计工作底稿进行的事务性的变动主要包括:

1. 删除或废弃被取代的审计工作底稿;

2. 对审计工作底稿进行分类、整理和交叉索引;

3. 对审计档案归整工作的完成核对表签字认可;

4. 记录在审计报告日前获取的、与审计项目组相关成员进行讨论并取得一致意见的审计证据。

(三)审计工作底稿归档后的变动

1. 修改或增加审计工作底稿时的记录要求

在完成最终审计档案的归整工作后，如果发现有必要修改现有审计工作底稿或增加新的审计工作底稿，无论修改或增加的性质如何，注册会计师均应当记录下列事项：

(1)修改或增加审计工作底稿的时间和人员，以及复核的时间和人员；

(2)修改或增加审计工作底稿的具体理由；

(3)修改或增加审计工作底稿对审计结论产生的影响。

这里所说的修改现有审计工作底稿主要是指在保持原审计工作底稿中所记录的信息，即对原记录信息不予删除(包括涂改、覆盖等方式)的前提下，采用增加新信息的方式予以修改。例如，原审计工作底稿中列明银行存款余额为1 300万元，现改为1 100万元，注册会计师可以采用在原工作底稿中增加新的注释的方式予以修改。

一般情况下，在审计报告归档之后不需要对审计工作底稿进行修改或增加。注册会计师发现有必要修改现有审计工作底稿或增加新的审计工作底稿的情形主要有以下两种：

(1) 注册会计师已实施了必要的审计程序，取得了充分、适当的审计证据并得出了恰当的审计结论，但审计工作底稿的记录不够充分；

(2)审计报告日后，发现例外情况要求注册会计师实施新的或追加的审计程序，或导致注册会计师得出新的结论。例外情况主要是指审计报告日后发现与已审计财务信息相关，且在审计报告日已经存在的事实，该事实如果被注册会计师在审计报告日前获知，可能会影响审计报告。例如，注册会计师在审计报告日后才获知法院在审计报告日前已对被审计单位的诉讼、索赔事项作出最终判决结果。

2. 不得在规定的保存期届满前删除或废弃审计工作底稿

在完成最终审计档案的归整工作后，注册会计师不得在规定的保存期届满前删除或废弃审计工作底稿。

删除审计工作底稿主要是指删除整张原审计工作底稿，或以涂改、覆盖等方式删减原审计工作底稿中的全部或部分记录内容。

废弃审计工作底稿主要是指将原审计工作底稿从审计档案中抽取出来，使审计档案中不再包含原来的底稿。

(四)审计工作底稿的保存期限

会计师事务所应当自审计报告日起，对审计工作底稿至少保存 10 年。如果注册会计师未能完成审计业务，会计师事务所应当自审计业务中止日起，对审计工作底稿至少保存 10 年。

值得注意的是，对于连续审计的情况，当期归整的永久性档案虽然包括以前年度获得的资料(有可能是 10 年以前)，但由于其作为本期档案的一部分，并作为支持审计结论的基础，因此，注册会计师对于这些对当期有效的档案，应视为当期取得并保存 10 年。如果这些资料在某一个审计期间被替换，被替换资料应从被替换的年度起至少保存 10 年。

对审计工作底稿的保管、归档工作，注册会计师除遵守《中国注册会计师审计准则第 1131 号——审计工作底稿》的规定外，还应按照《质量控制准则第 5101 号——会计师事务所对执行财务报表审计和审阅、其他鉴证和相关服务业务实施的质量控制》的规定实施适当的控制程序。

(五)审计工作底稿的所有权与管理

我国注册会计师办理业务不能独立于审计机构之外，而必须以审计机构的名义承办。因此，我国审计工作底稿的所有权属于承办审计业务的审计机构，而不属于注册会计师个人。

审计工作底稿是重要的文件，必须加强管理。为了保持工作底稿的规范、统一和整洁，以便于审计工作的进行，在整个审计过程中，可使用统一的符号，以替代冗长的说明。

审计工作底稿应在审计过程中或审计结束时编制索引。方法是在其上方或下角，逐一统一编号，以便在编制审计报告时得以随时查阅。底稿的编号，既可按编制的先后次序，又可按审计事项固定编号，二者相比，后者较为科学。

审计工作底稿必须由主管人员核实审定，待审计工作全部结束后整理存档妥善保管。

审计机构必须指定专人妥善保管归档存查的审计工作底稿，并制定行之有效的档案管理制度和调阅制度。非档案保管人不得擅自接触已归档的审计档案，以确保审计档案的安全、完整。审计档案的保管期限可视档案类别而有所不同。对于永久性档案，应当长期保存；若审计机构中止了对被审计单位的后续审计服务，则其永久性档案的保管年限与最近一年当期档案的保管年限相同。对于保管期满的审计档案，审计机构可以决定将其销毁，但在销毁之前，应当按规定履行必要的审批手续。销毁时，有关人员应进行现场监督或检查，以保证销毁工作进行得顺利彻底。

(六)审计工作底稿的保密与调阅

审计工作底稿详细记录了被审计单位的各方面情况，涉及被审计单位大量的商业秘密，一般不向外公开。但下列情况可调阅审计工作底稿。

1. 法院、检察院及其他部门因工作需要，在办理了必要手续后可调阅审计工作底稿。

2. 因职业检查或其他需要，注册会计师协会可以查阅会计师事务所的审计工作底稿；上级国家审计机关可以调阅下级国家审计机关的审计工作底稿；上级内部审计机构或内部审计机构的主管部门可以调阅下级内部审计机构的审计工作底稿。

3. 不同会计师事务所的注册会计师，因审计工作的需要，并经所涉及事项的委托人同意，办理了有关手续后，可以调阅同行的审计工作底稿。

关键概念

审计证据　函证　重新执行　分析程序　审计工作底稿　综合类底稿　业务类底稿　备查类底稿
永久性工作底稿　当期工作底稿

准确理解题

1. 下列关于各种审计程序的说法错误的有(　　)。
(1)检查记录和文件获得的证据都是很可靠的，而且可以为各项审计具体目标提供证据；
(2)检查有形资产可以为存在性提供证据，不能为其他认定提供证据；
(3)运用观察法取证时不能让被观察者知道；
(4)询问法不能用来发现认定层次存在的重大错报，也不能测试内部控制运行的有效性。

2. 下列关于实质性分析程序的说法错误的有(　　)。
(1)在风险评估阶段和审计结束时的总体复核阶段必须运用分析程序；
(2)实质性审计阶段应当优先使用分析程序和充分信赖分析程序的结果；
(3)实质性分析程序只是细节测试的补充，适用于所有财务报表认定；
(4)分析程序可以帮助注册会计师发现财务报表中的异常变化，或者预期发生而未发生的变化。

复习思考题

1. 审计证据有什么意义？它应当具备什么特征？
2. 如何判断审计证据的充分性和可靠性？
3. 获取审计证据的程序通常有哪些？
4. 审计工作底稿应当具备哪些要素？编制审计工作底稿的总体要求是什么？
5. 审计工作底稿在归档期间的变动和归档后的变动有何不同？
6. 审计工作底稿应当如何归档保管？

讨论分析题

1. 注册会计师对富华公司 2014 年度财务报表进行审计，审计过程中收集到以下五组审计证据：

(1)收料单与购货发票；

(2)销售发票副本与产品发货单；

(3)存货盘点表与存货监盘记录；

(4)银行询证函回函与银行对账单；

(5)领料单与材料成本计算表。

要求：根据审计证据准则讨论下列问题：

(1)审计证据的可靠性受哪些因素的影响？注册会计师判断审计证据可靠性的标准是什么？运用该标准判断审计证据可靠性需注意哪些例外情况？

(2)上述每组审计证据中哪一项审计证据较为可靠？为什么？

2. ABC 会计师事务所的 A 注册会计师负责对甲公司 2014 年度财务报表进行审计。2015 年 2 月 15 日，A 注册会计师完成审计业务，并于 5 月 15 日将审计工作底稿归整为最终审计档案。2015 年 5 月 20 日，A 注册会计师意识到甲公司存在舞弊行为，私下修改了部分审计工作底稿。2015 年 6 月 1 日，甲公司财务舞弊案爆发，A 注册会计师擅自销毁了甲公司审计工作底稿。

要求：根据审计工作底稿准则和会计师事务所质量控制准则，讨论下列问题：

(1)A 注册会计师在归整审计档案时是否存在问题，并简要说明理由。

(2)在归整审计档案后，A 注册会计师私下修改审计工作底稿是否存在问题，并简要说明理由。

(3)ABC 会计师事务所在保存审计工作底稿方面是否存在问题，简要说明理由，并简要说明 ABC 会计师事务所应当对审计工作底稿实施哪些控制程序。

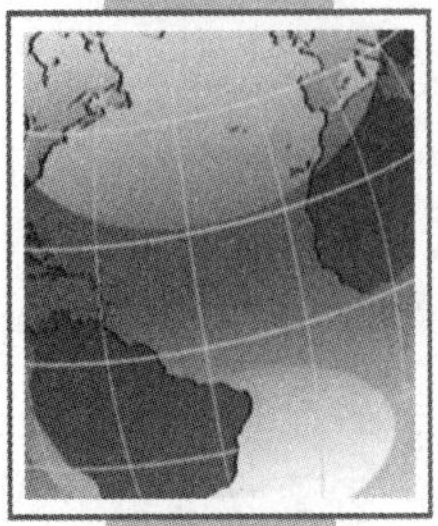

第五章 计划审计工作

第一节 审计计划与风险评估程序

一、审计计划

(一)审计计划的含义和作用

审计计划是指注册会计师为了完成审计业务,达到预期的审计目的,在具体执行审计程序之前编制的工作计划。

审计计划包括总体审计策略和具体审计计划两部分。总体审计策略是对审计的预期范围和实施方式所做的规划,是注册会计师从接受审计委托到出具审计报告整个过程基本工作内容的综合计划。具体审计计划是依据总体审计策略制定的,且比总体审计策略更加详细,是对实施总体审计策略所需要的审计程序的性质、时间和范围所做的详细规划和说明。总体审计策略具有原则性和指导性,具体审计计划具有操作性。

审计计划应当贯穿审计全过程,注册会计师在整个审计过程中均应按照审计计划执行业务,并视审计情况的变化及时对审计计划进行修改、补充。

1. 审计计划有利于保证审计质量,降低审计成本,提高审计效率

审计计划需对审查重点、抽样规模、审计程序、取证数量等作出合理安排,以保证审计工作有重点地进行,从而提高效率、降低成本。另外,通过审计计划与实际工作结果的对比,可以检查工作完成是否符合计划的要求,是否存在重大遗漏问题等,以保证审计工作的质量。

2. 审计计划有利于协调注册会计师与被审单位之间的关系,避免产生误解

通过审计计划可以落实业务约定书中规定的各项义务、责任和要求,进一步与被审计单位沟通和协调,避免被审计单位对注册会计师可能发生的误解。

(二)审计计划的内容

1. 总体审计策略的内容

总体审计策略是用以确定审计范围、时间和方向,并指导制定具体审计计划。在制定总体审计策略时,应该包括:

(1)确定审计业务的特征,包括采用的会计准则和相关会计制度、特定行业的报告要求以及被审计单位组成部分的分布等,以界定审计范围。

(2)明确审计业务的报告目标,以计划审计的时间安排和所需沟通的性质,包括提交审计报告的时间要求,预期与管理层和治理层沟通的重要日期等。

(3)考虑影响审计业务的重要因素,以确定项目组工作方向,包括确定适当的重要性水平,

初步识别可能存在较高重大错报风险的领域,初步识别重要的组成部分和账户余额,评价是否需要针对内部控制的有效性获取审计证据,识别被审计单位、所处行业、财务报告要求及其他相关方面最近发生的重大变化等。

注册会计师在编制总体审计策略中需清楚地说明:

(1)向具体审计领域调配的资源,包括向高风险领域分派有适当经验的成员,就复杂问题利用专家工作等;

(2)向具体审计领域分配资源的数量,包括安排对重要存货在其存放地观察盘点的成员数量,对其他注册会计师工作的复核范围,对高风险领域安排的审计时间预算等;

(3)何时调配这些资源,包括是在期中审计阶段还是在关键的截止日期调配资源等;

(4)如何管理、指导、监督这些资源的利用,包括预期何时召开项目组预备会和总结会,预期项目负责人和经理如何进行复核,是否需要实施项目质量控制复核等。

总体审计策略的详略程度应当随被审计单位的规模及该项审计业务的复杂程度的不同而变化。

2. 具体审计计划的内容

具体审计计划的内容包括为获取充分、适当的审计证据以将审计风险降至可接受的低水平,项目组成员拟实施的审计程序的性质、时间和范围。其应当包括风险评估程序、计划实施的进一步审计程序和其他审计程序。

(1)风险评估程序。包括计划实施的风险评估程序的性质、时间和范围。

(2)计划实施的进一步审计程序。包括进一步审计程序的总体方案和拟实施的具体审计程序(包括进一步审计程序的性质、时间和范围)两个层次。前者主要指注册会计师针对各类交易、账户余额和列报决定采用的总体方案(包括实质性方案或综合性方案)。后者是对进一步审计程序的总体方案的延伸和细化,通常包括控制测试和实质性程序的性质、时间和范围。

(3)其他审计程序。包括上面进一步程序的计划中没有涵盖的、根据其他审计准则的要求注册会计师应当执行的既定程序。如阅读含有已审计财务报表的文件中的其他信息,与被审计单位律师直接沟通等。

总体审计策略和具体审计计划的过程紧密联系,并且两者的内容也紧密相关。虽然编制总体审计策略的过程通常在具体审计计划之前,但是两项计划活动并不是孤立、不连续的过程,而是内在紧密联系的,对其中一项的决定可能会影响甚至改变对另外一项的决定。如注册会计师在了解被审计单位及其环境的过程中,注意到被审计单位对主要业务的处理依赖复杂的自动化信息系统,因此,计算机信息系统的可靠性及有效性对其经营、管理、决策以及编制可靠的财务报告具有重大影响。对此,注册会计师可能会在具体审计计划中制定相应的审计程序,并相应调整总体审计策略的内容,作出利用信息技术专家的工作的决定。

(三)审计计划的编制步骤

审计计划应由审计项目负责人编制,形成书面文件并在工作底稿中加以记录。审计计划的形式有表格式、问卷式和文字叙述三种,它们为会计师事务所普遍采用。因为每个被审计单位的情况和审计目标千差万别,所以审计计划的格式和内容也都需要相应调整。

注册会计师还应当对项目组成员工作的指导、监督与复核的性质、时间和范围制定计划。

计划审计工作包括的主要步骤有:

1. 了解被审计单位及其环境。

2. 初步确定可接受的重要性水平。

3. 评估重大错报风险，确定总体应对措施以及进一步的审计程序，将检查风险降低到可接受的水平。

二、风险评估程序

为了解被审计单位及其环境，以识别和评估财务报表层次和认定层次的重大错报风险（无论错报是由于舞弊还是错误导致）所实施的审计程序称为"风险评估程序"。注册会计师常用的风险评估程序有：询问被审计单位管理层和内部其他相关人员；分析程序；观察和检查。

1. 询问被审计单位管理层和内部其他相关人员

询问是注册会计师了解被审计单位及其环境的一个重要信息来源。注册会计师可以就下列内容向管理层和财务负责人询问：

（1）管理层所关注的主要问题。如新的竞争对手、主要客户和供货商的流失、新的税收法规的实施以及经营目标或战略的变化等。

（2）被审计单位最近的财务状况、经营成果和现金流量。

（3）可能影响财务报告的交易和事项，或者目前发生的重大会计处理问题。如重大的购并事项等。

（4）被审计单位发生的其他重要变化。如所有权结构、组织结构的变化以及内部控制的变化等。

注册会计师除了询问管理层和对财务报告负有责任的人员外，还应当考虑询问内部审计师、采购人员、生产人员、销售人员等其他人员，并考虑询问不同级别的员工，以获取对识别重大错报风险有用的信息。

2. 分析程序

注册会计师通过研究不同财务数据之间以及财务数据与非财务数据之间的内在关系，对财务信息是否异常作出评价，对识别出的、与其他相关信息不一致或与预期数据严重偏离的波动和关系进行调查，以确定被审计财务报表是否存在重大错报风险。例如，注册会计师通过实施分析程序发现，被审计单位两个会计期间的毛利率相当。但是，通过对被审计单位的了解，获知在生产成本中占较大比例的原材料成本在相关期间大幅上升，因此销售成本也应相应上升，而毛利率应相应下降。以上的分析可能使注册会计师得出结论：销售成本可能存在重大错报风险，应对其给予足够的重视。

3. 观察和检查

注册会计师可以实施的观察和检查程序包括：观察被审计单位的生产经营活动；检查文件、记录和内部控制手册；阅读由管理层和治理层编制的报告；实地察看被审计单位的生产经营场所和设备；追踪交易在财务报告信息系统中的处理过程（穿行测试），印证对管理层和其他相关人员的询问结果，并可提供有关被审计单位及其环境的信息。

除采用以上程序获取信息了解被审计单位及其环境外，注册会计师还可以利用其他审计程序加以了解。如阅读外部信息，包括证券分析师、银行、评级机构出具的有关被审计单位及其所处行业的经济或市场环境等状况的报告，贸易与经济方面的期刊等。

就风险评估程序而言，它是一个收集证据的过程，同时也是通过分析评价审计证据形成新的审计证据的过程。风险评估程序一般规模较小，并不足以为发表审计意见提供充分、适当的审计证据，注册会计师还应当实施进一步的审计程序，包括实施控制测试（必要时）和实质性程序。

第二节 了解被审计单位及其环境

了解被审计单位及其环境是一个连续和动态地收集、更新和分析信息的过程，它贯穿于审计过程的始终。在计划审计工作时，了解被审计单位及其环境很关键。因为注册会计师通过了解被审计单位经营背景、特点、会计实务等，才能有效地评估风险，设计恰当的审计程序。注册会计师应当从下列六个方面了解被审计单位及其环境。

一、行业状况、法律环境与监管环境以及其他外部因素

了解被审计单位行业状况可以帮助注册会计师识别与被审计单位所处行业有关的重大错报风险。注册会计师了解行业状况的信息主要包括：所在行业的市场供求与竞争；生产经营的季节性和周期性；产品生产技术的变化；能源供应与成本；行业的关键指标和统计资料。

了解法律环境及监管环境的主要原因是：某些法律法规或监管要求可能对被审计单位经营活动有重大影响，如不遵守将导致停业等严重后果；某些法律法规或监管要求（如环保法规等）规定了被审计单位某些方面的责任和义务；这些法律法规或要求决定了被审计单位需要遵循的行业惯例和核算要求。具体了解的内容有：适用的会计准则、会计制度和行业特定惯例；对经营活动产生重大影响的法律法规及监管活动；对开展业务产生重大影响的政府政策，包括货币、财政、税收和贸易等政策；与被审计单位所处行业和所从事经营活动相关的环保要求。

了解影响被审计单位经营的其他外部因素主要包括：宏观经济的景气度；利率和资金供求状况；通货膨胀水平及币值变动；国际经济环境和汇率变动；等等。

注册会计师对这些因素的了解范围和程度会因被审计单位所处行业、规模以及其他因素（如在市场中的地位）的不同而不同。如：对从事计算机硬件制造的被审计单位，注册会计师可能更关心市场和竞争以及技术进步的情况；对金融机构，注册会计师可能更关心宏观经济走势以及货币、财政等方面的宏观经济政策；对化工等产生污染的行业，注册会计师可能更关心相关环保法规。注册会计师应当考虑将了解的重点放在对被审计单位的经营活动可能产生重要影响的关键外部因素以及与前期相比发生的重大变化上。

二、被审计单位的性质

了解被审计单位的性质有助于注册会计师理解预期在财务报表中反映的各类交易、账户余额和披露。这方面的信息主要包括：

1. 所有权结构

通过了解所有权结构可以帮助注册会计师识别关联方关系并了解被审计单位的决策过程。如注册会计师应了解被审计单位是属于国有企业、外商投资企业、民营企业，还是属于其他类型的企业，还应当了解其直接控股母公司、间接控股母公司、最终控股母公司和其他股东的构成，以及所有者与其他人员或单位（如控股母公司控制的其他企业）之间的关系等。

2. 治理结构

良好的治理结构可以对被审计单位的经营和财务运作实施有效的监督，从而降低财务报表发生重大错报的风险。注册会计师需了解被审计单位的治理结构，如董事会的构成情况特别是独立董事的比例；是否设有审计委员会或监事会及其运作情况等。

3. 复杂业务的处理

复杂业务的处理可能导致某些特定的重大错报风险。了解的内容包括财务报表合并、商誉摊销和减值、长期股权投资核算以及特殊目的实体核算等问题。

4. 经营活动

了解被审计单位经营活动，有助于注册会计师识别预期在财务报表中反映的主要交易类别、重要账户余额和列报。了解的内容主要包括：主营业务的性质；与生产产品或提供劳务相关的市场信息；业务的开展情况；联盟、合营与外包情况；从事电子商务的情况；地区与行业分布；生产设施、仓库的地理位置及办公地点；等等。

5. 投资活动

了解此项目可以帮助注册会计师关注被审计单位在经营策略和方向上的重大变化。这包括：近期拟实施或已实施的并购活动与资产处置情况，包括业务重组或某些业务的终止；证券投资、委托贷款的发生与处置；资本性投资活动；不纳入合并范围的投资；等等。

6. 筹资活动

对这个活动的了解可帮助注册会计师评估被审计单位在融资方面的压力，并进一步考虑被审计单位在可预见未来的持续经营能力。这包括：债务结构和相关条款，包括担保情况及表外融资；固定资产的租赁；关联方融资；实际受益股东；衍生金融工具的运用。

三、被审计单位会计政策的选择和运用

注册会计师应了解被审计单位所选择和运用的会计政策是否符合适用的会计准则和相关会计制度，是否符合被审计单位的具体情况，以及重要项目的会计政策和行业惯例，重大和异常交易的会计处理方法，在新领域和缺乏权威性标准或共识的领域采用重要会计政策产生的影响，会计政策的变更，被审计单位何时采用以及如何采用新颁布的会计准则和相关会计制度。

四、被审计单位的目标、战略以及相关经营风险

经营风险源于对被审计单位实现目标和战略产生不利影响的重大情况、事项、环境和行动，或源于不恰当的目标和战略，而多数经营风险最终都会产生财务后果，从而影响财务报表。为此，注册会计师应了解：行业发展，及其可能导致的被审计单位不具备足以应对行业变化的人力资源和业务专长等风险；开发新产品或提供新服务，及其可能导致的被审计单位产品责任增加等风险；业务扩张，及其可能导致的被审计单位对市场需求的估计不准确等风险；新颁布的会计法规，及其可能导致的被审计单位执行法规不当或不完整，或会计处理成本增加等风险；监管要求，及其可能导致的被审计单位法律责任增加等风险；本期及未来的融资条件，及其可能导致的被审计单位由于无法满足融资条件而失去融资机会等风险；信息技术的运用，及其可能导致的被审计单位信息系统与业务流程难以融合等风险。

五、被审计单位财务业绩的衡量和评价

内部或外部对财务业绩的衡量和评价可能对被审计单位管理层产生压力，促使其采取行动改善财务业绩或歪曲财务报表，以致增加财务报表发生重大错报的风险。为此，注册会计师应关注：关键业绩指标；业绩趋势；预测、预算和差异分析；管理层和员工业绩考核与激励性报酬政策；分布信息与不同层次部门的业绩报告；与竞争对手的业绩比较；外部机构提出的报告。尤其需关注被审计单位内部财务业绩衡量所显示的未预期到的结果或趋势、管理层的调查结

果和纠正措施，以及相关信息是否显示财务报表可能存在重大错报。

六、了解被审计单位的内部控制

注册会计师应当了解与审计相关的内部控制以识别潜在错报的类型，考虑导致重大错报风险的因素，以及设计和实施进一步审计程序的性质、时间和范围。

第三节 了解被审计单位内部控制

一、内部控制的基本内容

(一)内部控制的含义

内部控制是由企业董事会、监事会、经理层和全体员工实施的，旨在合理保证实现控制目标的过程。内部控制目标是，合理保证企业经营管理合法合规、资产安全、财务报告及相关信息真实完整，提高经营效率和效果，促进企业实现发展战略。设计和实施内部控制的责任主体是治理层、管理层和其他人员，组织中的每一个人都对内部控制负有责任。

(二)内部控制的固有局限性

内部控制存在固有的局限性，无论如何设计和执行，都无法绝对保证实现企业的目标。就审计所关注的内容来看，内部控制无法绝对保证财务报告的可靠性，这是因为内部控制存在以下固有局限性：

1. 在决策时人为判断可能出现错误和由于人为失误而导致内部控制失效。

2. 可能由于两个或更多的人员进行串通或管理层凌驾于内部控制之上而被规避。

3. 被审计单位行使控制职能的人员素质不适应岗位要求，也会影响内部控制功能的正常发挥。

4. 被审计单位实施内部控制的成本效益问题也会影响其效能。

5. 内部控制一般都是针对经常而重复发生的业务而设置的，如出现不经常发生或未预计到的业务，原有控制就可能不适用。

针对小型被审计单位，由于其拥有的员工通常较少，限制了其职责分离的程度。业主凌驾于内部控制之上的可能性较大。注册会计师应考虑一些关键领域是否存在有效的内部控制。

(三)内部控制的构成要素

企业建立与实施内部控制，应当包括以下要素：

1. 内部环境

内部环境是企业实施内部控制的基础，一般包括治理结构、机构设置及权责分配、内部审计、人力资源政策、企业文化等。内部环境是一种氛围，它能增强或弱化企业各种方针政策的作用，直接影响其他内部控制要素。如果管理层认为内部控制是非常重要的，对任何背离内部控制的行为及时采取纠正措施，则企业其他人员同样会感觉到内部控制的重要性，从而自觉遵守各项既定的控制。反之，如果管理层对内部控制的重要性只是口头重视，没有落实到实际行动，那么管理层的目标就很难实现。构成内部环境的因素包括：

(1)治理结构。股东(大)会享有法律法规和企业章程规定的合法权利，依法行使企业经营方针、筹资、投资、利润分配等重大事项的表决权。

董事会对股东(大)会负责，依法行使企业的经营决策权。董事会负责内部控制的建立健全和有效实施。

监事会对股东(大)会负责,监督企业董事、经理和其他高级管理人员依法履行职责。监事会对董事会建立与实施内部控制进行监督。

经理层负责组织实施股东(大)会、董事会决议事项,主持企业的生产经营管理工作。经理层负责组织领导企业内部控制的日常运行。

企业应当在董事会下设立审计委员会。审计委员会负责审查企业内部控制,监督内部控制的有效实施和内部控制自我评价情况,协调内部控制审计及其他相关事宜等。审计委员会负责人应当具备相应的独立性、良好的职业操守和专业胜任能力。

(2)机构设置及权责分配。企业应当结合业务特点和内部控制要求设置内部机构,明确职责权限,将权利与责任落实到各责任单位。企业的组织结构是经营活动计划、执行、控制和监督的整体框架。其中重点考虑的是授权及责任分配的明晰性;政策和程序建立的水平;对这些政策及程序的遵循;对分散经营进行监督与控制的充分性;根据企业的规模及复杂性建立的组织结构的合理性。组织内权力与责任的分配方式和相关的报告方针对控制都有影响。对于如何分配责任,一般在正式的公司政策手册中都有清楚的描述。

(3)内部审计。企业需加强内部审计工作,保证内部审计机构设置、人员配备和工作的独立性。内部审计机构应当结合内部审计监督,对内部控制的有效性进行监督检查。内部审计机构对监督检查中发现的内部控制缺陷,应当按照企业内部审计工作程序进行报告;对监督检查中发现的内部控制重大缺陷,有权直接向董事会及其审计委员会、监事会报告。

(4)人力资源政策。内部环境中最重要的因素是人,这是人力资源政策之所以必要的原因。企业应关注招聘、培训、考核、晋升和薪酬等问题。恰当的招聘程序可以获得高质量的员工。培训能提高员工的技能并向他们传递其在公司预期的角色。依据定期的绩效评价来进行人事轮换和晋升,表明公司对员工的承诺。具有竞争力的奖励计划可以调动和鼓励突出的工作表现。严明的纪律表明越轨的行为是不能被容忍的。

(5)企业文化。内部控制最终都是由人来执行的,而人们的行为是受个人观念、意识、道德价值观等因素的影响的,正如美国知名人类学家莱斯利·怀特所说"行为是文化的函数",因而内部控制的执行效果和目标的实现程度都会受到道德价值观等核心文化的影响。企业应当加强文化建设,培育积极向上的价值观和社会责任感,倡导诚实守信、爱岗敬业、开拓创新和团队协作精神,树立现代管理理念,强化风险意识。在企业文化建设中,董事、监事、经理及其他高级管理人员应当发挥主导作用。

2. 风险评估

风险评估应当准确识别与实现控制目标相关的内部风险和外部风险,确定相应的风险承受度。针对财务报告目标的风险评估过程包括识别与财务报告相关的经营风险,评估风险的重大性和发生的可能性,并采取措施管理这些风险。

管理层风险评估作为内部控制设计及运行的一部分,是为了减少差错及违法情况。注册会计师的风险评估是为了确定审计中所需要的审计证据。两者之间的关系是,如果管理层有效地评估和应对了风险,那么注册会计师就可以少收集一些审计证据。

3. 控制活动

控制活动是指有助于确保管理层的指令得到执行的政策和程序。控制措施一般包括如下几种:

(1)不相容职务分离控制。同一员工在履行多项职务时可能发生错误及舞弊行为,通过职务分离可以减少这些不利的行为。如授权交易、记录和相关资产的处理(或称为资产保管)的职务必须分开。

职务分离须使得授权、保管和记录这三项根本的功能分开并接受充分的监督:授权是基于公司利益的职责及交易的授权;保管是对资产与记录的实物控制;记录是产生交易的书面证据以及在会计记录中的记载。以上三项职能的分离是控制的关键。如果采购业务的授权和采购业务的执行不分离,那么很容易发生采购部门人员同供货商勾结,为了取得供货商的回扣而以较高的价格购入产品的行为,从而使企业蒙受损失。如果上述两个职责同负责购进产品的验收、保管及仓库管理职责不分离,又可能产生购进产品的质量问题,使企业利益受到损害。如果保管和记录职责不分离,那么职员为个人私利而处置、占有资产,可以很容易地调整该资产的会计记录以掩盖其舞弊行为,解脱责任。

(2)授权审批控制。授权审批的目的是保证交易在管理层授权范围内进行。授权包括一般授权和特别授权。前者指管理层制定的要求组织内部遵守的普遍适用于某类交易或活动的政策。特别授权是指管理层针对特定类别的交易或活动逐一设置的授权,如重大资本支出和股票发行等。特别授权也可能用于超过一般授权限制的常规交易。如因某些特别原因,同意对某个不符合一般信用条件的客户赊销商品。对于重大的业务和事项,应当实行集体决策审批或者联签制度,任何个人不得单独进行决策或者擅自改变集体决策。

(3)会计系统控制。企业应严格执行国家统一的会计准则,加强会计基础工作,明确会计凭证、会计账簿和财务会计报告的处理程序,保证会计资料真实完整。

(4)财产保护控制。它是确保资产实物安全的程序。企业通过建立财产日常管理制度和定期清查制度,采取财产记录、实物保管、定期盘点、账实核对等措施,确保财产安全。

(5)预算控制。企业通过实施全面预算管理制度,可明确各责任单位在预算管理中的职责权限,规范预算的编制、审定、下达和执行程序,强化预算约束。

(6)运营分析控制。企业应建立运营情况分析制度,经理层可综合运用生产、购销、投资、筹资、财务等方面的信息,通过因素分析、对比分析、趋势分析等方法,定期开展运营情况分析,发现存在的问题,及时查明原因并加以改进。

(7)绩效考评控制。它是由不直接参与活动的第三方对工作情况进行的独立检查,通常称为内部查证。绩效考评的内容包括:实际绩效与预算的对比检查;综合分析财务数据与经营数据的内在关系;将内部数据与外部信息来源相比较;评价职能部门、分支机构或项目活动的绩效;对发现的异常差异或关系采取必要的调查与纠正措施。通过调查非预期的结果和非正常的趋势,管理层可以识别可能影响经营目标实现的情形。管理层对绩效信息的使用(如将这些信息用于经营决策,还是同时用于对财务报告系统的非预期结果进行追踪),决定了绩效指标的分析是只用于经营目的,还是同时用于财务报告目的。

4. 信息系统与沟通

企业都需要获得内部或外部事件或活动的相关信息,包括财务的和非财务的。管理层必须识别信息的相关性并以一定的形式和在合适的时间传递给员工,以便他们开展工作。与财务报告相关的信息系统,包括用以生成、记录、处理和报告交易、事项和情况,对相关资产、负债和所有者权益履行经营管理责任的程序和记录。系统所产生的信息的质量将影响管理层在控制企业经营活动及提供可靠的财务报告中所做出理性决策的能力。与财务报告相关的信息系统通常包括下列职能:(1)识别与记录所有的有效交易;(2)及时、详细地描述交易,以便在财务报告中对交易做出恰当分类;(3)恰当计量交易,以便在财务报告中对交易的金额做出准确记录;(4)恰当确定交易生成的会计期间;(5)在财务报表中恰当列报交易。

沟通可以使组织内信息上传下达,横向传递。所有员工只有从高级管理层得到明确的信息,才会认真对待其控制责任。职员必须了解他们自己在内部控制系统中的角色定位、个人的工作与其他人员工作的关系以及如何向高级管理层报告重要的信息。这里同样需要与外部组织(顾客、供货商和政府等)进行有效的沟通。

5. 监控活动

它是实时评估内部控制运行质量的过程,这涉及实时基础上的控制设计和运行的评价,并采取必要的修正措施。通过监督,管理层能使内部控制按照计划运行并能根据变化的环境条件及时修正。例如,管理层对是否定期编制银行存款余额调节表进行复核,内部注册会计师评价销售人员是否遵守公司关于销售合同条款的政策,法律部门定期监控公司的道德规范和商务行为准则是否得以遵循等。监督对控制的持续有效运行十分重要。假设没有对银行存款余额调节表是否得到及时和准确的编制进行监督,该项控制可能无法得到持续的执行。

二、了解被审计单位内部控制

(一)了解被审计单位内部控制的方式

内部控制的某些要素(如内部环境)更多地对被审计单位整体层面产生影响,而其他要素(如信息系统与沟通、控制活动)则可能更多地与特定业务流程相关。在实务中,注册会计师应当从被审计单位整体层面和业务流程层面分别了解和评价被审计单位的内部控制。

1. 从整体层面了解内部控制

对于连续审计,注册会计师可以重点关注整体层面内部控制的变化情况,包括由于被审计单位及其环境的变化而导致内部控制发生的变化以及采取的对策。注册会计师需要特别考虑因舞弊而导致重大错报的可能性及其影响。

注册会计师可以考虑将询问被审计单位人员、观察特定控制的应用、检查文件和报告以及执行穿行测试等风险评估程序相结合,以获取证据。在了解内部控制的构成要素时,注册会计师需要特别注意这些要素在实际中是否得到执行。注册会计师应将对被审计单位整体层面内部控制各要素的了解要点和实施的风险评估程序及其结果等形成审计工作记录,并对影响注册会计师对整体层面内部控制有效性进行判断的因素加以详细记录。

财务报表层次的重大错报风险很可能源于薄弱的内部环境,因此,注册会计师在评估财务报表层次的重大错报风险时,应当将被审计单位整体层面的内部控制状况和了解到的被审计单位及其环境其他方面的情况结合起来考虑。整体层面的内部控制是否有效将直接影响重要业务流程层面控制的有效性,进而影响注册会计师拟实施的进一步审计程序的性质、时间和范围。

2. 从业务流程层面了解内部控制

内部控制的各个要素中,信息系统和控制活动更多地体现在业务流程层面。因此,注册会计师应当从被审计单位重要业务流程层面了解内部控制,并根据这些评估认定层次的重大错报风险,设计和实施进一步的审计程序。

在初步计划审计工作时,注册会计师需要确定在被审计单位财务报表中可能存在重大错报风险的重大账户及其相关认定。为了实现此目的,在重要业务流程层面了解和评估内部控制采用的一般步骤为:

(1)确定被审计单位的重要业务流程和重要交易类别。实务中,将被审计单位的整个经营活动划分为几个重要的业务循环，有助于注册会计师更有效地了解和评估重要业务流程及相关控制。通常，制造企业可以划分为销售与收款循环、采购与付款循环、存货与生产循环、工资与人员循环、筹资与投资循环等。被审计单位经营活动的性质不同，所划分的业务循环也不同。重要交易类别是指可能对被审计单位财务报表产生重大影响的各类交易。重要交易类别应与相关账户及其认定相联系，如对一般制造业企业，销售收入和应收账款通常是重大账户，销售和收款都是重要交易类别。

(2)了解重要交易流程，并记录获得的了解。交易流程通常包括这些工作：输入数据的核准与修订、数据的分类与合并、进行计算、更新账簿资料和客户信息记录、生产信息交易、归集数据、列报数据。注册会计师了解与重要交易相关的流程通常包括生成、记录、处理和报告交易等活动。例如，在销售循环中，这些活动包括输入销售订单、编制货运单据和发票、更新应收账款信息记录等。相关的处理程序包括通过编制调整分录，修改并再次处理以前被拒绝的交易，以及修改被错误记录的交易。

(3)确定可能发生错报的环节。注册会计师需要确认和了解被审计单位应在哪些环节设置控制，以防止或发现并纠正各重要业务流程可能发生的错报。注册会计师关注的控制，是那些能通过防止错报的发生，或者通过发现和纠正已有错报，从而确保每个流程中业务活动具体流程能够顺利运转的人工或自动化控制程序。被审计单位设计控制的目的是为了实现某些控制目标。而这些控制目标与财务报表重大账户的相关认定相联系。对于每个重要交易流程，注册会计师都会考虑相应的控制目标。评价是否实现这些目标的重要标准是，是否存在控制来防止错报的发生，或发现并纠正错报，然后重新提交到业务流程处理程序中进行处理。

(4)识别和了解相关控制。一些情况下，注册会计师通过以前的了解可能表明被审计单位在业务流程层面针对某些重要交易流程所设计的控制是无效的，或注册会计师并不打算信赖控制，这样注册会计师没必要进一步了解在业务流程层面的控制。如果注册会计师计划对业务流程层面的有关控制进行进一步的了解和评价，那么针对业务流程中容易发生错报的环节，注册会计师应当确定：①被审计单位是否建立了有效的控制，以防止或发现并纠正这些错报；②被审计单位是否遗漏了必要的控制；③是否识别了可以最有效测试的控制。

(5)执行穿行测试，证实对交易流程和相关控制的了解

为了解各类重要交易在业务流程中发生、处理和记录的过程，注册会计师通常会每年执行穿行测试。执行穿行测试可获得以下方面的证据：

①确认对业务流程的了解；

②确认对重要交易的了解是完整的，即在交易流程中所有与财务报表认定相关的可能发生错报的环节都已识别；

③确认所获取的有关流程中的预防性控制和检查性控制信息的准确性；

④评估控制设计的有效性；

⑤确认控制是否得到执行；

⑥确认之前所做的书面记录的准确性。

对于重要的业务流程，注册会计师都会对整个流程执行穿行测试，涵盖交易从发生到记账的整个过程。当某个重要业务流程有显著变化时，注册会计师应当根据变化的性质，及其对相关账户发生重大错报的影响程度，考虑是否需要对变化前后的业务都执行穿行测试。

(6)初步评价和风险评估

在识别和了解控制后，根据执行的程序和获取的审计证据，注册会计师需评价控制设计的

合理性并确定其是否得到执行。对控制的评价结论可能是：所设计的控制单独或连同其他控制能够防止或发现并纠正重大错报，并得到执行；控制本身的设计是合理的，但没有得到执行；控制本身的设计就是无效的或缺乏必要的控制。这些评价只是初步结论，可能随控制测试后实施实质性程序的结果而发生变化。

注册会计师对控制的评价，进而对重大错报风险的评估，需考虑以下因素：账户特征及已识别的重大错报风险；对被审计单位整体层面控制的评价。在对控制进行初步评价及风险评估后，注册会计师可以考虑这些问题：控制本身的设计是否合理；控制是否得到执行；是否更多地信赖控制并拟实施控制测试。注册会计师应将认定层次的控制因素和其他因素结合，评估认定层次的重大错报风险，以确定进一步审计程序的性质、时间和范围。

（二）了解内部控制的程序

注册会计师了解被审计单位的内部控制，以确定其设计和运行的情况。以下方法有助于达到这个目的：

1. 询问被审计单位的有关人员

注册会计师通过询问管理层、各级主管人员、具体经办人员、普通员工等，可以得到具体的内部控制及运行情况方面的信息，特别是可以了解员工对某种特定内控的理解。

2. 查阅以前年度审计工作底稿，根据实际情况作适当更新

如果会计师事务所审计的是老客户，那么注册会计师一般在审计前可以从以前年度审计工作底稿上获取有关被审计单位内部控制情况的信息。一个企业内部控制设计运行后，都具有相对的稳定性，变化不会很频繁，因此在当年审计时，可以利用以前调查了解到的内部控制信息来了解被审计单位的内部控制情况。但是，应该注意实际情况的变化，可能某些环节的内部控制发生了变动，或者虽没发生内部控制设计上的变化，但在实际执行时有可能失效了，这就需要注册会计师采取别的方式调查这部分内部控制，并予以记录。

3. 查阅内部控制政策或档案

企业设计、执行并维持内部控制会有大量的档案，以说明特定内部控制的目的、细节、主要事项等。如组织结构图、制度手册等。通过查阅内部控制手册或文件，与询问有关员工的结果相比较，可以判断内控的设计是否切实得到员工的正确理解并执行。

4. 检查凭证和记录

许多内部控制的设计和运行会产生凭证和记录。注册会计师通过对这些凭证和记录的检查，可以了解交易中的内部控制，以便更好地理解它们是如何发挥作用的。这些也是内部控制运行是否有效的证据。

5. 观察经营管理活动

注册会计师通常采用观察经营管理活动的方式，了解内部控制的实际运行情况是否与内部控制设计中的规定一致。

6. 穿行测试

穿行测试是指在每一类交易中选择一笔或若干笔交易进行测试，其目的是为了验证内部控制的实际运行是否与经过其他方法调查后在审计工作底稿上所描述的内部控制一致。例如，为了复核对销售交易的内部控制调查情况，注册会计师可以选取一笔或若干笔产品销售交易，从顾客订单、销售单、赊销批准、发货、开票、收款、记账的业务全过程进行检查，以确定销售交易的各个环节是否与其所设计的内控保持一致。

(三)记录了解的内部控制

在调查了解内部控制后,注册会计师要将了解的结果记录在工作底稿中,这一方面可以为注册会计师在实施审计中已遵守了有关准则提供证据,另一方面可以供下一步进行重大错报风险评估和控制测试使用,并为以后年度审计做参考。记录了解到的内部控制主要有三种形式,即文字叙述、调查问卷表、流程图。

1. 内部控制的文字叙述

这种形式是将调查了解到的内部控制情况用文字叙述的方式记录下来。文字叙述一般可以按照不同的交易循环或业务经营环节,逐项记述各环节所完成的工作、产生的各种文字记录、员工的不同分工等。例如,注册会计师对甲公司的内部环境了解后,形成下面的文字叙述①:

甲公司在某地生产塑料钓鱼用具,由唯一的所有者 Ed Jones 进行管理。Jones 对市场营销、采购、雇用员工、授权主要交易等活动负责,并在该公司管理层中具有支配权。他对业务和行业如何运转有着很好的理解。Jones 认为雇用有经验的员工显得尤为重要,因此公司没有监督层。由于有限的职责划分,因此基本上没有对职员工作进行独立检查。Jones 对业务风险持中立偏保守的态度。该公司业务一直保持持续盈利,因为 Jones 认为低税收与财务成果同等重要,他对会计估计持保守观点。

Jones 和公司账簿记录人员 Pat Willis 准备就常规的会计问题咨询我公司,包括会计估计的计算(应交税金、存货减值、坏账)。我公司还帮助他们编制财务报表。

该公司的董事会由家庭成员组成。董事会不会对公司业务及管理层的活动进行监督。

簿记员 Willis 和 Jones 的秘书 Ross 负责大多数重要的会计功能。Willis 于 20×0 年进入该公司,拥有足够的会计学知识并能够在工作中加以运用,他的工作能力毋庸置疑。Willis 定期向我公司咨询一些异常交易的问题。过去的记录表明在常规交易的处理中出现错误的概率非常小。

该公司采用了现有的会计软件包来运行其会计系统。在这种软件下,源代码是不能获取的。进入计算机系统以及接触计算机文件仅限于 Willis、Jones、Ross 三人,并且他们能够接触所有的计算机文件。

该公司的所有者兼管理者仔细检查计算机生成的财务报告,例如应收账款账龄报告,并将收入和成本与以前年度的绩效进行对比。他也对那些要求以某个比例和补偿性余额为偿债条件的长期借款合同条款进行检查。

内部控制文字叙述法比较灵活,描述的内容可以根据实际情况详略适当,适用于各种规模和类型的被审计单位,特别是那些内部控制不够健全的中小型被审计单位。但是这种方法也有局限性,篇幅一般较长,阅读时难以把握重点。针对存在广泛控制的大型被审计单位,使用这种方法,不便于资料整理和对比分析,而且有可能遗漏内部控制设置中的重要环节。

2. 内部控制调查问卷表

内部控制调查问卷表是把每一个审计中关注的内部控制的必要事项,特别是与确保会计记录可靠性有关的事项作为调查项目,系统地列示出来,反映在一张表格上。调查问卷表大部分设计成要求回答"是"或"否",回答"否"意味着潜在内部控制缺陷。内部控制调查问卷表如

① R. Hayes, R. Dassen, A. Schilder and Wallage,来明敏等译:《审计学——基于国际审计准则的视角》,机械工业出版社 2006 年版,第 173 页。

表 5－1 所示。

表 5－1　销售业务内部控制调查问卷表

客户：三升股份公司　　财务报表日：2014 年 12 月 31 日
编制人：张三　　编制日期：2014 年 11 月 18 日
复核人：李四　　复核日期：2014 年 11 月 22 日

目标和问题　　回答　　备注

销　售	是	否	不适用	
A. 已入账的销售业务是真实的业务				
1. 已入账的销售业务是否有经授权批准的销售单和发货单为依据？ 2. 对顾客的赊销是否经信用部门批准？ 3. 任何商品出库是否都要求有预先连续编号的书面发货单？	√ √ √			根据赊销条件由信用部门经理或公司总经理批准
B. 发生的销售业务均已入账				
1. 是否保留所有发货单存根？ 2. 控制发货单的方式能否保证所有发货都已开具发票？ 3. 发货单是否预先连续编号并已做了说明？ 4. 销售发票是否预先连续编号并已做了说明？	√ √ √ √			
C. 已入账的销售金额是发票金额，并且已正确开票和记录				
1. 发货单和销售发票上的数量是否经过独立核对？ 2. 是否采用经授权的价格表？ 3. 是否按月给顾客发送对账单？	√ √ √			
D. 已入账的销售业务经恰当分类 已入账的销售收入所采用的会计科目是否经过独立的核对？			√	所有销售业务都是赊销且只有一个销售账户
E. 销售业务记录于正确的日期 发货单日期与入账日期是否经过独立的核对？		√		制度中存在薄弱环节
F. 销售业务恰当地记录于总账及各明细账簿，并经过正确汇总				
1. 发货单上的顾客名称是否与应收账款明细账相符？ 2. 机制凭证是否经过独立审核后正确过账？ 3. 销售明细账及应收账款明细账是否独立加总并定期同总账核对相符？	 √ √	√		制度中存在薄弱环节

因为不同的企业对同样或类似的经济业务交易可能具有相同或类似的内部控制措施，所以，注册会计师在审计实务中通常采用标准格式的调查问卷表，这样可以避免遗漏重要的内部控制情况。采用调查问卷表可以帮助缺乏经验的注册会计师调查和评价内部控制，而且这种方法可以同时进行对内控的调查与描述，所以提高了审计效率。然而，标准格式的调查问卷表由于没有充分考虑到企业的实际情况，对于一些企业会出现“不适用”的回答，无法涵盖这些企业的所有情况。有时，调查问卷表会使注册会计师机械地按照表格所提出的问题作出回答，而忽略了专业判断的重要性。

3. 内部控制流程图

内部控制流程图是指注册会计师以特定的语言符号和图形来反映企业的凭证及其在组织内部有序流动过程的图表。通过流程图，注册会计师可以将企业的组织结构、职责分工、权限范围、凭证编制及顺序、会计记录、业务处理流程等内控各个组成展现在一张图中。其最大的优点在于形象直观，简明地把企业的某类交易的内部控制全程展现出来，并对关键控制点一目了然，容易使人了解内控的薄弱环节。但流程图的编制需要一定的技术，如果企业业务复杂程度加大，那么流程图就会变得很复杂。

第四节　确定重要性水平

重要性概念的运用贯穿于审计的整个过程。在计划阶段，考虑重要性水平可以帮助注册会计师编制审计计划，确定审计程序的性质、时间和范围，从而将审计风险降至可接受的水平。在评价错报的影响时，运用重要性有助于注册会计师确定审计意见类型。

一、重要性的含义

审计重要性是指在具体环境下，被审计单位财务报表错报的严重程度。如果合理预期错报单独或汇总起来可能影响财务报表使用者依据财务报表作出的经济决策，则通常认为错报是重大的。这里的错报含漏报，包括财务报表内列示的错报和财务报表附注披露的错报。

通常而言，审计重要性的概念可从以下方面进行理解：

(一)审计重要性本质反映的是财务报表使用者的要求

重要的错报会对财务报表使用者进行相关决策产生误导。因此，注册会计师应当站在财务报表使用者角度来确定重要性。这里的财务报表使用者是指具有一定理解能力的理性的财务信息需求者。

(二)审计重要性的判断考虑的是财务报表使用者整体的需求

由于不同财务报表使用者对财务信息的需求可能差异很大，注册会计师在对重要性作出判断时，不可能满足财务报表所有使用者对财务信息的需要。因此，重要性的判断是不能考虑错报对个别财务报表使用者可能产生的影响。这使得在审计中判断和使用重要性概念成为可能。

(三)审计重要性受错报数额或性质的影响，或受两者共同影响

通常情况下，数额大的错报比数额小的错报重要，但有些情况下即使是数额小的错报如果性质严重也会对财务报表使用者决策产生误导。当然也可能存在数额重大且性质严重的情形。因此，重要性的确定要同时考虑数额和性质两个方面。

(四)对审计重要性的判断是根据具体环境作出的

不同的被审计单位或同一被审计单位在不同时期面临的具体环境是不一样的，重要性水平也就不会一样。例如10万元错报对一个小公司而言可能是重要的，而对一个大公司来说则可能不重要。这便是为何每次审计都要确定重要性的原因。

(五)审计重要性是注册会计师运用职业判断的结果

影响重要性的因素很多，加之注册会计师不可能知道财务报表使用者究竟有哪些，更不知道这些使用者依据财务报表分别做何决策，这就给重要性的确定造成很大的难度。注册会计师只能根据被审计单位面临的具体环境，综合考虑各种因素的影响，运用职业判断来确定重要性。

重要性概念的运用贯穿于整个审计过程。注册会计师在计划和执行审计工作，评价识别出的错报对审计的影响，以及未更正错报对财务报表和审计意见的影响时，都需要运用重要性概念。

二、计划审计工作对审计重要性的确定

在计划审计工作时，注册会计师应当确定一个可接受的重要性水平，以发现在金额上重大的错报。计划审计工作时确定审计重要性的目的在于为以下方面提供基础：确定风险评估程序的性质、时间安排和范围；识别和评估重大错报风险；确定进一步审计程序的性质、时间安排和范围。

重要性的确定应符合实际。高估重要性，可能会得出不恰当的审计结论，影响审计质量；低估重要性，则可能浪费审计时间，加大审计成本，降低审计效率。在确定重要性水平时，需要考虑对被审计单位及其环境的了解、审计的目标、财务报表各项目的性质及其相互关系、财务报表项目的金额及其波动幅度等，并从性质和数量两个方面合理确定重要性水平。

（一）从性质方面考虑重要性

在某些情况下，金额相对较小的错报可能会对财务报表产生重大影响。从性质方面判断审计重要性时，可考虑下列因素：

（1）对财务报表使用者需求的感知（他们对财务信息哪一方面最感兴趣）；

（2）获利能力趋势；

（3）因没有遵守贷款契约、合同约定、法规条款和法定或常规的报告要求而产生错报的影响；

（4）计算管理层报酬的依据；

（5）由于错误或舞弊而使一些账户项目对损失的敏感性；

（6）重大或有负债；

（7）通过一个账户处理大量的、复杂的和相同性质的个别交易；

（8）关联方交易；

（9）可能的违法行为、违约和利益冲突；

（10）财务报表项目的重要性、性质、复杂性和组成；

（11）可能包含的高度主观性的估计、分配或不确定性；

（12）管理层的偏见（管理层是否有动机将收益最大化或者最小化）；

（13）管理层一直不愿意纠正已报告的与财务报告相关的内部控制的缺陷；

（14）与账户相关联的核算与报告的复杂性；

（15）自前一个会计期间以来账户特征发生的改变；

（16）个别极其重大但不同的错报抵消产生的影响。

（二）从数量方面考虑重要性

由于财务报表审计的目标是在对各类交易、账户余额及列报信息实施审计工作的基础上对财务报表发表审计意见，因此既要针对财务报表层次确定整体重要性，也要针对认定层次（交易、账户余额及列报和披露）确定重要性（可容忍错报）。

1. 财务报表整体重要性

在制定总体审计策略时，应当确定财务报表整体重要性。通常先选定一个基准，再乘以某一百分比作为财务报表整体重要性。

（1）基准的选择。实务中，有许多汇总性财务数据可以作为确定整体重要性水平的基准。如总资产、净资产、营业收入、费用总额、毛利、净利润等。需要根据被审计单位的具体情况，考虑财务报表的要素、财务报表使用者的特别关注、被审计单位的性质与所处的生命周期以及所

处行业和经济环境、被审计单位的所有权结构和融资方式、基准的相对波动性等因素，合理选择使用。

例如：对于以营利为目的且收益较稳定的企业，选择以经常性业务的税前利润作为基准较为合适。对于收益不稳定的企业或非营利组织，选择费用总额作为基数可能比较合适。对于共同基金公司，选择净资产作为基准数较为合适。当所选基准在不同会计期出现较大波动时，以该基准在近几年的平均数作为基准数则更加合适。

（2）百分比的选择。百分比和选定的基准之间存在一定的联系。通常，百分比的参考值如下：①选择营业收入、总资产、费用总额作为基数，百分比可为 0.5%～1%；②选择净资产作为基数，百分比可为 1%～2%；③选择毛利、净利润作为基数，百分比可为 5%～10%。

通常情况下，基准数规模越大，选用的比率可能越小，这样所确定的重要性更符合实际。比如，当利润规模较大时，可选用 5%～7%，而当利润规模较小时，选用 7%～10%；对共同基金公司，净资产规模较大时，可用 1%，甚至还可以用 0.5%。

这些百分比只是参考数值，在执行具体审计业务时，注册会计师可以根据被审计单位具体情况运用职业判断对其进行调整。百分比无论是高一些还是低一些，只要符合具体情况都是适当的。

先选定一个基准，再乘以某一适当的百分比，将其乘积作为财务报表整体重要性水平，是确定报表层整体重要性水平的基本方法。如果同一被审期间各财务报表的重要性水平不同，注册会计师应当选取其中最低金额作为财务报表层次的重要性水平。例如，注册会计师认为 300 000 元错报对净收益是重要的，而 200 000 元错报对财务状况是重要的，那么注册会计师应该选取 200 000 元作为财务报表层次的重要性水平。由于不同财务报表间存在相互关联的勾稽关系，许多审计程序经常涉及一个以上的报表，所以这一选择是适当的。因为选取最低金额较谨慎，这使注册会计师能获取更多的证据，确保审计结论的正确，从而降低审计风险。

2. 认定层次重要性水平

认定层次（各类交易、账户余额、披露）的重要性水平的确定是以财务报表层次整体重要性水平的初步判断为基础的。它是在不导致财务报表存在重大错报的情况下，注册会计师对各类交易、账户余额和披露确定的可接受的最大错报，所以也称“可容忍错报”。可容忍错报直接影响收集审计证据的数量。

（1）确定认定层次重要性时应当考虑下列两项因素：一是各类交易、账户余额、披露的性质及发生错报的可能性；二是各类交易、账户余额、披露的重要性水平与财务报表整体重要性水平的关系。

（2）确定认定层次重要性水平的两种方法：一是单独评估法。在综合考虑以上因素基础上对特定交易、账户余额或披露的重要性进行直接确定。如财务报表整体重要性水平为 10 万元，确定应收账款的重要性为这一金额的 1/5，即 2 万元，则应收账款中超过 2 万元的错报是重要的。单独评估法下，认定层次每一项重要性不应超过财务报表整体重要性，认定层次重要性总和不应超过财务报表整体重要性的两倍。二是分配法。在综合考虑以上因素基础上将财务报表整体重要性分配到各类特定的交易、账户余额或披露，形成认定层次的重要性。这时，认定层次重要性总和等于财务报表整体重要性。

在采用分配报表层次重要性水平到账户或交易层的方法时，分配绝不是简单地在各项目中的平均分配，而是在保证审计效果的基础上，以尽可能降低审计成本的原则为指导，综合考虑相关因素，对报表层次的重要性分配进行的合理判断。需考虑的因素包括项目的性质、发生差错的可能性、审计难易程度等。

举例说明确定财务报表层次的重要性水平及其分配：

注册会计师对某公司2013年报进行审查，公司报表中年末资产总额为60 000万元，全年利润总额5 000万元，注册会计师经综合分析，对重要性的初步判断为资产总额的1%，利润总额的7%，确定并分配报表层次的重要性水平。

首先确定财务报表层次的重要性水平：

资产负债表的重要性水平为：60 000×1%＝600(万元)

利润表的重要性水平为：5 000×7%＝350(万元)

为谨慎起见，选取最小金额作为报表层次的重要性水平为350万元，这样注册会计师在实施审计程序时，可以多收集证据以降低审计风险。

表5－2　　公司资产负债表(简化)及分配的可容忍错报　　单位：万元

项　目	金　额	可容忍错报
货币资金	800	2
应收账款	19 120	40
存货	25 560	60
其他流动资产	1 300	30
固定资产	13 220	218
资产合计	60 000	350

注册会计师在进行分配时采取了以下分配原则：

1. 避免将重要性水平全部分配至某一项目中。因为不可能要求其他项目不产生任何误差。

2. 货币资金项目能够进行详细的逐笔审计，其可以较低成本进行审计，因此不允许产生误差或分配很少的可容忍错报。

3. 应收账款、存货往往发生舞弊的可能性较大，审计时应重点关注，其可容忍错报较低。

4. 其他流动资产一般应用分析程序即可检验其总体合理性，审计成本较低，仅用分析程序时应允许有较大的可容忍错报。

5. 固定资产，一般情况下不会出现较大的变动，应允许有较大的可容忍错报。

(三)实际执行的重要性

实际执行的重要性，是指注册会计师确定的低于财务报表整体重要性或认定层次重要性的一个或多个金额。

1. 确定实际执行的重要性的目的

仅为发现单项重大的错报而计划审计工作将忽视这样一个事实，即单项非重大错报的汇总数可能导致财务报表或认定层次项目出现重大错报，更不用说还没有考虑可能存在的未发现错报。为了将这种可能降至适当的低水平，还应当确定一个实际执行的重要性。

(1)确定实际执行的财务报表整体重要性的目的。旨在将财务报表中未更正和未发现错报的汇总数超过财务报表整体的重要性的可能性降至适当的低水平。

(2)确定实际执行的认定层次重要性的目的。旨在将各类交易、账户余额或披露中未更正与未发现错报的汇总数超过这些交易、账户余额或披露的重要性水平的可能性降至适当的低水平。

2. 确定实际执行的重要性需考虑的因素

确定实际执行的重要性需要注册会计师运用职业判断，并考虑下列因素的影响：

(1)对被审计单位的了解(这些了解在实施风险评估程序的过程中得到更新)。

(2)前期审计工作中识别出的错报的性质和范围。

(3)根据前期识别出的错报对本期错报作出的预期。

3. 实际执行的重要性的确定

实际执行的重要性，通常为财务报表整体重要性的 50%～75%。

(1)接近财务报表整体重要性 50%的情况：非连续审计；以前年度审计调整较多；项目总体风险较高。例如，处于高风险行业，经常面临较大市场压力，首次承接的审计项目或者需要出具特殊目的报告等。

(2)接近财务报表整体重要性 75%的情况：连续审计，以前年度审计调整较少；项目总体风险较低(如处于低风险行业，市场压力较小等)。

三、审计过程中对重要性的修改

若存在下列原因，注册会计师则需要修改财务报表整体层次和认定层次的重要性水平：

(1)审计过程中情况发生了重大变化(如决定处置被审计单位的一个重要组成部分)。

(2)获取了新的信息。

(3)通过实施进一步审计程序，对被审计单位及其经营的了解发生了变化。

在编制审计计划时，财务报表整体层次和认定层次的重要性水平，是根据了解被审计单位及其环境所获取的信息确定的。随着审计工作的开展，注册会计师可能遇到上述三种情况，因此需要修改财务报表整体层次和认定层次的重要性水平。如修正后的重要性水平大大低于重要性水平的初步判断数，注册会计师应当重新评估以前所执行的审计程序是否充分，是否需追加一些审计程序以获取充分的审计证据。

四、评价审计结果时对重要性的考虑

评价审计结果时，注册会计师首先要对审计过程中识别出的错报进行汇总，及时与适当层级的管理层沟通错报事项，并要求被审计单位予以更正，必要时对之前确定的重要性作出重大修改并重新考虑实际执行的重要性和进一步审计程序的性质、时间安排和范围的适当性，以获取充分、适当的审计证据。然后，用尚未更正的错报与报表层次重要性比较，判断其对财务报表的影响是否重大，作为发表审计意见的基础。

(一)累积识别出的错报

审计过程中识别出的错报分为事实错报、判断错报和推断错报。

1. 事实错报

这类错报产生于被审计单位收集和处理数据的错误、对事实的忽略或误解或故意舞弊行为。例如，审计中发现被审单位购入存货的实际价值为 15 000 元，但账面记录的金额却为 10 000元。这样，存货和应付账款分别被低估了 5 000 元，就是已识别的对事实的具体错报。

2. 判断错报

这类错报产生于两种情况：一是管理层和注册会计师对会计估计值的判断差异。例如，由于包含在财务报表中的管理层作出的估计值超出了注册会计师确定的一个合理范围，导致出现判断差异。二是管理层和注册会计师对选择和运用会计政策的判断差异。例如，注册会计师认为管理层选用会计政策造成错报，而管理层却认为选用会计政策适当，从而出现判断差异。

3. 推断错报

注册会计师对总体中存在的不能确定和具体识别的错报作出的最佳估计数，也称“可能的错报”。通常包括：

(1)通过测试样本估计出的总体的错报，减去在测试中发现的已经识别的具体错报。例如，应收账款年末金额为 2 000 万元，注册会计师抽查 10%的应收账款明细账作为样本审查，发现其中金额有 100 万元的高估，占样本账面金额的 20%，据此推断总体的错报金额为 400 万元(2 000万元×20%)，那么上述 100 万元就是已识别的具体错报，其余 300 万元即推断错报。

(2)通过实质性分析程序推断出的估计错报。例如，注册会计师根据客户的预算资料及行业趋势等，对客户年度销售费用独立作出估计，并与客户账面金额比较，发现两者间有 50%的差异。注册会计师根据经验认为 10%的差异通常是可以接受的，而剩余 40%的差异需要有合理解释并取得佐证性证据。如果剩余的这部分无法得到合理解释或不能取得佐证，则该部分差异金额即为推断错报。

(二)评价未更正错报的影响

未更正错报，是指注册会计师在审计过程中累积的且被审计单位未予更正的错报。注册会计师需要在出具审计报告之前，评估尚未更正错报单独或累积的影响是否重大。在评估时，注册会计师应当分别考虑每项错报对相关交易、账户余额及列报的影响，包括错报是否超过之前为特定交易、账户余额及列报所设定的较之财务报表层次重要性水平更低的可容忍错报。此外，如果某项错报是(或可能是)由舞弊造成的，无论其金额大小，注册会计师均应当考虑其对整个财务报表审计的影响。注册会计师在评估更正错报是否重大时，不仅需要考虑每项错报对财务报表的单独影响，而且需要考虑所有错报对财务报表的累积影响及其形成原因，尤其是一些金额较小的错报，虽然单个看起来并不重大，但是其累计数却可能对财务报表产生重大的影响。

1. 未更正错报的汇总数与重要性的比较

未更正错报与财务报表层次重要性水平相比，可能出现三种情况：

(1)未更正错报的汇总数低于重要性水平。在确定项目的未更正错报，也低于考虑其性质所设定的更低的重要性水平时(下同)，对财务报表的影响不重大，注册会计师可以发表无保留意见的审计报告。

(2)未更正错报的汇总数超过重要性水平。如果未更正错报汇总数超过了重要性水平，对财务报表的影响可能是重大的，应当考虑通过扩大审计程序的范围或要求管理层调整财务报表降低审计风险。如果管理层拒绝调整财务报表，并且扩大审计程序范围的结果不能使注册会计师认为尚未更正错报的汇总数不重大，注册会计师应当考虑出具非无保留意见的审计报告。

(3)未更正错报的汇总数接近重要性水平。注册会计师应当考虑该汇总数连同未发现的错报是否可能超过重要性水平，并考虑通过实施追加的审计程序，或要求管理层调整财务报表，以降低审计风险。

2. 可能影响评价的情况

即使某些错报低于财务报表整体的重要性，但因与这些错报相关的某些情况，在将其单独或连同在审计过程中累积的其他错报一并考虑时，注册会计师也可能将这些错报评价为重大错报。

(1)错报对遵守监管要求的影响程度。

(2)错报对遵守债务合同或其他合同条款的影响程度。

(3)错报与会计政策的不正确选择或运用相关，而会计政策的不正确选择或运用可能对未来期间财务报表产生重大影响。

(4)错报掩盖收益的变化或其他趋势的程度。

(5)错报对用于评价被审计单位财务状况、经营成果或现金流量的有关比率的影响程度。

(6)错报对财务报表中列报的分部信息的影响程度。

(7)错报对增加管理层薪酬的影响程度。

(8)相对于注册会计师所了解的以前向财务报表使用者传达的信息(如盈利预测)，错报是重大的。

(9)错报对涉及特定机构或人员的项目的相关程度。例如，与被审计单位发生交易的外部机构或人员是否与管理层成员有关联关系。

(10)错报涉及对某些信息的遗漏。尽管适用的财务报告编制基础未对这些信息做出明确规定，但是注册会计师根据职业判断认为这些信息对财务报表使用者了解被审计单位的财务状况、经营成果或现金流量是重要的。

(11)错报对其他信息的影响程度。这些信息与已审计财务报表一同披露，并被合理预期可能影响财务报表使用者作出的经济决策。

第五节 评估重大错报风险

一、审计风险及构成要素

(一)审计风险的含义

审计风险是指财务报表存在重大错报而注册会计师发表不恰当审计意见的可能性。审计风险主要有两种表现：一种是被审计单位的财务报表公允反映而注册会计师发表的意见却认为其未公允反映；另一种是被审计单位的财务报表未公允反映而注册会计师认为已公允反映。由于在实务中出现第一种情况，被审计单位往往会提出异议，注册会计师为避免错误地否定事实上公允的财务报表，经扩大审计程序，增加审计证据的数量，常可以纠正不当的意见。第二种情况在实务中出现的概率较高，而且不易被发现。一旦这种可能性变为现实，注册会计师将会遭受巨大的损失。因此，我们一般仅将审计风险局限于后者进行考虑。

(二)审计风险构成要素

审计风险由重大错报风险和检查风险两个要素构成，它们之间的关系可以通过以下的审计风险模型描述出来：

审计风险＝重大错报风险×检查风险

1. 重大错报风险

重大错报风险是指财务报表在审计前存在重大错报的可能性。它包括两个层次：认定层次的重大错报风险和财务报表整体层次的重大错报风险。

(1)认定层次的重大错报风险。是指交易类别、账户余额、披露和其他相关具体认定层次的风险,主要由于经济交易事项本身的性质和复杂程度引起的错报、企业管理当局由于本身的认识和技术水平造成的错报,以及管理当局局部和个别人员舞弊和造假造成的错报。

(2)财务报表整体层次的重大错报风险。它指战略经营风险。战略经营风险是审计风险的一个高层次构成要素,是财务报表整体不能反映企业经营实际情况的风险。这种风险来源于企业客观的经营风险或企业高层共同舞弊、虚构交易。

由以上所述内容可以了解到,重大错报风险是注册会计师对财务报表审计前存在的风险,它与被审计单位有关,由被审计单位所处的经济环境、被审计单位的交易业务及管理当局的内部控制等因素决定,注册会计师不能控制重大错报风险的高低水平,仅可以根据相关的因素,运用有关的程序对重大错报风险评估。

2. 检查风险

检查风险是指某一认定存在错报,该错报单独或连同其他错报是重大的,但注册会计师未能发现这种错报的可能性。检查风险取决于审计程序设计和执行的有效性。注册会计师设计和执行的程序越有效,检查风险越低。

在特定的审计风险水平下,重大错报风险与检查风险呈反向关系。注册会计师只能评估而不能控制重大错报风险,通过对重大错报风险的评估而控制检查风险。本节将重点阐述重大错报风险的评估。

(三)审计风险、审计证据、重要性之间的关系

审计风险、审计证据、重要性在审计中是三个非常重要的概念,它们之间存在着密切的关系,而且审计计划中常常会运用审计风险、重要性与证据间的关系编制计划,确定收集证据的多少以保证发表恰当的审计意见。

审计风险与重要性之间的关系为:重要性水平越高,审计风险越低;重要性水平越低,审计风险越高。这表明审计风险与重要性之间存在反向关系。重要性水平越高,则注册会计师在工作中未揭示出的错误成为重要错误的可能性越小,最终的审计风险亦越低。反之,重要性水平越低,注册会计师工作中未揭示出的错误极易成为重要的错误,这样审计风险就越高。当然在考虑这两者之间的关系时,是在审计证据一定的前提下来分析的。在确定审计程序后,如注册会计师决定接受更低的重要性水平,审计风险将增加。注册会计师应当选用以下两种方法将审计风险降低至可接受的水平:如有可能,通过扩大控制测试范围或实施追加的控制测试,降低评估的重大错报风险,并支持降低后的重大错报风险水平;通过修改计划实施的实质性程序的性质、时间和范围,降低检查风险。

重要性与审计证据间存在反向关系。因为重要性水平越低,即可容忍的错误金额越小,这就需要注册会计师在审计工作中获取大量的证据以揭示出所有超过可容忍错误金额的错报。如重要性水平设置为10万元与20万元两种情况,前者需收集证据以揭示所有超过10万元的错报,而后者只需揭示20万元以上的错报,由此可见前者不仅需收集20万元以上错报的证据,还需关注10万元至20万元之间的错报。

二、重大错报风险的评估

在审计计划阶段,通过了解被审计单位及其环境,注册会计师应该识别和评估重大错报风险,以确定进一步的审计程序性质、时间和范围。

(一)评估财务报表层次和认定层次重大错报风险

1. 评估重大错报风险的审计程序

注册会计师应当识别和评估财务报表层次以及各类交易、账户余额、列报与披露认定层次的重大错报风险。在识别和评估重大错报风险时，注册会计师应当做好以下工作：

(1)在了解被审计单位及其环境(包括与风险相关的控制)的整个过程中，结合对财务报表中各类交易、账户余额和披露的考虑，识别风险。例如，被审计单位因相关环境法规的实施需要更新设备，可能面临原有设备闲置或贬值的风险；宏观经济的低迷可能预示应收账款的回收存在问题；竞争者开发的新产品上市，可能导致被审计单位的主要产品在短期内过时，预示将出现存货跌价和长期资产(如固定资产等)的减值。

(2)结合对拟测试的相关控制的考虑，将识别出的风险与认定层次可能发生错报的领域相联系。例如，销售困难使产品的市场价格下降，可能导致年末存货成本高于其可变现净值而需要计提存货跌价准备，这显示存货的计价认定可能发生错报。

(3)评估识别出的风险，并评价其是否更广泛地与财务报表整体相关，进而潜在地影响多项认定。

(4)考虑发生错报的可能性(包括发生多项错报的可能性)，以及潜在错报的重大程度是否足以导致重大错报。

2. 评估两个层次的重大错报风险

在对重大错报风险进行识别和评估后，注册会计师应当确定，识别的重大错报风险是与特定的某类交易、账户余额、列报的认定相关，还是与财务报表整体广泛相关，进而影响多项认定。某些重大错报风险可能与特定的某类交易、账户余额、列报的认定相关。例如，被审计单位存在复杂的联营和合资，这一事项表明长期股权投资账户的认定可能存在重大错报风险。如果被审计单位存在重大的关联方交易，该事项表明关联方及关联方交易的披露认定可能存在重大错报风险。某些重大错报风险可能与财务报表整体广泛相关，进而影响多项认定。例如，在经济不稳定的国家和地区开展业务、资产的流动性出现问题、重要客户流失、融资能力受到限制等，可能导致注册会计师对被审计单位的持续经营能力产生重大疑虑。

3. 内部控制对评估重大错报风险的影响

有效设立和运行的内部控制可以对被审计单位的重大错报起到防止、发现和及时纠正的作用。但是，不当的内部控制则可能引起重大错报风险，这包括对财务报表层次和认定层次重大错报风险的影响。

(1)内部环境对评估财务报表层次重大错报风险的影响。财务报表层次的重大错报风险很可能源于薄弱的控制环境。薄弱的控制环境带来的风险可能对财务报表产生广泛影响，难以限于某类交易、账户余额、列报，注册会计师应当采取总体应对措施。例如，被审计单位治理层、管理层对内部控制的重要性缺乏认识，没有建立必要的制度和程序；或管理层经营理念偏于激进，又缺乏实现激进目标的人力资源等。这些缺陷缘于薄弱的控制环境，可能对财务报表产生广泛影响，需要注册会计师采取总体应对措施。

(2)控制对评估认定层次重大错报风险的影响。在评估重大错报风险时，注册会计师应当将所了解的控制与特定认定相联系。控制与认定直接或间接相关；关系越间接，控制对防止或发现并纠正认定错报的效果越小。注册会计师可能识别出有助于防止或发现并纠正特定认定发生重大错报的控制，在确定这些控制是否能防止或发现并纠正特定认定发生重大错报时，注册会计师应当将控制活动和其他要素综合考虑。例如，将销售和收款的控制置于其所在的流程和系统中考虑，以确定其能否实现控制目标。因为单个的控制活动（如将发货单与销售发票相核对）本身并不足以控制重大错报风险，只有多种控制活动和内部控制的其他要素综合作用，才足以控制重大错报风险。

（二）需特别考虑的重大错报风险

作为风险评估的一部分，注册会计师应运用职业判断，确定识别的风险中哪些是需要特别考虑的重大错报风险（以下简称特别风险）。

1. 确定特别风险时应考虑的事项

在确定哪些风险是特别风险时，注册会计师应当在考虑识别出的控制对相关风险的抵消效果前，根据风险的性质、潜在错报的重要程度和发生的可能性，判断风险是否属于特别风险。在确定特别风险的性质时，注册会计师应当考虑下列事项：

（1）风险是否属于舞弊风险；

（2）风险是否与近期经济环境、会计处理方法和其他方面的重大变化有关；

（3）交易的复杂程度；

（4）风险是否涉及重大的关联方交易；

（5）财务信息计量的主观程度，特别是计量结果是否具有高度不确定性；

（6）风险是否涉及异常或超出正常经营过程的重大交易。

2. 导致特别风险的交易和事项

特别风险通常与重大的非常规交易和判断事项有关。非常规交易是指由于金额或性质异常而不经常发生的交易，如债务重组、重大或有事项等。由于非常规交易具有下列特征，与重大非常规交易相关的特别风险可能导致更高的重大错报风险：（1）管理层更多地介入会计处理；（2）数据收集和处理涉及更多的人工成分；（3）复杂的计算或会计处理方法；（4）非常规交易的性质可能使被审计单位难以对由此产生的特别风险实施有效控制。

判断事项通常包括作出的会计估计，如需要运用复杂估值技术确定的公允价值计量等。由于这样的原因，与重大判断事项相关的特别风险可能导致更高的重大错报风险：对涉及会计估计、收入确认等方面的会计原则存在不同的理解；所要求的判断可能是主观和复杂的，或需要对未来事项作出假设。

3. 考虑与特别风险相关的控制

对特别风险，注册会计师应当评价相关控制的设计情况，并确定其是否已经得到执行。与重大非常规交易或判断事项相关的风险很少受到日常控制的约束，注册会计师应当了解被审计单位是否针对该特别风险设计和实施了控制。例如，做出会计估计所依据的假设是否由管理层或专家进行复核，是否建立做出会计估计的正规程序，重大会计估计结果是否由治理层批准等。如果管理层未能实施控制以恰当应对特别风险，注册会计师应当认为内部控制存在重大缺陷，并考虑其对风险评估的影响。这种情况下，注册会计师应当就此类事项与治理层沟通。

（三）仅通过实质性程序无法应对的重大错报风险

作为风险评估的一部分，如果认为仅通过实质性程序获取的审计证据无法将认定层次的重大错报风险降至可接受的低水平，注册会计师应当评价被审计单位针对这些风险设计的控制，并确定其执行情况。

如被审计单位对日常交易采用高度自动化处理，审计证据仅以电子形式存在，其充分性和适当性通常取决于自动化信息系统相关控制的有效性，注册会计师应当考虑仅通过实施实质性程序不能获取充分、适当审计证据，应当考虑依赖的相关控制的有效性。

实务中，注册会计师可以用表5—3汇总识别的重大错报风险。

表5—3　　识别的重大错报风险汇总表

识别的重大错报风险	对财务报表的影响	相关的交易类别、账户余额和列报认定	是否与财务报表整体广泛相关	是否属于特别风险	是否属于仅通过实质性程序无法应对的重大错报风险
计量识别的重大错报风险	描述对财务报表的影响和导致财务报表发生重大错报的可能性	列示相关的各类交易、账户余额、列报及其认定	考虑是否属于财务报表层次的重大错报风险	考虑是否属于特别风险	考虑是否属于仅通过实质性程序无法应对的重大错报风险
⋮	⋮	⋮	⋮	⋮	⋮

(四)对风险评估的修正与沟通

注册会计师对认定层次重大错报风险的评估应以获取审计证据为基础，并可能随着不断获取审计证据而作出相应的变化。如通过实施进一步审计程序获取的审计证据与初始评估获取的审计证据相矛盾，注册会计师应当修正风险评估结果，并相应修改计划实施的进一步审计程序。

注册会计师应及时将注意到的内部控制设计或执行方面的重大缺陷告知适当层次的管理层或治理层。如识别出被审计单位未加控制或控制不当的重大错报风险，或认为被审计单位的风险评估过程存在重大缺陷，注册会计师应当就此类内部控制缺陷与治理层沟通。

关键概念

总体审计策略　具体审计计划　风险评估程序　内部控制　审计重要性　审计风险　重大错报风险　检查风险　财务报表层重大错报风险　认定层重大错报风险

准确理解题

1. 下列关于审计中的重要性概念理解错误的有(　　)。

(1)同一企业不同时期的重要性水平可能是不同的；

(2)不同注册会计师对同一财务报表进行审计所确定的重要性水平应当是相同的；

(3)同一财务报表的不同项目重要性水平也可能是不相同的；

(4)重要性水平越高的报表项目表明其越重要，抽查的规模应当越大。

2. 下列关于重大错报风险理解错误的有(　　)。

(1)报表层次的重大风险通常与控制环境密切相关，与控制活动关系不大；

(2)报表层次的重大风险应根据各类交易、账户余额、列报的重大错报风险确定；

(3)认定层次重大错报风险水平越高，控制测试和实质性程序的抽样规模就越大；

(4)各类交易、账户余额、列报层次的重要性水平越高，其重大错报风险水平越高。

3. 下列关于检查风险的说法正确的有(　　)。

(1)可接受审计风险、重大错报风险与计划检查风险呈反向关系；

(2)注册会计师既可以评估也可以控制检查风险；

(3)计划检查风险取决于审计程序设计和执行的有效性；

(4)计划检查风险越低，实质性程序的范围应越大。

复习思考题

1. 总体审计策略和具体审计计划应包括哪些内容？
2. 注册会计师了解被审计单位及其环境需重点关注哪些方面的内容？应如何了解这些内容？
3. 内部控制为什么不能完全防止、发现并纠正被审计单位财务报表中存在的重大错报？
4. 内部控制包括哪些构成要素？它们如何发挥作用？
5. 在审计计划阶段，注册会计师如何确定财务报表层次的重要性水平？
6. 为什么要确定实际执行的重要性水平？
7. 在审计终结阶段，注册会计师如何根据重要性原则评价错报的影响？
8. 如何评估财务报表层和认定层的重大错报风险？

讨论分析题

1. 注册会计师对ABC公司2014年度财务报表进行审计，其未经审计的有关财务报表项目金额如下表所示：

项　目	金额(万元)
资产总额	180 000
股东权益合计	88 000
主营业务收入	240 000
净利润	24 120

要求：

(1)如果以资产总额、净资产、主营业务收入和净利润作为判断基础，采用固定比率法并假定百分比数值分别为0.5%、1%、0.5%和5%，请代注册会计师确定ABC公司2014年财务报表层次的重要性水平(列示计算过程)，并简要说明理由。

(2)重要性与审计风险的关系是怎样的？二者之间的关系对实施审计工作、获取审计证据有何指导意义？

2. 注册会计师甲在审计ABC公司2014年度财务报表过程中，通过实施相关程序对ABC公司及其环境进行了解，以评价风险并安排应对措施。甲了解到ABC公司存在以下情况：

(1)公司经营活动现金流量连续为负数；

(2)公司管理层的薪酬与公司报表利润挂钩；

(3)公司2014年度出现大量非常规交易，且拿不到交易对方经审计的财务报表；

(4)公司2014年度高层人员、法律顾问有了变动；

(5)公司管理层过分强调保持或提高公司股票或盈利水平；

(6)非财务主管的管理层过度干涉会计政策的选择或重大会计估计的做出。

要求：

(1)根据甲注册会计师了解到的情况，评估ABC公司报表层和认定层的重大错报风险。

(2)分析上述资料中是否存在特别风险(舞弊风险)？如果认为存在，指出该特别风险可能导致的重大错报是什么？

3. 甲公司是ABC会计师事务所的常年审计客户，A注册会计师是甲公司2014年财务报表审计业务的项目合伙人。在了解甲公司及其环境时，A注册会计师注意到以下事项：

(1)2014年初，甲公司增设了审计委员会，任命财务经理为审计委员会主席。

(2)A注册会计师发现，甲公司不重视诚信和道德，不重视胜任能力，重要管理岗位的人员都是大股东的亲属，并且治理层对此置之不理。

(3)2014年11月，甲公司向乙公司投资120 000万元，取得了乙公司20%的股权，并对该长期股权投资采用权益法核算，但是并未向乙公司派出董事，2015年1月向乙公司派出一名人员作为董事。乙公司章程规定，公司的财务和经营政策要由三分之二以上表决权通过。

(4)2014年12月，甲公司从银行取得长期借款用于新生产线建设。12月30日，银行发现甲公司未按照规定用途使用借款，将长期借款用于偿还到期债务，当日决定停止向甲公司发放剩余贷款，并要求其偿还已经发放的长期借款本金。

(5)2014年1月，甲公司与丙公司签订建造办公楼的合同。在建造过程中，由于对于首期付款时间未约定，丙公司拒绝在甲公司为其支付首期付款前垫支工程款项，办公楼到2014年3月开始停建，到2014年末仍未复工，并且预计在未来三年内不会重新开工。

(6)2015年3月，甲公司对财务软件进行了升级。

(7)由于2014年销售业绩未达到董事会制定的目标，甲公司于2015年2月更换了公司负责销售的副总经理。

要求：

(1)请分别指出上述各事项是否表明甲公司2014年财务报表存在重大错报风险并简要说明理由。

(2)如果存在重大错报风险，指出属于财务报表层风险还是认定层风险。

(3)如果认为该重大错报风险是认定层风险，请指明涉及财务报表的哪个项目的哪项认定。

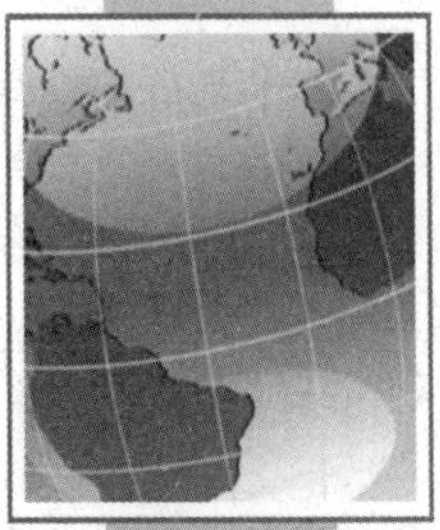

第六章 实施审计工作

第一节　重大错报风险应对策略

注册会计师在审计过程中应该贯彻风险导向审计理念，围绕重大错报风险的识别、评估和应对，计划和实施审计工作。因此，开始实施审计时，注册会计师应当针对评估的重大错报风险设计应对策略，即针对评估的财务报表层次重大错报风险确定总体应对措施，并针对评估的认定层次重大错报风险设计和实施进一步审计程序。

一、总体应对措施

重大错报风险如果与财务报表整体广泛相关，注册会计师就需要确定总体应对措施，以便为全面降低重大错报风险提供条件。

(一)总体应对措施的内容

1. 向项目组强调在收集和评价审计证据过程中保持职业怀疑态度的必要性

职业怀疑态度是指注册会计师以质疑的思维方式评价所获取审计证据的有效性，并对相互矛盾的审计证据，以及引起对文件记录或管理层和治理层提供的信息的可靠性产生怀疑的审计证据保持警觉。在整个审计过程中，因为职业怀疑态度有助于降低注册会计师疏忽异常情况的风险，有助于降低注册会计师在确定审计程序的性质、时间、范围及评价由此得出的结论时采用错误假设的风险，有助于注册会计师避免根据有效的测试范围过度推断总体实际情况，所以强调职业怀疑态度十分必要。

2. 分派更有经验或具有特殊技能的注册会计师，或利用专家的工作

因各行业在经营业务、经营风险、财务报告、法规要求等方面具有特殊性，注册会计师的专业分工细化成为一种趋势。必要时，要考虑利用信息技术、税务、评估、精算师等方面的专家的工作。

3. 提供更多的督导

对于财务报表层次重大错报风险较高的审计项目，高级别的成员一般具有较丰富的经验，要对其他成员提供更详细的指导和监督，加强对项目质量的复核。

4. 在选择进一步审计程序时，应当注意使某些程序不被管理层预见或事先了解

因为在审计过程中，如果被审计单位的人员，尤其是管理层，了解了审计程序，那么很可能会采用相应的措施，掩盖财务报告中的舞弊行为，使审计程序失效，所以尽可能使某些程序不被管理层预先知晓。

实务中，以下方法可以提高审计程序的不可预见性：

(1)对某些以前未测试过的低于设定的重要性水平或风险较小的账户余额和认定实施实质性程序；

(2)调整实施审计程序的时间，使被审计单位不可预期；

(3)采取不同的审计抽样方法，使当期抽取的测试样本与以前有所不同；

(4)选取不同的地点实施审计程序，或预先不告知被审计单位所选定的测试地点。

表 6—1 举例说明了一些具有不可预见性的审计程序。

表 6—1　　具有不可预见性的审计程序

审计领域	一些可能适用的具有不可预见性的审计程序
存货	(1)向以前审计过程中接触不多的被审计单位员工询问，如采购、销售、生产人员等 (2)在不事先通知被审计单位的情况下，选择一些以前未曾访问过的盘点地点进行存货监盘
销售/应收账款	(1)向以前审计过程中接触不多或未曾接触过的被审计单位员工询问，如负责处理大客户账户的销售部人员 (2)改变实施实质性分析程序的对象，如对收入按细类进行分析 (3)针对销售和销售退回延长截止测试期间 (4)实施以前未曾考虑过的审计程序，如： ①函证确认销售条款或者选定销售额较不重要、以前未曾关注的销售交易，如对出口销售实施实质性程序 ②实施更细致的分析程序，如使用计算机辅助审计技术审阅销售及客户账户 ③测试以前未曾函证过的账户余额，如金额为负或零的账户，或者余额低于以前设定的重要性水平的账户 ④改变函证日期，即把所函证账户的截止日期提前或者推迟 ⑤对关联公司销售和相关账户余额，除了进行详细函证外，再实施其他审计程序进行验证
采购/应付账款	(1)如果以前未曾对应付账款余额普遍进行函证，可考虑直接向供应商函证确认余额。如果经常采用函证方式，可考虑改变函证的范围或者时间 (2)对以前由于低于设定的重要性水平而未曾测试过的采购项目，进行细节测试 (3)使用计算机辅助审计技术审阅采购和付款账户，以发现一些特殊项目，如是否有不同的供应商使用相同的银行账户
现金/银行存款	(1)多选几个月银行存款余额调节表进行测试 (2)对有大量银行账户的，考虑改变抽样方法
固定资产	对以前由于低于设定的重要性水平而未曾测试过的固定资产进行测试，如考虑实地盘查一些价值较低的固定资产，如汽车和其他设备等
跨区域审计项目	修改分支机构审计工作的范围或者区域，如增加某些次要分支机构的审计工作量，或实地去分支机构开展审计工作

5. 对拟实施审计程序的性质、时间和范围做出总体修改

财务报表层次的重大错报风险很可能源于薄弱的控制环境。有效的控制环境可以使注册会计师增强对内部控制和被审计单位内部产生的证据的信赖程度。如果控制环境存在缺陷，注册会计师在对拟实施审计程序的性质、时间和范围作出总体修改时应当考虑：

(1)修改审计程序的性质，获取更具说服力的审计证据；

(2)主要依赖实质性程序获取审计证据；

(3)在期末而非期中实施更多的审计程序；

(4)扩大审计程序的范围。

(二)总体应对措施对拟实施进一步审计程序的总体方案的影响

财务报表层次重大错报风险可能对财务报表的多项认定产生广泛影响,并相应增加注册会计师对认定层次重大错报风险的评估难度。因此,注册会计师评估的财务报表层次重大错报风险以及采取的总体应对措施,对拟实施进一步审计程序的总体方案具有重大影响。

拟实施进一步审计程序的总体方案包括实质性方案和综合性方案。实质性方案是指注册会计师实施的进一步审计程序以实质性程序为主;综合性方案是指注册会计师在实施进一步审计程序时,将控制测试与实质性程序结合使用。当评估的财务报表层次重大错报风险属于高风险水平(并相应采取更强调审计程序不可预见性,重视调整审计程序的性质、时间和范围等总体应对措施)时,拟实施进一步审计程序的总体方案往往更倾向于实质性方案。

二、进一步审计程序

进一步审计程序是相对于风险评估程序而言的,是指注册会计师针对评估的各类交易、账户余额、列报认定层次重大错报风险实施的审计程序,包括控制测试和实质性程序。注册会计师应当针对评估的认定层次重大错报风险设计和实施进一步审计程序,包括审计程序的性质、时间和范围。一般来说,认定层次重大错报风险评估越高,实施进一步审计程序的范围越大。

(一)设计进一步审计程序时应考虑的因素

1. 风险的重要性。

2. 重大错报发生的可能性。

3. 涉及的各类交易、账户余额和列报的特征。

4. 被审计单位采用的特定控制的性质。

5. 注册会计师是否拟获取审计证据,以确定内部控制在防止或发现并纠正重大错报方面的有效性。

综合以上因素,注册会计师对认定层次重大错报风险的评估为确定进一步审计程序的总体方案奠定了基础。通常情况下,注册会计师出于成本效益的考虑可以采用综合性方案设计进一步审计程序,即将测试控制运行的有效性与实质性程序结合使用。但在某些情况下,如仅通过实质性程序无法应对重大错报风险,注册会计师必须通过实施控制测试,才可能有效应对评估出的某一认定的重大错报风险;而在另一些情况下,如注册会计师的风险评估程序未能识别出与认定相关的任何控制,或注册会计师认为控制测试很可能不符合成本效益原则,注册会计师可能认为仅实施实质性程序就是适当的。对小型被审计单位,控制活动可能较少,注册会计师实施的进一步审计程序可能主要是实质性程序。

需要注意的是,注册会计师对重大错报风险的评估是一种主观判断,可能无法充分识别所有的重大错报风险,同时内部控制存在固有局限性,特别是存在管理层凌驾于内部控制之上的可能性。因此,无论选择何种方案,注册会计师都应当对所有重大的各类交易、账户余额、列报设计和实施实质性程序。

(二)进一步审计程序的性质

1. 进一步审计程序性质的含义

进一步审计程序的性质是指进一步审计程序的目的和类型。其中,进一步审计程序的目的包括通过实施控制测试以确定内部控制执行的有效性,通过实施实质性程序以发现认定层次的重大错报;进一步审计程序的类型包括检查、观察、询问、函证、重新计算、重新执行和分析程序。

不同的审计程序应对特定认定错报风险的效力不同。例如，实施应收账款的函证程序可以为应收账款在某一时点存在认定提供审计证据，但通常不能为应收账款的计价认定提供审计证据。对应收账款的计价认定，注册会计师通常需要实施其他更为有效的审计程序，如审查应收账款账龄和期后收款情况，了解欠款客户的信用情况等。

2. 进一步审计程序性质的选择

注册会计师应当根据认定层次重大错报风险的评估结果选择审计程序。评估的认定层次重大错报风险越高，对通过实质性程序获取的审计证据的相关性和可靠性的要求越高，进而影响进一步审计程序的类型及其综合运用。如注册会计师判断某类交易协议的完整性存在更高的重大错报风险时，除了检查文件外，注册会计师还可能决定向第三方询问或函证协议条款的完整性。

在确定拟实施的审计程序时，注册会计师还应当考虑评估的认定层次重大错报风险产生的原因，包括考虑各类交易、账户余额、列报的具体特征以及内部控制。如注册会计师可能判断某特定类别的交易即使在不存在相关控制的情况下发生重大错报的风险仍较低，此时注册会计师可能认为仅实施实质性程序就可以获取充分、适当的审计证据。如果在实施进一步审计程序时拟利用被审计单位信息系统生成的信息，注册会计师应就信息的准确性和完整性获取审计证据。如注册会计师在对被审计单位的存货期末余额实施实质性程序时，拟利用被审计单位信息系统生成的各个存货存放地点及其余额清单。注册会计师应当获取关于这些信息的准确性和完整性的审计证据。

(三)进一步审计程序的时间

1. 进一步审计程序的时间的含义

进一步审计程序的时间指注册会计师何时实施进一步审计程序，或审计证据适用的期间或时点。也就是说，进一步审计程序的时间，在某些情况下指审计程序的实施时间，在另一些情况下指需要获取的审计证据适用的期间或时点。

2. 进一步审计程序的时间的选择

进一步审计程序的时间的选择问题指：注册会计师在何时实施进一步审计程序的问题，即如何权衡期中与期末实施审计程序的关系；选择获取什么期间或时点的审计证据的问题，即如何权衡期中审计证据与期末审计证据的关系、如何权衡以前审计获取的审计证据与本期审计获取的审计证据的关系。审计程序的时间选择就是如何确保获取审计证据的效率和效果。

注册会计师可以在期中或期末实施控制测试或实质性程序。一般来说，当评估的重大错报风险较高时，注册会计师应当考虑在期末或接近期末实施实质性程序，或采用不通知的方式，或在管理层不能预见的时间实施审计程序。

注册会计师在确定何时实施审计程序时应当考虑以下重要因素：

①控制环境。良好的控制环境可以抵消在期中实施进一步审计程序的局限性，使注册会计师在确定实施进一步审计程序的时间时有更多的灵活性。

②何时能得到相关信息。如某些控制活动可能仅在期中(或期中以前)发生，而后可能难以再被观察到。在这种情况下，注册会计师如果希望获取相关信息，则需要考虑能够获取相关信息的时间。

③错报风险的性质。如被审计单位可能为了保证盈利目标的实现，而在会计期末伪造销售合同以虚增收入，此时注册会计师需要考虑在期末(即资产负债表日)这个特定时点获取被审计单位截至期末所能提供的所有销售合同及相关资料，以防范被审计单位在资产负债表日

前伪造销售合同虚增收入。

④审计证据适用的期间或时点。注册会计师应根据需要获取的特定审计证据确定何时实施进一步审计程序。如为了获取资产负债表日的存货余额证据，显然不宜在与资产负债表日间隔过长的期中时点或期末以后时点实施存货监盘等相关审计程序。

需要注意的是，注册会计师在选择进一步审计程序的时间时，存在一些限制选择的情况。某些审计程序只能在期末或期末以后实施，包括将财务报表与会计记录相核对，检查财务报表编制过程中所做的会计调整等。如果被审计单位在期末或接近期末发生了重大交易，或重大交易在期末尚未完成，注册会计师应当考虑交易的发生或截止等认定可能存在的重大错报风险，并在期末或期末以后检查此类交易。

(四)进一步审计程序的范围

1. 进一步审计程序的范围的含义

进一步审计程序的范围指实施进一步审计程序的数量，包括抽取的样本量，对某项控制活动的观察次数等。例如，对销售交易的信用审批进行控制测试时，需检查销售单数量的多少；对应收账款实施函证程序时，需函证客户数量的多少或函证金额的大小。

2. 确定进一步审计程序的范围时考虑的因素

随着重大错报风险的增加，注册会计师应考虑扩大审计程序的范围。但是，只有当审计程序本身与特定风险相关时，扩大审计程序的范围才是有效的。在确定进一步审计程序的范围时，注册会计师应考虑下列因素：

(1)确定的重要性水平。确定的重要性水平越低，注册会计师实施进一步审计程序的范围越广。

(2)评估的重大错报风险。评估的重大错报风险越高，对拟获取审计证据的相关性、可靠性的要求越高，因此注册会计师实施的进一步审计程序的范围也越广。

(3)计划获取的保证程度。计划获取的保证程度指注册会计师计划通过所实施的审计程序对测试结果可靠性所获取的信心。计划获取的保证程度越高，对测试结果可靠性要求越高，注册会计师实施的进一步审计程序的范围越广。

因为进一步审计程序的范围往往是通过一定的抽样方法加以确定的，所以，注册会计师需要慎重考虑抽样过程对审计程序范围的影响是否能够有效实现审计目的。适当的抽样方法可以得出有效结论。但是，如果存在以下情况时，注册会计师根据样本结果推断出的总体结论可能与事实不同，出现不可接受的风险：从总体中选择的样本量过小；选择的抽样方法对实现特定目标不适当；未对发现的例外事项进行恰当的追查。

第二节 控制测试

一、控制测试的含义及要求

(一)控制测试的含义

控制测试是测试控制运行的有效性，是指用于评价内部控制在防止或发现并纠正认定层次重大错报方面的运行有效的审计程序。

在理解控制测试的含义时，要注意“控制测试”与“了解内部控制”的区别。“了解内部控制”包含两层含义：一是评价控制的设计是否合理；二是确定控制是否得到执行或正在执行。

而控制测试是评价控制运行的有效性。测试控制运行的有效性与确定控制是否得到执行所需获取的审计证据是不同的。

在实施风险评估程序以获取控制是否得到执行的审计证据时，注册会计师只需确定某项控制是否存在，被审计单位是否正在使用该控制。而在测试控制运行的有效性时，注册会计师应从以下几个方面获取关于控制是否有效运行的审计证据：

(1)控制在所审计期间的相关时点是如何运行的；

(2)控制是否得到一贯执行；

(3)控制由谁或以何种方式运行(如人工控制或自动化控制)。

从上述三个方面来看，控制运行有效性强调的是控制能够在各个不同时点按照既定设计得以一贯执行。因此，在了解控制是否得到执行时，注册会计师只需抽取少量的交易进行检查或观察某几个时点。但在测试控制运行的有效性时，注册会计师需要抽取足够数量的交易进行检查或对多个不同时点进行观察。

测试控制运行的有效性与确定控制是否得到执行所需获取的审计证据虽然存在差异，但两者也有联系。为评价控制设计和确定控制是否得到执行而实施的某些风险评估程序并非专为控制测试而设计，但可能提供有关控制运行有效性的审计证据，注册会计师可以考虑在评价控制设计和获取其得到执行的审计证据的同时测试控制运行有效性，以提高审计效率；同时注册会计师应当考虑这些审计证据是否足以实现控制测试的目的。

(二)控制测试的要求

作为进一步审计程序的类型之一，控制测试并非在任何情况下都需要实施。当存在以下情形之一时，注册会计师应当实施控制测试：在评估认定层次重大错报风险时，预期控制的运行是有效的；仅实施实质性程序不足以提供认定层次充分、适当的审计证据。

情形一强调控制测试是“合算”的。如果在评估认定层次重大错报风险时预期控制的运行是有效的，注册会计师应当实施控制测试，就控制在相关期间或时点的运行有效性获取充分、适当的审计证据。因为注册会计师通过实施风险评估程序，可能发现某项控制的设计是存在的，也是合理的，同时得到了执行，在这种情况下，出于成本效益的考虑，注册会计师可能预期，如果相关控制在不同时点都得到了一贯执行，与该项控制相关的财务报表认定发生重大错报的可能性就不会很大，也就不需要实施很多的实质性程序。为此，注册会计师可能会认为值得对相关控制在不同时点是否得到了一贯执行进行测试，即实施控制测试。这种测试主要是出于成本效益的考虑，其前提是注册会计师通过了解内部控制以后认为某项控制存在着被信赖和利用的可能。因此，只有认为控制设计合理、能够防止或发现和纠正认定层次的重大错报，注册会计师才有必要对控制运行的有效性实施测试。

情形二强调控制测试是“不可缺”的。如果认为仅实施实质性程序获取的审计证据无法将认定层次重大错报风险降至可接受的水平，注册会计师应当实施相关的控制测试，以获取控制运行有效性的审计证据。因为在有些情况下，注册会计师仅实施实质性程序无法应对重大错报风险。例如，在被审计单位对日常交易或与财务报表相关的其他数据(包括信息的生成、记录、处理、报告)采用高度自动化处理的情况下，审计证据可能仅以电子形式存在，此时审计证据是否充分和适当通常取决于自动化信息系统相关控制的有效性。如果信息的生成、记录、处理和报告均通过电子格式进行而没有适当有效的控制，则生成不正确信息或信息被不恰当修改的可能性就会大大增加。在认为仅通过实施实质性程序不能获取充分、适当的审计证据的情况下，注册会计师必须实施控制测试，且这种测试已经不再是单纯出于成本效益的考虑，而是必须获取的一类审计证据。

除上述两种情形外，还需要强调的是，被审计单位在所审计期间可能由于技术更新或组织管理变更而更换了信息系统，从而导致在不同时期使用了不同的控制。如果被审计单位在所审计期间的不同时期使用了不同的控制，注册会计师应当考虑不同时期控制运行的有效性。

二、控制测试的性质

(一)控制测试性质的含义

控制测试的性质是指控制测试所使用的审计程序的类型及其组合。虽然控制测试与了解内部控制的目的不同，但两者采用审计程序的类型基本相同，包括询问、观察、检查和重新执行。

1. 询问

注册会计师可以向客户内部和外部相关人员询问收集信息。询问可以采用直接或间接的方式。直接询问包括询问执行控制程序或监督活动的人员相关问题。间接询问包括询问没有执行控制程序但由于所处位置了解控制程序是否有效执行的人员。如注册会计师为确定未授权人员是否不能接近计算机文件，可以询问计算机管理员或计算机系统的使用者。仅通过询问不能为控制运行的有效性提供充分的证据，注册会计师通常需要印证被询问者的答复，如向其他人员询问和检查执行控制时所使用的报告、手册或其他文件等。询问虽然是一种有用的手段，但它必须和其他测试手段结合使用才能发挥作用。

2. 观察

观察包括查看其他人执行的过程和程序。它是测试不留下书面记录的控制(如职责分离)的运行情况的有效方法。如注册会计师察看到存货盘点人员严格遵守管理层盘点计划，就能确信存货盘点控制程序的有效性。

3. 检查

很多控制活动以书面或计算机记录方式留下清晰的文档证据轨迹，检查程序很适用此类控制活动。如，检查销售发票是否由复核人员签字，检查销售发票是否附有客户订购单和出库单等。

4. 重新执行

这是指注册会计师重新执行被审计单位员工已经执行过的控制活动来证实控制活动是否有效。如果文件和记录的内容不足以评价控制是否运行有效，注册会计师重新执行控制活动以确认是否得到有效执行。如注册会计师可能追查销售发票上的销售价格至授权价目表，检查运行时的有效性。在测试控制程序项目或其他计算机控制的有效性时，重新执行通常是最有效的。

询问本身不足以测试控制运行的有效性，注册会计师应将询问与其他审计程序结合使用，以获取有关控制运行有效性的审计证据。观察提供的证据仅限于观察发生的时点，本身也不足以测试控制运行的有效性；将询问与检查或重新执行结合使用，通常能够比仅实施询问和观察获取更高的保证。如被审计单位针对处理收到的邮政汇款单设计和执行了相关的内部控制，注册会计师通过询问和观察程序往往不足以测试此类控制运行的有效性，还需要检查能够证明此类控制在所审计期间的其他时段有效运行的文件和凭证，以获取充分、适当的审计证据。

(二)确定控制测试性质时的要求

1. 考虑特定控制的性质

注册会计师应当根据特定控制的性质选择所需实施审计程序的类型。例如,某些控制可能存在反映控制运行有效性的文件记录,在这种情况下,注册会计师可以检查这些文件记录以获取控制运行有效的审计证据;某些控制可能不存在文件记录(如一项自动化的控制活动),或文件记录与能否证实控制运行有效性不相关,注册会计师应当考虑实施检查以外的其他审计程序(如询问和观察)或借助计算机辅助审计技术,以获取有关控制运行有效性的审计证据。

2. 考虑测试与认定直接相关和间接相关的控制

在设计控制测试时,注册会计师不仅应当考虑与认定直接相关的控制,还应当考虑这些控制所依赖的与认定间接相关的控制,以获取支持控制运行有效性的审计证据。例如,被审计单位可能针对超出信用额度的例外赊销交易设置报告和审核制度(与认定直接相关的控制);在测试该项制度的运行有效性时,注册会计师不仅应当考虑审核的有效性,还应当考虑与例外赊销报告中信息准确性有关的控制(与认定间接相关的控制)是否有效运行。

3. 如何对一项自动化的应用控制实施控制测试

对于一项自动化的应用控制,由于信息技术处理过程的内在一贯性,注册会计师可以利用该项控制得以执行的审计证据和信息技术一般控制(特别是对系统变动的控制)运行有效性的审计证据作为支持该项控制在有关期间运行有效性的重要审计证据。

(三)实施控制测试时对双重目的的实现

控制测试的目的是评价控制是否有效运行;细节测试的目的是发现认定层次的重大错报。尽管两者目的不同,但注册会计师可以考虑针对同一交易同时实施控制测试和细节测试,以实现双重目的。如注册会计师通过检查某笔交易的发票可以确定其是否经过适当的授权,也可以获取关于该交易的金额、发生时间等细节证据。当然,如果拟实施双重目的测试,注册会计师应当仔细设计和评价测试程序。

(四)实施实质性程序的结果对控制测试结果的影响

如果通过实施实质性程序未发现某项认定存在错报,这本身并不能说明与该认定有关的控制是有效运行的;但如果通过实施实质性程序发现某项认定存在错报,注册会计师应当在评价相关控制的运行有效性时予以考虑。因此,注册会计师应当考虑实施实质性程序发现的错报时评价相关控制运行有效性的影响(如降低对相关控制的信赖程度、调整实质性程序的性质、扩大实质性程序的范围等)。如果实施实质性程序发现被审计单位没有识别出的重大错报,通常表明内部控制存在重大缺陷,注册会计师应当就这些缺陷与管理层和治理层进行沟通。

三、控制测试的时间

(一)控制测试的时间的含义

控制测试的时间包含两层含义:一是何时实施控制测试;二是测试所针对的控制适用的时点或期间。如果测试特定时点的控制,注册会计师仅得到该时点控制运行有效性的审计证据;如果测试某一期间的控制,注册会计师可获取控制在该期间有效运行的审计证据。因此,注册会计师应当根据控制测试的目的确定控制测试的时间,并确定拟信赖的相关控制的时点或期间。如果注册会计师需要获取控制在某一期间有效运行的审计证据,仅获取与时点相关的审计证据是不充分的,应当辅之以其他控制测试,包括测试被审计单位对控制的监督。

(二)在期中实施控制测试的考虑

注册会计师可以在期中或期末实施进一步审计程序。对于控制测试,注册会计师在期中实施测试程序具有更积极的作用。但需要说明的是,即使注册会计师已获取有关控制在期中运行有效性的审计证据,仍然需要考虑如何能够将控制在期中运行有效性的审计证据合理延伸至期末,一个基本的考虑是针对期中至期末这段剩余期间获取充分、适当的审计证据。因此,如果已获取有关控制在期中运行有效性的审计证据,并拟利用该证据,注册会计师应当实施下列审计程序:

1. 获取这些控制在剩余期间发生重大变化的审计证据

如果这些控制在剩余期间没有发生变化,注册会计师可能决定信赖期中获取的审计证据;如果这些控制在剩余期间发生了变化(如信息系统、业务流程或人事管理等方面发生变动),注册会计师需要了解并测试控制的变化对期中审计证据的影响。

2. 确定针对剩余期间还需获取的补充审计证据

在考虑获取补充审计证据时,注册会计师应当考虑:评估的认定层次重大错报风险的重要程度;在期中测试的特定控制以及自期中测试后发生的重大变动;在期中对有关控制运行有效性获取的审计证据的程度;剩余期间的长度;在信赖控制的基础上拟缩小实质性程序的范围;控制环境;等等。

(三)对以前审计获取的审计证据的考虑

如果注册会计师计划使用以前审计获取的有关控制运行有效性的审计证据,他应该通过实施询问,并结合观察或检查程序,获取这些控制是否发生变化的证据。

如果控制在本期发生变化,注册会计师应当考虑以前审计获取的相关控制运行有效性的审计证据是否与本期审计相关。例如,如果系统的变化仅仅使被审计单位从中获取新的报告,这种变化通常不影响以前审计所获取证据的相关性;如果系统的变化引起数据累积或计算发生改变,这种变化可能影响以前审计所获取证据的相关性。如果拟信赖的控制自上次测试后已发生变化,注册会计师应当在本期审计中测试这些控制的运行有效性。

如果拟信赖的控制自上次测试后未发生变化,且不属于旨在减轻特别风险的控制,注册会计师应当运用职业判断确定是否在本期审计中测试其运行有效性,以及本次测试与上次测试的时间间隔,但每三年至少对控制测试一次。

鉴于特别风险的特殊性,对于旨在减轻特别风险的控制,不论该控制在本期是否发生变化,注册会计师都不应依赖以前审计获取的证据,而应在本期审计中测试这些控制的有效性。

四、控制测试的范围

控制测试的范围指某项控制活动的测试次数。控制测试范围的确定应考虑下列因素:

(1)对控制的信赖程度。注册会计师在审计中对控制越信赖,它的控制测试范围就越大。

(2)在拟信赖期间,被审计单位执行控制的频率。控制执行的频率越高,控制测试的范围越大。

(3)在所审计期间,注册会计师拟信赖控制运行有效性的时间长度。拟信赖期间越长,控制测试的范围越大。

(4)控制的预期偏差。控制的预期偏差率越高,需要实施控制测试的范围越大。如果控制的预期偏差率过高,注册会计师应当考虑控制可能不足以将认定层次的重大错报风险降至可接受的低水平,从而针对某一认定实施的控制测试可能是无效的。

(5)通过测试与认定相关的其他控制获取的审计证据的范围。针对同一认定,可能存在不同的控制。当针对其他控制获取审计证据的充分性和适当性较高时,测试该控制的范围可适当缩小。

(6)拟获取的有关认定层次控制运行有效性的审计证据的相关性和可靠性。对审计证据的相关性和可靠性要求越高,对控制运行有效性的拟信赖程度越高,需要实施控制测试的范围越大。

第三节 实质性程序

一、实质性程序的含义和要求

(一)实质性程序的含义

实质性程序是指用于发现认定层次重大错报的审计程序,包括对各类交易、账户余额的细节测试以及实质性分析程序。

理解实质性程序的含义时,应注意实质性程序与风险评估程序和控制测试的区别。风险评估程序只能评估报表层或认定层重大错报风险的大小;控制测试只能评价认定层控制运行的有效性。这两类审计程序都不足以直接发现认定层次重大错报,不足以为发表审计意见提供充分、适当的审计证据。而实质性程序是直接发现认定层次重大错报的审计程序,其获取的审计证据可以为发表审计意见提供充分、适当的审计证据。注册会计师实施的实质性程序应当包括将财务报表与其所依据的会计记录进行核对或调节,检查财务报表编制过程中做出的重大会计分录和其他调整等与财务报表编制完成阶段相关的审计程序。

(二)实质性程序的要求

1. 实施实质性程序的情形

由于注册会计师对重大错报风险的评估是一种判断,可能无法充分识别所有的重大错报风险,并且由于内部控制存在固有局限性,无论评估的重大错报风险结果如何,注册会计师都应当针对所有重大类别的交易、账户余额和列报实施实质性程序。

2. 针对特别风险实施的实质性程序

如果认为评估的认定层次重大错报风险是特别风险,注册会计师应当专门针对该风险实施实质性程序。例如,如果认为管理层面临实现盈利指标的压力而可能提前确认收入,注册会计师在设计询证函时不仅应当考虑函证应收账款的账户余额,还应当考虑询证销售协议的细节条款(如交货、结算及退货条款);注册会计师还可考虑在实施函证的基础上针对销售协议及其变动情况询问被审计单位的非财务人员。

如果针对特别风险实施的程序仅为实质性程序时,这些程序应当包括细节测试,或将细节测试和实质性分析程序结合使用,以获取充分、适当的审计证据。为应对特别风险需要获取具有高度相关性和可靠性的审计证据,仅实施实质性分析程序不足以获取有关特别风险的充分、适当的审计证据(对特别风险应对,不能仅实施分析测试,不能仅实施常规细节测试)。

二、实质性程序的性质

(一)实质性程序性质的含义

实质性程序的性质是指实质性程序的类型及其组合。实质性程序包括细节测试和实质性分析程序。细节测试是对各类交易、账户余额、列报的具体细节进行测试，目的在于直接识别财务报表认定是否存在重要错报。其主要适用于对各类交易、账户余额、列报认定的测试，尤其是对存在或发生、计价认定的测试。实质性分析程序从技术特征上说仍然是分析程序，主要是通过研究数据间关系评价信息，只是将该技术方法用作实质性程序，即用以识别各类交易、账户余额、列报是否存在错报。对在一段时期内存在可预期关系的大量交易，注册会计师可以考虑实施实质性分析程序。

(二)设计细节测试时的考虑

对细节测试来说，注册会计师需根据不同的认定层次的重大错报风险设计有针对性的细节测试。例如，在对存在或发生认定设计细节测试时，注册会计师应当选择包含在财务报表金额中的项目，并获取相关审计证据；在对完整性认定设计细节测试时，注册会计师应选择有证据表明应包含在财务报表金额中的项目，并调查这些项目是否确实包括在内。

(三)设计实质性分析程序时的考虑

注册会计师在设计实质性分析程序时应考虑的因素包括：

1. 对特定认定使用实质性分析程序的适当性；
2. 对已记录的金额或比率做出预期时，所依据的内部或外部数据的可靠性；
3. 做出预期的准确程度是否足以在计划的保证水平上识别重大错报；
4. 已记录金额与预期值之间可接受的差异额。

考虑到数据及分析的可靠性，当实施实质性分析程序时，如果使用被审计单位编制的信息，注册会计师应当考虑测试与信息编制相关的控制，以及这些信息是否在本期或前期经过审计。

三、实质性程序的时间

实质性程序的时间包括两层含义：一是何时实施实质性程序；二是以前审计获取的证据适用的时点或期间。

(一)在期中实施实质性程序的考虑

注册会计师进行实质性程序的时间选择可以是期中或期末。在期中实施实质性程序，一方面消耗了审计资源，另一方面期中获取的审计证据又不能直接作为期末财务报表认定的审计证据，注册会计师仍然需要消耗进一步的审计资源，使期中审计证据能够合理延伸至期末。注册会计师需要权衡，以上两部分审计资源的总和是否能显著小于完全在期末实施实质性程序所需消耗的审计资源。

注册会计师在考虑是否在期中实施实质性程序时应考虑以下因素：

(1)控制环境和其他相关的控制。控制环境和其他相关的控制越薄弱，注册会计师越不宜在期中实施实质性程序。

(2)实施审计程序所需信息在期中之后的可获得性。如果实施实质性程序所需信息在期中之后可能难以获取(如系统变动导致某类交易记录难以获取)，注册会计师应考虑在期中实施实质性程序；但如果实施实质性程序所需信息在期中之后的获取并不存在明显困难，该因素不应成为注册会计师在期中实施实质性程序的重要影响因素。

(3)实质性程序的目的。如果针对某项认定实施实质性程序的目的就包括获取该认定的期中审计证据(从而与期末比较)，注册会计师应在期中实施实质性程序。

(4)评估的重大错报风险。注册会计师评估的某项认定的重大错报风险越高，针对该认定所需获取的审计证据的相关性和可靠性要求也就越高，注册会计师越应当考虑将实质性程序集中于期末（或接近期末）实施。

（5）各类交易或账户余额以及相关认定的性质。例如，某些交易或账户余额以及相关认定的特殊性质（如收入截止认定、未决诉讼）决定了注册会计师必须在期末（或接近期末）实施实质性程序。

（6）针对剩余期间，能否通过实施实质性程序或将实质性程序与控制测试相结合，降低期末存在错报而未被发现的风险。如果针对剩余期间注册会计师可以通过实施实质性程序或将实质性程序与控制测试相结合，较有把握地降低期末存在错报而未被发现的风险，注册会计师可以考虑在期中实施实质性程序；但如果针对剩余期间注册会计师认为还需要消耗大量审计资源才有可能降低期末存在错报而未被发现的风险，甚至没有把握通过适当的进一步审计程序降低期末存在错报而未被发现的风险，注册会计师就不宜在期中实施实质性程序。

如果在期中实施了实质性程序，注册会计师应针对剩余期间实施进一步的实质性程序，或将实质性程序和控制测试结合使用，以将期中测试得出的结论合理延伸至期末。如何将期中实施的实质性程序得出的结论合理延伸至期末，注册会计师有两种选择：一是针对剩余期间实施进一步的实质性程序；二是将实质性程序和控制测试结合使用。

对于舞弊导致的重大错报风险，被审计单位存在故意错报或操纵的可能性，那么注册会计师更应慎重考虑能否将期中测试得出的结论延伸至期末。因此，如果已识别出由于舞弊导致的重大错报风险，为将期中得出的结论延伸至期末而实施的审计程序通常是无效的，注册会计师应当考虑在期末或接近期末实施实质性程序。

（二）对以前审计获取审计证据的考虑

在以前审计中实施实质性程序获取的审计证据，通常对本期只有很弱的证据效力或没有证据效力，不足以应对本期的重大错报风险。只有当以前获取的审计证据及其相关事项未发生重大变动时（例如，以前审计通过实质性程序测试过的某项诉讼在本期没有任何实质性进展），以前获取的审计证据才可能用作本期的有效审计证据。但即便如此，如果拟利用以前审计中实施实质性程序获取的审计证据，注册会计师也应当在本期实施审计程序，以确定这些审计证据是否具有持续相关性。

四、实质性程序的范围

确定实质性程序的范围时考虑的重要因素为：评估的认定层次重大错报风险和实施控制测试的结果。评估的认定层次的重大错报风险越高，或对控制测试结果越不满意，需要实施实质性程序的范围越广。

在设计细节测试时，注册会计师除了从样本量的角度考虑测试范围外，还要考虑选样方法的有效性等因素。如从总体中选取大额或异常项目，而不是进行代表性抽样或分层抽样，则样本量可以小一些。

实质性分析程序的范围有两层含义：第一层含义为对什么层次上的数据进行分析，注册会计师可以选择在高度汇总的财务数据层次进行分析，也可以根据重大错报风险的性质和水平调整分析层次。如按照不同产品线、不同季节或月份、不同经营地点或存货存放地点等实施实质性分析程序。第二层含义是需要对什么幅度或性质的偏差展开进一步调查。实施分析程序可能发现偏差，但并非所有的偏差都值得展开进一步调查。可容忍或可接受的偏差（即预期偏差）越大，作为实质性分析程序一部分的进一步调查的范围就越小。因此，在设计实质性分析程序时，注册会计师应当确定已记录金额与预期值之间可接受的差异额。在确定该差异时，注册会计师应主要考虑各类交易、账户余额、列报及相关认定的重要性和计划的保证水平。

第四节　利用他人的工作

虽然注册会计师对确定审计程序的性质、时间和范围以及发表审计意见独自承担责任，但注册会计师在实施审计过程中，可以考虑利用内部审计或专家的工作，以提高审计效率和获取充分、适当的审计证据。

一、利用内部审计工作

内部审计是指由被审计单位建立的或由外部机构以服务形式提供的一种评价活动。其职责包括：对内部控制的监督；对财务信息和经营信息的检查；对经营活动的评价；对遵守法律法规情况的评价；风险管理及治理；等等。注册会计师在审计过程中，通常需要了解和测试被审计单位的内部控制，而内部审计是被审计单位内部控制的一个重要组成部分。因此，注册会计师应当考虑内部审计活动及其在内部控制中的作用，以评估财务报表重大错报风险及其对注册会计师审计程序的影响。

(一)内部审计和注册会计师审计的关系

1. 内部审计与注册会计师审计的联系

尽管内部审计与注册会计师审计之间存在诸多差异，但两者用以实现各自目标的某些方式却通常是相似的。例如，为支持所得出的结论，注册会计师都需要获取充分、适当的审计证据，都可以运用观察、询问、函证和分析程序等审计方法。此外，内部审计对象与注册会计师审计对象也密切相关，甚至存在部分重叠。内部审计工作的某些部分可能有助于注册会计师的工作。例如，内部注册会计师在评估销售与收款循环的内部控制时，其工作底稿可能包括相关控制政策的说明和控制流程图等，注册会计师可以通过复核和评价内部注册会计师的工作底稿，获得对内部控制的了解。注册会计师通过了解与评估内部审计工作，利用可信赖的内部审计工作相关部分的成果，可以减少不必要的重复劳动，提高审计工作效率。因此，注册会计师应当考虑内部审计工作的某些方面是否有助于确定审计程序的性质、时间安排和范围，包括了解内部控制所采用的程序、评估财务报表重大错报风险所采用的程序和实质性程序。

2. 利用内部审计工作不能减轻注册会计师的责任

虽然相关内部审计准则要求内部审计机构和人员保持独立性和客观性，但考虑到内部审计是被审计单位的一部分，其自主程度和客观性毕竟是有限的，无法达到注册会计师审计所要求的水平。因此，尽管内部审计工作的某些部分可能对注册会计师的工作有所帮助，但注册会计师必须对与财务报表审计有关的所有重大事项独立做出职业判断，而不应完全依赖内部审计工作。通常，审计过程中涉及的职业判断，如重大错报风险的评估、重要性水平的确定、样本规模的确定、对会计政策和会计估计的评估等，均应当由注册会计师负责执行。注册会计师对发表的审计意见也应独立承担责任，这种责任并不因利用内部注册会计师的工作而减轻。

(二)确定对内部审计是否利用以及利用的程度

在确定是否利用以及在多大程度上利用内部注册会计师的工作时，注册会计师应当确定：内部注册会计师的工作是否可以足以实现审计目的；如果可能足以实现审计目的，内部审计的工作对注册会计师审计程序的性质、时间安排和范围产生的预期影响。

1. 确定是否利用内部审计的工作时应考虑的因素

在确定是否利用内部审计的工作时，注册会计师应当确定内部审计的工作是否可能足以实现审计目的。这就要求注册会计师评价下列方面：

(1)内部审计的客观性。为保证内部审计机构和人员可以不带偏见且不受干扰地执行任务，内部审计应当具有与其履行职责相应的组织地位。如果内部审计仅向最高级别的治理层负责并报告工作，而不负有任何执行责任，则内部审计具有较强的客观性。

(2)内部审计人员的专业胜任能力。内部审计人员和内部审计机构整体的专业胜任能力是被审计单位内部审计正常发挥作用的根本。内部审计机构作为一个整体必须具备足以胜任检查被审计单位所有活动领域的能力；否则，其工作结果必然是不能信赖的。

(3)内部审计人员在执行工作时是否可以保持应有的职业关注，包括：①内部审计的活动是否经过适当的计划、监督、复核和记录；②是否存在适当的审计手册或其类似文件、工作方案和内部审计工作底稿。

(4)内部审计人员和注册会计师之间是否能够进行有效的沟通。如果内部审计人员可以自由地与注册会计师坦诚沟通，并满足下列条件，则他们之间的沟通可能是最有效的：①双方在审计期间每隔一段适当的时间举行会谈；②内部审计人员可以通过相关内部审计报告向注册会计师提供建议，并允许其接触相关内部审计报告；③内部审计人员告知注册会计师自己注意到的、可能影响注册会计师工作的所有重大事项：④注册会计师告知内部审计人员可能影响内部审计的所有重大事项。

2. 确定利用内部审计工作的程度时应考虑的因素

在确定在多大程度上利用内部审计的工作时，注册会计师应确定内部审计的工作对注册会计师审计程序的性质、时间安排和范围产生的预期影响，这就要求注册会计师考虑：(1)内部审计已执行或拟执行的特定工作的性质和范围；(2)针对特定类别的交易、账户余额和披露，评估的认定层次重大错报风险；(3)在评价支持相关认定的审计证据时，内部审计人员的主观程度。

如果内部审计的工作是注册会计师在确定实施审计程序的性质、时间安排和范围时考虑的因素，注册会计师应事前就下列事项与内部审计人员达成一致意见：

(1)内部审计工作的时间安排。包括制定内部审计计划、实施内部审计程序、出具内部审计报告的时间安排。

(2)内部审计涵盖的范围。包括内部审计覆盖的主体对象及时间范围。

(3)财务报表整体的重要性及认定层次的重要性水平，以及实际执行的重要性。

(4)选取测试项目拟采用的方法。包括使用随机数表或计算机辅助审计技术选样、系统选样和随意选样等。

(5)对所执行工作的记录。内部审计人员应当采用适当的方法记录已实施的工作。工作记录应当反映检查情况并突出对检查事实的评价；应当能够提供充分、适当的记录作为内部审计报告的基础；应当能够提供充足的信息证实内部审计工作是否被恰当地执行，并使其他人能够据此检查内部审计工作的执行情况。

(6)复核和报告程序。内部审计人员应对内部审计工作进行复核，并尽快形成书面报告，将其传递给审计对象及相关管理层。内部审计报告应当说明审计的目标与范围、审计发现的问题及整改建议等。内部审计报告也应揭示在审计工作结束时达成共识的事项。

(三)利用内部审计的特定工作

由于内部审计的职责范围与被审计单位的经营管理战略密切结合,并非内部审计的所有工作都与注册会计师审计相关,都可以被注册会计师利用。如果拟利用内部审计的特定工作,注册会计师应当评价内部审计的特定工作并实施审计程序,以确定该工作是否足以实现审计目的。

1. 评价内部审计特定工作应考虑的因素

在确定内部审计的特定工作是否足以实现审计目的时,注册会计师应当评价:(1)内部审计工作是否由经过充分技术培训且精通业务的人员执行;(2)内部审计工作是否得到适当的监督、复核和记录;(3)内部审计是否已获取充分、适当的审计证据,使其能够得出合理的结论;(4)内部审计得出的结论是否恰当,编制的报告是否与已执行工作的结果一致;(5)内部审计披露的例外或异常事项是否得到恰当解决。

2. 针对内部审计的特定工作实施的审计程序

注册会计师应当在对内部审计特定工作进行评价的基础上实施进一步审计程序,这些审计程序主要包括:检查内部审计人员已经检查过的项目;检查其他类似项目;观察内部审计人员正在实施的程序。注册会计师实施这些审计程序的性质、时间安排和范围取决于:(1)对相关领域的重大错报风险的评估;(2)对内部审计的评估;(3)对内部审计特定工作的评价。

二、利用专家的工作

专家,是指在会计或审计以外的某一领域具有专长的个人或组织,并且其工作被注册会计师利用,以协助注册会计师获取充分、适当的审计证据。专家可能是会计师事务所内部专家,如会计师事务所或其网络事务所的合伙人或员工,包括临时员工,也可能是会计师事务所外部专家,如工程师、律师、资产评估师、精算师、环境专家、地质专家、IT 专家、税务专家,以及律师事务所、资产评估公司、各种咨询公司等。这里的专长,是指在某一特定领域中拥有的专门技能、知识和经验。例如:对特殊事项的估价;对与保险合同或员工福利计划相关的负债进行精算;对石油和天然气储量进行估算;对合同、法律和法规进行解释;对复杂或异常的纳税问题进行分析;等等。

在利用专家工作方面,注册会计师的目标是:确定是否利用专家的工作,如果利用专家的工作,专家的工作是否足以实现审计目的。如果注册会计师按照审计准则的规定利用了专家的工作,并得出结论认为专家的工作足以实现审计目的,注册会计师可以接受专家在其专业领域的工作结果或结论,并作为适当的审计证据。但注册会计师对发表的审计意见独立承担责任,这种责任并不因利用专家的工作而减轻。

(一)确定是否利用专家的工作

注册会计师在执行下列工作时可能需要利用专家的工作:

1. 了解被审计单位及其环境;
2. 识别和评估重大错报风险;
3. 针对评估的财务报表层次风险,确定并实施总体应对措施;
4. 针对评估的认定层次风险,设计和实施进一步审计程序,包括控制测试和实质性程序;
5. 在对财务报表形成审计意见时,评价已获取的审计证据的充分性和适当性。

项目合伙人需要确定是否利用专家工作。如果需要利用,应确定何时利用以及在多大程度上利用。

(二)审计程序的性质、时间安排和范围

在考虑利用专家的工作时,注册会计师应当评价专家是否具有实现审计目的所必需的胜任能力、专业素质和客观性;充分了解专家的专长领域;与专家就相关重要事项达成一致意见;评价专家的工作是否足以实现审计目的。

1. 专家的胜任能力、专业素质和客观性

专家的胜任能力与其专长的性质和水平有关;专家的专业素质与其在执行业务的具体情况下对胜任能力的发挥相关;专家的客观性与其偏见、利益冲突及其他可能影响其职业判断或商业判断的因素相关。注册会计师应当评价专家是否具有实现审计目的所必需的胜任能力、专业素质和客观性。在评价外部专家的客观性时,注册会计师应当询问可能对外部专家客观性产生不利影响的利益和关系。

2. 了解专家的专长领域

为了实现审计目的,确定专家工作的性质、范围和目标,评价专家的工作是否足以实现审计目的,注册会计师应当充分了解专家的专长领域。注册会计师可以凭借审计工作经验或通过与专家及其他有关人士进行讨论的方式,了解专家的专长领域。注册会计师对专家的专长领域的了解可能包括:与审计相关的、管理层的专家专长领域的进一步细分信息;职业准则或其他准则以及法律法规是否适用;专家使用哪些假设和方法,及其在专家的专长领域是否得到普遍认可,对实现财务报告目的是否适当;专家使用的内外部数据或信息的性质。

3. 与专家达成一致意见

专家工作的性质、范围和目标可能会随着情况的变化而发生较大的变化,相应地,注册会计师和专家各自的角色与责任,注册会计师和专家沟通的性质、时间安排和范围等也可能因情况的变化而发生较大变化。因此,无论是对外部专家还是内部专家,注册会计师都有必要就下列事项与其达成一致意见,并根据需要形成书面协议:

(1)专家工作的性质、范围和目标;

(2)注册会计师和专家各自的角色与责任;

(3)注册会计师和专家之间沟通的性质、时间安排和范围;

(4)对专家遵守保密规定的要求。

4. 评价专家工作的恰当性

对专家胜任能力、专业素质和客观性的评价,对专家的专长领域的熟悉程度和专家所执行工作的性质,影响注册会计师为评价专家工作是否足以实现审计目的所实施的审计程序的性质、时间安排和范围。

注册会计师应当评价专家的工作是否足以实现审计目的,包括:(1)专家的工作结果或结论的相关性和合理性,以及与其他审计证据的一致性;(2)如果专家的工作涉及使用重要的假设和方法,这些假设和方法在具体情况下的相关性和合理性;(3)如果专家的工作涉及使用重要的原始数据,这些原始数据的相关性、完整性和准确性。

如果确定专家的工作不足以实现审计目的,注册会计师应当就专家拟执行的进一步工作的性质和范围,与专家达成一致意见,或者根据具体情况,实施追加的审计程序。

如果注册会计师认为专家的工作不足以实现审计目的,且注册会计师通过实施追加的审计程序或者通过雇用、聘请其他专家仍不能解决问题,则意味着没有获取充分、适当的审计证据,注册会计师有必要按照审计准则规定发表非无保留意见。

关键概念

总体应对措施　进一步审计程序　控制测试　实质性程序　双重目的测试　实质性分析程序
细节测试　利用他人工作

准确理解题

1. 下列关于控制测试的说法错误的有(　　)。
(1)控制测试比了解内部控制更为必要，且抽样的规模更大或观察的时点更多；
(2)注册会计师可以在了解内部控制的同时测试内部控制运行的有效性；
(3)如果实施控制测试的工作量大于能够减少的实质性程序的工作量，则控制测试就是不必要的；
(4)实施实质性程序未发现某项认定存在错报，说明与该认定有关的控制是有效的。
2. 下列关于实质性程序的说法错误的是(　　)。
(1)对特别风险只能采用细节测试进行审查；
(2)对于所有认定都可以采用实质性分析程序；
(3)细节测试应当根据认定层次重大错报风险设计；
(4)设计细节测试范围就是设计样本量。

复习思考题

1. 针对财务报表层重大错报风险的总体应对措施有哪些？
2. 确定进一步审计程序的性质、时间和范围时应考虑哪些因素？
3. 控制测试和了解内部控制在获取证据时有哪些不同？
4. 在何种情况下，注册会计师应当实施控制测试？又在何种情况下，可以不进行控制测试？
5. 实质性程序是可选择程序，还是必须实施的程序？为什么？
6. 控制测试和实质性程序在时间安排上有何不同？为什么？
7. 利用内部审计和专家工作时应实施哪些审计程序？

讨论分析题

1. 注册会计师甲是A公司2014年度财务报表审计的外勤审计负责人，在了解A公司基本情况后，注册会计师甲和其助理人员开始编制审计计划。在评估被审计单位的审计风险时，他们分别设计了以下四种情况，以帮助决定可接受的检查风险水平：

风险类型	情况一	情况二	情况三	情况四
期望的审计风险	4%	4%	2%	2%
重大错报风险	100%	40%	100%	40%

要求：
(1)上述四种情况下的检查风险水平分别是多少？
(2)哪种情况需要注册会计师获取最多的审计证据？为什么？
(3)确定期望审计风险时应考虑哪些因素？

(4)重大错报风险有何特征？评估重大错报风险时应考虑哪些因素？

2. 某会计师事务所接受了对ABC公司2014年度财务报表进行审计的业务，注册会计师甲等于2014年10月份进行年报预审，甲在对ABC公司与1～9月份报表相关的内部控制进行控制测试时，发现销售与收款循环内部控制存在以下缺陷：

(1)在发货时，没有将销售发票和顾客订单与实际发运货物进行对比；

(2)顾客订单上的商品数量和类型可能与销售发票或装运凭证上的记录不一致。

(3)信用或者折扣可能与公司的政策不一致。

其他与审计相关的内部控制运行有效。预审后，注册会计师与ABC公司的管理层交换意见，建议ABC公司加强销售与收款循环内部控制的监督，完善其运行机制。

要求：

(1)如果注册会计师在2015年1月审计ABC公司2014年度财务报表时，发现公司除了改善了销售与收款循环控制外，其他控制在剩余期间没有发生变化，且ABC公司的控制环境良好。请问注册会计师如何对剩余期间(10～12月)的控制获取补充审计证据？

(2)如果注册会计师在2015年1月审计ABC公司2014年度财务报表时，发现公司销售与收款循环控制并未改善，且公司在信息系统、控制程序、人员等方面发生了重大变化。请问怎样对剩余期间(10～12月)的控制获取补充审计证据？

(3)一般情况下，注册会计师在决定是否进行控制测试时应当如何决策？

(4)如果注册会计师在预审中实施了实质性程序，但未对剩余期间的控制进行测试，那么对期中至期末这一期间所要实施的实质性程序的数量相比依赖剩余期间控制所要实施的实质性程序孰多孰少？

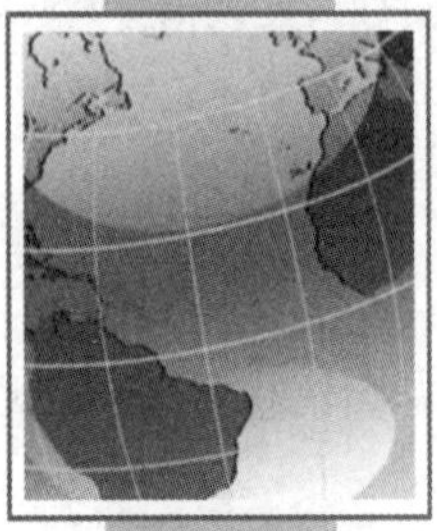

第七章 审计抽样技术与运用

第一节　审计抽样技术概述

一、审计抽样的概念和特征

（一）审计抽样的概念

所谓审计抽样，就是随机抽取总体中低于百分之百的项目实施审计程序，获取充分、适当的审计证据，对总体得出合理的审计结论的一种审计方法。总体，是指注册会计师从中选取样本并据此得出结论的整个数据集合。总体可分为多个层或子总体。每一层或子总体可予以分别抽查。抽样单元，是指构成总体的个体项目，它可以是实物单位（如发票），也可以是货币单位（如人民币元）。

（二）审计抽样的特征

审计抽样应当具备三个基本特征：

（1）对某类交易或账户余额中低于百分之百的项目实施审计程序；

（2）所有抽样单元都有被选取的机会；

（3）其目的是为了评价该账户余额或交易的某一特征。

（三）审计抽样的适用范围

审计抽样并非在所有审计程序中都可使用。

风险评估程序通常不涉及审计抽样。

在实施控制测试程序时，当控制的运行留下轨迹时，注册会计师可以考虑使用审计抽样技术；对于未留下运行轨迹的控制，则通常实施询问、观察等审计程序，以获取有关控制运行有效性的审计证据，此时不宜使用审计抽样。

在实施实质性程序（包括对各类交易、账户余额、列报的细节测试，以及实质性分析程序）时，审计抽样可以用于细节测试，以获取审计证据，验证有关财务报表金额的一项或多项认定（如应收账款的存在性），或对某些金额做出独立估计（如陈旧存货的价值）；而实施实质性分析程序时，不宜使用审计抽样。

二、统计抽样与非统计抽样

注册会计师在运用审计抽样时，可以通过职业判断，选择使用统计抽样方法，或使用非统计抽样方法。

(一)统计抽样

统计抽样,是指遵循随机原则,从总体中抽取一定量的有效样本进行审查,并运用概率论评价样本结果(包括计量抽样风险)的抽样方法。审计中通常使用的统计抽样方法有如下两种:

1. 属性抽样

属性抽样是在精确度界限和可靠程度一定的条件下,为了测定总体中某一特征的发生率(如某一设定控制的偏差率)而采用的方法。属性抽样适用于审计中的控制测试。属性抽样主要有固定样本容量抽样、停—走抽样、发现抽样等具体方法。

2. 变量抽样

变量抽样是采用正态分布数学模型,能够对总体的金额进行估计的一种抽样方法。变量抽样适用于审计中实质性程序中的细节测试程序。变量抽样主要有单位平均值估计抽样、差额估计抽样、比率估计抽样以及货币单位抽样等具体方法。

(二)非统计抽样

非统计抽样,是一种更为主观的抽样审查和结论推断方法。在这种抽样技术中,确定样本规模、抽取样本以及评价抽样结果时,更多的是依赖于注册会计师专业判断。小规模的或其项目是注册会计师不容易获得的总体,更适合使用非统计抽样方法。

(三)统计抽样和非统计抽样的比较

统计抽样和非统计抽样都要求注册会计师在设计、实施和评价样本时运用职业判断,对所选取的样本实施的审计程序通常与使用的抽样方法无关。两种方法都必须考虑抽样风险并将其降至可接受水平。因此,非统计抽样方法设计适当,也能提供与统计抽样方法同样有效的结果。两者之间的根本区别在于统计抽样是利用概率法则较客观地计量抽样风险,并通过调整样本规模控制风险。而非统计抽样则是根据专业判断对抽样风险进行定性评价和控制,无法精确地测定抽样风险。另外,统计抽样还有助于注册会计师高效地设计样本,计量所获取证据的充分性,以及定量评价样本结果。而非统计抽样计划所采用的样本量可能完全基于注册会计师的判断。

注册会计师在统计抽样和非统计抽样方法之间进行选择时主要考虑成本效益。统计抽样有很多优点,但又可能发生额外的成本。首先,统计抽样需要特殊的专业技能,因此使用统计抽样需要增加额外的支出培训注册会计师。其次,统计抽样要求单个样本项目符合统计要求,这些也可能需要支出额外的费用。

三、抽样风险与非抽样风险

使用审计抽样时,审计风险可能受到抽样风险和非抽样风险的影响。

(一)抽样风险

抽样风险,是指注册会计师根据样本得出的结论,与对总体中全部项目实施与样本同样的审计程序得出的结论存在差异的可能性。只要使用了审计抽样,抽样风险总会存在。

抽样风险分为下列两种类型:

1. β风险

β风险,是指在控制测试中实施抽样时,注册会计师推断的控制有效性高于其实际有效性的风险(信赖过度风险);或在细节测试中实施抽样时,注册会计师推断某一重大错报不存在而实际上存在的风险(误受风险)。此类风险影响审计的效果,并可能导致注册会计师发表不恰当的审计意见，是风险控制的主要对象。

2. α 风险

α 风险，是指在实施控制测试时，注册会计师推断的控制有效性低于其实际有效性的风险（信赖不足风险）；或在实施细节测试时，注册会计师推断某一重大错报存在而实际上不存在的风险（误拒风险）。此类风险影响审计的效率，应当尽量加以控制。

抽样风险与样本规模反方向变动：样本规模越小，抽样风险越大；样本规模越大，抽样风险越小。无论是控制测试还是细节测试，都可以通过扩大样本规模降低抽样风险。如果对总体中的所有项目都实施检查，就不存在抽样风险。

（二）非抽样风险

非抽样风险是指由于任何与抽样无关的原因而导致注册会计师得出错误结论的可能性。在审计过程中，可能导致非抽样风险的原因包括下列情况：

1. 选择的总体不适合于测试目标。

2. 未能适当地定义控制偏差或错报，导致其未能发现样本中存在的偏差或错报。

3. 选择了不适于实现特定目标的审计程序。例如，注册会计师依赖应收账款函证来揭露未入账的应收账款。

4. 未能适当地评价审计发现的情况。例如，错误解读审计证据可能导致没有发现误差，对所发现误差的重要性的判断有误，从而忽略了性质十分重要的误差等。

5. 其他原因。

可以看出，非抽样风险是注册会计师人为错误造成的，因而可以降低和防范。

四、审计抽样步骤

审计抽样步骤分为四个阶段：第一阶段是样本设计，目的在于根据测试的目标和抽样总体，制定选取样本的计划；第二阶段是选取样本，旨在按照适当的方法从总体中选取所需的样本项目；第三阶段是对样本项目实施审计程序，旨在获取审计证据；第四阶段是评价样本结果，旨在根据对误差的性质和原因的分析，将样本审查的结果推断至总体，形成对总体的评价。

（一）样本设计阶段

样本设计阶段的工作主要包括以下几项：

1. 确定测试的目标

审计抽样必须紧紧围绕审计测试的目标进行。一般而言，控制测试的目标是为了获取某项控制运行是否有效的证据。注册会计师必须首先针对某项认定详细了解控制目标和内部控制政策与程序之后，方可确定从哪些方面获取关于控制是否有效运行的审计证据。实质性测试中的细节测试的目标是为了确定各类交易、账户余额的金额是否正确，获取与存在的错报有关的证据。例如，通过在账户余额中选取项目进行测试，获取存在的虚构项目、余额中不应包含的项目（分类错误的项目）以及估价错误的证据。

2. 定义总体

在实施抽样之前，注册会计师必须仔细定义总体，确定抽样总体的范围。总体可以包括构成某类交易或账户余额的所有项目，也可以只包括某类交易或账户余额中的部分项目。例如，如果应收账款中没有个别重大项目，注册会计师直接对应收账款账面余额进行抽样，则总体包括构成应收账款期末余额的所有项目。如果注册会计师将应收账款中的个别重大项目挑选出来单独测试，只对剩余的应收账款余额进行抽样，则总体只包括构成应收账款期末余额的部分项目。

在定义总体时，应当确保总体的适当性和完整性。首先，总体应当适合于特定的审计目标。例如，要测试现金支付授权控制是否有效运行，如果从已得到授权的项目中抽取样本，就不能发现控制偏差，因为该总体不包含那些已支付但未得到授权的项目。为发现未得到授权的现金支付，就应当将所有已支付现金的项目作为总体。其次，应考虑总体的完整性，包括代表总体的实物的完整性。例如，如果将总体定义为特定时期的所有现金支付，代表总体的实物就是该时期的所有现金支付单据。

如果总体项目存在重大的变异性，注册会计师可以考虑将总体分层，即把总体划分为若干个子总体。例如为了函证应收账款，注册会计师可以将应收账款账户按其金额大小划分为10万元以上的账户、1万元至10万元的账户、1万元以下的账户三个子总体，然后根据各层的重要性分别采用不同的选样方法。这样可以降低每一层中项目的变异性，从而在抽样风险没有成比例增加的前提下减小样本规模，提高审计效率。

3. 定义误差构成条件

在控制测试时，误差是指控制的偏差，注册会计师要仔细定义所要测试的控制及其可能出现偏差的情况；在细节性测试中，误差是指错报，注册会计师要确定哪些情况构成错报。准确地确定误差构成条件，对实施审计程序时识别误差至关重要。

4. 确定审计程序

注册会计师必须确定能够最好地实现审计测试目标的审计程序组合。例如，审计目标在于通过测试某一阶段的适当授权来证实交易的有效性，审计程序就是检查特定人员是否在有关文件上签字以示授权，必要时对其签字的真实性进行鉴定。

5. 确定样本规模

样本规模，是指从总体中选取样本项目的数量。样本规模的确定受诸多因素的影响。

(1)总体规模。抽样总体中包含抽样单元(个体项目)数的多少称为总体规模或总体容量。注册会计师通常将抽样单元超过5 000个的总体视为大规模总体，而将抽样单元小于5 000个的总体视为小规模总体。对于大规模总体而言，总体规模的变化对样本量几乎没有影响。对于小规模总体而言，理论上讲，样本规模的大小与总规模呈正向关系，总体规模越大，所需要的样本量则越多；相反，所需要的样本量就越少。但实际上，对小规模总体实施审计抽样比其他测试项目方法的效率低。所以，除非对小规模总体采用抽样技术，一般情况下，在确定样本规模时不考虑总体规模。

(2)可接受的抽样风险。可接受的抽样风险与样本规模呈反向关系。可接受的抽样风险越低，所需要的样本规模越大；相反，所需要的样本规模越小。

(3)可容忍误差。可容忍误差是指注册会计师在认为测试目标已实现的情况下准备接受的总体最大误差。

在控制测试中，可容忍误差表现为可容忍偏差率，即注册会计师设定的偏离规定的内部控制程序的比率。如果偏差率超过这个设定的比率，则注册会计师会减少或取消对内部控制程序的信赖。

在细节性测试中，可容忍误差表现为可容忍错报，即注册会计师设定的错报的货币金额。如果错报金额达到或超过这一金额，注册会计师就会认为总体存在重大错报。可容忍错报实际上是实际执行的重要性概念在特定抽样程序中的运用，它一般等于或低于实际执行的重要性水平。

可容忍误差与样本规模呈反向关系。可容忍误差越低(小),所需要的样本规模越大。可容忍误差设定的是高(大)还是低(小)取决于审计专业判断。

(4)预计总体误差。预计总体误差是指注册会计师根据以前对被审计单位审计的经验或实施风险评估程序的结果而估计总体中可能存在的误差。在实施控制测试中,注册会计师通常对总体的误差率进行估计;在实施细节测试中,注册会计师通常对总体的误差额进行估计。预计总体误差与样本规模呈正向关系。即预计总体误差越高(大),所需的样本量就越大。

(5)总体变异性。在控制测试中,确定样本规模时一般不考虑总体变异性。在细节测试中,确定样本规模时则要考虑总体的变异性。总体项目的变异性与样本规模呈正向关系。总体变异性越高,所需要的样本规模通常就越大。这可以通过分层,将总体分为相对同质的组,以尽可能降低每一组中变异性的影响,从而减小样本规模。未分层的总体具有高度变异性,通常需要很大的样本规模。

(二)选取样本阶段

1. 对统计抽样和非统计抽样均适用的选样方法

(1)随机数选样。就是按照使用随机数表或计算机辅助技术生成的随机数进行选样的方法。这种方法下,总体中的每一个项目均有相等的被选取机会。随机数表也称乱数表,表 7—1就是 5 位数随机数表的一部分。

表 7—1　　随机数表

行＼栏	1	2	3	4	5	6	7	8	9	10
1	32 044	69 037	29 655	92 114	81 034	40 582	01 584	77 184	85 762	46 505
2	23 821	96 070	82 592	81 642	08 971	07 411	09 037	81 530	56 195	98 425
3	82 383	94 987	66 441	28 677	95 961	78 346	37 916	09 416	42 438	48 432
4	68 310	21 792	71 635	86 089	38 157	95 620	96 718	79 554	50 209	17 705
5	94 856	76 940	22 165	01 414	01 413	37 231	05 509	37 489	56 459	52 983
6	95 000	61 958	83 430	98 250	70 030	05 436	74 814	45 978	09 277	13 827
7	20 764	64 638	11 359	32 556	89 822	02 713	81 293	52 970	25 080	33 555
8	71 401	17 964	50 940	95 753	34 905	93 566	36 318	79 530	51 105	26 952
9	38 464	75 707	16 750	61 371	01 523	69 205	32 122	03 436	14 489	02 086
10	59 442	59 247	74 955	82 835	98 378	83 513	47 870	20 795	01 352	89 906

运用随机数表选样的步骤如下:

第一步,对总体项目进行编号。一般情况下,编号可利用总体项目中原有的编号,如凭证号、支票号等。如果总体项目没有编号,则需按一定方法进行编号。通过编号使总体中各项目与表中数字建立联系。

第二步,确定使用几位数和哪几位数查表。总体中项目的最大编号的位数,即为查表使用的位数。至于使用哪几位数查,则由注册会计师任意确定。但一经确定就不应再变,直到选样结束为止。

第三步,确定一个起点和一个选号路线。即确定从随机数表中的哪个数字开始查找,以及按什么路线连续查找。起点和选号路线可以任意确定，但选号路线一经确定也就不能再变。

第四步，选出随机数。在表中按照确定的位数、起点和路线找出符合总体编号要求的数字，即为选中的号码。与此号码相对应的总体中的项目就是选取的样本项目。

【例 1】 由 40 页、每页 50 行组成的应收账款明细表，可采用四位数字编号，前两位由 01 到 40 的整数组成，表示该记录在明细表中的页数，后两位数字由 01 到 50 的整数组成，表示该记录的行次。0534 就表示第 5 页第 34 行的记录。注册会计师要从应收账款明细表记录中选取 10 个记录作为样本，假设从随机数表第 1 行第 1 栏开始，使用前四位数向右查找，则选中的样本为编号 3204，0741，0903，0941，2216，0141，3723，0550，3748，5645 的 10 个记录。

(2)系统选样，也称等距选样。首先计算选样间隔，随机确定选样起点，然后再根据相同间隔在总体中顺序选取样本。选样间隔按下式计算：

选样间隔＝总体规模÷样本量

系统选样法具有简便易行的特点，但只有总体的特征随机分布于总体中，选取的样本才具有代表性。如果测试的特征在总体内分布具有某种规律性，则选取的样本的代表性就可能较差。为克服系统选样法的这一缺点，可采用的办法有两种：

一是增加随机起点的个数。在采用多个随机起点情况下，选样间隔的计算方法为：

选样间隔＝总体规模÷样本量×随机起点个数

二是在确定选样之前对总体的分布进行观察。如发现总体特征的分布呈随机分布，则采用系统选样法；否则，可考虑使用其他的选样方法。

【例 2】 假设注册会计师要从 2 000 张凭证中选取 200 张进行审查，注册会计师将凭证自然放置(或已装订)的顺序号作为总体项目编号(从 0001 到 2000)。那么，在使用 1 个随机起点时，选样间隔＝2 000÷200＝10，如从第一个间隔 1～10 中随机选择了第 4 张作为起点，则样本为编号 0004，0014，0024，…，1994 的 200 张凭证。若使用 5 个随机起点，选样间隔＝2 000÷200×5＝50，如从第一个间隔 1～50 中选择 44、37、14、34、05 作为随机起点(按随机数表选择)，则样本为以下编号的项目：0005，0014，0034，0037，0044；0055，0064，0084，0087，0094，…，1955，1964，1984，1987，1994。

(3)金额加权选样。金额加权选样是将构成某类交易或账户余额的每一个货币单位(如人民币元)作为抽样单元，总体每个项目上包含的货币单位数作为权数来进行选取样本的方法。在该方法下，总体中某一项目被选中的概率等于该项目的金额与总体金额的比率。金额越大的项目，被选中的概率越大；但总体中的每个货币单位被选中的机会是均等的。

金额加权选样的步骤如下：

①将金额为负数和零的项目从总体中剔除；

②将总体各项目金额逐项累计并列表；

③在构成总体的所有货币性抽样单元中选取特定货币单位；

④在累计金额表中找出包含这些特定货币单位的项目，即为样本项目。

金额加权选样适用于细节测试，尤其适用于测试高估，对控制测试不适用。在实务中，金额加权选样通常与系统选样结合使用，且在使用计算机辅助审计技术选取样本时效率最高。

【例 3】 假定注册会计师需从 10 个材料明细账中选取 4 个明细账进行审查，已知这 10 个材料明细账余额及累计金额如表 7—2 所示。

表 7—2 累计金额 单位:元

序号	余额	累计金额	序号	余额	累计金额
1	14 981	14 981	6	35 195	112 509
2	2 254	17 235	7	63 547	176 056
3	48 293	65 528	8	3 942	179 998
4	11 350	76 878	9	88 648	268 644
5	436	77 314	10	14 518	283 164

注册会计师拟采用金额加权选样与系统选样相结合的方法选取样本。其中,使用系统选样法确定特定货币单位。选样间隔=283 164÷4=70 791。

假设在第一个间隔(1～70791)内选取的随机数为1150,则选出的4个特定货币单位依此为1150、71941、142732、213523,由于它们分别包含在第1、4、7、9个材料明细账的累计金额之内,这4个材料明细账就是所需要的样本项目。

2. 只用于非统计抽样中的样本选取方法

非统计抽样中样本选取方法是任意选样、分批选样和判断选样等。

(1)任意选样。任意选样是指任意选取项目而不考虑凭证的编码、金额或者其他特征,还可能无法使注册会计师从样本特征出发来推断整个总体的状况。

(2)分批选样。采用分批选样所选出的样本项目均是在某一特定的日期、星期、月份形成的。例如,注册会计师只检查6月份第一个星期和12月份最后一个星期的付现交易。

(3)判断选样。判断选样是一种典型的非统计抽样。在这种方法下注册会计师选取样本时,会根据自己的经验判断从总体中选取样本。例如有倾向地选择数额较大或特殊的项目,或使用其他判断标准。

(三)实施审计程序阶段

注册会计师应当针对选取的每个项目,实施适合于具体审计目标的审计程序,旨在发现并记录样本中存在的误差。如果计划的审计程序不适合选取的项目,注册会计师通常使用替代审计程序。例如,注册会计师在测试应收账款真实性时,通常计划运用函证方法进行审查,如果函证方法无法使用,则应采用检查销售合同、发票、出库单、结算凭证等销售文件是否真实、完整这一替代程序进行审查。

(四)评价样本结果阶段

样本结果的评价一般分为以下三步:

1. 分析样本误差

注册会计师应当考虑样本的结果、已识别的所有误差的性质和原因,及其对具体审计目标和审计的其他方面可能产生的影响。分析样本误差时,对样本结果的定性评估和定量评估一样重要。即使样本的评价结果在可以接受的范围内,注册会计师也应对所有误差进行定性分析。

2. 推断总体误差

在实施控制测试时,注册会计师应当根据样本中发现的偏差率推断偏差率,并考虑这一结果对特定审计目标及审计其他方面的影响。在实施细节测试时,注册会计师应当根据样本中发现的错报金额推断总体错报金额,并考虑这一结果对特定审计目标及审计其他方面的影响。

3. 形成审计结论

(1)控制测试中的样本结果评价。在控制测试中,注册会计师应当将总体偏差率与可容忍偏差率比较,但必须考虑抽样风险。

①统计抽样。在控制测试的统计抽样中,注册会计师通常使用表格或计算机程序计算误差上限。误差上限是按照抽样结果计算出来的最大误差率。它是抽样发现的实际误差率和设定的可接受审计风险(抽样风险)的函数。

如果估计的误差上限低于可容忍偏差率,则总体可以接受。如果估计的误差上限大于或等于可容忍偏差率,则总体不能接受。此时,注册会计师应当修正重大错报风险评估水平,并增加实质性程序的数量。注册会计师也可以对影响重大错报风险评估水平的其他控制进行测试,以支持计划的重大错报风险评估水平。如果估计的误差上限低于但接近可容忍偏差率,注册会计师应当结合其他审计程序的结果,考虑是否接受总体,并考虑是否需要扩大测试范围,以进一步证实计划评估的控制有效性和重大错报风险水平。

②非统计抽样。在控制测试的非统计抽样中,抽样风险无法直接计量。注册会计师通常将样本的误差率(即估计的总体误差率)与可容忍误差率相比较,以判断总体是否可以接受。

如果样本误差率超出可容忍误差率,则可以得出总体不可接受的结论。如果样本误差率低于可容忍误差率,注册会计师要考虑即使总体实际误差率高于可容忍误差率时仍可能出现这种结果的风险。如果样本误差率大大低于总体的可容忍误差率,注册会计师通常认为总体可以接受。如果样本误差率虽然低于总体的可容忍误差率,但两者很接近,注册会计师通常认为总体实际误差率高于可容忍误差率的抽样风险很高,因而总体不可接受。如果样本误差率与可容忍误差率之间的差额不是很大也不是很小,以至于不能认定总体是否可以接受时,注册会计师则要考虑扩大样本规模,进一步收集证据。

(2)细节测试中样本结果评价。在细节测试中,注册会计师首先必须根据样本中发现的实际错报要求被审计单位调整账面记录金额。注册会计师应当将调整后的推断总体错报与该类交易或账户余额的可容忍误差相比较,但必须考虑抽样风险。

①统计抽样。在统计抽样中,注册会计师通常使用计算机程序或数学公式计算总体错报上限。总体错报上限是调整后的推断总体错报与设定的可接受审计风险(抽样风险)的函数。

如果计算的总体错报上限低于可容忍错报,则总体可以接受。如果计算的总体错报上限大于或等于可容忍错报,则总体不能接受。在评价财务报表整体是否存在重大错报时,注册会计师应将该类交易或账户余额的错报与其他证据一起考虑。

②非统计抽样。在非统计抽样中,如果调整后的总体错报大于可容忍错报,或虽小于可容忍错报但两者很接近,注册会计师通常会做出总体实际错报大于可容忍错报的结论。也就是说,总体不能接受。如果调整后的总体错报远远小于可容忍错报,注册会计师可以做出总体实际错报小于可容忍错报的结论。也就是说,总体可以接受。如果调整后的总体错报虽然小于可容忍错报,但两者之间的差距很接近(既不很小又不很大),注册会计师必须特别仔细地考虑,总体实际错报超过可容忍错报的风险是否能够接受,并考虑是否需要扩大细节测试的范围,以获取进一步的证据。

第二节　审计抽样技术在控制测试中的运用

控制测试的目的是判断注册会计师所要检查的内部控制在审计期间内是否得到有效运

行。一些控制是通过观察进行测试的，一些控制的测试是以业务穿行测试的形式进行的，还有一些控制测试要采用检查文档的方法。统计抽样方法适用于最后一种情况。

在控制测试中运用的统计抽样方法有：发现抽样和属性抽样。发现抽样，是在注册会计师预计控制高度有效时使用，以证实控制的有效性的抽样方法。在发现抽样中，将预计总体偏差率设定为0，在检查样本时，一旦发现一个偏差就立即停止抽样；如果在样本中没有发现偏差，则可以得出总体偏差率可以接受的结论。属性抽样，则用来估计被测试控制的偏差率或控制未有效运行的频率。本节主要介绍属性抽样方法，包括固定样本量抽样和停—走抽样。

一、固定样本量抽样

固定样本量抽样，是注册会计师对一个确定规模的样本实施检查，且等到某一确定规模的样本全部选取、审查完以后，才做出审计结论的属性抽样方法。固定样本量抽样的步骤一般如下：

(一)确定测试目标

假定注册会计师计划对甲企业购货业务的内部控制进行测试，测试的目的是检查该企业是否只有将验收单据与购货发票核对相符后，才核准支付采购货款。根据这一目标，注册会计师将只会关注该程序操作的准确性，以及购货发票与验收单据相核对的控制程序是否正常运行，并按照该目标展开审计抽样。

(二)界定总体和抽样单元

在控制测试中，界定抽样总体，须考虑总体的同质性，即总体中的所有项目应该具有同样的特征。比如购货业务和销售业务的处理方式不同，就不能作为一个总体，而应该成为两个独立的总体。同时，还应该确保总体的适当性和完整性。比如，把销货发票作为抽样单元构成总体，就不符合上述对甲企业核准支付采购货款的内部控制进行测试所确定的审计目标。把验收单存根作为抽样单元构成总体，也不合适。因为可能存在未经验收仅凭发票付款的情况。在本例中，注册会计师根据审计目标，可以将被审计期间(审计年度)内所有购货业务付款凭单确定为总体，此时抽样单元就是购货业务付款凭单。

如果控制测试在期中实施，总体既可以定义为“整个被审计期间所有购货业务付款凭单”，也可以定义为“从年初到期中测试日为止的所有购货业务付款凭单”。但由于期中测试获取的证据只与控制截止期中测试时点的运行有关，注册会计师此时须考虑如何获取关于剩余期间的证据。

(三)界定属性和偏差

所谓属性，是指内部控制恰当运行的表现特征。某个样本项目不具备其中的一个或几个属性时，就成为偏差。在进行控制测试之前，必须界定属性和偏差。因为不界定属性和偏差，注册会计师将无法准确判断哪些样本才是错的。注册会计师通常运用职业判断来界定属性，并根据属性界定偏差。

在本例中，对甲企业核准支付采购货款的内部控制进行测试时，注册会计师根据所确定的审计目标判断，其控制要点应该有：

(1)每张发票都必须附有验收单据；

(2)每张发票所附验收单据均属于该张发票(即反映的内容一致)；

(3)每张发票记载的数量与所附验收单据记载的数量一致；

(4)验收单据均有验收人员签字。

这些控制要点就是内部控制属性。根据这些属性，如果出现下列一种或几种情况，即判定为偏差：

(1)未附验收单据的任何发票；

(2)发票虽附有验收单据，但该单据却属于其他发票；

(3)发票与所附验收单据所记载的数量不符；

(4)验收单据没有验收人员签名。

(四)确定可接受的信赖过度风险、可容忍偏差率及预计总体偏差率

1. 可接受的信赖过度风险

可接受的信赖过度风险与样本规模呈反方向变动。由于控制测试是获取控制是否有效运行的主要证据来源，因此可接受的信赖过度风险应确定在相对较低的水平。通常，信赖过度风险相对较低的数量水平是指 5%～10%，注册会计师一般将可接受的过度信赖风险确定为 10%，特别重要的测试可以将其确定为 5%。在本例中，假定可接受的信赖过度风险确定为 5%。

2. 可容忍偏差率

可容忍偏差率与样本规模呈反向变动。在确定可容忍偏差率时，应考虑计划评估的控制有效性。计划评估的控制有效性越低，确定的可容忍偏差率通常越高，所需要的样本规模越小。在实务中，注册会计师通常认为，当控制有效性的估计水平较高时，可容忍偏差率可以为 3%～7%。可容忍偏差率最高不应超过 20%，因为估计控制运行无效，控制测试已没有必要实施。二者关系如表 7－3 所示。在本例中，假定可容忍偏差率确定为 4%。

表 7－3　　　　计划评估的控制有效与可容忍偏差率之间的关系

计划评估的控制有效	可容忍偏差率(近似值，%)
高	3～7
中	6～12
低	11～20
最低	不进行控制测试

3. 预计总体偏差率

预计总体偏差率与样本规模呈正向变动。注册会计师可以根据上年测试的结果和控制环境等因素来评估预计总体偏差率。如果以前年度的审计结果无法获取或认为不可靠，则可以在总体中选取较小规模的初始样本，以初始样本的偏差率作为预计总体偏差率。如果预计总体偏差率高得无法接受(比如高于可容忍偏差率)，则不实施控制测试。在本例中，假定预计总体偏差率确定为 1%。

(五)确定样本规模

在实施控制测试时，注册会计师可能使用统计抽样，也可能使用非统计抽样。在统计抽样中，可以使用样本量表来确定所需的样本规模。表 7－4 是可接受的信赖过度风险为 5%的情况下的样本量表的一部分。如果可接受的信赖过度风险为其他水平，则要选择使用其他相应的样本量表。

表 7—4　　　　　　5%可接受的信赖过度风险水平上的样本量表

（括号内为预计的偏差数量）

预计偏差率（%）	可容忍误差率（%）								
	2	3	4	5	6	7	8	9	10
0.00	149(0)	99(0)	74(0)	59(0)	49(0)	42(0)	36(0)	32(0)	29(0)
0.25	236(1)	157(1)	117(1)	93(1)	78(1)	66(1)	58(1)	51(1)	46(1)
0.50	*	157(1)	117(1)	93(1)	78(1)	66(1)	58(1)	51(1)	46(1)
0.75	*	208(2)	117(1)	93(1)	78(1)	66(1)	58(1)	51(1)	46(1)
1.00	*	*	156(2)	93(1)	78(1)	66(1)	58(1)	51(1)	46(1)
1.25	*	*	156(2)	124(2)	78(1)	66(1)	58(1)	51(1)	46(1)
1.50	*	*	192(3)	124(2)	103(2)	66(1)	58(1)	51(1)	46(1)
1.75	*	*	227(4)	153(3)	103(2)	88(2)	77(2)	51(1)	46(1)
2.00	*	*	*	181(4)	127(3)	88(2)	77(2)	68(2)	46(1)
2.25	*	*	*	208(5)	127(3)	88(2)	77(2)	68(2)	61(2)
2.50	*	*	*	*	150(4)	109(3)	77(2)	68(2)	61(2)
2.75	*	*	*	*	173(5)	109(3)	95(3)	68(2)	61(2)
3.00	*	*	*	*	195(6)	129(4)	95(3)	84(3)	61(2)

注：* 表示样本规模太大，因而多数情况下不符合成本效益原则；本表假设总体足够大。

在本例中，根据上述确定的可接受的信赖过度风险 5%，可容忍偏差率 4%，预计总体偏差率 1%，通过查表确定样本量为 156，样本中的可接受偏差数为 2。

（六）选取样本并实施审计程序

在控制测试中使用统计抽样方法时，注册会计师须使用随机数选样或系统选样方法选取样本。因为这两种方法能够产生随机样本，而其他方法虽然也能提供代表性样本，但不是随机的。然后，对所选取的样本实施相应的审计程序。

假设甲企业购货付款凭单均为连续编号，注册会计师可以采用随机数选样法来选取所需要的 156 张凭单作为样本。然后，按在第（三）步所界定的"偏差"情况，对抽出的每张凭单及附件实施相应的审计程序（检查和核对等），查出存在的所有偏差，并计算偏差率。

（七）评价样本结果

1. 分析偏差的性质和原因

对于样本中发现的偏差，应分析是有意的还是无意的，是误解了规定还是粗心大意，是经常发生还是偶然发生，是系统的还是随机的。如果是故意的，就应当考虑存在重大舞弊的可能性。此时注册会计师应当确定实施的控制测试能否提供适当的审计证据，是否需要增加控制测试，或是否需要使用相应的实质性程序应对潜在的错报风险。

2. 计算偏差率上限

注册会计师应该根据样本中发现的偏差数，计算在既定的信赖过度风险水平下总体可能发生的偏差率上限，即总体可能发生的最大偏差率。偏差率上限的计算方法有公式法和查表法两种。

(1)公式法。

$$总体偏差率上限=风险系数(R)÷样本量(n)$$

风险系数与样本偏差数和既定信赖过度风险水平关系如表7—5所示。

表7—5　控制测试中常用的风险系数

偏差数量	信赖过度风险		偏差数量	信赖过度风险	
	5%	10%		5%	10%
0	3.0	2.3	6	11.9	10.6
1	4.8	3.9	7	13.2	11.8
2	6.3	5.3	8	14.5	13.0
3	7.8	6.7	9	15.7	14.2
4	9.2	8.0	10	17.0	15.4
5	10.5	9.3			

在本例中,假定对156张凭单实施了审计程序,且未发现偏差,则根据偏差数量为0、既定的信赖过度风险为5%的情况下,风险系数为3,总体偏差率上限=3÷156≈1.92%。

(2)查表法。注册会计师也可以通过查抽样结果评价表(如表7—6所示)获得总体偏差率上限。

表7—6　控制测试中统计抽样结果评价表

(信赖过度风险5%)

样本数量	发现的偏差数量									
	0	1	2	3	4	5	6	7	8	9
25	11.3	17.6	*	*	*	*	*	*	*	*
30	9.5	14.9	19.6	*	*	*	*	*	*	*
35	8.3	12.9	17.0	*	*	*	*	*	*	*
40	7.3	11.4	15.0	18.3	*	*	*	*	*	*
45	6.5	10.2	13.4	16.4	19.2	*	*	*	*	*
50	5.9	9.2	12.1	14.8	17.4	19.9	*	*	*	*
55	5.4	8.4	11.1	13.5	15.9	18.2	*	*	*	*
60	4.9	7.7	10.2	12.5	14.7	16.8	18.8	*	*	*
65	4.6	7.1	9.4	11.5	13.6	15.5	17.4	19.3	*	*
70	4.2	6.6	8.8	10.8	12.6	14.5	16.3	18.0	19.7	*
75	4.0	6.2	8.2	10.1	11.8	13.6	15.2	16.9	18.5	20.0
80	3.7	5.8	7.7	9.5	11.1	12.7	14.3	15.9	17.4	18.9
90	3.3	5.2	6.9	8.4	9.9	11.4	12.8	14.2	15.5	16.8
100	3.0	4.7	6.2	7.6	9.0	10.3	11.5	12.8	14.0	15.2
125	2.4	3.8	5.0	6.1	7.2	8.3	9.3	10.3	11.3	12.3
150	2.0	3.2	4.2	5.1	6.0	6.9	7.8	8.6	9.5	10.3
200	1.5	2.4	3.2	3.9	4.6	5.2	5.9	6.5	7.2	7.8

注:样本规模和实际发现的偏差数量交叉处,就是以%表示的偏差率上限。表中*指20%以上。

在本例中，假定对156张凭单实施了审计程序，且未发现偏差，则根据样本规模为156，偏差数量为0，在既定的信赖过度风险为5%情况下查表得知，总体偏差率上限也大约为1.92%。

3. 得出总体结论

注册会计师通过将总体偏差率上限与可容忍偏差率比较来对总体得出结论，并考虑对实质性测试方案的影响。如果是小于或等于可容忍偏差率，说明总体是可以接受的，此时可以适当降低或保持对控制风险和重大错报风险所作的评估。如果是大于可容忍偏差率，说明总体是不可以接受的，这就意味着注册会计师对控制运行有效性所作的最初估计和评估的重大错报风险水平过低，需要提高重大错报风险评估水平，增加对相关账户的实质性程序。

在本例中，总体偏差率上限为1.92%，小于可容忍偏差率4%，说明总体中的偏差是可以接受的，注册会计师可以考虑适当降低对控制风险和重大错报风险所作的评估。

二、停—走抽样

停—走抽样是固定样本量抽样的一种特殊形式。采用固定样本量抽样时，如果预计总体偏差率大大高于实际偏差率，其结果将是选取了过多的样本，降低了审计工作效率。停—走抽样从预计总体偏差率为零开始，通过边抽样边评价来完成审计工作。即先抽取最少数量的样本进行审查。如果结果可以接受，就停止抽样得出结论；如果结果不能接受，就扩大样本量继续审查直至得出结论。

在停—走抽样中，注册会计师根据确定的可容忍偏差率、信赖过度风险和预计总体偏差率，确定每个步骤上(或每组)样本的规模。然后，先对第一组样本实施检查，再根据检查结果确定在不扩大检查范围的情况下接受计划的重大错报风险评估水平，还是提高计划的重大错报风险评估水平，或者因为没有获取充分的信息确定计划的重大错报风险评估水平是否有保证而决定扩大检查范围。

例如，假定使用计算机程序或表格确定的可容忍偏差率为5%，信赖过度风险为5%，预计总体偏差率为2%时，从预计偏差率为0开始，每组样本的数量及抽样计划如表7—7所示。

表7—7　　四步“停—走抽样”计划表

步骤(组)	样本数量	累计样本数量	如果累计偏差为下列数量，则		
			接受计划的重大错报风险水平	继续抽样(转入下一步)	提高计划的重大错报风险水平或扩大检查范围
1	59	59	0	1～3	4
2	34	93	1	2～3	4
3	31	124	2	3	4
4	29	153	3	不适用	4

如果在第一组59个抽样单元中没有发现偏差，就无须检查更多的样本，认为样本支持计划的控制信赖程度和重大错报风险评估水平；如果存在1个、2个或3个偏差，就应当继续对下一组样本进行检查；如果存在4个偏差，就停止检查，并提高计划的重大错报风险评估水平或扩大检查范围。后面的步骤类同。

三、在控制测试中使用非统计抽样

控制测试中使用非统计抽样时，抽样的基本流程和主要步骤与使用统计抽样时相同。只是在样本确定规模、选取样本和推断总体的具体方法上有所差别。注册会计师应当根据对被审计单位的初步了解，运用职业判断确定所需要的样本规模。在选取样本时，可以使用统计抽样中选样方法，也可使用任意选样、分批选样和判断选样方法。因为非统计抽样只要求选出的样本具有代表性，而不要求必须是随机的。在非统计抽样中，注册会计师虽然也要考虑可接受抽样风险、可容忍偏差率、预计总体偏差率和总体规模等，但可以不对其量化，而只进行定性估计。在推断总体时，注册会计师可以直接将样本偏差率与可容忍偏差率比较，判断总体是否可以接受。

第三节　审计抽样技术在细节测试中的运用

一、在细节测试中使用统计抽样

在细节测试中使用的统计抽样技术，主要包括传统变量抽样和概率比例规模抽样（简称PPS抽样）。其中，传统变量抽样技术又包括单位均值估计抽样、比率估计抽样和差额估计抽样。这三种抽样均可通过分层来实现。比率估计抽样与其他几种抽样相比较，其核心的区别主要体现在，它是以样本的实际金额与账面金额之间的比率关系来估计总体实际金额。由于篇幅原因这里主要介绍传统变量抽样中的单位均值估计抽样和差额估计抽样，以及PPS抽样。

（一）单位均值估计抽样

单位均值估计抽样是通过抽样，审查样本的平均值，再用其推断总体的平均正确值和总值的一种变量抽样方法。无论被审计单位提供的数据是否完整、可靠，甚至在被审计单位缺乏基本的经济业务或事项账面记录的情况下，都可以使用该方法。但如果未对总体进行分层，通常不使用均值估计抽样，因为此时所需要的样本量可能很大，以至于对一般的审计而言不符合成本效益原则。

1. 样本量的计算

（1）样本量的影响因素。

①可接受的抽样风险、重要性水平：它们都与样本量呈反向关系。

②总体项目数量（N）：与样本量呈正向关系。

③标准离差（SD）：指个体的数值偏离总体均值的程度，与样本量呈正向关系。

$$SD=\sqrt{\frac{\sum(\overline{\chi}-\chi_i)^2}{n-1}}$$

式中，$\overline{\chi}$＝平均值；χ_i＝个体数值；n＝样本量。

SD 可以通过随机选取的 30～40 个项目组成的试验样本进行估计，或使用账面价值和一套计算标准离差的计算机程序来估计。也可根据以前年度的审计测试结果来估计。

④计划的精确度（A）：指正确值最可能落在的范围。它是重要性水平和可接受的 β 风险和 α 风险水平的函数。精确度与样本量呈反向关系。

⑤可信赖程度：也称置信水平，是注册会计师对样本结果的信任程度。它取决于总体审计

风险，是对 α 风险的减数。α 风险一般控制在小于等于10%的水平上。举例来说，如果 α 风险是5%，那么置信水平就是95%。置信水平与样本量呈正向关系。

(2)样本量计算公式。

$$n=\left(\frac{N\times SD\times U_r}{A}\right)^2$$

式中，U_r =与选定的置信水平相关的系数；

$$A=M\left(\frac{1}{1+\frac{Z_b}{Z_{a/2}}}\right)=\frac{MZ_{a/2}}{Z_{a/2}+Z_b}$$

式中：M =以金额形式表现的重要性水平；Z_b =与可接受的 β 风险水平相对应的置信系数；$Z_{a/2}$ =与可接受的 $\alpha/2$ 风险水平相对应的置信系数。置信系数可查表7—8得知。

表7—8 **置信系数**

置信度(%)	β(%)	α(%)	置信系数	置信度(%)	β(%)	α(%)	置信系数
99	0.5	1.	2.58	50	25	50	0.67
95	2.5	5	1.96	40	30	60	0.52
90	5	10	1.64	30	35	70	0.39
80	10	20	1.28	20	40	80	0.25
75	12.5	25	1.15	10	45	90	0.13
70	15	30	1.04	0	50	100	0
60	20	40	0.84				

注意：一旦样本量计算公式产生的样本量大于等于总体项目数量(N)的5%，就应当使用下面这个有限调整因子：

$$n'=\frac{n}{1+\frac{n}{N}}$$

式中，n' =调整为有限调整因子的样本量。

2. 选取样本并实施审计程序

原先为了估计标准离差所抽取的初始样本可以作为最终正式样本的一部分。所以，注册会计师需要再随机抽取剩余的样本便可，然后对样本范围内的项目实施审计程序。

3. 计算样本实际精确度(A')

$$A'=N\times U_r\left(\frac{SD}{\sqrt{n}}\right)$$

式中，SD 为样本实际标准差。

此时，计算出的 A' 必须小于等于计划的精确度 A，β 风险才在可接受的范围内。否则，需增加样本量继续抽样。

4. 评价样本结果

(1)计算样本平均实际值：$\bar{y}=\frac{\sum y_i}{n}$

式中，分子是各项样本实际值的合计。

(2)估计总体实际值：$Y=\overline{y}\times N$

(3)估计总体实际值区间：$Y\pm A'$

(4)判断可接受范围，即注册会计师可以接受的账面价值的可能范围。这个范围的下限(即可接受的最低账面价值)等于估计总体实际值区间的上限减去重要性水平。这个范围的上限(即可接受的最高账面价值)等于估计总体实际值区间的下限加上重要性水平。

如果总体账面价值在可接受范围内，则注册会计师认为总体账面价值不存在重大错报；否则，认为总体账面价值存在重大错报。

5. 单位均值估计抽样运用举例

资料：注册会计师 John Halter 负责对一家玩具制造商 Xano 公司进行存货审计。他决定采用单位均值估计抽样法来估计 Xano 公司存货中原材料的价值。下面的数值是 Halter 已经确定或设定的：

总体项目数量：计算机打印输出记录中共有 20 000 个项目。

账面价值：2 000 万美元。这是从总账中获得的，计算机打印记录也有这个总数。

重要性水平：100 万美元。

α 风险和审计风险：5%，因此置信水平是 95%；U_r 系数和 $Z_{a/2}$是 1.96。

β 风险：7%。因此，Z_b是 1.48。

标准离差：370 美元。标准离差的估计是从计算机打印的输出记录中随机挑选出 40 个项目组成初始样本计算出来的。

审计过程如下：

第一步，计算样本量：$n=\left(\frac{20\ 000\times 370\times 1.96}{569\ 786}\right)^2=648$

其中，分母是通过公式计算出来的：$A=1\ 000\ 000\left(\frac{1}{1+\frac{1.48}{1.96}}\right)=569\ 768$

在本例中，样本量 648 小于总体项目数量 20 000 的 5%，因此不用进行调整。

第二步，抽取样本并实施审计程序。

Halter 还需再随机抽取 608(648−40)个项目。他可以从随机数表中 40 个样本抽取停止的地方开始，直到 608 个样本都已抽取时停止。然后对所有样本项目实施审计程序。

第三步，计算样本实际精确度。

假设样本的标准离差是 360 美元，则 $A'=20\ 000\times 1.96\times \frac{360}{\sqrt{648}}=554\ 368$

由于 554 368<569 768，β 风险在可接受的范围之内。可以以样本结果推算总体。

第四步，评价样本结果。

假设经审计，样本的实际均值为 990 美元，则估计的总体价值 $Y=990\times 20\ 000=19\ 800\ 000$(美元)。

Halter 现在可以做出这样的结论："我有 95%的概率相信 Xano 公司原材料存货的真实价值是(19 800 000±554 368)美元。"

第五步，判断可接受水平的范围。

Halter 可以接受的账面价值的可能范围为：

19 800 000+554 368−1 000 000　　　19 800 000−554 368+1 000 000

19 354 368　　　　　　　　　　20 245 632

由于账面价值 2 000 万美元处于可接受水平的范围之内，因此 Halter 可以认为 Xano 公司的存货价值不存在重大错报，是公允呈报的。

(二)差额估计抽样

差额估计抽样是单位均值估计抽样的一种变形，它被用来推断总体的错误总额。其做法是比较样本的实际价值(AV)和账面价值(BV)的差额，然后将该差额推及总体。如果(AV−BV)大于 0，说明账面价值被低估；如果(AV−BV)小于 0，说明账面价值被高估。

差额估计抽样不仅实用，而且由于其使用的样本量较小，因此与单位均值估计抽样相比在成本方面更具优势。差额估计抽样之所以使用较小的样本量，其原因是差额的标准离差小于个体项目数值对均值的标准离差。

1. 差额估计抽样方法的条件

在执行差额估计抽样时，必须符合以下条件：

(1)可以获得总体中的每一个项目(如应收账款明细账客户账户的余额)的账面价值。

(2)账面价值的总额应当等于各个个体项目账面价值的合计数(即明细账的合计数应当等于总账的总数)。

(3)样本量应当足够大，以生成一个正态分布。

(4)应当有很大的非零差额样本量，这些差额在高估和低估之间均匀分布。

2. 差额估计抽样方法的步骤

第一步，加总个体项目的账面价值并将其与账面价值总额进行比较。

第二步，抽取一个初始样本(该样本至少包括 30 个差额项目)，并利用下面的公式估计标准离差：

$$SD_d=\sqrt{\frac{\sum(\overline{d}-d_i)^2}{n-1}}$$

式中，SD_d＝差额的标准离差；d_i＝个体项目的差异；$\overline{d}$＝差额的均值；n＝初始样本数量。

第三步，计算样本规模。差额估计抽样中使用的样本量计算公式和单位均值估计抽样中使用的公式基本上是一样的。只是公式中使用的标准差为差额标准差。

第四步，随机选取剩余的样本项目，并对全部样本进行审计，列示出所有的差额，并计算差额的平均值($\overline{d}$)：

$$\overline{d}=\frac{\sum d_i}{n}$$

第五步，计算样本中实际差额的标准离差和样本实际的精确度 A'。

第六步，估计总体差额(D)：

$$D=N\times\overline{d}$$

第七步，计算估计的审计价值(EAV)：$EAV=BV\pm D$

第八步，得出结论。这与单位均值估计抽样中采用的方法一样。

3. 差额估计抽样运用举例

资料：注册会计师 Helen Kane 被会计师事务所指派负责 White Wash 公司的审计工作。White Wash 公司是一家大型的家用器具批发分销商，它有14 000个客户账户，其账面价值总和为2 240万美元。这些账面价值的总和等于总账中应收账款账户的余额。Kane分析了与收入循环相关的内部控制制度，并认为销售和应收账款账户的内部控制处于中等水平。假设 α 风险是 5%，β 风险是 20%。为了评价 White Wash 公司应收账款账户的账面价值的公允性，Kane 决定对一些样本项目进行函证并执行差额估计抽样。

那么，Kane 还需要以下步骤来完成审计工作：

第一步，计算样本量。

在计算样本量之前，Kane 必须估计实际价值和账面价值之间差额的标准离差。为此，她随机抽取了 75 个客户账户并进行函证。得出标准离差为 464 美元。假设 Kane 将应收账款的重大错报额定为800 000美元。

精确度计算为：

$A=M\left(\dfrac{1}{1+\dfrac{Z_b}{Z_{a/2}}}\right)=800\,000\times0.7=560\,000$。$z$ 值是查表获得的。

样本量计算为：$n=\left(\dfrac{14\,000\times1.96\times464}{560\,000}\right)^2=517$

第二步，选取样本并实施审计程序。

为了将样本补齐，Kane 再随机抽取了 442 个客户账户进行函证，并且对所有样本客户回函进行了仔细审查，发现有 20 个客户回函与 White Wash 公司记录金额有偏差。这些偏差合计为－31 712.78 美元（正负偏差额相抵值）。则：

样本差额平均值 $\bar{d}=(-31\,712.78\div517)=-61.34$（美元）。

第三步，计算样本实际标准离差和实际精确度。

假设 517 个样本的差额的标准离差 SD_d 为 410 美元，则：

精确度 $A'=14\,000\times1.96\left(\dfrac{410}{\sqrt{517}}\right)=494\,620$。由于 494 620＜560 000，则无须增加样本量。

第四步，推算总体。

总体错报额 $D=N\times\bar{d}=-61.34\times14\,000=-858\,760$。即应收账款高估额为 858 760 美元。

总体实际值的估计值 $EAV=22\,400\,000-858\,760=21\,541\,240$

Kane 现在可以得出结论，认为在 95%的置信水平上，White Wash 公司年末应收账款的真实价值是 $(EAV\pm A')=(21\,541\,240\pm494\,620)$美元。

可接受水平的范围可以表述为：

$$(EAV+A'-M;EAV-A'+M)=(21\,541\,240+494\,620-800\,000;21\,541\,240-494\,620+800\,000)=(21\,235\,860;21\,846\,620)$$

因此，Kane 认为 White Wash 公司年末应收账款账面记录值22 400 000美元存在重大错报。为了将账面价值减少的可接受范围，至少要进行 553 380 美元（22 400 000－21 846 620）的审计调整。这个审计调整可以直接通过调整样本中发现的个体客户账户的实际错误进行。

（三）概率比例规模抽样（PPS 抽样）

概率比例规模抽样（PPS 抽样），是以货币单位作为抽样单元进行选样，而对包含被选取货币单位的余额或交易项目(称为逻辑单元)实施检查,以推断总体错报金额的抽样方法。

PPS 抽样具有下列优点:样本规模的确定不考虑所审计金额的预计变异性;抽样中生成的样本自动分层,无须专门考虑分层;将金额加权法与系统法相结合时,能够自动识别总体中所有单个重大项目;如果预计没有错报,样本规模通常比传统变量抽样方法更小;样本更容易设计,且可在获得完整的总体之前开始选取样本。

但使用 PPS 抽样,当预计总体错报金额增加时,样本规模可能大于传统变量抽样的相应规模。且当发现错报时,如果风险水平一定,PPS 抽样在评价样本时可能高估抽样风险的影响,从而导致注册会计师更可能拒绝一个可接受的总体账面金额。

使用这种方法选取样本时,可以将金额加权法与随机数法、系统法结合使用,实务中主要是将金额加权法与系统法相结合。这里主要介绍 PPS 抽样中样本规模确定和样本结果评价。

1. PPS 抽样中样本规模的确定

(1)当注册会计师预计总体没有错报时,样本规模的确定方法与控制测试中,使用统计抽样时利用统计公式计算样本规模的方法相同。即:

样本规模=总体账面金额÷(可容忍错报÷风险系数)

例如,如果总体账面金额为 500 000 元,注册会计师确定的可容忍错报为 15 000 元,误受风险是 5%,则样本规模=500 000÷(15 000÷3) =100(个),风险系数来自表 7—5。

(2)当注册会计师预计总体存在错报时,样本规模的确定有两种方法。

第一种:公式法。

样本规模=总体账面金额÷[(可容忍错报—预计总体错报×扩张系数)÷风险系数]

常用的误受风险所对应的扩张系数如表 7—9 所示。

表 7—9　　预计错报的扩张系数

误受风险	1%	5%	10%	15%	20%	25%	30%	37%	50%
扩张系数	1.90	1.60	1.50	1.40	1.30	1.25	1.20	1.15	1.10

例如,在上述举例中,假定注册会计师预计大约存在2 500元错报,那么预计错报的影响为4 000元(2 500元×1.6)。样本规模=500 000÷[(15 000—4 000)÷3]≈136(个)。

第二种:查表法。

将可容忍错报和预计错报额转化为总体账面金额的百分比,查属性抽样中样本量表(见表 7—4)确定样本规模。这比公式法计算的样本规模更准确。

例如,在上述举例中,可容忍错报占账面金额的 3%(15 000÷500 000×100%),预计错报占账面金额的 0.5%(2 500÷500 000×100%)。查表 7—4 得样本规模为 157 个。

2. PPS 抽样中样本结果的评价

注册会计师通过选取样本并对选取的样本实施审计程序,无论在样本中是否发现错报,都应当根据样本结果推断总体错报,并确定相应的抽样误差,然后与可容忍误差比较,得出结论。

(1)未发现错报时的样本结果评价。如果样本中没有发现错报,推断的错报就是零,但注册会计师也要确定总体中可能存在的高估和低估的最大数额,即错报上限和下限。具体方法是:先通过查属性抽样用表,获得在实际错报为零时的偏差率上限;然后乘以总体金额和假定的总体错报平均百分比。在实务中,一般将错报百分比假定为 100%。由于推断的错报为零,此时的偏差率也就代表用百分比表示的抽样误差,计算出的错报上限绝对数也就是实际抽样误差。

需要说明的是在 PPS 抽样中，使用属性抽样用表应该用可接受的误受风险代替可接受的信赖过度风险。

例如，注册会计师要对某一应收账款总体金额的正确性进行审查。总体金额为1 200 000元，经过对 100 个样本项目的函证，没有发现错报，注册会计师确定的可接受的误受风险为 5%。那么查表 7—6 得知偏差率上限为 3%。

错报上限＝错报下限＝3%×1 200 000×100%＝36 000(元)。实际抽样误差也是 36 000 元。

(2)发现错报时的样本结果评价。

①计算出每项样本的错报百分比(错报额/账面金额)，并应用到总体。

例如，仍沿用前面的例子，只是假定在样本审查时发现了 5 项错报，如表 7—10 所示，各项错报的百分比计算见该表第 5 列。

表 7—10　　发现的错报

顾客编号	账面金额	审定金额	错报	错报百分比
2073	6 200	6 100	100	0.016
5111	12 910	12 000	910	0.07
5206	4 322	4 450	(128)	(0.03)
7642	23 000	22 995	5	0.000 2
9816	8 947	2 947	6 000	0.671

②分别计算高估额和低估额的初始错报上限和下限。

初始错报界限(含上限和下限)＝账面金额×错报百分比×偏差率增量

偏差率增量，是将一定误受风险下的偏差率上限从低到高排列后计算的各级之差。在本例中，误受风险为 5%，样本量为 100，查表 7—6 后编制的偏差率增量如表 7—11 所示。然后将错报百分比大小与偏差率增量按大小对应，计算初始错报的上限和下限，如表 7—12 所示。

表 7—11　　误受风险为 5%的偏差率增量

错报数	查表得知的偏差率上限	偏差率增量
0	0.030	0.030
1	0.047	0.017
2	0.062	0.015
3	0.076	0.014
4	0.090	0.014

表 7—12　初始错报的上限和下限计算

错报数 (1)	账面金额 (2)	错报百分比 (3)	偏差率增量 (4)	错报界限 (2)×(3)×(4)
高　估				
0	1 200 000	1.0	0.030	36 000
1	1 200 000	0.671	0.017	13 688
2	1 200 000	0.07	0.015	1 260
3	1 200 000	0.016	0.014	269
4	1 200 000	0.000 2	0.014	3
偏差率上限			0.090	
初始错报界限				51 220
低 估				
0	1 200 000	1.0	0.03	36 000
1	1 200 000	0.03	0.017	612
偏差率下限			0.047	
初始错报界限				36 612

③调整初始错报的上限和下限，然后与可容忍错报比较，得出结论。

在上述初始错报上限计算时假定没有低估额，初始错报下限计算时假定没有高估额，这不合乎逻辑和常理，因此需要对初始错报上限和下限进行必要的调整。调整步骤如下：

A. 计算高估金额点估计值和低估金额点估计值。

高估金额点估计值＝样本平均高估额×总体账面金额

低估金额点估计值＝样本平均低估额×总体账面金额

B. 调整初始错报上限和下限。

调整后的错报上限＝初始错报上限－低估金额点估计值

调整后的错报下限＝初始错报下限－高估金额点估计值

在本例中，对初始错报上限和下限的调整如下：

高估金额点估计值＝[(0.67＋0.07＋0.016＋0.000 2)÷100]×1 200 000＝9 074(元)

低估金额点估计值＝0.03÷100×1 200 000＝360(元)

调整后的错报上限＝51 220－360＝50 860(元)，调整后的错报下限＝36 612－9 074＝27 538(元)

这意味着应收账款高估超过 50 860 元或者低估超过 27 538 元的风险为 5%。假定本例中注册会计师为应收账款确定的可容忍错报为40 000元(高估或低估)，由于错报上限50 860元超过了可容忍错报，在 5%的误受风险下总体存在重大错报，不能接受总体。

二、细节性测试中的非统计抽样

在细节性测试中，非统计抽样与统计抽样的主要区别在于确定样本规模和推断总体的具体方法有所不同。采用非统计抽样法时，注册会计师可以不量化用于确定样本规模的因素，不过他们仍会考虑这些因素。在评价样本结果时，仍会以样本中发现的错报额来预计总体的错报额并且考虑抽样风险，但是也不量化风险水平。虽然注册会计师可以仅利用专业判断来确定样本规模和评价样本结果，但是许多会计师事务所已经开始对非统计抽样采取以统计方法为基础的结构化的方法。这种方法提高了会计师事务所不同审计师作出的抽样判断的一致性。

下面举例说明如何运用结构化的非统计抽样法。

第一步，确定测试的目标。假定审计师人员在执行一项存货计价测试，通过参照供应商发票审查一个存货样本的计价。存货由2 000个项目组成，账面价值为3 000 000元。

第二步，定义总体和抽样单元。总体是一份年末现有存货项目的清单，抽样单元为每一种单位产品。

第三步，确定样本规模。

$$样本规模=\frac{总体账面价值\times 可靠因子}{容许错报}$$

可靠因子，是注册会计师在对重大错报风险进行评估以及对用于相同认定的其他实质性程序未能发现错报的风险进行定性评估的基础上，通过查“非统计抽样方法的可靠因子表”（见表 7－13）加以确定的。

表 7－13　　非统计抽样方法的可靠因子

重大错报风险的综合评估	其他实质性程序未能发现重大错报的风险		
	最高	中等	低
最高	3.0	2.3	1.9
稍低于最高	2.7	2.0	1.6
中等	2.3	1.6	1.2
低	1.9	1.2	1.0

注：当注册会计师预期总体的错报数很少时，该表适用。

在上面的例子中，假定注册会计师已经将重大错报风险水平评估为稍低于最高的等级，并对存货账户执行了分析性程序，认为未能查出存货计价声明中存在的重大错报的风险为中等水平，则从表 7－13 中查得可靠因子为 2.0。假定注册会计师已经确定存货账户的容许错报金额为 100 000 元，那么：

$$样本规模=\frac{总体账面价值\times 可靠因子}{容许错报}=\frac{3\ 000\ 000\times 2.0}{100\ 000}=60（个项目）$$

上述计算出来的样本规模，注册会计师应该根据非统计抽样中分层等因素进行适当的调整，以体现非统计抽样与本公式使用的统计抽样技术的差别。实务中，如果样本不是以统计有效方式选取，调整样本规模的幅度通常在 10％～50％之间。

第四步，选取样本。注册会计师可以使用统计抽样中的选用技术，也可以使用非统计抽样选用技术，但须保证样本具有代表性。在选样之前，通常需要先识别单个重大项目（如有，则实施百分之百审查），然后从剩余项目中选取样本，或者对剩余项目分层，并将样本规模性分配给各层。

第五步，测试样本项目。注册会计师对所选取的样本项目进行了审查。假定注册会计师发现有两种产品计价不正确，导致该账户多计6 600元。另外，样本的总账面价值为1 100 000元。

第六步，评价样本结果。

(1)考虑错报的性质和原因，判断错报对重大错报风险的影响。

(2)估计总体错报额。这时有许多方法可以利用，常见的两种方法是比率推算法和差额推算法。在本例中，注册会计师采用比率推算法预计错报金额，计算如下：

$$预计错报=\left[\frac{样本净错报额}{样本账面价值}\right]\times 总体账面价值=\left[\frac{6\ 600}{1\ 100\ 000}\right]\times 3\ 000\ 000=18\ 000(元)$$

(3)考虑抽样风险并得出总体结论。注册会计师将推断的总体错报额与实施百分之百审查的项目中发现的错报额加总，然后与可容忍错报相比较，并适当考虑抽样风险评价样本结果。

在本例中，假设没有识别出单个重大项目。因为估计的总体错报18 000元仅为可容忍错报的 18%(18 000÷100 000×100%)，注册会计师可以得出总体实际错报超过可容忍错报100 000元的概率非常小的结论，即重大错报风险很低，因而可以接受客户的账面余额。

如果估计的错报金额接近可容忍错报，则注册会计师很可能得出结论：重大错报的风险过高，以至于无法接受该账户的余额。如果注册会计师推断预计错报非常高，就不会接受客户的账面余额，这时注册会计师或者会要求客户调整账面价值，或者会对总体执行额外的审计测试。

关键概念

审计抽样　统计抽样　非统计抽样　抽样风险　随机数选样　系统选样　金额加权选样　PPS 抽样　固定样本量抽样　停—走抽样　单位均值估计抽样　差额估计抽样

准确理解题

1. 下列关于抽样风险与非抽样风险的说法错误的是(　　)。
(1)信赖过度风险会导致不适当地减少审计证据，影响审计质量；
(2)误拒风险一般不会导致审计结论错误，因而审计师不需要关注和控制；
(3)抽样风险是与样本规模有关的风险，因而它总是存在的；
(4)非抽样风险是人为错误造成的，可以消除。

2. 下列关于审计抽样规模确定的说法错误的是(　　)。
(1)审计抽样规模影响获取审计证据的充分性和适当性，影响审计结论的正确性，影响审计成本的大小；
(2)审计师愿意接受的抽样风险越低，可容忍的抽样审计后总体仍存在最大误差越小；
(3)分层不仅可以降低抽样规模，而且可以提高审计质量；
(4)使用统计抽样确定的样本规模通常小于非统计抽样法确定的抽样规模。

复习思考题

1. 简述审计抽样的适用范围，并说明哪些情形下不构成或不适宜使用审计抽样。
2. 试比较说明统计抽样与非统计抽样的异同。
3. 控制测试和实质性测试中应用审计抽样，分别可能存在哪些抽样风险？并说明这些抽样风险对审计效率或审计效果产生什么影响。
4. 简述审计抽样的基本程序。

5. 控制测试和实质性测试中的审计抽样分别包括哪些具体方法？

6. 何谓 PPS 抽样？这种抽样有哪些优点和缺点？

讨论分析题

1. 审计师甲负责应收账款真实性审计，他决定以本期应收账款发生额为总体，以多计和少计应收账款为误差，分 10 万元以内、10 万～100 万元和 100 万元以上三个层次分别用不同规模进行抽查，因信用政策没有改变，故参考上年的相应抽样规模抽取样本进行函证。实际函证时，有一笔未收到回函，作为审计范围受到限制处理；根据回函结果核对调节后，发现账上有一笔 30 万元的赊销应收账款实为 3 万元，认定为不重要误差。因为报表层次重要性水平 50 万元，应收账款重要性水平 10 万元，没有达到报表层次重要性水平。

要求：

(1)分析审计师在样本设计中存在的问题，并提出纠正建议。

(2)分析审计师在函证过程中存在的问题，并提出处理建议。

2. W 公司 2014 年 12 月 31 日的期末应收账款有4 000个客户，应收账款账面价值为590 000元。注册会计师欲通过函证的程序来审查应收账款的账面价值是否存在重大错报，并决定使用均值估计抽样法。假定注册会计师考虑到货币金额的重要性，把可容忍错报确定为22 000元，预计总体错报为1 550元；考虑到内部控制及抽样风险的可接受水平，把可信赖程度确定为 90%，可接受的误受险确定为 10%，可接受的误拒险确定为 25%，估计总体标准离差为 20 元。

要求：

(1)试计算所需要的样本量。

(2)假定注册会计师按所确定的样本量选取样本并实施了函证程序，函证结果表明，样本审定平均值为 151 元，样本标准离差为 21 元。试计算样本实际误差，并与计划误差比较，判断是否可以估计总体金额。

(3)如果计算的样本实际误差小于计划误差，试估计总体金额和总体错报点估计值以及区间估计值，并评价抽样结果。

3. 注册会计师要对某一应收账款总体金额为 1 200 000 元的正确性进行审查，决定使用 PPS 抽样，确定的可接受的误受风险为 5%，可容忍错报为43 000元。采用金额加权系统选样法从总体中选取 100 个明细账项目，并对其实施函证程序。经过函证发现，存在错报的样本的记录值及审定值如下：

样　本	A	B	C	D	E
账面金额(元)	6 300	12 800	4 500	23 000	8 945
审定金额(元)	6 100	12 700	4 650	22 900	2 945

要求：请帮助注册会计师完成下列工作：

(1)计算样本的错报百分比；

(2)确定为计算错报上限和下限所需要的偏差率增量；

(3)完成初始错报的上限和下限计算表的编制；

(4)调整初始错报的上限和下限；

(5)判断应收账款总体金额是否存在重大错报。

初始错报的上限和下限计算表

错报数	账面金额	错报百分比	偏差率增量	错报界限
高　估				
0				
1				
2				
3				
4				
偏差率上限				
初始错报界限				
低 估				
0				
1				
偏差率下限				
初始错报界限				

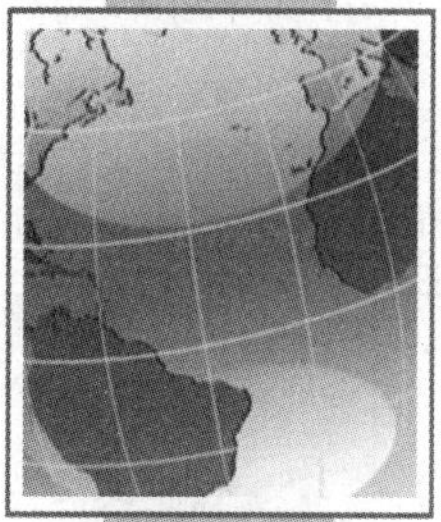

第八章 审计报告

第一节　审计报告的作用与种类

一、审计报告的含义与作用

(一)审计报告的含义

审计报告是指注册会计师在实施审计工作的基础上向委托人出具的,用于发表审计意见的书面文件。就财务报表审计而言,审计报告是注册会计师对财务报表是否在所有重大方面按照财务报告编制基础编制并实现公允反映发表审计意见的书面文件。

注册会计师应当将已审计的财务报表附于审计报告之后,以便于财务报表使用者正确理解和使用审计报告,并防止被审计单位替换、更改已审计的财务报表。

(二)审计报告的作用

1. 鉴证作用

注册会计师以超然独立的身份通过审计报告对被审计单位的财务报表的合法性、公允性发表的审计意见,且这种意见得到政府有关部门、企业股东及潜在投资人乃至社会公众等财务报表外部使用者的普遍认可。因此对财务报表的合法性和公允性具有鉴证作用。

2. 保护作用

财务报表使用者通过审计报告,可以提高或降低对被审计单位财务报表的信赖程度,降低其对财务报表过度信赖或信赖不足的风险,进而降低其可能造成的损失。因此,审计报告对债权人、股东及企业其他利害关系人的权益都具有保护作用。

3. 证明作用

审计报告作为对审计任务完成情况及其结果的总结,可以表明审计工作的质量并明确注册会计师的责任,对审计工作质量和审计责任履行情况能起到证明作用。

二、审计报告的种类

(一)标准审计报告

标准审计报告,是指包含的审计报告要素齐全,且不含有说明段、强调事项段、其他事项段或任何修饰性用语的审计报告,属于常见的无保留意见报告。

(二)非标准审计报告

非标准审计报告,是指标准审计报告以外的其他审计报告,包括含强调事项段(有时还含其他事项段)的无保留意见的审计报告和非无保留意见的审计报告。非无保留意见的审计报告又包括保留意见审计报告、否定意见审计报告和无法表示意见的审计报告。在被审计单位拒绝纠正注册会计师发现的重大错报或注册会计师审计范围受到重大限制时，需要出具非无保留意见的审计报告。

图 8—1 反映了财务报表审计报告的种类。

- 审计报告
  - 标准审计报告——不含强调事项段、其他事项段或任何修饰性用语的无保留意见审计报告
  - 非标准审计报告
    - 含强调事项段（有时还含其他事项段）的无保留意见审计报告
    - 保留意见审计报告 } 非无保留意见的审计报告
    - 否定意见审计报告 } 非无保留意见的审计报告
    - 无法表示意见的审计报告 } 非无保留意见的审计报告

图 8—1 审计报告分类

第二节 标准审计报告

一、出具标准审计报告应具备的条件

注册会计师出具标准审计报告，应当满足下列所有条件。

(一)审计范围未受到重大限制，获取的审计证据充分、适当

因为标准审计报告是用来发表无保留审计意见的，但如果在审计过程中审计范围受到重大限制，会使一些必要的审计程序无法实施而导致获取的审计证据不够充分、适当，不能为财务报表不存在重大错报获取合理保证，就不能出具标准审计报告。所以，出具标准审计报告的先决条件是注册会计师已经按照审计准则的规定计划和实施了审计工作，在审计过程中未受到重大限制，获取的审计证据是充分、适当的。

(二)根据获取的审计证据，得出财务报表不存在重大错报的结论

注册会计师通过对审计过程中获取的审计证据的综合评价，只有得出财务报表不存在因舞弊或错误导致的重大错报的结论，才能发表无保留审计意见。即可以合理认为：财务报表在所有重大方面均按照适用的财务报告编制基础的规定编制；财务报表公允反映了被审计单位的财务状况、经营成果和现金流量。

1. 财务报表在所有重大方面按照适用的财务报告编制基础的规定编制

(1)财务报表充分披露了选择和运用的重要会计政策。

(2)选择和运用的会计政策符合适用的财务报告编制基础，并适合于被审计单位的具体情况。在考虑选用的会计政策是否适当时，还应当关注以下重要的事项：重要项目的会计政策和行业惯例；重大和异常交易的会计处理方法；在新领域和缺乏权威性标准或共识的领域采用重要会计政策产生的影响；会计政策的变更；等等。

(3)管理层作出的会计估计是合理的。

(4)财务报表反映的信息具有相关性、可靠性、可比性和可理解性。

(5)财务报表作出了充分披露，即所作披露能够使财务报表使用者理解重大交易和事项对财务报表信息的影响。

(6)财务报表使用的术语(包括每一财务报表的标题)是适当的。

2. 财务报表公允反映了被审计单位的财务状况、经营成果和现金流量

(1)财务报表的整体列报、结构和内容合理；

(2)财务报表(包括相关附注)公允地反映了相关交易和事项。

(三)不存在需要说明、强调的事项和其他事项

标准审计报告必须是不含任何说明段、强调事项段和其他事项段或任何修饰性用语的报告。因此,如果注册会计师根据职业判断认为,存在需要在审计报告中增加说明段、强调事项段、其他事项段或任何修饰性用语,则不能出具标准审计报告。

二、标准审计报告的要素及其报告要求

一份标准的审计报告应当包括下列要素:标题;收件人;审计意见;形成审计意见的基础;管理层对财务报表的责任;注册会计师对财务报表审计的责任;按照相关法律法规的要求报告的事项;注册会计师的签名和盖章;会计师事务所的名称、地址和盖章;报告日期。

在适用的情况下,还应按相关规定在审计报告中对与持续经营相关的重大不确定性、关键审计事项和其他信息进行报告。

(一)标题

审计报告应当具有标题,统一规范为"审计报告"。

(二)收件人

审计报告应当按照审计业务的约定载明收件人的全称。

审计报告的收件人一般是指审计业务的委托人。

针对整套通用目的财务报表出具的审计报告,审计报告的致送对象通常为被审计单位的股东或治理层。

(三)审计意见

审计意见部分由两部分构成。第一部分指出已审计的财务报表,第二部分说明注册会计师发表的审计意见。

(四)形成审计意见的基础

审计报告应当包含标题为"形成审计意见的基础"的部分。该部分提供关于审计意见的重要背景,应当紧接在审计意见部分之后。

(五)管理层对财务报表的责任

审计报告应当包含标题为"管理层对财务报表的责任"的部分。

(六)注册会计师对财务报表审计的责任

审计报告应当包含标题为"注册会计师对财务报表审计的责任"的部分。

(七)按照相关法律法规的要求报告的事项

在某些情况下,相关法律法规可能要求或允许注册会计师将对这些其他责任的报告作为对财务报表出具的审计报告的一部分。在另外一些情况下,相关法律法规可能要求或允许注册会计师在单独出具的报告中进行报告。

(八)注册会计师的签名和盖章

审计报告应当由项目合伙人和另一名负责该项目的注册会计师签名和盖章。在审计报告中指明项目合伙人有助于进一步增强对审计报告使用者的透明度,有利于增强项目合伙人的个人责任感。因此,对上市公司整套通用目的财务报表出具的审计报告应当注明项目合伙人。

(九)报告日期

确定审计报告日时,应当确信已获取下列两方面的审计证据:

1. 构成整套财务报表的所有报表已编制完成;

2. 被审计单位已认可其对财务报表负责。

审计报告日不应早于注册会计师获取充分、适当的审计证据(包括管理层认可对财务报表的责任且已批准财务报表的证据),并在此基础上对财务报表形成审计意见的日期。

注册会计师签署审计报告的日期通常与管理层签署已审计财务报表、提交书面声明的日期为同一天,或晚于管理层签署已审计财务报表、提交书面声明的日期。

三、标准审计报告的格式

标准审计报告的格式如"参考格式 8－1"所示。

参考格式 8－1:

审计报告

ABC 股份有限公司全体股东:

一、对财务报表出具的审计报告

(一)审计意见

我们审计了 ABC 股份有限公司(以下简称"ABC 公司")财务报表,包括 20×1 年 12 月 31 日的资产负债表,20×1 年度的利润表、现金流量表、股东权益变动表以及相关财务报表附注。

我们认为,后附的财务报表在所有重大方面按照企业会计准则的规定编制,公允反映了 ABC 公司 20×1 年 12 月 31 日的财务状况以及 20×1 年度的经营成果和现金流量。

(二)形成审计意见的基础

我们按照中国注册会计师审计准则的规定执行了审计工作。审计报告的"注册会计师对财务报表审计的责任"部分进一步阐述了我们在这些准则下的责任。按照中国注册会计师职业道德守则,我们独立于 ABC 公司,并履行了职业道德方面的其他责任。我们相信,我们获取的审计证据是充分、适当的,为发表审计意见提供了基础。

(三)关键审计事项

关键审计事项是根据我们的职业判断,认为对本期财务报表审计最为重要的事项。这些事项是在对财务报表整体进行审计并形成意见的背景下进行处理的,我们不对这些事项提供单独的意见。

[按照《中国注册会计师审计准则第 1504 号——在审计报告中沟通关键审计事项》的规定描述每一关键审计事项]

(四)管理层和治理层对财务报表的责任

管理层负责按照企业会计准则的规定编制财务报表,使其实现公允反映,并设计、执行和维护必要的内部控制,以使财务报表不存在由于舞弊或错误导致的重大错报。

在编制财务报表时,管理层负责评估 ABC 公司的持续经营能力,披露与持续经营相关的事项(如适用),并运用持续经营假设,除非计划清算 ABC 公司、停止营运或别无其他现实的选择。

治理层负责监督 ABC 公司的财务报告过程。

(五)注册会计师对财务报表审计的责任

我们的目标是对财务报表整体是否不存在由于舞弊或错误导致的重大错报获取合理保证,并出具包含审计意见的审计报告。合理保证是高水平的保证,但并不能保证按照审计准则执行的审计在某一重大错报存在时总能发现。错报可能由于舞弊或错误导致,如果合理预期错报单独或汇总起来可能影响财务报表使用者依据财务报表作出的经济决策,则通常认为错报是重大的。

在按照审计准则执行审计的过程中,我们运用了职业判断,保持了职业怀疑。我们同时:

(1)识别和评估由于舞弊或错误导致的财务报表重大错报风险;对这些风险有针对性地设计和实施审计程序;获取充分、适当的审计证据,作为发表审计意见的基础。由于舞弊可能涉及串通、伪造、故意遗漏、虚假陈述或凌驾于内部控制之上,未能发现由于舞弊导致的重大错报的风险高于未能发现由于错误导致的重大错报的风险。

(2)了解与审计相关的内部控制,以设计恰当的审计程序,但目的并非对内部控制的有效性发表意见。

(3)评价管理层选用会计政策的恰当性和作出会计估计及相关披露的合理性。

(4)对管理层使用持续经营假设的恰当性得出结论。同时,根据获取的审计证据,就可能导致对ABC公司持续经营能力产生重大疑虑的事项或情况是否存在重大不确定性得出结论。如果我们得出结论认为存在重大不确定性,审计准则要求我们在审计报告中提请报表使用者注意财务报表中的相关披露;如果披露不充分,我们应当发表非无保留意见。我们的结论基于审计报告日可获得的信息。然而,未来的事项或情况可能导致ABC公司不能持续经营。

(5)评价财务报表的总体列报、结构和内容(包括披露),并评价财务报表是否公允反映相关交易和事项。

我们与治理层就计划的审计范围、时间安排和重大审计发现(包括我们在审计中识别的值得关注的内部控制缺陷)等事项进行沟通。

我们还就遵守关于独立性的相关职业道德要求向治理层提供声明,并就可能被合理认为影响我们独立性的所有关系和其他事项,以及相关的防范措施(如适用)与治理层进行沟通。

从与治理层沟通的事项中,我们确定哪些事项对本期财务报表审计最为重要,因而构成关键审计事项。我们在审计报告中描述这些事项,除非法律法规禁止公开披露这些事项,或在极其罕见的情形下,如果合理预期在审计报告中沟通某事项造成的负面后果超过在公众利益方面产生的益处,我们确定不应在审计报告中沟通该事项。

二、按照相关法律法规的要求报告的事项

××会计师事务所	中国注册会计师:×××(项目合伙人)
	(签名并盖章)
(盖章)	中国注册会计师:×××
	(签名并盖章)
中国××市	二〇×二年×月×日

第三节 在审计报告中沟通关键审计事项

《中国注册会计师审计准则第1504号——在审计报告中沟通关键审计事项》要求注册会计师在上市实体整套通用目的财务报表审计报告中增加关键审计事项部分,用于沟通关键审计事项。在审计报告中沟通关键审计事项,可以提高已执行审计工作的透明度,从而提高审计报告的决策相关性和有用性;能够为财务报表使用者提供额外的信息,以帮助其了解被审计单位、已审计财务报表中涉及重大管理层判断的领域,以及注册会计师根据职业判断认为对当期财务报表审计最为重要的事项;能够为财务报表预期使用者就与被审计单位、已审计财务报表或已执行审计工作相关的事项进一步与管理层和治理层沟通提供基础。

一、确定关键审计事项的决策框架

根据关键审计事项的定义，注册会计师在确定关键审计事项时，需要遵循以下决策程序：

（一）以“与治理层沟通的事项”为起点选择关键审计事项

注册会计师与被审计单位治理层沟通审计过程中的重大发现，包括注册会计师对被审计单位的重要会计政策、会计估计和财务报表披露等会计实务的看法，审计过程中遇到的重大困难，已与治理层讨论或需要书面沟通的重大事项等，以便治理层履行其监督财务报告过程的职责。对财务报表和审计报告使用者信息需求的调查结果表明，他们对这些事项感兴趣，并且呼吁增加这些沟通的透明度。因此，应从与治理层沟通事项中选取关键审计事项。

（二）从“与治理层沟通的事项”中选出“在执行审计工作时重点关注过的事项”

重点关注的事项是指与注册会计师识别和评估财务报表重大错报风险，设计和实施应对这些风险的审计程序，获取充分、适当的审计证据，以作为形成审计意见基础的事项。对于特定账户余额、交易类别或披露，评估的认定层次重大错误风险越高，在计划和实施审计程序并评价审计程序的结果时通常涉及的判断就越多或涉及较复杂的判断。在设计进一步审计程序时，注册会计师评估的风险越高，就需要获取越有说服力的审计证据，就需要分配较多的审计资源和提高审计工作力度，包括分派较多高级审计人员或专家参与审计。因此，对注册会计师获取充分、适当的审计证据或对财务报表形成审计意见构成挑战的事项可能与注册会计师确定关键审计事项尤其相关。

二、在审计报告中沟通关键审计事项的基本要求

（一）在审计报告中单设关键审计事项部分

注册会计师应当在审计报告中单设一部分，以“关键审计事项”为标题，并使用恰当的子标题逐项描述关键审计事项。

关键审计事项部分的引言应当同时说明下列事项：关键审计事项是根据职业判断，认为对本期财务报表审计最为重要的事项；关键审计事项的应对以对财务报表整体进行审计并形成审计意见为背景，注册会计师对财务报表整体形成审计意见，而不对关键审计事项单独发表意见。

（二）描述单一关键审计事项

注册会计师应当在审计报告中逐项描述每一关键审计事项，并同时说明下列方面：

1. 该事项被认定为审计中最为重要的事项之一，因而被确定为关键审计事项的原因。

2. 该事项在审计中是如何应对的。注册会计师可以描述下列要素：审计应对措施或方法中，与该事项最为相关或对评估的重大错报风险最有针对性的方面；对已实施审计程序的简要概述；实施审计程序的结果；对该事项作出的主要看法。

在描述时，应当分别索引至财务报表的相关披露（如有），以使预期使用者进一步了解管理层在编制财务报表时如何应对这些事项。

3. 描述的语言

以简明且可理解的形式提供有用的信息，使之：不暗示在对财务报表形成审计意见时尚未恰当解决该事项；在关键审计事项部分披露的关键审计事项必须是已经得到满意解决的事项，既不存在审计范围受到限制，也不存在注册会计师与被审计单位管理层意见分歧的情况；与被审计单位的具体情形紧密相扣，避免通用或标准化语言。考虑该事项在相关财务报表披露（如

有)中是如何处理的;不包含或暗示对财务报表单一要素单独发表的意见。

限制使用高度技术化的审计术语能帮助那些不具备适当审计知识的预期使用者了解注册会计师在审计过程中关注特定事项的原因。

4. 避免不恰当地提供原始信息

注册会计师要避免不恰当地提供与被审计单位相关的原始信息。

对关键审计事项的描述通常不构成有关被审计单位的原始信息,因为关键审计事项是在审计的背景下描述的。如果注册会计师认为提供进一步信息是有必要的,可以鼓励管理层或治理层披露进一步的信息,而不是在审计报告中提供原始信息。

三、不在审计报告中沟通关键审计事项的情形

除非法律法规禁止公开披露某事项,或者在极其罕见的情况下,如果合理预期在审计报告中沟通某事项造成的负面后果超过产生的公众利益方面的益处,注册会计师确定不应在审计报告中沟通该事项;否则,注册会计师应当在审计报告中逐项描述关键审计事项。

四、就关键审计事项与治理层沟通

就关键审计事项与治理层沟通,能够使治理层了解注册会计师就关键审计事项作出的审计决策的基础以及事项将如何在审计报告中作出描述,也能够使治理层考虑鉴于这些事项将在审计报告中沟通,作出新的披露或提高披露质量是否有用。因此,注册会计师就下列方面与治理层沟通:注册会计师确定的关键审计事项;根据被审计单位和审计业务的具体情况,注册会计师确定不存在需要在审计报告中沟通的关键审计事项(如适用)。

五、在审计报告中沟通关键审计事项的范例

参考格式8－2:

关键审计事项——研发费用资本化

相关信息披露详见财务报表附注——××

(一)事项描述

甲公司开发了大量的系统运行软件以及业务相关技术,并正在进一步开发其他技术以提高效率和产能。本年度,公司资本化的研发费用为××万元。

由于资本化的研发费用金额较大,且评估其是否达到企业会计准则规定的资本化标准涉及重大管理层判断(特别是以下领域),因此该领域是关键审计事项。

1. 项目的技术可行性;

2. 项目产生足够未来经济利益的可能性。

我们尤其注意到甲公司目前正在投资开发新技术以满足其未来发展的需要,因此我们重点关注了这些在建项目的未来经济利益是否能够支撑资本化金额,这些项目包括:

1. 为提高公司开发、运营和拓展能力重建其技术平台的项目,如能够投入使用,其经济利益需要在较长的期限内实现,因此涉及更多判断;

2. 由于某些开发技术的创新性而使其未来经济利益涉及重大判断的项目。

鉴于新软件和系统的开发,我们也关注了已经资本化的现有软件及系统的账面余额是否发生减值。

(二)实施的审计程序及结果

我们获取了本年度资本化的研发费用的明细表，并将其调节至总账中记录的金额，未发现重大异常。

我们测试了资本化金额超过××万元的所有项目和剩余样本中抽取的金额较小的项目，具体如下：

1. 我们获取了管理层就这些项目进行资本化的原因作出的解释，包括项目的技术可行性以及项目产生足够未来经济利益的可能性等方面。我们还与负责各选定项目的项目开发经理进行访谈，以印证上述解释并了解具体项目，从而使我们能够独立评估这些项目是否满足企业会计准则规定的资本化条件。我们发现项目经理给出的解释与我们从管理层获得的解释以及我们对业务发展的理解一致，并认可管理层得出的这些支出满足资本化条件的评价。

2. 我们询问了管理层及相关项目经理，新软件和系统的开发是否代替了资产负债表中任何现有资产或使其减值。除财务报表附注××所披露的××万元的减值准备外，我们未发现进一步的减值迹象。我们还根据我们对于新建项目及现有项目的了解，考虑是否存在任何项目中的软件因受开发活动的影响而停止使用或减少使用年限。我们未发现重大异常。

3. 为确定支出是否可直接归属于各个项目，我们获取了单个项目耗用工时的清单，抽查了项目记录的某些工时数，并与相关项目经理讨论以了解项目，确认所测试的员工的确参与了项目，并确定这些员工所执行工作的性质。我们通过将耗用工时清单中某位员工的总工时数与其标准费率相乘来确认记录的工时工资与资本化的金额相一致。

4. 我们还按照相当于公司技术开发小组平均工资的每小时费率对上述的标准小时费率进行了调节。我们认为所用费率能恰当反映内部开发员工的薪酬水平，未发现重大异常。

第四节　非标准审计报告

一、出具非标准审计报告的情形

当存在下列情形之一时，注册会计师应当出具非标准审计报告：

(一)根据获取的审计证据，得出财务报表整体存在重大错报的结论

如果认为财务报表整体存在重大错报，应当出具保留或否定意见审计报告。财务报表的重大错报可能源于：

(1)选择的会计政策不恰当。

(2)对所选择的会计政策的运用不当。

(3)财务报表披露的不恰当或不充分。

(二)审计范围受到重大限制，无法获取充分、适当的审计证据

如果审计范围受到了重大限制，无法获取充分、适当的审计证据，应当出具保留或无法表示意见的审计报告。下列情形表明审计范围受到重大限制：

(1)超出被审计单位控制的情形。例如：被审计单位的会计记录已被毁坏；重要组成部分的会计记录已被政府有关机构无限期地查封。

(2)与注册会计师工作的性质或时间安排有关的情形。例如：接受审计委托的时间太晚，无法对期初存货实施监盘；仅实施实质性程序不充分，但控制无效，不能依赖。

(3)管理层施加限制的情形。例如：管理层阻止注册会计师实施存货监盘；管理层阻止注册会计师对特定账户余额实施函证；等等。

(三)判断非无保留意见的原则

导致非无保留意见的情形	对财务报表的影响程度	
	重大不广泛	重大且广泛
财务报表存在重大错报	保留意见	否定意见
审计范围受到重大限制	保留意见	无法表示意见

在判断重要性时,不仅需要考虑财务报表整体的重要性,而且需要针对具体情况从定性、定量、涉及面、原因等多方面进行具体分析。

在判断影响广泛性时,应当特别注意下列具有广泛性影响的情形:

(1)影响不限于财务报表的特定要素、账户或项目产生影响;

(2)虽然仅影响财务报表的特定要素、账户或项目,但这些要素、账户或项目是、或可能是财务报表的主要组成部分;

(3)当影响与披露相关时,产生的影响对财务报表使用者理解财务报表至关重要。

运用上述原则时,应当注意:

(1)对财务报表发表非无保留意见时,应当在审计报告中提及财务报表存在所有重大事项(错报或受限),而不应当进行选择性反映。例如,因财务报表存在某项重大且广泛错报而发表否定意见时,应当在形成否定意见的基础部分提及所发现的其他重大且广泛以及重大但不具广泛性的错报。即使因存在某项重大但不广泛的错报而决定发表保留意见,也应当在形成保留意见的基础部分说明所有重大但不具有广泛性影响的其他错报。

(2)如果认为有必要对财务报表整体发表否定意见或无法表示意见,注册会计师不应在同一审计报告中对按照相同财务报告编制基础编制的单一财务报表或者财务报表特定要素、账户或项目发表无保留意见。

二、非无保留意见对审计报告的修改

(一)非无保留意见部分

1. 标题

发表无保留意见时,注册会计师对审计意见段使用的标题为“审计意见”,而不是“无保留意见”。

发表非无保留意见时,注册会计师应当对审计意见段使用恰当的标题以突出审计意见的类型,例如“保留意见”、“否定意见”或“无法表示意见”。

2. 保留意见的保留性表述

(1)如因存在重大错报发表保留意见,应在审计意见段中说明:除了形成保留意见的基础部分所述事项产生的影响外,财务报表在所有重大方面按照适用的财务报告编制基础编制,并实现公允反映。

(2)如因无法获取充分、适当的审计证据而发表保留意见,应在审计意见段中使用“除……可能产生的影响外”等措辞。

(3)当注册会计师发表保留意见时,在审计意见段中使用“由于上述解释”或“受……影响”等措辞是不恰当的,因为这些措辞不够清晰或没有足够的说服力(其实,从逻辑上讲,后续的意见表述属于表扬或肯定性质的,“除外”事项明显不是表扬或肯定的原因)。

3. 否定意见的否定表述

在审计意见段中说明：注册会计师认为，由于形成否定意见的基础部分所述事项的重要性，财务报表没有在所有重大方面按照适用的财务报告编制基础编制，未能实现公允反映。

4. 无法表示意见的表述

当发表无法表示意见时，应当在审计报告意见段中说明：由于形成无法表示意见的基础部分所述的事项的重要性，无法获取充分、适当的审计证据以作为发表审计意见的基础，因此，注册会计师不对这些财务报表发表审计意见。

(二)非无保留意见的基础部分

1. 位置与标题

如果对财务报表发表非无保留意见，应当直接在审计意见段之后增加一个部分，并使用恰当的标题，如“形成保留意见的基础”、“形成否定意见的基础”或“形成无法表示意见的基础”，说明导致发表非无保留意见的事项。

2. 量化财务影响或说明无法量化的原因

如果财务报表中存在与具体金额（包括定量披露）相关的重大错报，注册会计师应当在导致非无保留意见的事项段中说明并量化该错报的财务影响。如果无法量化财务影响，注册会计师应当在形成非无保留意见的基础部分说明这一情况。

3. 说明保留意见或否定意见的基础

应说明相信已获取的审计证据是充分、适当的，为发表保留意见或否定意见提供了基础。

特别地，如因应披露而未披露信息发表保留或否定意见，应当：与治理层讨论未披露信息的情况；在形成非无保留意见的基础部分描述未披露信息的性质：除非法律法规禁止或不可行，如对未披露信息获取了充分、适当的审计证据，在形成非无保留意见的基础部分包含未披露信息。

下列情形下，披露遗漏的信息是不可行的：管理层还没有作出这些披露，或管理层已作出但注册会计师不易获取这些披露；根据注册会计师的判断，在审计报告中披露该事项过于庞杂。

4. 说明审计范围受到限制的原因

如因无法获取充分、适当的审计证据而发表保留意见或无法表示意见，应在意见基础部分说明无法获取审计证据的原因。

如果发表无法表示意见，还应当修改意见基础部分，不应说明注册会计师是否已获取充分、适当的审计证据以作为形成无法表示意见的基础。

(三)注册会计师的责任部分

当发表无法表示意见时，注册会计师应当修改审计报告中注册会计师对财务报表审计的责任部分，使之仅包含下列内容：

(1)注册会计师的责任是按照中国注册会计师审计准则的规定，对被审计单位财务报表执行审计工作，以出具审计报告；

(2)但由于形成无法表示意见的基础部分所述的事项，注册会计师无法获取充分、适当的审计证据以作为发表审计意见的基础；

(3)声明注册会计师在独立性和职业道德方面的其他责任。

三、非无保留意见审计报告的参考格式

参考格式8—3:因重大错报而发表保留意见的审计报告

审计报告

ABC股份有限公司全体股东：

一、对财务报表出具的审计报告

(一)保留意见

我们审计了ABC股份有限公司(以下简称“ABC公司”)财务报表,包括20×1年12月31日的资产负债表,20×1年度的利润表、现金流量表、股东权益变动表以及相关财务报表附注。

我们认为,除“形成保留意见的基础”部分所述事项产生的影响外,后附的财务报表在所有重大方面按照企业会计准则的规定编制,公允反映了ABC公司20×1年12月31日的财务状况以及20×1年度的经营成果和现金流量。

(二)形成保留意见的基础

[简述事实]ABC公司20×1年12月31日资产负债表中存货的列示金额为×元。[指出错报]管理层根据成本对存货进行计量,而没有根据成本与可变现净值孰低的原则进行计量,这不符合企业会计准则的规定。[说明影响]ABC公司的会计记录显示,如果管理层以成本与可变现净值孰低来计量存货,存货列示金额将减少×元[尽量量化]。相应地,资产减值损失将增加×元,所得税、净利润和股东权益将分别减少×元、×元和×元[如无法分列,可合并说明]。

[固定表述]我们按照《中国注册会计师审计准则》的规定执行了审计工作。审计报告的“注册会计师对财务报表审计的责任”部分进一步阐述了我们在这些准则下的责任。按照《中国注册会计师职业道德守则》,我们独立于ABC公司,并履行了职业道德方面的其他责任。我们相信,我们获取的审计证据是充分、适当的,为发表保留意见提供了基础。

(三)关键审计事项(略)

(四)管理层和治理层对财务报表的责任(略)

(五)注册会计师对财务报表审计的责任(略)

二、按照相关法律法规的要求报告的事项(略)

(以下略)

参考格式8—4:无法表示意见的审计报告

审计报告

ABC股份有限公司全体股东：

一、对财务报表出具的审计报告

(一)无法表示意见

我们接受委托,审计ABC股份有限公司(以下简称“ABC公司”)财务报表,包括20×1年12月31日的资产负债表,20×1年度的利润表、现金流量表、股东权益变动表以及相关财务报表附注。

我们不对后附的ABC公司财务报表发表审计意见。由于“形成无法表示意见的基础”部分所述事项的重要性,我们无法获取充分、适当的审计证据以作为财务报表发表审计意见的基础。

(二)形成无法表示意见的基础

[简述事实]我们于20×2年1月接受ABC公司的审计委托,[指出受限]因未能对ABC公司20×1年初金额为×元的存货和年末金额为×元的存货实施监盘程序。此外,我们也无法实施替代审计程序获取充分、适当的审计证据。并且,ABC公司于20×1年9月采用新的应收账款电算化系统,由于存在系统缺陷导致应收账款出现大量错误。截至报告日,管理层仍在纠正系统缺陷并更正错误,我们也无法实施替代审计程序,以对截至20×1年12月31日的应收账款总额×元获取充分、适当的审计证据。[说明影响]因此,我们无法确定是否有必要对存货、应收账款以及财务报表其他项目作出调整,也无法确定应调整的金额[无法量化说明的原因]。

(三)管理层和治理层对财务报表的责任(略)

(四)注册会计师对财务报表审计的责任

我们的责任是按照《中国注册会计师审计准则》的规定,对ABC公司的财务报表执行审计工作,以出具审计报告。但由于"形成无法表示意见的基础"部分所述的事项,我们无法获取充分、适当的审计证据以作为发表审计意见的基础。

按照《中国注册会计师职业道德守则》,我们独立于ABC公司,并履行了职业道德方面的其他责任。

二、对其他法律和监管要求的报告(略)

(以下略)

第五节 审计报告的强调事项段和其他事项段

一、强调事项段

(一)强调事项段的含义

审计报告的强调事项段是指审计报告中含有的一个段落,该段落提及已在财务报表中恰当列报或披露的事项,根据注册会计师的职业判断,该事项对财务报表使用者理解财务报表至关重要。

强调事项段应当仅提及管理层应当并且已在财务报表中列报或披露的信息。

(二)增加强调事项段的前提

在强调事项段中强调的事项应当同时满足下列条件:

(1)该事项不会导致注册会计师发表非无保留意见。例如,对于管理层应当在财务报表中作出披露但没有作出披露或披露不恰当的重大错报,应发表恰当的非无保留意见,而不是通过增加强调事项段代替。

(2)该事项未被确定为在审计报告中沟通的关键审计事项。

(3)该事项与持续经营假设的重大不确定性不相关。

(三)增加强调事项段的情形

1. 审计准则的要求

法律法规规定的财务报告编制基础不可接受,但其是由法律或法规做出的规定;提醒财务报表使用者注意财务报表按特殊目的编制基础编制;注册会计师在审计报告日后知悉了某些事实(即期后事项),并且出具了新的审计报告或修改了审计报告。

2. 注册会计师的判断

注册会计师可能认为需要增加强调事项段的情形举例如下:异常诉讼或监管行动的未来结果存在不确定性;允许的情况下提前应用对财务报表有广泛影响的新会计准则;存在已经或持续对财务状况产生重大影响的特大灾难;管理层没有更正上期财务报表中存在的重大错报,但本期对应数据得到了恰当的重述。

(四)增加强调事项段的措施

1. 将强调事项段作为审计报告的单独部分,并使用包含"强调事项"在内的术语作为适当标题。

2. 明确提及被强调事项以及相关披露的位置,以便能够在财务报表中找到对该事项的详细描述。

3. 指出审计意见没有因该强调事项而改变。

参考格式 8—5:

(以上略)

(一)保留意见(略)

(二)形成保留意见的基础(略)

(三)强调事项——火灾的影响

我们提醒财务报表使用者关注,财务报表附注×描述了火灾对ABC公司的生产设备造成的影响。本段内容不影响已发表的审计意见。

(四)管理层和治理层对财务报表的责任(略)

(五)注册会计师对财务报表审计的责任(略)

二、其他事项段

(一)其他事项段的含义与要求

其他事项段是指审计报告中含有的一个段落。根据注册会计师的职业判断,该事项与财务报表使用者理解审计工作、注册会计师的责任或审计报告相关。

该段落只提及未在财务报表中列报或披露的事项。

增加其他事项段应同时满足的条件:

(1)未被法律法规禁止;

(2)该事项未被确定为在审计报告中沟通的关键审计事项。

如果在审计报告中包含其他事项段,注册会计师应当将该段落作为单独的一部分,并使用"其他事项"或其他适当标题。

(二)增加其他事项段的具体情形

1. 与理解审计工作相关

如管理层对审计范围施加的限制可能产生广泛性影响,但不能解除业务约定。注册会计师可能认为有必要增加其他事项段,解释为何不能解除业务约定。

2. 与注册会计师责任或理解审计报告相关

法律法规或惯例可能要求或允许详细说明某些事项,以解释在财务报表审计中的责任或审计报告。

3. 对两套以上财务报表出具审计报告

说明对被审计单位根据另一个通用目的编制基础编制的财务报表出具了审计报告。

4. 限制审计报告分发和使用

说明审计报告只是提供给财务报表预期使用者，不应被分发给其他机构或人员或者被其他机构或人员使用。

(三)与其他事项段不相关的情形

其他事项段的内容明确反映了未被要求在财务报表中列报或披露的其他事项，不包括法律法规或其他职业准则禁止注册会计师提供的信息，也不包括要求管理层提供的信息。

增加其他事项段也不涉及以下两种情形：

(1)除对财务报表出具审计报告外，还有其他报告责任；

(2)可能被要求实施额外的规定的程序并予以报告，或对特定事项发表意见。

三、与治理层沟通

如拟增加强调事项段或其他事项段，应当就该事项和拟使用的措辞与治理层沟通。

与治理层的沟通能使治理层了解注册会计师拟在审计报告中所强调的特定事项的性质，并在必要时为治理层提供向注册会计师作出进一步澄清的机会。

当审计报告中针对某一特定事项增加其他事项段在连续审计业务中重复出现时，注册会计师可能认为没有必要在每次审计业务中重复沟通。

第六节　比较信息

一、比较信息与审计意见

(一)比较信息的背景

1. 财务报表使用者需要了解涉及被审计单位的一个或多个以前会计期间的比较信息。

2. 企业会计准则明确规定：当期财务报表的列报，至少应当提供所有列报项目上一可比会计期间的比较数据。

3. 注册会计师在对财务报表发表审计意见时，应当考虑比较信息对审计意见的影响。

(二)比较信息的类型

1. 对应数据

对应数据是指作为本期财务报表组成部分的上期金额和相关披露，这些金额和披露只能和与本期相关的金额和披露(称为“本期数据”)联系起来阅读[从属]。对应数据列报的详细程度主要取决于其与本期数据的相关程度。

2. 比较财务报表

为与本期财务报表相比较而包含的上期金额和相关披露[平等]，其列报信息的详细程度与本期财务报表相似。

(三)比较信息的审计意见

1. 对应数据

注册会计师对财务报表发表的审计意见的内容涵盖对应数据。

2. 比较财务报表

如果上期金额和相关披露已经本期注册会计师审计，则将在审计意见中提及；如果比较财务报表经其他事务所审计，则本期注册会计师可能在其他事项段说明；如果比较财务报表未经审计，则应当在审计报告的其他事项段指出。

二、审计报告：对应数据

（一）总体要求

由于审计意见是针对包括对应数据的本期财务报表整体的，审计意见通常不提及对应数据。

如果导致上期发表非无保留意见的事项已经解决，并已进行恰当会计处理或适当披露，则针对本期财务报表发表的审计意见无须提及上期发表的非无保留意见。

（二）上期导致非无保留意见的事项未解决

如果以前针对上期财务报表发表了非无保留意见，且导致非无保留意见的事项仍未解决，本期注册会计师应当对本期财务报表发表非无保留意见，并分别下列情况予以处理：

（1）未解决事项对本期数据的影响或可能影响是重大的，应在导致非无保留意见的基础部分同时提及本期数据和对应数据；

（2）未解决事项对本期数据的影响或可能影响不重大，应说明因未解决事项对本期数据和对应数据之间可比性的影响或可能的影响。

参考格式 8—6：

背景：导致对上期财务报表发表保留意见的事项未解决，进而导致本期数据与对应数据同时存在错报。

（二）形成保留意见的基础

如财务报表附注×所述，ABC 公司未按照企业会计准则的规定对房屋建筑物和机器设备计提折旧。这项决定是管理层在上一会计年度开始时作出的，导致我们对该年度财务报表发表了保留意见。如果按照房屋建筑物 5%和机器设备 20%的年折旧率计提折旧，20×1 年度和 20×0 年度的当年亏损将分别增加×元和×元，20×1 年末和 20×0 年末的房屋建筑物和机器设备的净值将因累计折旧而减少×元和×元，并且 20×1 年末和 20×0 年末的累计亏损将分别增加×元和×元。

（以下略）

参考格式 8—7：

背景：导致对上期财务报表发表保留意见的事项未解决。对本期数据的影响或可能的影响并不重大，但由于尚未解决的事项对本期数据和对应数据的可比性存在影响或可能存在影响。

（二）形成保留意见的基础

由于我们在 20×0 年末接受 ABC 公司的委托，我们无法对 20×0 年年初的存货实施监盘，也不能实施替代程序确定存货的数量。鉴于年初存货影响经营成果的确定，我们不能确定是否应对 20×0 年度的经营成果和年初留存收益作出必要的调整。因此，我们对 20×0 年度的财务报表发表了保留意见。由于该事项对本期数据和对应数据的可比性存在影响或可能存在影响，我们对本期财务报表发表了保留意见。

（以下略）

(三)上期财务报表存在未曾发现的重大错报

1. 错报扩散到本期

如果注册会计师已经获取上期财务报表存在重大错报的审计证据，而以前[自己]对该财务报表发表了无保留意见(这并不必然表明上期审计未遵循审计准则)，且对应数据未经适当重述或恰当披露(表明错报扩散至本期)，注册会计师应当就对应数据对本期财务报表发表保留意见或否定意见。

2. 错报未扩散到本期

如果存在错报的上期财务报表尚未更正，并且没有重新出具审计报告，但对应数据已在本期财务报表中得到适当重述或恰当披露(表明错报未扩散至本期报表)，可以在审计报告中增加强调事项段，以描述这一情况，并提及详细描述该事项的相关披露在财务报表中的位置。

(四)上期财务报表已由前任注册会计师审计

注册会计师在审计报告中可以(比较报表是"应当")提及前任注册会计师对对应数据出具的审计报告。

当决定提及时，应当在审计报告的其他事项段中说明：

(1)上期财务报表已由前任注册会计师审计；

(2)前任审计意见的类型(如系非无保留意见，还应当说明发表非无保留意见的理由)；

(3)前任注册会计师出具的审计报告的日期。

参考格式 8-8:

上期财务报表已由前任注册会计师审计。

(以上略)

(三)其他事项

20×0 年 12 月 31 日的资产负债表，20×0 年度的利润表、现金流量表和股东权益变动表以及财务报表附注由其他会计师事务所审计，并于 20×1 年 3 月 31 日发表了无保留意见。

(以下略)

(五)上期财务报表未经审计

注册会计师应当按规定对本期期初余额实施恰当的审计程序，获取充分、适当的证据，以确定期初余额不存在重大错报。

注册会计师应在其他事项段中说明对应数据未经审计。

三、审计报告：比较财务报表

(一)总体要求

审计意见应当提及列报财务报表所属的各期，以及发表的审计意见涵盖的各期(审到哪，意见发表到哪。未经审计不得发表意见)。

注册会计师可以对一期或多期财务报表发表保留意见、否定意见或无法表示意见，或者在审计报告中增加强调事项段，而以其他期间的财务报表发表不同的审计意见。

参考格式 8-9:有关比较财务报表的审计报告

背景：接受委托对 2011 年度、2010 年度财务报表实施审计。

在 2011 年初已对 2010 年度财务报表发表了保留意见，导致保留意见的事项仍未解决，未解决的事项对 2011 年度数据产生的影响或可能产生的影响对于 2011 年度财务报表是重大的，需要发表非无保留意见。

（一）保留意见

我们审计了ABC股份有限公司（以下简称“ABC公司”）财务报表，包括20×1年12月31日和20×0年12月31日的资产负债表，20×1年度和20×0年度的利润表、现金流量表、股东权益变动表以及相关财务报表附注。

我们认为，除“形成保留意见的基础”部分所述事项产生的影响外，后附的财务报表在所有重大方面按照企业会计准则的规定编制，公允反映了ABC公司20×1年12月31日和20×0年12月31日的财务状况以及20×1年度和20×0年度的经营成果和现金流量。

（二）形成保留意见的基础

如财务报表附注×所述，ABC公司未按照企业会计准则的规定对房屋建筑物和机器设备计提折旧。如果按照房屋建筑物5%和机器设备20%的年折旧率计提折旧，20×1年度和20×0年度的当年亏损将分别增加×元和×元，20×1年末和20×0年末的房屋建筑物和机器设备的净值将因累计折旧而分别减少×元和×元，并且20×1年末和20×0年末的累计亏损分别增加×元和×元。

我们按照《中国注册会计师审计准则》的规定执行了审计工作。审计报告的“注册会计师对财务报表审计的责任”部分进一步阐述了我们在这些准则下的责任。按照《中国注册会计师职业道德守则》……

（以下略）

（二）本次对上期报表发表的意见与[自己]以前发表的意见不同

因本期审计对上期财务报表发表审计意见时，如果发表的意见与以前不同，应当在其他事项段中披露导致不同意见的实质性原因。

（三）上期财务报表已由前任注册会计师审计

除非前任注册会计师出具的审计报告与财务报表一同对外提供，注册会计师除对本期财务报表发表意见外，还应当在其他事项段中说明：

（1）上期财务报表已由前任注册会计师审计；

（2）前任注册会计师发表的意见的类型（如果是非无保留意见，还应当说明理由）；

（3）前任注册会计师出具的审计报告的日期。

（四）认为存在影响上期财务报表的重大错报

如果认为存在影响上期财务报表的重大错报，而前任注册会计师以前出具了无保留意见的审计报告，注册会计师应当就此与适当层级的管理层沟通，并要求其告知前任注册会计师。注册会计师还应当与治理层进行沟通，除非治理层全部成员参与管理被审计单位。

1. 如果上期财务报表已更正，且前任注册会计师同意对更正后的上期财务报表出具新的审计报告（非无保留事项已解决），（现任）注册会计师应当仅对本期财务报表出具审计报告。

2. 如果上期财务报表已更正，但前任无法或不愿重新出具审计报告，注册会计师可以在审计报告中增加其他事项段，指出前任对更正前的上期财务报表出具了报告。

3. 如果（现任）注册会计师接受委托针对作出更正的调整事项实施审计并获取充分、适当的审计证据，可以在审计报告中增加以下段落：

“作为20×2年度财务报表审计的一部分，我们同时审计了附注×中所描述的用于对20×1年度财务报表作出更正的调整事项。我们认为这些调整是恰当的，并得到了适当运用。

除了与调整相关的事项外,我们没有接受委托对公司 20×1 年度财务报表实施审计、审阅或其他程序,因此,我们不对 20×1 年度财务报表整体发表意见或提供任何形式的保证。”

上述段落宜作为其他事项段。虽然同时提及财务信息与审计信息,但这些财务信息属于上期财务报表,而非本期财务报表,不宜作为强调事项段。

(五)上期财务报表未经审计

注册会计师应当在其他事项段中说明比较财务报表未经审计。

这种说明不减轻注册会计师确定期初余额不含有对本期财务报表产生重大影响的错报的责任。这一点与对应数据的相关审计报告要求基本相同。

四、比较信息对书面声明的影响

1. 在对应数据情形下,审计意见针对的是包括对应数据的本期财务报表。仅要求管理层就本期财务报表提供(针对管理层责任的)书面声明。但对涉及上期财务报表中影响比较信息的重大错报进行更正而作出的任何重述,需要求管理层提供特定书面声明(其他书面声明)。

2. 在比较财务报表的情形下,由于管理层需要再次确认其以前作出的与上期相关的书面声明仍然适当,需要求管理层提供与审计意见所提及的所有期间相关的(针对管理层责任的)书面声明。

第七节 注册会计师其他信息的责任

一、其他信息的背景

(一)其他信息的概念

在被审计单位年度报告中,除包含财务报表和审计报告外,通常还包括实体的发展,未来前景、风险和不确定事项,治理层声明,以及包含治理事项的报告等信息,这些财务信息和非财务信息称为其他信息。

为什么要关注其他信息? 如果其他信息与财务报表或者与注册会计师在审计中了解到的情况存在重大不一致,可能表明财务报表或其他信息存在重大错报,两者均会损害财务报表和审计报告的可信性,也可能不恰当地影响审计报告使用者的经济决策。

(二)其他信息的内容

公司年度报告中既含有与财务报表相关的财务信息,也含有非财务信息。

非财务信息中既有与审计相关的,例如工时、产量等,也有与审计无关的,例如公司未来前景。

注册会计师在审计过程中可能需要了解某些与审计相关的非财务信息(审计中已了解的情况),但通常不需要了解与审计无关的非财务信息。不过,在阅读年度报告时也可能接触到与审计无关的信息。

(三)其他信息的获取

注册会计师应当与管理层讨论,确定哪些文件组成年度报告,以及被审计单位计划公布这些文件的方式和时间安排。

注册会计师应当就及时获取组成年度报告的文件的最终版本与管理层作出适当安排。如可能,在审计报告日之前获取。

如果在审计报告日后才能取得，则要求管理层提供书面声明，声明上述文件的最终版本将在可获取时并且在被审计单位公布前提供给注册会计师，以使注册会计师可以完成准则要求的程序。

二、阅读并考虑其他信息及其目的

（一）阅读并了解其他信息的目的

注册会计师应当阅读其他信息，以便：

（1）考虑其他信息与财务报表列报或披露的信息之间是否存在重大不一致；

（2）考虑其他信息与注册会计师在审计中了解到的情况是否存在重大不一致；

（3）对注册会计师审计中未了解的其他信息中似乎存在重大错报的迹象保持警觉。

（二）阅读并了解与财务报表或审计相关的其他信息

这类其他信息，可能与财务报表中的金额或其他项目相一致、或对其进行概括、或为其提供更详细的信息。

对这些金额和其他项目，在阅读时，应当考虑这些其他信息和财务报表之间是否存在重大不一致。

（三）阅读并了解与财务报表或审计相关的其他情况

注册会计师在审计财务报表过程中，阅读并了解一些情况，包括：对产量的披露，或者按地理区域汇总产量的表格；对“公司本年度新推出产品 X 和产品 Y”的声明；对被审计单位主要经营地点的概括，例如“被审计单位的主要经营中心在 X 国，同时在 Y 国和 Z 国也有经营场所”。

在阅读时，注册会计师应当考虑这部分其他信息与审计中了解到的情况是否存在重大不一致。

（四）阅读并了解与财务报表或审计不相关的其他信息

有些其他信息与财务报表或审计中了解到的情况均不相关，如温室气体排放情况。

在阅读其他信息时，应当对这部分其他信息中似乎存在重大错报的迹象保持警觉。

三、应对其他信息似乎存在的重大不一致或重大错报

如果注册会计师识别出其他信息与财务报表之间似乎存在重大不一致，或者知悉其他信息与审计中已了解及未了解的情况之间似乎存在重大错报，注册会计师应当与管理层讨论该事项，必要时，实施其他程序以确定：

（1）其他信息是否存在重大错报；

（2）财务报表是否存在重大错报；

（3）注册会计师对被审计单位及其环境的了解是否需要更新。

四、其他信息存在重大错报的应对

（一）总体要求

1. 如果认为财务报表存在重大错报，或者对被审计单位及其环境的了解需要更新，应当作出恰当应对，包括修改对风险的评估、评估错报、考虑关于期后事项的责任。

2. 如果注册会计师认为其他信息存在重大错报，应当要求管理层更正其他信息。

如果管理层同意作出更正，应确定更正已经完成；如果管理层拒绝作出更正，应就该事项

与治理层进行沟通，并要求作出更正。

(二)审计报告日前获取其他信息存在重大错报

如果认为审计报告日前获取的其他信息存在重大错报，且在与治理层沟通后其他信息仍未得到更正，应当采取恰当措施，包括考虑对审计报告的影响，并就如何在审计报告中处理重大错报与治理层沟通。

注册会计师可在审计报告的其他信息部分中指明其他信息存在重大错报。在少数情况下，当拒绝更正其他信息的重大错报导致对管理层和治理层的诚信产生怀疑，进而质疑审计证据总体上的可靠性时，在法律法规允许的情况下解除业务约定，或者发表无法表示意见可能都是恰当的。

(三)审计报告日后获取其他信息存在重大错报

1. 如其他信息得以更正，应根据具体情形实施必要的程序，包括确定更正已经完成，也可能包括复核管理层为与收到其他信息的人士沟通并告知其修改而采取的步骤。

2. 如果与治理层沟通后其他信息未得到更正，应考虑其法律权利和义务并采取恰当的措施，以提醒审计报告使用者恰当关注未更正的重大错报。

在审计报告日后，如果与治理层沟通后其他信息中存在的重大错报未得到更正，注册会计师采取的恰当的措施可能包括：向管理层提供一份新的或修改后的审计报告，其中指出其他信息的重大错报；同时要求管理层将该新的或修改后的审计报告提供给审计报告使用者，提醒审计报告使用者关注其他信息的重大错报。例如，在股东大会上通报该事项；与监管机构或相关职业团体沟通未更正的重大错报；考虑对持续承接业务的影响。

五、在审计报告中反映其他信息

如果在审计报告日存在下列两种情况之一，在审计报告中应当单独包括一个以其他信息为标题的部分：

(1)对于上市实体财务报表审计，已获取或预期将获取其他信息；

(2)对其他财务报表审计，已获取部分或全部其他信息。

如果审计报告日前已经获取其他信息，则选择下列两种做法之一进行说明：说明注册会计师无任何需要报告的事项；如认为其他信息存在未更正的重大错报，则说明这些未更正重大错报。

参考格式8－10：

审计报告日前获取的其他信息不存在重大错报时的审计报告

(以上略)

(一)审计意见(略)

(二)形成审计意见的基础(略)

(三)关键审计事项(略)

(四)其他信息

管理层对其他信息负责。其他信息包括×报告中涵盖的信息，但不包括财务报表和我们的审计报告。

我们对财务报表发表的审计意见并不涵盖其他信息，我们也不对其他信息发表任何形式的鉴证结论。

结合我们对财务报表的审计，我们的责任是阅读其他信息，在此过程中，考虑其他信息是否与财务报表或我们在审计过程中了解到的情况存在重大不一致或者似乎存在重大错报。基于我们已经执行的工作，如果我们确定其他信息存在重大错报，我们应当报告该事实。这方面，我们无任何事项需要报告。

（以下略）

关键概念

审计报告　标准审计报告　非标准审计报告　无保留意见　保留意见　否定意见　无法表示意见　关键审计事项　强调事项　其他事项　比较信息

准确理解题

1. 下列关于审计报告表达的说法错误的是（　　）。

(1)发表保留意见需要用“在所有重大方面都十分公允地反映了”的术语；

(2)发表保留意见时应当使用“除了××的影响外”等术语；

(3)非标准审计报告都应当增加说明段，说明所持意见的理由；

(4)发表无法表示意见时，表明注册会计师没有对被审计财务报表公允真实性做出判断。

2. 下列关于审计报告的说法错误的有（　　）。

(1)年度财务报表审计报告的收件人可以说成“某某公司全体股东”或“某某公司董事会”或“某某公司经理会”；

(2)当审计范围受到限制时注册会计师应当发表保留意见；

(3)当被审计单位拒绝注册会计师提出的调整建议时应当发表否定意见；

(4)发表所有的审计意见都应当以取得充分、适当的审计证据为前提。

复习思考题

1. 简述标准审计报告的要素和内容。
2. 在审计报告中沟通关键审计事项的基本要求是什么？
3. 注册会计师判断审计意见类型的依据和原则是什么？
4. 审计报告是如何处理比较信息对本期审计意见的影响的？
5. 在审计报告中如何处理强调事项和其他事项？

讨论分析题

1. 资料：X公司2014年财务报表附注披露：“公司为L公司提供银行借款担保5 000万元，因L公司无力偿还借款，法院判决由X公司偿还借款余额3 000万元，并于2014年11月15日强制执行2 000万元，其余1 000万元尚未支付。”注册会计师对X公司2014年财务报表出具了带强调事项段的无保留意见审计报告。强调事项段如下：“此外，我们还注意到：该公司2014年对外担保损失金额达2 000万元，未作账务处理。详见X公司的财务报表注释。”

要求：

(1)试分析注册会计师出具的审计报告是否正确，为什么？

(2)你认为应当出具什么意见类型的审计报告？

2. 资料：2014年3月6日，注册会计师在对ABC公司按照企业会计准则编制的2013年度财务报表审计后，出具了下列标准审计报告，并在审计报告上签字盖章。

独立审计报告

ABC股份有限公司全体股东：

我们审计了后附的ABC股份有限公司(以下简称"ABC公司")财务报表，包括资产负债表、利润表、股东权益变动表和现金流量表以及财务报表附注。

(一)管理层对财务报表的责任

编制和公允列报财务报表是ABC公司管理层的责任，这种责任包括：(1)按照企业会计准则的规定编制财务报表，并使其实现公允反映；(2)设计、执行和维护必要的内部控制，以使财务报表不存在由于舞弊或错误导致的重大错报。

(二)注册会计师的责任

我们的责任是在执行审计工作的基础上对财务报表发表审计意见。我们按照《中国注册会计师审计准则》的规定执行了审计工作。《中国注册会计师审计准则》要求我们遵守《中国注册会计师职业道德守则》，计划和执行审计工作以对财务报表是否不存在重大错报获取合理保证。

审计工作涉及实施审计程序，以获取有关财务报表金额和披露的审计证据。选择的审计程序取决于注册会计师的判断，包括对由于舞弊或错误导致的财务报表重大错报风险的评估。在进行风险评估时，注册会计师考虑与财务报表编制和公允列报相关的内部控制，以设计恰当的审计程序，但目的并非对内部控制的有效性发表意见。审计工作还包括评价管理层选用会计政策的恰当性和作出会计估计的合理性，以及评价财务报表的总体列报。

(三)审计意见

我们认为，ABC公司财务报表已按照企业会计准则的规定编制，公允反映了ABC公司2013年12月31日的财务状况以及2013年度的经营成果和现金流量。

××会计师事务所
(盖章)

中国注册会计师：××
(签名并盖章)
2014年3月6日

要求：请指出上述审计报告中的错误之处，并予以纠正。

第九章 货币资金审计

第一节 业务活动与内部控制

一、货币资金的主要业务活动

货币资金业务主要包括企业的库存现金、银行存款及其他货币资金的收入与支出。货币资金业务与销售与收款业务、购货与付款业务、生产与储存业务、筹资与投资业务密切相关。企业首先在筹资业务中收到货币资金,然后在投资业务、购货业务、生产业务中支出货币资金,最后通过销售业务收回增值的货币资金。货币资金与各业务循环的关系如图 9－1 所示:

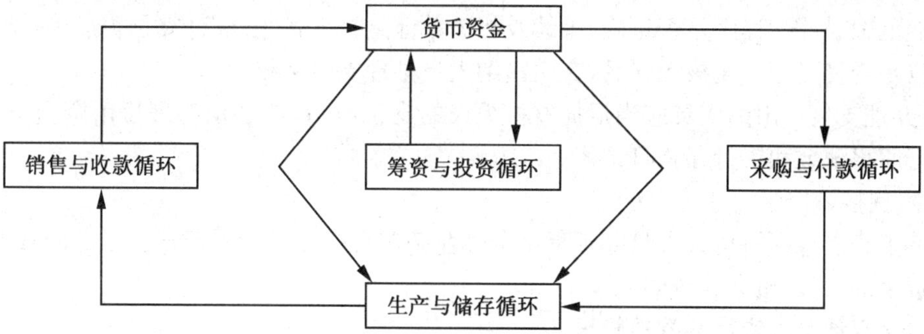

图 9－1　货币资金业务与各业务循环的关系

货币资金业务涉及的凭证和会计记录主要有库存现金盘点表、银行对账单、银行存款余额调节表、货币资金收付的相关原始凭证、货币资金收付的相关记账凭证、货币资金收付的相关总账、日记账和备查簿等。

二、货币资金的内部控制

货币资金的内部控制包括以下内容:

(一)岗位分工及授权批准

1. 分工控制

单位应当建立货币资金业务的岗位责任制,明确相关部门和岗位的职责权限,确保办理货币资金业务的不相容岗位相互分离、制约和监督。出纳人员不得兼任稽核、会计档案保管和收入、支出、费用、债权债务账目的登记工作。单位不得由一人办理货币资金业务的全过程。

2. 人员控制

单位办理货币资金业务，应当配备合格的人员，并根据单位具体情况进行岗位轮换。办理货币资金业务的人员应当具备良好的职业道德，忠于职守，廉洁奉公，遵纪守法，客观公正，不断提高会计业务素质和职业道德水平。

3. 授权控制

单位应当对货币资金业务建立严格的授权批准制度，明确审批人对货币资金业务的授权批准方式、权限、程序、责任和相关控制措施，规定经办人办理货币资金业务的职责范围和工作要求。审批人应当根据货币资金授权批准制度的规定，在授权范围内进行审批，不得超越审批权限。经办人应当在职责范围内，按照审批人的批准意见办理货币资金业务。对于审批人超越授权范围审批的货币资金业务，经办人员有权拒绝办理，并及时向审批人的上级授权部门报告。单位对于重要货币资金支付业务，应当实行集体决策和审批，并建立责任追究制度，防范贪污、侵占、挪用货币资金等行为。

4. 程序控制

单位应当按照规定的程序办理货币资金支付业务。

(1)支付申请。单位有关部门或个人用款时，应当提前向审批人提交货币资金支付申请，注明款项的用途、金额、预算、支付方式等内容，并附有效经济合同或相关证明。

(2)支付审批。审批人根据其职责、权限和相应程序对支付申请进行审批。对不符合规定的货币资金支付申请，审批人应当拒绝批准。

(3)支付复核。复核人应当对批准后的货币资金支付申请进行复核，复核货币资金支付申请的批准范围、权限、程序是否正确，手续及相关单证是否齐备，金额计算是否准确，支付方式、支付单位是否妥当等。复核无误后，交由出纳人员办理支付手续。

(4)办理支付。出纳人员应当根据复核无误的支付申请，按规定办理货币资金支付手续，及时登记库存现金和银行存款日记账。

5. 限制接触控制

严禁未经授权的机构或人员办理货币资金业务或直接接触货币资金。尽可能减少接触企业货币资金的人员、机会和时间。

(二)库存现金和银行存款的管理

1. 严格遵守《库存现金管理暂行条例》

单位必须根据《库存现金管理暂行条例》的规定，结合本单位的实际情况，确定本单位库存现金的开支范围。不属于库存现金开支范围的业务应当通过银行办理转账结算。

单位应当加强库存现金库存限额的管理，超过库存限额的库存现金应及时存入银行。

单位库存现金收入应当及时存入银行，不得用于直接支付单位自身的支出。因特殊情况需坐支库存现金的，应事先报经开户银行审查批准。

单位借出款项必须执行严格的授权批准程序，严禁擅自挪用、借出货币资金。

单位取得的货币资金收入必须及时入账，不得私设“小金库”，不得账外设账，严禁收款不入账。

单位应当定期和不定期地进行库存现金盘点，确保库存现金账面余额与实际库存相符。发现不符，及时查明原因，做出处理。

2. 严格遵守银行《支付结算办法》和结算纪律

单位应当严格按照《支付结算办法》等国家有关规定，加强银行账户的管理，严格按照规定开立账户，办理存款、取款和结算。

单位应当定期检查、清理银行账户的开立及使用情况，发现问题，及时处理。单位应当加强对银行结算凭证的填制、传递及保管等环节的管理与控制。

单位应当严格遵守银行结算纪律，不准签发没有资金保证的票据或远期支票，套取银行信用；不准签发、取得和转让没有真实交易和债权债务的票据，套取银行和他人资金；不准无理由拒绝付款，任意占用他人资金；不准违反规定开立和使用银行账户。

控制库存现金坐支，当日收入库存现金应及时送存银行，所有现金支出最初都应是从银行提取的。

单位应当指定专人定期核对银行账户，每月至少核对一次，编制银行存款余额调节表，使银行存款账面余额与银行对账单调节相符。如调节不符，应查明原因，及时处理。

（三）票据及有关印章的管理

1. 票据管理要求

单位应当加强与货币资金相关的票据的管理，明确各种票据的购买、保管、领用、背书转让、注销等环节的职责权限和程序，并专设登记簿进行记录，防止空白票据的遗失和被盗用。

2. 印章管理要求

单位应当加强银行预留印鉴的管理。财务专用章应由专人保管，个人名章必须由本人或其授权人员保管。严禁一人保管支付款项所需的全部印章。按规定需要有关负责人签字或盖章的经济业务，必须严格履行签字或盖章手续。

（四）监督检查

单位应当建立对货币资金业务的监督检查制度，明确监督检查机构或人员的职责权限，定期和不定期地进行检查。对监督检查过程中发现的货币资金内部控制中的薄弱环节，应当及时采取措施，加以纠正和完善。

三、货币资金控制测试

（一）调查了解货币资金的内部控制制度

应首先通过询问、观察、阅读内部控制文件等方式，调查了解企业货币资金内部控制制度的设置情况，并将其以调查表、流程图或文字说明等形式，记录在审计工作底稿上。如果是连续审计，可在以前年度工作底稿的基础上，根据调查结果加以修正，以供本年度审计使用。

（二）查验签发支票登记簿与签发支票存根

查验签发支票登记簿，主要是审查登记簿上未付讫的与已作废的支票号码，结合审查下一期银行存款对账单的支出项目，核对本期期末流通在外支票的真实情况，对于较长时间未付讫的已签发支票要追查原因。抽验已签发支票存根，主要是检查其各项手续是否完备，包括已签发支票是否按顺序编号，有无缺号或漏号的支票，作废的支票是否仍保存，并盖有“作废”戳记等。

（三）抽查货币资金收款凭证

如果货币资金收款内部控制较差，很可能会发生贪污舞弊或挪用等情况。为测试货币资金收款内部控制，应选取一定数量的收款凭证，核对收到金额与销售发票等相关凭证的一致性；核对收款凭证与账户记录日期和金额是否相符；核对日记账的收入金额是否正确；核对收款凭证与银行对账单是否相符；核对收款凭证与应收账款等相关明细账的有关记录是否相符；等等。

(四)抽查货币资金付款凭证

此项审查主要测试货币资金付款业务审批权与审核内部控制环节的执行情况,包括:检查记账凭证与原始凭证上有无审批授权人的签章;验证签章人是否符合授权的层次与范围;核对付款凭证与银行对账单的一致性;核对付款凭证与购货发票、应收账款明细账的一致性等。对于重要的货币资金付款业务,应进一步测试其内部控制环节的实际效果,即进行功能性测试,比如直接验证货币资金付款业务的合法性和会计处理的正确性等。

(五)核证收入货币资金送款单

抽取部分收入库存现金送款单,结合库存现金日记账和银行存款日记账进行核证,检查企业是否将当日所收库存现金如数、及时地送存银行,分析有无以收作支、挪用公款或贪污库存现金的情况。同时检查收入支票、汇票登记簿,与送款单和银行存款日记账核对,验证是否做到当日收到、当日解交银行。

(六)检查日记账,抽查银行存款调节表与库存现金盘点表

逐月检查库存现金日记账,银行存款日记账与相应的总账有无对账标记,每月余额是否一致,对账实、账账不一致的情况有无调整与说明。检查企业是否定期编制银行存款余额调节表,至少抽查两个月的银行存款收支记录,逐笔核对银行对账单,验证银行存款余额调节表编制的正确性。抽查库存现金盘点报告表,与相应月份的库存现金日记账余额核对,验证其是否一致,并核实对库存现金长款和短款的处理。

(七)检查不相容职务的划分情况

可通过查阅制度、实地观察、查验账簿凭证等方式加以检查,包括:抽查银行存款余额调节表,检查编制人签章是否为出纳员以外的会计人员;检查出纳员所登记的库存现金与银行存款日记账与相应的记账凭证,检查记账凭证是否由会计人员编制并审核;检查支票的保管和登记是否由两人分别负责;检查各项货币资金的收、付程序有无明确的制度规定。

(八)检查货币资金收付凭证的管理

应重点对送款单、库存现金支票、转账支票、付款委托书和银行结算凭证等加以检查,检查其是否有专人保管,是否按顺序使用,是否有签发登记簿,作废的凭证是否加盖"作废"戳记,并妥善保管,有无开空白支票、空头支票等情况。

(九)检查外币资金的折算方法是否符合有关规定,是否与上年度一致

对于有外币货币的被审计单位,注册会计师应检查外币货币资金有关的日记账及对应账户,确定企业有关外币货币资金的增减变动是否采用交易发生日的即期汇率将外币金额折算为记账本位币金额,或者采用系统合理的方法确定的、与交易发生日即期汇率近似的汇率折合为记账本位币,选择采用汇率的方法前后各期是否一致;检查企业的外币货币资金的余额是否采用期末即期汇率折合为记账本位币金额;折算差额的会计处理是否正确。

(十)评价货币资金内部控制制度

通过对货币资金内部控制的测试,应对其设计的合理性及执行的有效性做出客观评价,分析其存在的薄弱环节和失控点,向企业提出改进管理的建议,并确定对其实施实质性程序的范围与重点。

【例9—1】 注册会计师对W公司2013年度财务报表实施审计,审计中对W公司的货币资金内部控制进行了解和测试,发现以下情况:

(1)W公司设立库存现金出纳员和银行出纳员。库存现金出纳员负责办理库存现金收支业务和库存现金日记账登记,并兼任会计档案保管职务。银行出纳员负责办理银行存款收支业务，并登记银行存款日记账。月底，银行出纳员取得银行对账单并编制银行存款余额调节表。

(2)W公司货币资金支付建立了严格的授权批准制度。审批人应当根据货币资金授权批准制度的规定，在授权范围内进行审批，不得超越审批权限。对于审批人超越授权范围审批的货币资金支付业务，经办人员可先行办理，并及时向审批人的上级授权部门报告。

(3)W公司办理货币资金支付业务的程序包括支付申请、支付审批、办理支付三个业务环节。

(4)W公司空白支票由出纳员保管，支票印章由会计主管专门保管，如果会计主管临时出差，则由出纳员临时保管支票印鉴。

要求：指出上述各种情况是否构成货币资金内部控制缺陷，并说明理由。

【参考答案】

(1)构成内部控制缺陷。因为出纳员兼任会计档案保管职务、出纳员兼任编制银行存款余额调节表职务均违反了不相容职务分离原则。

(2)构成内部控制缺陷。因为对于审批人超越授权范围审批的货币资金支付业务，经办人员不应先行办理，而是有权拒绝办理，并及时向审批人的上级授权部门报告。

(3)货币资金支付业务的程序除了支付申请、支付审批、办理支付三个业务环节外，还应包括支付审核环节。

(4)构成内部控制缺陷。因为办理付款业务所需的全部印章不能交由一人保管，即使临时保管也是违反内部控制要求的。

第二节 库存现金实质性程序

一、库存现金的监盘

为了查明库存现金是否账实相符，有无短缺和弄虚作假的情况，验证库存现金余额的真实性，应对库存现金进行监盘。

(一)库存现金监盘的一般步骤和方法

1. 注册会计师到达被审单位后，应立即让出纳人员将全部现款、有价证券、未入账的收付款凭证和白条(未经制度规定的审批人审批的借条)等集中起来存入保险柜。必要时，应予以封存，在封条上要写明加封单位和日期并加盖印章。封条粘贴要牢固。加封的印章应由注册会计师保管，而保险柜的钥匙则由出纳员保管。

2. 由出纳人员根据库存现金日记账直行加计累计数，结出库存现金余额，由注册会计师填入“库存现金情况表”，并注明审查日期。

3. 在会计主管、出纳人员和注册会计师在场的情况下，由注册会计师开封，出纳员打开保险柜，开始盘点。先由出纳员对保险柜中的现款、有价证券、收付款凭证及白条等进行清点，然后由注册会计师复点，直到出纳员和注册会计师清点的结果相符为止。

4. 由注册会计师根据库存现金盘点结果，编制“库存现金盘点表”，并经非编表人员复核后，由出纳人员和会计主管签章证明(“库存现金盘点表”格式见表9－1)。

5. 盘点确认的库存现金实际占用额如果与审查日的库存现金账面金额不相符，应责成出纳人员作长短库存现金的书面说明，倘若情况比较严重，应进一步查明原因，做出审查记录，同时将盘点确认的库存现金实际占用额与银行核定的库存现金限额进行比较，检查库存现金限额的遵守情况。

6. 将盘点确认的库存现金实际占用额，加上财务报表日至库存现金盘点日的库存现金支出数，减去同期的库存现金收入数，调节计算财务报表日的库存现金实际占用额，以此与资产负债表中的“货币资金”项目中的库存现金所列金额进行核对，看是否相符，以审查报表中此项目的真实性。

表 9—1 **库存现金盘点表**

客户：__________ 编制人： 日期： 索引号：

项目：库存现金监盘 复核人： 日期： 页 次：

会计期间__________

盘点日期： 年 月 日

<table>
<tr><th colspan="6">检查盘点记录</th><th colspan="7">实有库存现金盘点记录</th></tr>
<tr><th colspan="2" rowspan="2">项目</th><th rowspan="2">项次</th><th rowspan="2">人民币</th><th rowspan="2">美元</th><th rowspan="2">某外币</th><th rowspan="2">面额</th><th colspan="2">人民币</th><th colspan="2">美元</th><th colspan="2">某外币</th></tr>
<tr><th>张</th><th>金额</th><th>张</th><th>金额</th><th>张</th><th>金额</th></tr>
<tr><td colspan="2">上一日账面库存余额</td><td>1</td><td></td><td></td><td></td><td>1 000 元</td><td></td><td></td><td></td><td></td><td></td><td></td></tr>
<tr><td colspan="2">盘点日未记账传票收入金额</td><td>2</td><td></td><td></td><td></td><td>500 元</td><td></td><td></td><td></td><td></td><td></td><td></td></tr>
<tr><td colspan="2">盘点日未记账传票支出金额</td><td>3</td><td></td><td></td><td></td><td></td><td></td><td></td><td></td><td></td><td></td><td></td></tr>
<tr><td colspan="2">盘点日账面应有金额</td><td>4=1+2−3</td><td></td><td></td><td></td><td>100 元</td><td></td><td></td><td></td><td></td><td></td><td></td></tr>
<tr><td colspan="2">盘点实有库存现金数额</td><td>5</td><td></td><td></td><td></td><td>50 元</td><td></td><td></td><td></td><td></td><td></td><td></td></tr>
<tr><td colspan="2">盘点日应有与实有差异</td><td>6=4−5</td><td></td><td></td><td></td><td>10 元</td><td></td><td></td><td></td><td></td><td></td><td></td></tr>
<tr><td rowspan="7">差异原因分析</td><td>白条抵库(张)</td><td></td><td></td><td></td><td></td><td>5 元</td><td></td><td></td><td></td><td></td><td></td><td></td></tr>
<tr><td></td><td></td><td></td><td></td><td></td><td>2 元</td><td></td><td></td><td></td><td></td><td></td><td></td></tr>
<tr><td></td><td></td><td></td><td></td><td></td><td>1 元</td><td></td><td></td><td></td><td></td><td></td><td></td></tr>
<tr><td></td><td></td><td></td><td></td><td></td><td>0.5 元</td><td></td><td></td><td></td><td></td><td></td><td></td></tr>
<tr><td></td><td></td><td></td><td></td><td></td><td>0.2 元</td><td></td><td></td><td></td><td></td><td></td><td></td></tr>
<tr><td></td><td></td><td></td><td></td><td></td><td>0.1 元</td><td></td><td></td><td></td><td></td><td></td><td></td></tr>
<tr><td></td><td></td><td></td><td></td><td></td><td>合计</td><td></td><td></td><td></td><td></td><td></td><td></td></tr>
<tr><td rowspan="5">追溯调整</td><td colspan="2">报表日至查账日库存现金付出总额</td><td></td><td></td><td></td><td colspan="7" rowspan="6">情况说明及审计结论：</td></tr>
<tr><td colspan="2">报表日至查账日库存现金收入总额</td><td></td><td></td><td></td></tr>
<tr><td colspan="2">报表日库存现金应有余额</td><td></td><td></td><td></td></tr>
<tr><td colspan="2">报表日账面汇率</td><td></td><td></td><td></td></tr>
<tr><td colspan="2">报表日余额折合本位币金额</td><td></td><td></td><td></td></tr>
<tr><td colspan="3">本位币合计</td><td></td><td></td><td></td></tr>
</table>

盘点人： 监盘人： 复核人：

(二)库存现金监盘应注意的问题

为了有效进行审计,查出真正的问题,进行库存现金监盘时应注意下列问题:

1. 库存现金盘点应突击进行,不宜事先通知。

2. 企业盘点库存现金,通常应包括对已收到但未存入银行的库存现金、零用金、找换金等的盘点。

3. 企业库存现金存放部门如有两处或两处以上的,应同时进行审查。人手不足时,可先同时封存,然后逐一清点,以防拆东墙补西墙。

4. 清点库存现金时,必须有出纳员、会计主管和注册会计师同时在场和参加。

5. 为了不影响经济业务的正常进行,方便盘点,利于验证库存现金收支入账的及时性,库存现金盘点的时间,应选择在当日营业终了之后,或当日营业开始之前。

6. 无论什么样的白条(未经合法授权审批的借条)都不能抵冲库存现金;库存有价证券应同时清查其正确性,其数额也不能抵充库存现金。

(三)库存现金监盘结果的处理

通过库存现金监盘查出的问题,应按下列原则进行处理:库存现金超限额的,应敦促被审计单位及时送存银行;若发现库存现金限额有偏高或偏低的情况,可向银行提出调整的建议。对于白条抵库问题,如属于手续不全的,应敦促被审计单位有关人员尽快补办手续,及早入账;如属挪用的,要及时收回现款。对于库存现金短缺的,应由出纳员赔偿,并追究出纳人员及其他有关人员的行政和法律责任。对于记账不及时、没有按日登记库存现金日记账的,应督促被审计单位及时记录。

【例 9—2】 在对 W 公司 2013 年财务报表进行审计时,注册会计师王盛负责审计货币资金项目。W 公司在总部和营业部均设有出纳部门。为顺利监盘库存现金,王盛在监盘前一天通知 W 公司会计主管人员做好监盘准备。考虑到出纳日常工作安排,对总部和营业部库存现金的监盘时间分别定在上午十点和下午三点。监盘时,出纳把库存现金放入保险柜,并将已办妥库存现金收付手续的交易登入库存现金日记账,结出库存现金日记账余额。然后,王盛当场盘点库存现金,在与库存现金日记账核对后填写“库存现金盘点表”,并在签字后形成审计工作底稿。

要求:请指出上述库存现金监盘工作中有哪些不当之处,并提出改进建议。

【参考答案】

W 公司库存现金监盘工作中存在的不当之处和改进建议如下:

(1)提前通知 W 公司会计主管人员做好监盘准备的做法不当。注册会计师应对库存现金实施突击性的检查。

(2)没有同时监盘总部和营业部库存现金的做法不当。注册会计师应组织同时监盘总部和营业部库存现金;若不能同时监盘,则应对后监盘的库存现金实施封存。

(3)盘点时间不当。一般应选择在上午上班前或下午下班时进行库存现金的监盘。

(4)W 公司会计主管人员没有参与盘点的做法不当。盘点人员应包括出纳、会计主管人员和注册会计师。

(5)库存现金盘点操作程序不当。库存现金应由出纳盘点,由注册会计师监盘。

(6)“库存现金盘点表”签字人员不当。“库存现金盘点表”应由公司相关人员和注册会计师共同签字。

二、检查库存现金日记账

检查企业是否认真执行库存现金管理制度和结算制度，有无违反财经法纪的情况，验证库存现金余额的正确性和完整性，注册会计师应对库存现金日记账和库存现金收付凭证的审阅核对。检查被审计单位库存现金日记账时，一般应注意以下几点：

(一)库存现金收付是否超过规定的结算范围

根据有关规定，库存现金结算方式只能用来办理与职工之间款项的结算，与不能转账的集体和个人之间款项的结算，以及不足转账起点(1 000元)以下的小额款项的结算。不属于库存现金结算范围的款项，应通过银行办理转账结算。审查时，要注意是否有超过规定结算范围的情况，特别是摘要记录不清的，要追查凭证，看是否有这类问题。

(二)库存现金余额是否超过规定的限额

为了保证库存现金的安全，同时满足业务经营的正常需要，银行给每个开户企业都核定了库存现金限额。它一般是根据企业三至五天的正常零星开支所需的库存现金核定的。企业超过限额的库存现金应及时送存银行。审查时，应将每日库存现金余额与库存现金限额相对比，看有无超过的情况。

(三)有无坐支销货款的情况

根据有关规定，企业一切销售收入都应及时全部送存银行，不准直接用于支付自身的支出。需要动用库存现金时，应从库存现金中开支。库存现金不足时，应填写库存现金支票从银行提取。库存现金支票应写明真实的用途。审查时，应注意收入的库存现金是否及时全部送存银行，有无以收入直接坐抵支出的"坐支"问题。

(四)库存现金收支截止期是否正确

被审计单位资产负债表上的库存现金数额，应以结账日实有数额为准。因此，注册会计师必须验证库存现金收支的截止日期。通常可以对结账日前后一段时期内库存现金收支凭证进行审计，以确定是否存在跨期事项。

(五)库存现金日记账的记录是否正确规范

库存现金日记账应当由出纳员根据库存现金收付凭证和从银行提取库存现金的银行存款付款凭证，逐日逐笔登记，并每日结出余额与库存现金核对相符。审查时要注意有无前后日期记颠倒、若干张记账凭证汇总登记、若干天的记账凭证集中登记、不是每日结出余额等问题，这些问题往往掩盖着库存现金超限额、挪用库存现金等违法乱纪问题。

(六)检查外币现金的折算方法是否符合规定，是否与上年度一致

对于有外币现金的被审计单位，注册会计师应检查外币现金有关的日记账及对应账户，确定企业有关外币现金的增减变动是否采用交易发生日的即期汇率将外币金额折算为记账本位币金额，或者采用系统合理的方法确定的、与交易发生日即期汇率近似的汇率折合为记账本位币，选择采用汇率的方法前后各期是否一致；检查企业的外币现金的余额是否采用期末即期汇率折合为记账本位币金额；折算差额的会计处理是否正确。

另外，检查库存现金日记账时，还要注意库存现金日记账中的每笔库存现金支付事项是否都有记账凭证和原始凭证为依据，账证是否相符。同时，还要注意从对应科目栏核对与对应科目的账户记录是否相符。

三、抽查库存现金收付凭证

在检查库存现金日记账所发现问题的基础上，应进一步审阅库存现金收付款凭证，重点是审阅库存现金收付原始凭证。审阅时应注意以下几点：

(一)凭证填制是否完备、正确

审查时要注意凭证的所有项目是否都填写，有关人员的签章是否齐全，该办的手续是否全部办妥，如已办妥，收付手续的凭证是否都盖了“收讫”或“付讫”章。同时要注意凭证的数量、单价、金额、合计数等有无差错，大小写金额是否相符。

(二)凭证内容是否真实、合法、合理

审查时要注意收据和发票的存根有无涂写的情况，凭证接受单位是否与被审单位相符，工资单中有无冒名顶替的情况。凭证记录的内容是否遵守国家有关法律法规规定，库存现金收支业务是否合理有效等。

(三)凭证入账是否及时、完整

审查时要注意收据存根是否及时全部入账，有无隐匿收入不入账的问题，有无撕毁凭证进行贪污挪用的问题，有无利用凭证副本重复报账或用白条虚报支出的问题等。

四、检查库存现金在财务报表上的列报

会计期末，库存现金日记账余额和库存现金总账余额应核对相符，并正确填列在资产负债表的“货币资金”项目。注册会计师应在实施上述审计程序的基础上，确定库存现金账户的期末余额是否恰当，并据以确定库存现金是否在资产负债表上恰当披露。

第三节　银行存款实质性程序

一、实施分析程序

为了验证银行存款的安全性，应计算定期存款占银行存款的比例，了解被审计单位是否存在高息资金拆借。如存在高息资金拆借，应进一步分析拆出资金的安全性，检查高额利差的入账情况；计算存放于非银行金融机构的存款占银行存款的比例，分析这些资金的安全性。

二、审查银行存款的真实性

(一)编制或复核银行存款余额调节表

对银行存款账面余额真实性的审查，一般应采用银行存款日记账与银行对账单相核对并编制或复核银行存款余额调节表的办法来进行。应选择12月份和1至11月份中的任何1～2个月来审查。如果企业的货币资金内部控制可以信赖，可采用复核企业自编的银行存款余额调节表的方法来进行；反之，如果相关内部控制不可靠，则需要采取自行独立编制银行存款余额调节表的方法，来核实银行存款余额。

复核企业自编的银行存款余额调节表时，应首先取得被审计单位保存的银行对账单副本，确定其数字的真实、准确性；然后将调节表上的账面余额与银行存款日记账余额加以核对，确定是否一致；最后应检查调节表中未达账项的真实性，以及资产负债表日后的进账情况。如果查明存在应于资产负债表日之前进账的事项，应做出记录并提出适当的调整建议。

独立编制银行存款调节表时，应首先要求被审计单位会计人员将银行存款收付凭证全部登记入账，并结出余额。在结出银行存款日记账余额之后，向银行询证期末银行存款余额，索取银行对账单，然后将银行对账单与银行存款日记账和总分类账上的余额加以核对。对于存

在的未达账项加以调节并审阅企业编制的银行存款余额调节表。对于对账单和银行存款账余额不一致的情况，不仅要调节未达账项，而且要注意，有无账务处理上的差错。即使在余额一致的情况下，也应注意有无一收一付金额相等而一方遗漏入账的情况。应重点检查银行已收企业未收和银行已付企业未付的未达账项。对于此类业务，企业自编的调节表是否进行了调节。有的企业由出纳员负责编制银行存款余额调节表，可能会出现利用编制调节表作假的情况。如当银行已收企业未收和银行已付企业未付的数额一样时，无论是否进行调节，都不会对调节额产生影响，因此出纳员可能将这样一收一付业务不登记入银行存款日记账，贪污公款或出借账户收取好处费。在上述审查基础上，应自编银行存款余额调节表，证实银行存款账与对账单是否一致，同时便于对有关收付业务合法性作进一步审查。

表 9-2 **银行存款余额调节表**

年　　月　　日

编制人：　　　日期：　　　索引号：

复核人：　　　日期：　　　页　次：

户别：　　　　　　　　　　　　　　　　　　　　　　币别：

项　目
银行对账单余额(　　年　　月　　日)
加:企业已收、银行尚未入账金额
其中:1. ________________元
2. ________________元
减:企业已付、银行尚未入账金额
其中:1. ________________元
2. ________________元
调整后银行对账单金额
企业银行存款日记账金额(　　年　　月　　日)
加:银行已收、企业尚未入账金额
其中:1. ________________元
2. ________________元
减:银行已付、企业尚未入账金额
其中:1. ________________元
2. ________________元
调整后企业银行存款日记账金额

经办会计人员:(签字)　　　　　　　　　　　　　　　　会计主管:(签字)

(二)函证银行存款余额

银行存款函证是指注册会计师在执行审计业务过程中，以被审计单位名义向有关单位发函询证，以验证被审计单位的银行存款是否真实、合法、完整所采用的审计程序。我国相关部门规定:各商业银行、政策性银行、非银行金融机构要在收到询证函之日起 10 个工作日内，根据函证的具体要求及时回函并可按照国家的有关规定收取询证费用;各有关企业或单位应根据函证的具体要求回函。

函证银行存款余额是证实资产负债表所列银行存款是否存在的重要程序。通过向往来银行函证，不仅可了解企业资产的存在，还可了解企业账面反映所欠银行债务的情况，并有助于发现企业未入账的银行借款和未披露的或有负债。

应向被审计单位在本年存过款(含外埠存款、银行汇票存款、银行本票存款、信用卡存款、信用证保证金存款等)的所有银行发函,其中包括企业存款账户已结清的银行,因为有可能存款账户已结清,但仍有银行借款或其他负债存在。另外,即使已直接从某一银行取得了银行对账单和所有已付支票,也仍应向这一银行进行函证。

【例 9-3】

甲注册会计师在对 W 公司 2013 年度财务报表进行审计时,对 W 公司的银行存款实施的部分审计程序为:

(1)取得 2013 年 12 月 31 日银行存款余额调节表。

(2)向开户银行寄发银行询证函,并直接收取寄回的询证函回函。

(3)取得开户银行 2014 年 1 月 31 日银行对账单。

要求:

(1)请问:甲注册会计师取得银行存款余额调节表后,应检查哪些内容?

(2)请问:甲注册会计师向开户银行函证的作用有哪些?甲注册会计师应采取什么方式才能直接收回开户银行的询证函?目的是什么?

(3)请问:甲注册会计师索取开户银行 2014 年 1 月 31 日日银行对账单,能证实 2013 年 12 月 31 日银行存款余额调节表的哪些内容?

【参考答案】

(1)甲注册会计师应检查银行存款余额调节表中未达账项的真实性,以及资产负债表日后的入账情况。

(2)甲注册会计师通过向开户银行函证,不仅可以查明 W 公司的银行存款、借款的存在,还可以发现企业未登记入账的银行存款、借款。在询证函内指明回函请直接寄往甲注册会计师所在的会计师事务所,或在询证函内附上贴足邮票的以甲注册会计师的会计师事务所为回函地址的信封。甲注册会计师直接收回开户银行询证函的目的是防止 W 公司截留或更改回函。

(3)甲注册会计师索取开户银行 2014 年 1 月 31 日的银行对账单,可以证实列示在银行存款余额调节表上的在途存款和未兑现支票的真实性。

三、检查银行存款日记账

(一)收付业务是否真实、合法,有无出租、出借银行账户问题

首先,要审查银行存款收支业务的真实性,审查时要特别注意做好如下两项工作:一是抽查一定时期的银行存款收付业务是否都以规范的记账凭证和原始凭证(如支票、汇票、银行存款收付款通知等)为依据进行登记。二是抽查一定时期的银行存款日记账的记录,与对方科目的明细账记录是否相符。在进行年度财务审计时,一般多抽查 12 月和其他一个月的银行存款日记账记录进行核对。

其次,要审查银行存款收支业务的合法性,要特别注意有无出借或出租账户的问题。审查时要注意:银行存款日记账是否有与被审计单位经济业务无关的收付事项;是否有只记金额而无详细摘要的收付事项;是否有一收一付,或一收多付,或多收一付,数额相符而日期相差不远的收付事项;等等。如有这些情况,就要注意审查是否有出借账户的问题。

(二)收支截止期是否正确

银行存款收支截止期是否正确,是银行存款审查的重要内容。资产负债表上列示的银行存款余额,应包括当年最后一天下午所收到的或付出的银行存款,而不应包括其后所发生的。银行存款收付的截止日期不正确,直接影响资产负债表所列示的银行存款余额的正确性。审查时应注意有无人为地多列银行存款,决算日不结账,将决算日后收到的银行存款计入资产负债表的货币资金项目的情况。比如,年终前未解交银行的收入汇票与支票或在途存款列入银行存款,属于提前入账、高估银行存款错误。为此,注册会计师应对决算日前后数天所发生的银行存款收付业务进行审查。可采用以下方法:

1. 审阅支票(包括汇票等各种单据)收入与送存记录,检查年终前未送存银行的支票收入记录日期。

2. 查阅期后银行对账单第一周的银行存款收入,核实银行存款日记账,揭露将期后收入提前入账的错误。

3. 查验客户结账日签发的最后一张支票序号,并检查在此序号前的支票是否均已寄出与入账,揭露支票已发出而在结账日后才入账、人为控制截止日期的不正当行为。

(三)检查定期存款或限定用途存款是否真实

在审查银行存款收支业务的基础上,还应检查企业银行存款的期限和用途。对已质押的定期存款,应检查定期存单,并与相应的质押合同核对,同时关注定期存单对应的质押借款有无入账;对未质押的定期存款,应检查开户证书原件;对审计外勤工作结束日前已提取的定期存款,应核对相应的兑付凭证、银行对账单和定期存款复印件。

另外,还应关注是否有质押、冻结等对变现有限制或存放在境外的款项;关注有无不符合现金及现金等价物条件的银行存款。

四、抽查银行存款收付凭证

银行存款收付凭证的审阅与库存现金收付款凭证的审阅基本相同,主要包括以下内容:凭证填制项目是否齐全,手续是否完备,数额是否正确;凭证内容是否真实、合法、合理;凭证入账是否及时、完整。

五、审查外币存款业务

(一)审查记账本位币的选择是否适当

我国企业会计准则规定,企业通常应选择人民币作为记账本位币。业务收支以人民币以外的货币为主的企业,可以选定其中一种货币作为记账本位币。但是,编报的财务报表应当折算为人民币。企业记账本位币一经确定,不得随意变更,除非企业经营所处的主要经济环境发生重大变化。企业因经营所处的主要经济环境发生重大变化,确需变更记账本位币的,应当采用变更当日的即期汇率将所有项目折算为变更后的记账本位币。

检查企业选定记账本位币时是否考虑:该货币主要影响商品和劳务的销售价格,通常以该货币进行商品和劳务的计价和结算;该货币主要影响商品和劳务所需人工、材料和其他费用,通常以该货币进行上述费用的计价和结算;融资活动获得的货币以及保存从经营活动中收取款项所使用的货币。如果企业选定境外经营的记账本位币,应检查企业是否考虑:境外经营对其所从事的活动是否拥有很强的自主性;境外经营活动中与企业的交易是否在境外经营活动中占有较大比重;境外经营活动产生的现金流量是否直接影响企业的现金流量,是否可以随时汇回;境外经营活动产生的现金流量是否足以偿还其现有债务和可预期的债务。如果企业变更记账本位币,还应审查企业是否严格遵守记账本位币变更的相关规定。

(二)审查外币交易的会计处理是否正确

在审查外币交易的会计处理时,应证实被审计单位对外币交易进行初始确认时是否采用交易发生日的即期汇率将外币金额折算为记账本位币金额,或采用按照系统合理的方法确定的、与交易发生日即期汇率近似的汇率折算。还应证实企业在资产负债表日,对外币货币性项目是否采用资产负债表日即期汇率折算,因资产负债表日即期汇率与初始确认时或者前一资产负债表日即期汇率不同而产生的汇兑差额,是否计入当期损益;对以历史成本计量的外币非货币性项目,是否仍采用交易发生日的即期汇率折算,不改变其记账本位币金额。

(三)审查外币财务报表的折算是否正确

审查企业外币财务报表折算时,应证实被审计单位资产负债表中的资产和负债项目是否采用资产负债表日的即期汇率折算,所有者权益项目除"未分配利润"项目外,其他项目是否采用发生时的即期汇率折算。利润表中的收入和费用项目,是否采用交易发生日的即期汇率折算,或采用按照系统合理的方法确定的、与交易发生日即期汇率近似的汇率折算。折算产生的外币财务报表折算差额,是否在资产负债表中所有者权益项目下单独列示。

审查企业在处置境外经营时,是否将资产负债表中所有者权益项目下列示的、与该境外经营相关的外币财务报表折算差额,自所有者权益项目转入处置当期损益;部分处置境外经营的,是否按处置的比例计算处置部分的外币财务报表折算差额转入处置当期损益。

企业选定的记账本位币不是人民币的,应审查企业是否按规定将其财务报表折算为人民币财务报表。

(四)审查外币交易事项是否合法

应首先检查企业一切外币交易事项是否有完备的账务记录与有关部门的批准文件,是否存在收支不入账的行为;其次,将外汇收支明细账和有关的原始凭证核对,审查有无套汇、逃汇、私自买卖外汇、倒买倒卖外汇等违法行为。

六、检查银行存款在财务报表上的列报

会计期末,银行存款日记账余额和银行存款总账余额应核对相符,并正确填列在资产负债表的"货币资金"项目。应在实施上述审计程序的基础上,确定银行存款账户的期末余额是否恰当,并据以确定银行存款是否在资产负债表上恰当填列。

如果企业有外币银行存款业务,应检查企业是否在附注中披露与外币银行存款折算有关的下列信息:企业及其境外经营选定的记账本位币及选定的原因,记账本位币发生变更的,说明变更理由;采用近似汇率的,近似汇率的确定方法;计入当期损益的汇兑差额;处置境外经营对外币财务报表折算差额的影响。

第四节　其他货币资金实质性程序

一、检查与其他货币资金相关的凭证和记录

其他货币资金是指企业库存现金、银行存款以外的外埠存款、银行汇票存款、银行本票存款、信用卡存款、信用证保证金存款、在途货币资金、存出投资款等。

检查与其他货币资金相关的凭证和记录，可以证实其他货币资金收付业务的合理性、合规性以及其他货币资金余额的真实性、完整性。

对于外埠存款，应证实开立账户是否采购业务需要，有无代其他单位或个人办理结算事项；应审查与材料采购相关的原始凭证，证实买价和运杂费的支付是否合理，检查有无不正当的开支；应审查物资采购是否及时办理了结算手续，采购任务完成后是否能及时将外埠存款余额转入结算户内。

对于银行汇票存款，应审查办理此项存款时，是否向银行提交了“银行汇票委托书”，是否已取得相应金额的银行汇票，并及时记入“银行汇票”明细账户；应审查银行汇票的使用是否符合规定用途，使用后是否及时冲销“银行汇票”明细账户；审查多余存款或超过付款期的银行汇票，是否能及时转回“银行存款”账户。

对于银行本票存款，应审查办理此项存款时，是否向银行提交了“银行本票申请书”，是否已取得相应金额的银行本票，并及时记入“银行本票”明细账户；应审查银行本票的使用是否符合规定用途，使用后是否及时冲销“银行本票”明细账户；应审查因超过付款期及其他原因未使用的本票，是否及时办理了退款手续并转入“银行存款”账户。

对于信用卡存款，若信用卡持有人是被审计单位职员，应取得该职员提供的确认书，必要时提出调整建议。

对于信用证保证金账户，应审查开立信用证保证金存款账户是否符合银行存款结算制度和经济合同的有关规定，能否按照规定付款期限结算货款，有无违反财经法规事项；应检查保证金与相关债务的比例和合同约定是否一致。特别关注是否存在有保证金发生，而被审计单位账面无对应的保证事项涉及的交易的情形；应审查信用证保证金存款专户余额，在结算完毕后，能否及时收回，转回银行存款账户。

对于在途货币资金，应审查在途货币资金有无汇解单位的通知书，在途货币资金是否做到账表、账账相符，确认其是否真实存在；应审查在途货币资金到达后，是否及时入账，有无长期未到的在途货币资金，如有，应查明原因。

对于存出投资款，应获取存出投资款全部交易流水单，从中抽取若干笔资金存取记录，审查有关原始凭证，关注资金的来源和去向是否正常，是否已正确入账。

二、实施其他实质性程序

实施其他实质性程序，可以进一步证实其他货币资金的真实性、完整性、所有权及余额正确性，具体包括：

1. 函证其他货币资金期末余额，并记录函证过程。

2. 关注是否有质押、冻结等对变现有限制，或存放在境外，或有潜在回收风险的款项。

3. 检查期末余额中有无较长时间未结清的款项。

4. 抽取若干大额的或有疑问的原始凭证进行测试，检查内容是否完整，有无授权批准，并核对相关账户的进账情况。

5. 抽取资产负债表日前后若干天的其他货币资金收支凭证实施截止测试，如有跨期收支事项，应考虑是否应提出调整建议。

6. 对不符合库存现金及库存现金等价物条件的其他货币资金在审计工作底稿中予以列明。

7. 对于非记账本位币的其他货币资金，检查其采用的折算汇率是否正确。

三、确定其他货币资金在财务报表上的列报是否恰当

会计期末，其他货币资金日记账余额和其他货币资金总账余额应核对相符，并正确填列在资产负债表的"货币资金"项目。应在实施上述审计程序的基础上，确定其他货币资金账户的期末余额是否恰当，并据以确定其他货币资金是否在资产负债表上恰当填列。

关键概念

库存现金监盘　白条　坐支　银行存款函证　异常未达账项

准确理解题

1. 下列关于库存现金监盘的说法错误的是(　　)。

(1)监盘库存现金时，审计人员全面复点是为了同时查明现金账面记录的完整性。

(2)监盘库存现金和盘点库现金都需要审计人员和出纳人员在场负责。

(3)被审计单位现金存放多处时，应当先封存然后逐一监盘。

(4)审计人员只能通过贴封条封存被审计单位库存现金。

2. 下列关于现金日记账审阅的说法错误的有(　　)。

(1)现金日记账中有几笔收支合并记录的现象，意味着可能存在坐支、贪污挪用、掩盖库存现金超限额等问题。

(2)要求现金日记账逐日逐笔记录并每日末结出余额与库存现金盘点结果核对相符，主要目的是为了及时发现贪污舞弊问题。

(3)抽出日记账的若干笔记录与相关会计凭证进行核对，可查明日记账记录的真实性、完整性和收支截止的正确性。

(4)如果审查发现被审计单位收据存根联数大于入账联数，意味着可能存在隐瞒收入或贪污挪用货款问题。

3. 下列关于取得和检查银行存款余额对账单和银行存款余额调节表程序的说法错误的有(　　)。

(1)该程序不仅可验证银行存款的存在，而且可验证银行存款入账的完整性，还可以验证银行存款收支截止的正确性。

(2)如果调节后的银行存款日记账余额与银行对账单余额一致，即表明银行存款余额真实。

(3)运用该程序如果发现被审计单位有银行存款跨期收支业务，则说明被审计单位有调节银行存款余额的问题。

(4)运用该程序如果发现被审计单位有银行存款跨行转账业务，则说明被审计单位有调节银行存款余额的问题。

复习思考题

1. 货币资金内部控制的基本要求有哪些？

2. 如何进行库存现金监盘？

3. 如何审阅现金日记账和现金收支凭证？

4. 如何进行银行账核对？为什么核对银行账后还需要函证银行存款？

5. 银行存款函证对象、函证方式应如何确定？

讨论分析题

1. 兴晋会计师事务所的注册会计师白冰、李雪于2015年3月18日对S公司2014年度的财务报表进行审计，查明2014年12月31日资产负债表“货币资金”项目中的库存现金为1 000元。2015年3月20日上午8时，白冰、李雪经检查，认定当时现金日记账余额为998.15元，并对S公司当时库存现金进行清点，清点结果如下：

(1)现金实有数348.15元。

(2)清查过程中发现出纳员有下列原始凭证未制单入账：

①采购员暂借差旅费借条一张，金额300元，日期为2015年3月18日，已经相关负责人批准。

②某职工借条一张，金额350元，日期为2015年2月17日，未经批准。

③已收款未入账凭证3张，金额200元。

④除借条外，还有已付款未入账凭证1张，金额150元。

(3)盘点时，还在保险柜里发现：

①门市部前一天送来零售货款300元，单独包装，未包括在实有数内。

②2015年3月18日发放工资，职工王兴出差未归，待领工资1 200元单独包装，不包括在实有数内。

③邮票20元，系财务科购入作寄出邮件用，已在管理费用中报销。

(4)银行为W公司核定的库存现金限额为1 000元。

(5)2015年1月1日至3月20日的现金收入数为3 500元，现金支出数为3 800元，经审核无误。

要求：

(1)根据以上资料，编制库存现金情况表。

(2)分析该企业在现金管理中存在的问题并提出处理建议。

(3)调整核实2014年12月31日资产负债表所列现金数额是否真实。

2. 甲公司是一家小型企业，设有财会科。财会科有科长一名，负责支出审批、报表编制、稽核等工作；记账员一名，负责原始凭证复核、记账凭证填制、分类账登记、会计档案保管；出纳员一名，负责日记账登记、货币资金收支保管、收据和支票的保管使用、企业财务公章和企业法人代表印章的保管使用。财会科三位工作人员没有伦理上的亲密关系。出纳员请假期间，由科长兼管出纳工作。

注册会计师对该企业2014年度进行财务报表审计，于2015年1月3日将甲公司开户银行送来的2014年12月份对账单与该企业银行存款日记账进行逐笔核对，发现下列情况：

(1)该企业2014年12月31日银行存款余额50 000元，银行对账单余额48 000元。

(2)2014年12月25日对账单记录收到银行借款20 000元，日记账没有该记录。

(3)2014年12月26日日记账记录送存支票一张12 000元，对账单没有此记录。

要求：

(1)分析指出该企业财会人员职责分工存在的问题。

(2)编制银行存款余额调节表，分析指出该公司银行存款核算中存在的问题。

(3)如果注册会计师在对甲公司2014年度财务报表进行审计时，仅仅发现了上述问题，且甲公司管理层拒绝注册会计师要求其调整银行存款有关记录的要求，请说明注册会计师对其2014年度的财务报表应当发表的意见类型。

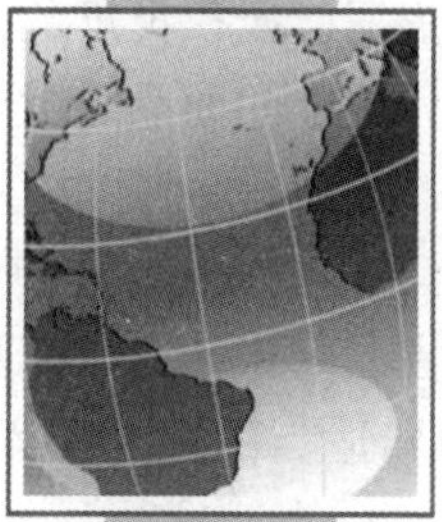

第十章 销售与收款循环审计

第一节　业务流程与内部控制

一、本循环的业务流程

(一)销售业务的主要活动

1. 接受顾客订单

顾客提出订货要求是整个销售与收款循环的起点。顾客的订单只有在符合企业确定的授权标准(已批准销售的顾客名单)时,才能被接受。销售管理部门在决定是否同意接受某顾客的订单时,应核查该顾客是否被列入这张名单。如果该顾客未被列入,则通常由主管销售管理部门的高管来决定是否同意销售。

销售部门决定接受顾客订单后,应编制一式多联的销售单。销售单和得到批准的顾客订单,是证明管理层有关销售交易的“发生”认定的凭据。

2. 批准赊销信用

对于赊销业务的批准是由信用管理部门根据管理层的赊销政策在每个客户的已授权的信用额度内进行的。信用管理部门的职员在收到销售管理部门送来的销售单后,应将销售单与该客户已被授权的赊销信用额度以及至今尚欠的账款余额加以比较。执行人工赊销信用检查时,还应合理划分工作职责,由销售以外的部门负责赊销审批,以避免销售人员为扩大销售而使企业承受不适当的信用风险。

信用管理部门通常应对每个客户(特别是新客户)进行信用调查,包括获取信用评审机构对客户信用等级的评定报告。无论是否批准赊销,都要求被授权的信用管理部门人员在销售单上签署意见,然后再将已签署意见的销售单送回销售管理部门。

3. 按销售单供货

为了防止仓库在未经授权的情况下擅自发货,内部控制通常要求仓库部门只有在收到经过批准的销售单时才能供货。因此,已批准销售单的一联应当送达仓库,作为仓库发货的依据。

4. 按销售单装运货物

装运部门职员在装运之前,必须进行独立验证装运凭证与销售单是否相符,以确定从仓库提取的商品都附有经批准的销售单,并且,所提取商品的内容与销售单一致。装运凭证是指一式多联的、连续编号的提货单。一联留仓库作为已发货的依据。

5. 向客户开具账单

开具账单是指开具并向客户寄送事先连续编号的销售发票。为了降低开具账单过程中出现遗漏、重复、错误计价或其他差错的风险，应设立以下控制程序：开具账单部门职员在开具每张销售发票之前，独立检查是否存在装运凭证和相应的经批准的销售单；依据已授权批准的商品价目表编制销售发票；独立检查销售发票计价和计算的正确性；将装运凭证上的商品总数与相对应的销售发票上的商品总数进行比较。

6. 记录销售

按销售发票编制转账凭证或现金、银行存款收款凭证，再据以登记销售明细账和应收账款明细账或库存现金、银行存款日记账。为了保证销售发票能够入账，并归属适当的会计期间，记录销售的控制程序包括以下内容：

(1)只依据附有有效装运凭证和销售单的销售发票记录销售。这些装运凭证和销售单应能证明销售交易的发生及其发生的日期。

(2)控制所有事先连续编号的销售发票。

(3)独立检查已处理销售发票上的销售金额与会计记录金额的一致性。

(4)记录销售的职责应与处理销售交易的其他功能相分离。

(5)对记录过程中所涉及的有关记录的接触予以限制，以减少未经授权批准的记录发生。

(6)定期独立检查应收账款的明细账与总账的一致性。

(7)定期向客户寄送对账单，并要求客户将任何例外情况直接向指定的未执行或记录销售交易的会计主管报告。

(二)收款业务的主要活动

1. 办理和记录现金、银行存款收入

这项业务涉及的是有关货款收回，现金、银行存款增加以及应收账款减少的活动。该环节需要重点防控货币资金失窃风险。为此，必须严格限制现金收款，加强收款通知单或对账单与银行存款日记账的核对，要求现金收款必须开具收据，确保收据安全完整。

2. 办理和记录销售退回、销售折扣与折让

发生销售折让、销售折扣等事项时，必须填写贷项通知单，经授权批准，填写贷项通知单并办理审批手续与办理退货入库验收或办理退款有关的部门和职员要各司其职，分别控制实物流和会计处理。

3. 提取坏账准备

坏账准备的提取数额必须能够抵补企业以后无法收回的销货款。

4. 注销坏账

坏账注销，应当获取货款无法收回的确凿证据，经适当审批授权后及时作会计调整。

二、本循环的内部控制

(一)销售交易的内部控制

销售交易的内部控制主要包括以下方面：

1. 职责分离控制

为确保办理销售与收款业务的不相容岗位相互分离、制约和监督，一个企业有关销售与收款业务相关职责适当分离的基本要求通常包括：

(1)企业应当将办理销售、发货、收款三项业务的部门(或岗位)分别设立；

(2)企业在销售合同订立前，应当指定专门人员就销售价格、信用政策、发货及收款方式等

具体事项与客户进行谈判，谈判人员至少应有两人以上，并与订立合同的人员相分离；

(3)编制销售通知单的人员与发货人员应相互分离；

(4)销售人员应当避免接触销货现款，企业应收票据的取得和贴现必须经由保管票据以外的主管人员的书面批准。

2. 授权审批控制

对于销售审批授权控制，企业应把握以下四个关键点：

(1)销售发票和发货单须经企业有关负责部门和人员审批。

(2)顾客的赊销要经过授权批准。

(3)销售价格、销售条件、运费和销售退回、折让与折扣等的确定要经过适当的授权批准。

(4)对确实无法收回的应收账款，按规定程序批准后，方可作为坏账处理。同时应该注意的是，审批人应当根据销售与收款授权批准制度的规定，在授权范围内进行审批，不得超越审批权限。

3. 凭证与记录控制

只有具备充分的记录手续，才有可能实现其他各项控制目标。例如，企业在收到客户订购单后，就立即编制一份预先编号的一式多联的销售单，分别用于批准赊销、审批发货、记录发货数量以及向客户开具账单和销售发票等。仓库按销售单要求发货后应当填制出库单或收取提货单。销售管理部门开具账单必须有销售单、出库单或提货单、顾客订单、销售合同等作为依据。

对凭证预先进行编号，旨在防止销售以后遗漏向客户开具账单或登记入账，也可防止重复开具账单或重复记账。因此，销售单、装运凭证都应当连续编号，并进行独立检查。

4. 寄收对账单控制

由不负责现金出纳和销售及应收账款记账的人员按月向客户寄发对账单，能促使客户在发现应付账款余额不正确后及时反馈有关信息。为了使这项控制更加有效，最好将账户余额中出现的所有核对不符的账项，指定一位既不掌管货币资金也不记录主营业务收入和应收账账款的主管人员处理，然后由独立人员按月编制对账情况汇总报告并交管理层审阅。

5. 内部核查程序控制

由内部审计人员或其他独立人员核查销货业务的处理和记录，是实现内部控制目标不可缺少的一项控制措施。销售与收款内部控制检查的主要内容包括：

(1)销售与收款交易相关岗位及人员的设置情况。重点检查是否存在销售与收款交易不相容职务混岗的现象。

(2)销售与收款交易授权批准制度的执行情况。重点检查授权批准手续是否健全，是否存在越权审批行为。

(3)销售的管理情况。重点检查信用政策、销售政策的执行是否符合规定。

(4)收款的管理情况。重点检查销售收入是否及时入账，应收账款的催收是否有效，坏账核销和应收票据的管理是否符合规定。

(5)销售退回的管理情况。重点检查销售退回手续是否齐全，退回货物是否及时入库。

(二)收款业务的内部控制

与收款交易相关的内部控制内容通常包括：

1. 企业应当按照《现金管理暂行条例》《支付结算办法》等规定，及时办理销售收款业务。

2. 企业应将销售收入及时入账，不得账外设账，不得擅自坐支现金。销售人员应当避免接触销售现款。

3. 企业应当建立应收账款账龄分析制度和逾期应收账款催收制度。销售部门应当负责应收账款的催收,财会部门应当督促销售部门加紧催收。对催收无效的逾期应收账款可通过法律程序予以解决。

4. 企业应当按客户设置应收账款台账,及时登记每一客户应收账款余额增减变动情况和信用额度使用情况。对长期往来客户应当建立起完善的客户资料,并对客户资料实行动态管理,及时更新。

5. 企业对于可能成为坏账的应收账款应当报告有关决策机构,由其进行审查,确定是否确认为坏账。企业发生的各项坏账,应查明原因,明确责任,并在履行规定的审批程序后做出会计处理。

6. 企业注销的坏账应当进行备查登记,做到账销案存。已注销的坏账又收回时应当及时入账,防止形成账外资金。

7. 企业应收票据的取得和贴现必须经由保管票据以外的主管人员的书面批准。应有专人保管应收票据,对于即将到期的应收票据,应及时向付款人提示付款;已贴现票据应在备查簿中登记,以便日后追踪管理;并应制定逾期票据的冲销管理程序和逾期票据追踪监控制度。

8. 企业应当定期与往来客户通过函证等方式核对应收账款、应收票据、预收款项等往来款项。如有不符,应查明原因,及时处理。

【例 10－1】

注册会计师 A 和 B 于 2004 年 12 月 1 日至 7 日对甲公司销售和收款循环的内部控制进行了解和测试,并在相关工作底稿中记录了了解和测试的事项,摘录如下:

1. 甲公司产成品发出时,由销售部填制一式四联的出库单。仓库发出产成品后,将第一联出库单留存登记产成品卡片,第二联交销售部留存,第三联、第四联交会计部门会计人员乙登记产成品总账和明细账。

2. 会计人员戊负责开具销售发票。在开具销售发票之前,先取得仓库的发货记录和销售商品价目表,然后填写销售发票的数量、单价和金额。

要求:根据上述摘录,请代注册会计师 A 和 B 指出甲公司在销售与收款循环内部控制方面的缺陷,并提出改进建议。

【参考答案】甲公司销售与收款循环内部控制方面的缺陷有:

1. 会计人员乙同时登记产成品总账与明细账,属于不相容职务未进行分离。应建议甲公司由不同的会计人员登记产成品总账和明细账。

2. 会计人员戊开出销售发票不能只依据发货单和价目表,因为实际销售的数量和结算价格可能会与发货单数量和价目表上的价格不一致。应建议甲公司会计人员戊应先核对装运凭证和相应的经批准的销货单,并根据已授权批准的商品价格填写销售发票的价格,根据装运凭证上的数量填写销售发票上的数量,再根据数量和价格计算出金额。

第二节 风险评估与控制测试

一、本循环的风险评估

(一)本循环的舞弊风险评估

1. 管理层对收入造假的偏好和动因

被审计单位管理层可能为了完成预算，满足业绩考核要求，保证从银行获得额外的资金，吸引潜在投资者，或影响公司股价，而在财务报告中虚增收入。

2. 收入的复杂性

例如，被审计单位可能针对一些特定的产品或者服务提供一些特殊的交易安排（例如特殊的退货约定、特殊的服务期限安排等），但管理层可能对这些不同安排下所涉及的交易风险的判断缺乏经验，收入确认上就容易发生错误。

3. 管理层凌驾于控制之上的风险

被审计单位在年末编造虚假销售，然后在次年转回，可能导致当年收入以及当年年末应收账款余额、货币资金余额和应交税费余额的高估。

4. 采用不正确的收入截止

将属于下一会计期间的收入有意或无意地计入本期，或者将属于本期的收入有意或无意地计入下一会计期间，可能导致本期收入以及本期期末应收账款余额、货币资金余额和应交税费余额的高估或低估。

5. 低估应收账款坏账准备的压力

尤其是当欠款金额较大的几个主要客户面临财务困难，或者整体经济环境出现恶化时，这种压力更大。可能导致资产负债表中应收账款余额的高估。

6. 舞弊和盗窃的风险

如果被审计单位从事贸易业务，并且销售货款较多地以现金结算时，被审计单位员工发生舞弊和盗窃的风险较高；如果被审计单位拥有多个资金端口，比如超市，由于每天通过多个端口采用人工方式处理大量货币资金，资金端口的安全问题和人工控制的风险便会增加。可能导致货币资金的损失。

7. 隐瞒盗窃的风险

在被审计单位员工利用销售调整和销售退回隐瞒盗窃现金行为时，将发生隐瞒盗窃的风险。可能导致收入、应收账款的高估和货币资金的低估。

（二）本循环的错误风险评估

1. 没有及时更新商品价目表，商品可能以错误的价格销售。

2. 销售量较大时，如果扫描时没有读取商品条形码，收款员使用错误的手册，售出商品的数量发生错误，或收款员给客户的找零发生错误，错误均会发生。

3. 向没有良好付款能力的客户销售产品，导致款项无法收回，可能导致货币资金或应收账款的高估。

二、本循环的控制测试

（一）以内部控制目标为起点的控制测试

1. 对于职责分离，注册会计师通常通过观察被审计单位相关人员的活动，以及与这些人员进行讨论，来实施职责分离的控制测试。

2. 对于授权审批，内部控制通常存在前述的四个关键点上的审批程序，注册会计师主要通过检查凭证在这四个关键点上是否经过审批，可以很容易地测试出授权审批方面的内部控制效果。

3. 对于充分的凭证和记录以及凭证预先编号这两项控制，常用的控制测试程序是清点各种凭证。比如从主营业务收入明细账中选取样本，追查至相应的销售发票存根，进而检查其编号是否连续，有无不正常的缺号发票和重号发票。视检查顺序和范围的不同，这种测试程序往往可同时提供有关发生和完整性目标的证据。

4. 对于按月寄出对账单这项控制，观察指定人员寄送对账单，并检查客户复函档案和管理层的审阅记录，是注册会计师十分有效的一项控制测试。

5. 对于内部核查程序，注册会计师可以通过检查内部审计人员的报告，或检查其他独立人员在他们核查的凭证上的签字等方法实施控制测试。

(二)以风险为起点的销售业务控制测试

1. 可能向没有获得赊销授权或超出了其信用额度的客户赊销的风险。通过询问员工、检查相关文件证实控制的实施进行测试。

2. 可能在没有批准发运凭证的情况下发出了商品，已发出商品可能与发运凭证上的商品种类和数量不符，客户可能拒绝承认已收到商品的风险。通过执行观察、检查程序；检查发运凭证上相关员工和客户的签名，作为发货的证据；检查例外报告和暂缓发货的清单进行测试。

3. 商品发运可能未开具销售发票的风险。通过执行观察程序，检查例外报告进行测试。

4. 由于定价或产品摘要不正确，以及订购单或发运凭证或销售发票代码输入错误，可能使销售价格不正确。通过检查文件以确定价格更改是否经授权；重新执行以确定打印出的更改后价格与授权是否一致(这可以使用计算机辅助审计方法加以实施)；通过检查 IT 的一般控制和收入交易的应用控制，确定正确的定价主文档版本是否已被用来生成发票；检查发票中价格复核人员的签名。通过核对经授权的价格清单与发票上的价格，重新执行检查进行测试。

5. 发票上的金额可能出现计算错误的风险。通过检查与发票计算金额正确性相关的人员的签名，重新计算发票金额，证实其是否正确；询问发票生成程序更改的一般控制情况，确定是否经授权以及现有的版本是否正在被使用；检查有关程序更改的复核审批程序。

6. 销售发票入账的会计期间可能不正确的风险。通过检查发票，重新执行销售截止检查程序进行测试。

7. 销售发票可能计入不正确的应收账款账户的风险。通过检查应收账款客户主文档中明细余额汇总金额的调节结果与应收账款总分类账是否核对相符，以及负责该项工作的员工签名；检查客户质询信件并确定问题是否已得到解决进行测试。

8. 上述所有风险，都通过检查用于证明识别和解决与关键业绩指标不符的实际业绩问题的文件；询问管理层针对上述问题所采取的解决措施进行测试。

(三)以风险为起点的收款业务控制测试

1. 现金销售可能没有在销售时被记录，收到的现金可能没有存入银行的风险。通过实地检查收银台、销售点并询问管理层，以确定在这些地方是否有足够的物理监控；检查结算记录上负责计算现金和与销售汇总表相调节工作的员工的签名；检查存款单和销售汇总表上的签名，证明已实施复核；重新检查已存入金额和销售汇总表金额进行测试。

2. 客户使用支票支付货款，收取后可能未被存入银行的风险。通过检查在收到款项清单上的签字、检查支票签收清单上相关人员的签字、检查支票签收清单和存款清单上相关人员的签字、对所有通过邮寄收到的支票是否都被存入银行重新执行一次检查进行测试。

3. 客户通过电子货币转账系统或银行汇款支付的款项收取后可能没有被记录的风险。通过检查清单上相关人员的签名，重新执行比对程序进行测试。

4. 收款可能被记入不正确的应收账款账户的风险。通过检查客户质询信件并确定问题是否已被解决，询问尚未解决的质询和计划采取的措施进行测试。

5. 应收账款记录的收款与银行存款可能不一致的风险。通过检查负责编制银行存款余额调节表的员工签名进行测试。

6. 上述所有风险。都通过询问这些事项，检查证明实施这些监控程序的记录和文件进行测试。

第三节　实质性测试程序

一、销售与收款循环的实质性测试

(一)销售与收款交易的分析测试

1. 识别需要分析测试的账户余额或交易。通常包括销售交易、收款交易、营业收入项目和应收账款项目。

2. 确定期望值。通常基于对被审计单位的相关预算情况、行业发展状况、市场份额、可比的行业信息、经济形势和发展历程的了解加以确定。

3. 确定可接受的差异额。首先应关注所涉及的重要性和计划的保证水平的影响。有时还需考虑这些指标与管理层使用的关键业绩指标的相关性，并需考虑这些指标的适当性和监督过程的有效性。

4. 识别需要进一步调查的差异并调查异常数据关系。一般方法是与管理层讨论，如果有必要还应做进一步的调查。未预期的差异可能由很多因素引起，包括未记录销售、虚构销售记录或截止问题。对临近年末的异常销售记录更应加以特别关注。

5. 调查重大差异并做出判断。经过调查，如果认为存在未预期的重大差异，就可能需要对营业收入发生额和应收账款余额实施更加详细的细节测试。

6. 评价分析程序的结果。注册会计师应当就收集的审计证据是否能支持其试图证实的审计目标和认定形成结论。

(二)销售交易的细节测试

1. 登记入账的销售交易是真实的

注册会计师对销售真实性的审查一般要关注三个方面的问题：未曾发货却已将销售交易登记入账、销售交易的重复入账和向虚构的客户发货并作为销售交易登记入账。

(1)针对未曾发货却已将销售交易登记入账这类错误，可以从主营业务收入明细账中抽取若干笔分录，追查有无发运凭证及其他佐证，借以查明有无事实上没有发货却已登记入账的销售交易。如果对发运凭证等的真实性也有怀疑，就有必要再进一步追查存货的永续盘存记录，测试存货余额有无减少，以及考虑是否检查更多涉及外部单位的单据，例如外部运输单位出具的运输单据、客户签发的订货单据和到货签收记录等。

(2)针对销售交易重复入账这类错误，可以通过检查企业的销售交易记录清单以确定是否存在重号、缺号。

(3)针对向虚构的客户发货并作为销售交易登记入账这类错误发生，应当检查主营业务收入明细账中与销售分录相应的销货单，以确定销售是否履行赊销审批手续和发货审批手续。如果认为被审计单位虚构客户和销售交易的风险较大，需要考虑是否对相关重要交易和客户的情况(例如相关客户的经营场所、财务状况和股东情况等)专门展开进一步的独立调查。

检查上述三类高估销售错误的可能性的另一有效办法是追查应收账款明细账中贷方发生

额的记录。如果应收账款最终得以收回货款或者由于合理的原因收到退货,则记录入账的销售交易一开始通常是真实的;如果贷方发生额是注销坏账,或者直到审计时所欠货款仍未收回而又没有合理的原因,就需要考虑详细追查相应的发运凭证和客户订购单等,因为这些迹象都说明可能存在虚构的销售交易。

注册会计师通常只在认为销售相关内部控制存在薄弱环节时,才实施细节测试。

2. 已发生的销售交易均已登记入账

从发货部门的档案中选取部分发运凭证,并追查至有关的销售发票副本和主营业务收入明细账,是测试未入账的发货的一种有效程序。实施这一程序的前提是必须能够确信全部发运凭证均已归档,这可以通过检查发运凭证的顺序编号来查明。

3. 登记入账的销售交易均经正确计价

销售交易计价的准确性包括:按订货数量发货;按发货数量准确地开具账单;将账单上的数额准确地记入会计账簿。对这三个方面,每次审计中一般都要实施细节测试,以确保其准确无误。相关内部控制如果有效,细节测试样本量可以适当减少。

典型的细节测试程序包括复算会计记录中的数据。通常的做法是:以主营业务收入明细账中的会计分录为起点,将所选择的交易业务的合计数与应收账款明细账和销售发票存根进行比较核对。销售发票存根上所列的单价,通常还要与经过批准的商品价目表进行比较核对,对其金额小计和合计数也要进行复算。发票中列出的商品的规格、数量和客户代码等,则应与发运凭证进行比较核对。另外,往往还要审核客户订购单和销售单中的同类数据。

4. 登记入账的销售交易分类恰当

销售交易分类面临的主要问题是:在现销时借记应收账款、在收回应收账款时贷记主营业务收入、将营业资产的转让(如固定资产转让)混作正常销售。注册会计师可以通过审核原始凭证确定具体交易业务的类别是否恰当,并以此与账簿的实际记录作核对。

5. 销售交易的记录及时

一般要将所选取的提货单或其他发运凭证的日期与相应的销售发票存根、主营业务收入明细账和应收账款明细账上的日期作核对比较。如有重大差异,被审计单位就可能存在销售截止期限上的错误。

6. 销售交易已正确地记入明细账并正确地汇总

通常,通过加总主营业务收入明细账,并将加总数和一些具体内容分别追查至主营业务收入总账和应收账款明细账或库存现金、银行存款日记账,以检查在销售过程中是否存在有意或无意的错报问题。不过这一测试的样本量要受内部控制的影响。从主营业务收入明细账追查至应收账款明细账,一般与为实现其他审计目标所实施的测试一并进行;而将主营业务收入明细账加总,并追查、核对加总数至其总账,则应作为一项单独的测试程序来执行。

(三)收款交易的细节测试

收款交易的细节测试范围在一定程度上取决于关键控制是否存在以及控制测试的结果。由于销售与收款交易同属一个循环,在经济活动中密切相连,因此,收款交易的一部分测试可与销售交易的测试一并执行,但收款交易的特殊性又决定了其另一部分测试仍需单独实施。

二、营业收入的实质性程序

(一)营业收入的审计目标

营业收入项目核算企业在销售商品、提供劳务等主营业务活动中所产生的收入,以及企业确认的除主营业务活动以外的其他经营活动实现的收入，包括出租固定资产、出租无形资产、出租包装物和商品、销售材料、用材料进行非货币性交换或债务重组等实现的收入。

营业收入的审计目标一般包括：

1. 确定记录的营业收入是否已发生，且与被审计单位有关；

2. 确定营业收入记录是否完整；

3. 确定与营业收入有关的金额及其他数据是否已恰当记录，包括对销售退回、销售折扣与折让的处理是否适当；

4. 确定营业收入是否已记录于正确的会计期间；

5. 确定营业收入的内容是否正确；

6. 确定营业收入的披露是否恰当。

(二)主营业务收入的实质性程序

1. 取得或编制主营业务收入明细表，复核加计正确，并与总账数和明细账合计数核对相符；同时，结合其他业务收入科目数额，与报表数核对相符。

2. 实施实质性分析程序

(1)将本期与上期的主营业务收入进行比较，分析产品销售的结构和价格的变动是否正常，并分析异常变动的原因。

(2)比较本期各月各种主营业务收入的波动情况，分析其变动趋势是否正常，是否符合被审计单位季节性、周期性的经营规律，并查明异常现象和重大波动的原因。

(3)计算本期重要产品的毛利率，分析比较本期与上期同类产品毛利率变化情况，注意收入与成本是否配比，并查清重大波动和异常情况的原因。

(4)计算对重要客户的销售额及产品毛利率，分析比较本期与上期有无异常变化。

(5)将上述分析结果与同行业企业本期相关资料进行对比分析，检查是否存在异常。

【例10—2】

三江公司2005年4月聘请ABC事务所对2005年度财务报表进行审计，X注册会计师受指派负责审计主营业务收入。X通过审阅该公司主要产品A的收入明细账和销售成本明细账，发现：该产品每年销售旺季为2月份，同行当年的平均售价为每件200元，该企业除对甲公司售价为每件250元外，对其余企业的售价均为每件200元。经查，甲公司为三江公司的主要股东，2005年对其销售A产品的1 600件，占A产品当年对外销售总量的30%。另外，A产品2005年10月至2006年3月的销售收入和销售成本情况如表10—1所示：

表10—1　　单位：元

月份	10月	11月	12月	1月	2月	3月
销售收入	300	310	420	280	400	305
销售成本	260	275	360	260	350	262

分析要求：

(1)运用分析性复核方法确定对A产品收入审计的重点领域，并简要说明理由，分析其中可能存在的问题。

(2)说明对甲公司销售收入审计应运用的主要程序。

【参考答案】

(1)重点领域为2005年12月和2006年1月。因为,前者收入奇高且毛利率奇高;后者正相反。可能存在虚增收入、截止期确定不正确、抬高2005年利润的问题。

(2)对甲公司的销售收入,应检查收入确认是否正确,定价是否合理,账务处理是否正确,超过一般售价20%的部分是否计入资本公积。

3. 检查营业收入的真实性

真实性审查是营业收入审查的重点。其审查方法主要有以下几种:

(1)检查法。首先检查应收款项的贷方记录。如果贷方记录中有退货或核销坏账或尚未收回的记录,则应检查相关销售文件的真实、齐全性。如果有真实齐全的销售文件,也可确认收入是真实的,否则退货或核销坏账的应确认相关收入虚假。对于货款尚未收回的记录,特别是大额尚未收回的应收账款,还应进一步用函证法和监盘法查实相关收入的真实性(特别是在相关凭证不全或丢失时)。

(2)函证法。对于收入形成的尚未收回的应收账款,要进一步用函证法进行查证,如果回函证实应收账款,则说明相关收入是真实的;如果回函表明应收账款是虚假的,则相关收入也应确认为虚假;如果没有回函,则应进一步用监盘法查实相关收入。

(3)监盘法。首先通过监盘存货,倒挤被审计期间发出存货的数量(销售量=期初存量+本期增加量-非销售减少量-期末监盘量),进而推算当期的销售收入和销售成本,以此验证已入账销售收入和销售成本的真实性。

4. 检查营业收入入账的完整性

(1)转账销售入账完整性审查。转账销售是指通过办理银行转账结算获取收入的销售方式。其收入入账完整性的审计方法是:抽取送存支票汇单、银行结算回单、商业汇票等与收入账面记录进行核对。注意不能与银行收款通知单核对,因为要审查的收入是权责发生制的。

(2)现金销售入账完整性审查。应针对不同的舞弊手法采取不同的审查方法。例如,用虚假收据收款不入账,可用通过监盘核实销售量、验证收入入账的完整性(也适用于审查其他舞弊手法)、核对购买收据的编号、鉴定收款收据的真实性等方法查明。隐瞒或销毁收据存根贪污,可用验证收据购买量或自制量,监盘结存量,验证开错量,倒挤开出量,加以核对来查明。收入不开收据贪污,可用查销货与收款是否分开、监盘推算销售收入、暗访观察等方法查明。开大头小尾收据贪污,可用分析现销商品的售价是否明显偏低,对售价明显偏低的核对顾客持有联的方法查明。

5. 实施销售的截止测试

截止测试是实质性程序中常用的一种审计技术,被广泛运用于货币资金、往来款项、存货、主营业务收入和期间费用等诸多财务报表项目的审计中,尤以在主营业务收入项目中的运用更为典型。对主营业务收入实施截止测试,其目的在于确定被审计单位在主营业务收入的会计记录归属期是否正确、应记入本期或下期的主营业务收入有否被推延至下期或提前至本期。

根据收入确认的基本原则,审计人员在审计中应该注意把握三个与主营业务收入确认有着密切关系的日期:一是发票开具日期或者收款日期;二是记账日期;三是发货日期(服务业则提供劳务的日期)。这里的发票开具日期是指开具增值税专用发票或普通发票的日期;记账日期是指被审计单位确认主营业务收入实现并将该笔经济业务记入主营业务收入账户的日期;发货日期是指仓库开具出库单并发出库存商品的日期。检查三者是否归属于同一适当会计期间,是主营业务收入截止测试的关键所在。

【例 10－3】

资料:A 审计人员正在对 X 股份有限公司(以下简称 X 公司)2006 年度财务报表进行审计。X 公司为增值税一般纳税人,增值税率为 17%。为了确定 X 公司的销售业务是否记录在恰当的会计期间,决定对销售业务进行截止测试。截止测试的简化审计工作底稿如表 10－2 所示:

表 10－2　　截止测试的简化审计工作底稿　　单位:万元

销售发票号	金额	计入销售明细账日期	发运日	发票日	销售成本
7891	10	2006 年 12 月 30 日	12 月 27 日	12 月 27 日	6
7892	15	2006 年 12 月 30 日	1 月 2 日	1 月 3 日	9
7893	8	2006 年 12 月 31 日	1 月 5 日	1 月 6 日	4.8
7894	20	2007 年 1 月 2 日	12 月 30 日	12 月 30 日	12
7895	10	2007 年 1 月 3 日	1 月 2 日	1 月 3 日	6
7896	5	2007 年 1 月 8 日	1 月 7 日	1 月 8 日	3

要求:

(1)根据上述资料,请指出 A 审计人员所执行的截止测试的具体测试方法及其目的。

(2)根据上述资料,请分析 X 公司是否存在提前入账的问题。如果有,请编制调整分录。

(3)根据上述资料,请分析 X 公司是否存在拖后入账的问题,并简要说明理由。

分析:

(1)A 审计人员执行的截止测试的具体方法是,从资产负债表日前后若干天的销售明细账记录追查至记账凭证,检查其发票存根和发运凭证,其目的是证实已经入账的收入是否在同一期间开具发票并发货,有无多记收入的情况。

(2)X 公司销售明细账中 2006 年 12 月 30 日(发票号:7892)和 2006 年 12 月 31 日(发票号:7893)均属于提前入账的销售业务。调整分录为:

借:主营业务收入　　23

　　应交税费——应交增值税(销项税额)　　3.91

　　贷:应收账款　　26.91

借:库存商品　　13.8

　　贷:主营业务成本　　13.8

(3)X 公司不一定存在拖后入账的问题。尽管通过截止测试发现 2007 年 1 月 2 日入账的销售业务其发票和发运凭证均是 2006 年 12 月 31 日的,但是这并不能完全表明该销售已经符合确认销售商品收入的条件。在审计时,对此情况审计人员还应结合具体的情况确定在 2006 年 12 月 31 日是否能确认为收入。如果在 2006 年末能够确认收入,则 X 公司存在拖后入账的问题;否则,就不存在。

6. 查找未经认可的大额销售

应结合对资产负债表日应收账款的函证程序,检查有无未经顾客认可的巨额销售。若有,应作出记录并提请被审计单位作出相应调整。

7. 销售折扣、销售退回与折让业务测试

企业在销售交易中，往往会因产品品种不符、质量不符合要求以及结算方面的原因发生销售折扣、销售退回与折让，引起了收入的抵减，直接影响收入的确认和计量。因此，应重视折扣与折让的审计。折扣与折让的实质性程序主要包括：

(1)获取或编制折扣与折让明细表，复核加计是否正确，并与明细账合计数核对相符。

(2)检查销售折扣、销售退回与折让的原因和条件是否真实、合规，有无借销售折扣、销售退回与折让之名，转移收入或贪污货款。

(3)取得被审计单位有关折扣与折让的具体规定和其他文件资料，并抽查较大的折扣与折让发生额的授权批准情况，与实际执行情况进行核对，检查其是否经授权批准，是否合法、真实。

(4)检查销售退回的产品是否已验收入库并登记入账，有无形成账外"小仓库"的情况；销售折让与折扣是否及时足额提交对方，有无虚设中介、转移收入、私设账外"小金库"的情况。

(5)检查折扣与折让的会计处理是否正确。

对于销售折扣、销售退回与折让业务的测试，主要是根据销售合同的相关规定，审阅有关收入明细账和存货明细账，抽查相关会计凭证，验算并核对账证是否相符；如有不符，应进一步分析原因，核实取证。

8. 检查有无特殊的销售行为

比如附有销售退回条件的商品销售、售后回购、以旧换新、出口销售、售后租回等，确定恰当的审计程序进行审核。

(1)附有销售退回条件的商品销售。如果对退货部分能作合理估计的，确定其是否按估计不会退货的部分确认收入；如果对退货部分不能作合理估计的，确定其是否在退货期满时确认收入。

(2)售后回购。分析特定销售回购的实质，判断其是属于真正的销售交易，还是属于融资行为。

(3)以旧换新销售。确定销售的商品是否按照商品销售的方法确认收入，回收的商品是否作为购进商品处理。

(4)出口销售。确定其是否按离岸价格、到岸价格或成本加运费价格等不同的成交方式，确认收入的时点和金额。

(5)售后租回。若售后租回形成一项融资租赁，检查是否对售价与资产账面价值之间的差额予以递延，并按该项租赁资产的折旧速度进行分摊，作为折旧费用的调整；若售后租回形成一项经营租赁，检查是否也对售价与资产账面价值之间的差额予以递延，并在租赁期内按照与确认租金费用相一致的方法进行分摊，作为租金费用的调整。但对有确凿证据表明售后租回交易是按照公允价值达成的，检查售价与资产账面价值之间的差额是否已经计入当期损益。

9. 确定主营业务收入的披露是否恰当

按照企业会计制度的规定，企业应在年度财务报表附注中说明：

(1)收入确认所采用的会计政策，主要包括：在各项重大交易中，企业确认收入采用的确认原则；是否有采用分期付款确认收入情况；确定劳务的完成程度所采用的方法。

(2)当期确认每一重大的收入项目的金额，包括商品销售收入、劳务收入、利息收入、使用费收入等。

【例 10－4】

分析下列审计程序所能实现的销售收入审计目标：

1. 将销售收入明细账与相关销售发票、发运凭证等进行核对；
2. 将销售发票、发运凭证与销售收入明细账进行核对；
3. 将销售发票与经批准的价目表进行核对；
4. 将收入总账、明细账、会计报表相关项目进行相互核对；
5. 将本期实际毛利率与上期实际毛利率、本期同行实际毛利率进行核对。

【参考答案】

程序1主要用于查明账面记录销售收入的真实性和截止期的正确性。
程序2主要用于查明销售收入入账的完整性和截止期的正确性。
程序3主要用于查明销售收入计价的正确性。
程序4主要用于查明销售收入报表反映的过账正确性。
程序5主要用于查明销售收入的总体合理性。

(三)其他业务收入的实质性程序

1. 编制或获取其他业务收入明细表。
(1)复核加计正确，并与总账数和明细账合计数核对相符；
(2)注意其他业务收入是否有相应的成本；
(3)检查是否存在技术转让等免税受益，如有，应调减应纳税所得额。

2. 计算本期其他业务收入与其他业务成本的比率，并与上期该比率比较，检查是否有重大波动，如有，应查明原因。

3. 检查其他业务收入内容是否真实、合法，收入确认原则及会计处理是否符合规定，可以选择抽查原始凭证予以证实。

4. 对异常项目，应追查入账依据及有关法律文件是否充分。

5. 抽查资产负债表日前后一定数量的记账凭证，实施截止测试，追踪到发票、收据等，确定入账时间是否正确，对于重大跨期事项作必要的调整建议。

6. 确定企业其他业务收入的披露是否恰当。

三、应收账款的实质性程序

(一)应收账款的审计目标

应收账款指企业因销售商品、提供劳务等原因，应向购货单位或接受劳务的客户收取的款项或代垫的运杂费等，是企业在信用活动中所形成的各种债权性资产。应收账款的审计应结合销货业务来进行。

应收账款的审计目标一般包括：
1. 确定应收账款是否存在；
2. 确定应收账款是否归被审计单位所有；
3. 确定应收账款及其坏账准备的记录是否完整；
4. 确定应收账款是否可收回，坏账准备的计提方法和比例是否恰当，计提是否充分；
5. 确定应收账款及其坏账准备的期末余额是否正确；
6. 确定应收账款及其坏账准备的列报是否恰当。

(二)应收账款的实质性程序

1. 获取或编制应收账款明细表

首先应获取或编制应收账款明细表，复核加计正确，并与总账数和明细账合计数核对相符，结合坏账准备科目与报表数核对相符。应当注意，应收账款报表数应同应收账款总账数和明细账数分别减去与应收账款相应的坏账准备总账数和明细账数后的余额核对相符。

2. 分析应收账款账龄

应收账款的账龄，是指资产负债表中的应收账款从销售实现、产生应收账款之日起，至资产负债表日止所经历的时间，可以通过编制或索取应收账款账龄分析表来分析应收账款的账龄，以便了解应收账款的可收回性。应收账款账龄分析表的参考格式如表 10－3 所示。

表 10－3 **应收账款账龄分析表**

年 月 日 货币单位：

顾客名称	期末余额	账龄			
		1 年以内	1～2 年	2～3 年	3 年以上
合 计					

编制应收账款账龄分析表时，可以考虑选择重要的顾客及其余额列示，而将不重要的或余额较小的汇总列示。应收账款账龄分析表的合计数减去已计提的相应坏账准备后的净额，应该等于资产负债表中的应收账款余额。

3. 实施应收账款实质性分析程序

(1)复核应收账款借方累计发生额与主营业务收入是否配比，如存在不匹配的情况，应查明原因；

(2)编制对重要客户的应收账款增减变动表，与上期比较，分析是否发生变动，必要时，收集客户资料，分析其变动的合理性；

(3)计算应收账款周转率、应收账款周转天数等指标，并与被审计单位上年指标、同行业同期相关指标进行对比分析，检查是否存在重大异常。

4. 向债务人函证应收账款

应收账款函证就是注册会计师直接发函给被审计单位的债务人，要求核实被审计单位应收账款的记录是否正确的一种审计方法。函证的目的在于证实应收账款账户余额的真实性、正确性，防止或发现被审计单位及其有关人员在销售交易中发生的错误或舞弊行为。询证函由注册会计师利用被审计单位提供的应收账款明细账户名称及地址编制，询证函的寄发一定要由注册会计师亲自进行。

(1)函证方式。函证方式分为积极的函证方式和消极的函证方式。

其一，积极的函证方式。

积极的函证方式又称肯定式函证，要求被询证者在所有情况下必须回函，确认询证函所列示信息是否正确，或填列询证函要求的信息。积极式询证函的参考格式如下：

企业询证函

编号：

________(公司)：

本公司聘请的××会计师事务所正在对本公司××年度财务报表进行审计，按照《中国注册会计师审计准则》的要求，应当询证本公司与贵公司的往来账项等事项。请列示截止××年×月×日贵公司与本公司往来款项余额。回函请直接寄至××会计师事务所。

回函地址：

邮编：　　　　　　　　　　电话：　　　　　　　传真：　　　　　　　联系人：

本函仅为复核账目之用，并非催款结算。若款项在上述日期之后已经付清，仍请及时复函为盼。

（公司签章）

年　　月　　日

1. 贵公司与本公司的往来账项列示如下：

单位：元

截止日期	贵公司欠	欠贵公司	备　注

2. 其他事项。

（公司签章）

年　　月　　日

经办人：

其二，消极的函证方式。

消极的函证方式又称否定式函证，只有在与询证函列示的信息不相符的情况下才予以回函；若与函证的信息相符，则无须回函。消极式询证函的参考格式如下：

企业询证函

编号：

________（公司）：

本公司聘请的××会计师事务所正在对本公司××年度财务报表进行审计，按照《中国注册会计师审计准则》的要求，应当询证本公司与贵公司的往来账项等事项。下列数据出自本公司账簿记录，如与贵公司记录相符，则无须回复；如有不符，请直接通知会计师事务所，并请在空白处列明贵公司认为是正确的信息。回函请直接寄至××会计师事务所。

回函地址：

邮编：　　　　　　　　　　电话：　　　　　　　传真：　　　　　　　联系人：

1. 本公司与贵公司的往来账项列示如下：

单位：元

截止日期	贵公司欠	欠贵公司	备　注

2. 其他事项。

本函仅为复核账目之用，并非催款结算。若款项在上述日期之后已经付清，仍请及时复函为盼。

（公司签章）
年　　月　　日

××会计师事务所：

上面的信息不正确，差异如下：

（公司签章）
年　　月　　日
经办人：

采用何种函证方式，可以根据下列情形作出选择：

当债务人出现下列情况时，采用积极式函证较好：函证业务事项金额较大；函证业务事项涉及的问题性质严重；函证业务事项延续的时间较长；对函证业务事项存在较多疑点；相关的内部控制是无效的。

当同时存在下列情况时，可以采用消极式函证：重大错报风险评估为低水平；函证业务事项金额较小；函证业务事项预计差错率较低；有理由相信被询证方能够认真地对待询证函；函证业务事项内部控制制度健全有效。

在审计实务中，也可以将这两种方式结合使用。对于大额账项采用积极的函证，对于小额账项采用消极的函证。

(2)函证的范围和对象。除非有充分证据表明应收账款对被审计单位财务报表而言是不重要的，或者函证很可能是无效的；否则，应当对应收账款进行函证。函证数量的多少、范围是由诸多因素决定的，主要有：

其一，应收账款在全部资产中的重要性。

若应收账款在全部资产中所占的比重较大，则函证的范围应相应大一些。

其二，被审计单位内部控制的强弱。

若内部控制制度较健全，则可以相应减少函证量；反之，则应相应扩大函证范围。

其三，以前期间函证的结果。

若以前期间函证中发现过重大差异，或欠款纠纷较多，则函证范围应相应扩大一些。

其四，函证方式的选择。

若采用积极式函证，则可以相应减少函证量；若采用消极式函证，则要相应增加函证量。

一般情况下，应该选择以下项目作为函证对象：大额或账龄较长的项目；与债务人发生纠纷的项目；关联方项目；主要客户(包括关系密切的客户)项目；交易频繁但期末余额较小甚至余额为零的项目；可能产生重大错报或舞弊的非正常的项目。

(3)函证时间的选择。为了充分发挥函证的作用，应恰当选择函证的实施时间，通常以资产负债表日为截止日，在资产负债表日后适当时间内实施函证。如果重大错报风险评估为低水平，可选择资产负债表日前适当日期为截止日实施函证，并对所函证项目自该截止日起至资产负债表日止发生的变动实施实质性程序。

(4)函证的控制。注册会计师应当对选择被询证者、设计询证函以及发出和收回询证函保持直接控制。对于因无法投递而退回的信函要进行分析，查明是由于被函证者地址迁移、差错而致使信函无法投递，还是这笔应收账款本来就是一笔假账。对于采用积极式函证方式未回函的，可再次寄发询证函。如果仍然得不到答复，审计人员应考虑采用必要的替代审计程序。例如，检查与销售有关的文件，包括销售合同或协议、销售订单、销售发票副本及发运凭证等，以验证这些应收账款的真实性。如果实施函证和替代审计程序都不能提供财务报表有关认定的充分、适当的审计证据，应当实施追加的审计程序。

在审计实务中，经常会遇到被询证者以传真、电子邮件等方式回函的情况，这时注册会计师应直接接收，并要求被询证者寄回询证函原件。

注册会计师可通过函证结果汇总表的方式对询证函的收回情况加以控制。应收账款函证结果汇总表如表10－4所示：

表10－4　　　　**应收账款函证结果汇总表**

被审计单位名称：　　　　制表：　　　　日期：

结账日：　年　月　日　　　　复核：　　　　日期：

询证函编号	债务人名称	债务人地址及联系方式	账面金额	函证方式	函证日期		回函日期	替代程序	确认金额	差异金额及说明	备注
					第一次	第二次					
合计											

(5)回函结果差异的分析。收回的询证函若有差异，应查明原因作出记录或适当调整。产生差异的原因主要表现在：

其一，购销双方入账时间不同，主要表现为：

①询证函发出时，被审计单位的货物已经发出并已作销售记录，但货物仍在途中，债务人尚未收到货物，因此未确认应付款项；

②询证函发出时，债务人已经付款，而被审计单位尚未收到货款；

③债务人由于某种原因将货物退回，而被审计单位尚未收到；

④债务人对收到的货物的数量、质量及价格等方面有异议而全部或部分拒付货款等。

其二，购销一方或双方存在记账差错或舞弊行为。

对于不符事项构成错报，审计人员应当重新考虑所实施审计程序的性质、时间和范围。

5. 确定已收回的应收账款金额

提请被审计单位协助，在应收账款明细表上标出至审计时已收回的应收账款金额。对已收回金额较大的款项进行常规检查，如核对收款凭证、银行对账单、销售发票等，并注意凭证发生日期的合理性。

6. 检查未函证应收账款

由于注册会计师不可能对所有应收账款进行函证，因此，对于未函证的应收账款，应抽查有关原始凭据，如销售合同、销售订单、销售发票副本及发运凭证等，以验证与其相关的这些应收账款的真实性。

7. 检查坏账的确认和处理

(1)应检查有无债权人破产或者死亡的，以及破产或以遗产清偿后仍无法收回的，或者债务人长期未履行清偿义务的应收账款。

(2)检查被审计单位坏账的处理是否经授权批准，有关会计处理是否正确。

8. 抽查有无不属于结算业务的债权

不属于结算业务的债权，不应在应收账款中进行核算。因此，应抽查应收账款明细账，并追查有关原始凭证，查证被审计单位有无不属于结算业务的债权。如有，应作记录或建议被审计单位作适当调整。

9. 检查贴现、质押或出售

检查应收账款是否业已用于贴现，判定应收账款贴现业务属质押还是出售，其会计处理是否正确。

10. 检查外币应收账款的折算

对于用非记账本位币(通常为外币)结算的应收账款，应检查被审计单位外币应收账款的增减变动是否按业务发生时的市场汇率或期初市场汇率折合为记账本位币金额，所选折合汇率前后各期是否一致；期末外币应收账款余额是否按期末市场汇率折合为记账本位币金额；折算差额的会计处理是否正确。

11. 分析应收账款明细账余额

应收账款明细账的余额一般在借方。在分析应收账款明细账余额时，如果发现应收账款出现贷方明细账余额的情形，应查明原因，必要时建议作重分类调整。

12. 确定应收账款的披露是否恰当

如果被审计单位为上市公司，则其财务报表附注通常应披露期初、期末余额的账龄分析，期末欠款金额较大的单位账款，以及持有5%以上(含5%)股份的股东单位账款等情况。

(三)坏账准备的实质性程序

1. 坏账准备审计目标

坏账是指企业无法收回或收回的可能性极小的应收款项(包括应收账款和其他应收款)。由于发生坏账而产生的损失称为坏账损失。企业通常应采用备抵法按期估计坏账损失，形成坏账准备。

坏账准备的审计目标一般包括：

(1)确定计提坏账准备的方法和比例是否恰当，坏账准备的计提是否充分；

(2)确定坏账准备增减变动的记录是否完整；

(3)确定坏账准备期末余额是否正确，确定坏账准备的披露是否恰当。

2. 坏账准备的实质性程序

坏账准备的实质性程序一般包括：

(1)取得或编制坏账准备明细表，复核加计正确，与坏账准备总账数、明细账合计数核对相符。

(2)审查坏账准备的计提。主要应查明坏账准备的计提方法和比例是否符合会计准则的规定，计提的数额是否恰当，会计处理是否正确，前后期是否一致。

(3)审查坏账损失。对于被审计期间发生的坏账损失，应检查其原因是否清楚，是否符合有关规定，有无授权批准，有无已作坏账损失处理后又重新收回的应收款项，相应的会计处理是否正确。

(4)检查长期挂账应收账款。应检查应收账款明细账及相关原始凭证，查找有无资产负债表日后仍未收回的长期挂账应收账款；如有，应提请被审计单位作适当处理。

(5)检查函证结果。对债务人回函中反映的例外事项及存在争议的余额，应查明原因并做记录。必要时，应建议被审计单位作相应的调整。

(6)实施分析程序。通过计算坏账准备余额占应收账款余额的比例,并和以前期间的相关比例比较,评价应收账款坏账准备计提的合理性。

(7)确定坏账准备的披露是否恰当。企业应当在财务报表附注中清晰地说明坏账的确认标准、坏账准备的计提方法和计提比例。并且,上市公司还应在财务报表附注中说明披露的事项是否符合会计准则的要求。

【例 10—5】

注册会计师李明及其审计组在对 ABC 公司年度报表进行审计,其中审计员张三负责应收款项审计,审计中他发现了下列情况:

(1)应收账款中有一笔应收出租固定资产租金 20 000 元;

(2)连续三年坏账实际核销额超过上年末计提坏账准备金额的一倍;

(3)该企业一直按应收账款余额百分比法计提坏账准备,计提比例往年为 0.1%,今年仍按此比例计提坏账准备20 000元。

要求:分析该企业上述业务处理中存在的问题及其对企业财务状况和经营成果的影响,提出审计处理意见。

【参考答案】存在的问题:

(1)应收账款分类不正确:应收固定资产租金应做其他应收款,应建议作重分类调整:借:其他应收款;贷:应收账款。

(2)坏账准备计提比例过低,这虚增了资产和损益,应建议做错账更正,将坏账准备计提比例调高到 0.2%,应当补提20 000元:借:管理费用;贷:坏账准备20 000元。

关键概念

销售与收款循环　收入真实性审计　销售截止测试　应收款项函证　账龄分析法　积极式函证　坏账准备审计

准确理解题

1. 下列有关营业收入审计的说法错误的是(　　)。

(1)营业收入真实性审计最后才考虑使用监盘法是因为其获取的证据证明力有限;

(2)函证应收账款程序也可以用来验证营业收入真实性;

(3)营业收入截止的三条核对路线功能是相同的;

(4)营业收入的完整性审计与真实性审计同样重要。

2. 下列关于应收账款审计的说法错误的有(　　)。

(1)应收账款真实性审计要优先使用函证法,因为此法获得的证据证明力更强;

(2)如果应收账款的未达账项调节后不相符,应当得出应收账款不真实的结论;

(3)如果函证应收账款未发现差异,则表明所有应收账款都是真实的;

(4)应收账款分类不正确意味着资产不真实、负债不完整。

复习思考题

1. 销售与收款循环的主要业务环节有哪些? 每个环节的内部控制基本要求是什么?

2. 销售与收款循环的主要风险有哪些？如何针对这些风险进行控制测试？

3. 如何进行销售与收款交易的分析测试？

4. 如何进行销售交易的细节测试？

5. 如何进行营业收入的真实性、完整性和截止期正确性的审查？

6. 主营业务收入和应收款项的分析性测试通常应从哪些指标入手？

7. 如何实施应收账款函证？如何保证函证应收账款的质量？

8. 如何选择应收账款函证的方式？如何确定应收账款函证的范围和对象？

9. 审查坏账准备计提的要点是什么？每一个要点应当如何审查？

讨论分析题

1. 审计人员对某企业2014年度销货与收款业务进行审计时发现下列情况：

(1)2014年下半年发生的几笔应收账款2015年上半年都以注销坏账和销货退回的方式冲回了。

(2)2014年现金销售商品的单位售价只有赊销价的60%。

(3)2014年底监盘产成品存货发现大量不明原因的盘盈。

(4)2014年度A产品销售收入明细账中的销售量比其销售成本明细账中的销售量多2 000件。

(5)应收账款函证回函认可的金额比账面金额少3万元。

(6)2014年底，应收账款的平均账龄比上年底增加了半年，坏账准备账户余额与上年底持平。

(7)2013年以来坏账准备的使用每年都发生大额超支现象。

(8)2014年底资产负债表中应收票据项目35万元金额中，有5万元已过兑现期。该企业无预付账款业务。

(9)2014年末该企业列入资产负债表应收账款项目的金额为500万元，同时以此列入坏账准备计提依据中。经查2014年末，该企业应收账款明细账中，借方余额合计800万元，贷方余额合计300万元；预收账款明细账中，借方余额100万元，贷方余额合计280万元。

要求：分析被审计单位上述现象中可能存在的问题，指出进一步查实的方法。

2. 审计人员2015年初对A公司2014年度会计报表进行审计时，了解到A公司2014年末总资产为8 000万元，应收账款余额为3 200万元，有200个明细账，主要股东为甲公司，持股60%，其余股东持股均在5%以下。2014年11月审计人员对A公司进行内部控制评审时，发现应收账款相关内部控制不够健全有效。检查2014年应收账款明细账，发现部分情况如下：

甲公司账户余额800万元，账龄1年半；

乙公司账户余额100万元，账龄2年；

丙公司账户余额30万元，账龄半年；

丁公司账户余额10万元，账龄3年半。

A公司一直使用账龄分析法计提坏账准备，2014年末对上述甲公司和丁公司应收账款余额全额计提了坏账准备。

要求：

(1)对A公司2014年末应收账款余额进行函证时规模应大些还是小些，为什么？

(2)若将甲、乙、丙、丁四家公司都列入函证对象，应分别采用何种函证方式为宜，为什么？

(3)若对乙公司函证一直未有回复应如何审查？

(4)若丁公司回函表示款项已于2014年12月30日全部偿付，应当如何予以查实？

(5)A公司2014年末对甲公司和丁公司的应收账款全额计提坏账准备的做法是否合理？

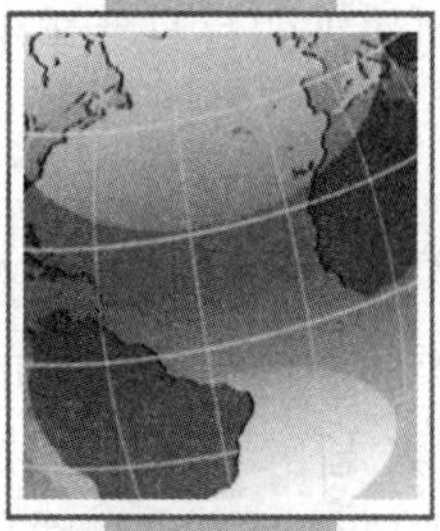

第十一章 采购与付款循环审计

第一节 业务流程与内部控制

一、采购与付款循环的业务流程

(一)请购商品和劳务

请购是采购业务的发端。请购商品和劳务业务主要涉及仓库和预算部门的相互配合与分工协作。仓库负责对需要购买的已列入存货清单的项目填写请购单,其他部门也可以对所需要购买的未列入存货清单的项目编制请购单。对于一般的采购业务只需经过相应支出负预算责任的主管人员签字批准;对于固定资产购置、租赁等重要的采购申请,则需要管理当局的特别授权。请购单由手工或计算机编制,因为请购单可由多个部门开出,故它们很少事先连续编号。

(二)编制订购单

采购部门收到请购单后,只能对经过批准的请购单发出订购单。订购商品在必要时候可以采取竞价的方式进行选择。订购单应正确填写商品品名、数量、价格、厂商名称和地址等信息,预先编号,经授权的采购人员签名。订购单至少一式四联,第一联送交供应商,其余各联送交验收部门、应付凭单部门和编制请购单部门。

(三)验收商品

订购的商品到达后,验收部门应比较所验收商品的价格、数量等信息,与订购单核对相符,盘点商品并检查商品有无毁损。验收后,验收部门应该编制一式多联、预先编号的验收单,作为验收和检验商品的依据。验收单分别送交采购部门、仓库和应付凭单部门。

(四)储存已验收的商品存货

货物入库前,仓储部门应先行点验,然后在验收单的副联上签收。商品验收入库后,仓库保管编制入库单,为每一种存货填制标签,并根据存货的品质特征分类存放在设有相应安全措施的场所;存放商品的仓储区应相对独立,且限制无关人员接触。

(五)编制付款凭单

编制应付凭单前应进行如下工作:确定供应商发票的内容与相关验收单、订购单的一致性;确定供应商发票计算的正确性;编制有预先编号的付款凭单,附上支持性凭证;独立检查付款凭单计算的正确性;在付款凭单上填入应借记的资产或费用账户名称;授权人员在凭单上签字;等等。所有未付凭单的副联应保存在未付凭单部门的未付凭单档案中,以待日后付款。

(六)确认与记录负债

已批准的未付款凭单,应连同每日汇总表一起送交会计部门,以编制有关记账凭证和登记有关账簿。会计主管应独立检查会计人员记录的凭单总数与应付凭单部门送来的每日凭单汇总表所列数是否一致。

(七)偿付负债

通常由应付凭单部门负责确定在未付凭单到期日的应偿付负债,并根据具体情况采用合适的结算方式,如支票结算等。编制和签署支票时,应独立检查已签发支票的总额与所处理的那批付款凭单总额的一致性;确定每张支票都附有一张已适当批准的未付款凭单,注意支票收款人姓名和金额与凭单内容的一致性;确定支票编号的连续性,保证支出支票存根的完整性和作废支票处理的恰当性。

(八)记录现金支出

账款支付后,应及时准确地进行账务处理,会计部门根据已签发的支票编制付款记账凭证,据以登记现金日记账、银行存款日记账及其他相关账簿。应有专人独立检查现金、银行存款和应付账款明细账金额的一致性,并定期审查入账的及时性。

二、采购与付款循环的内部控制

(一)采购交易的内部控制

为了确保采购交易的真实、完整、正确,被审计单位应当建立和健全采购交易的内部控制。

1. 适当的职责分离

与销售和收款交易一样,购货与付款交易也需要适当的职责分离,确保办理购货与付款交易不相容岗位分离。这些不相容岗位至少包括:请购与审批;询价与确定供应商;购货合同的订立和审批;购货和验收;购货、验收与相关会计记录;付款审批与付款执行。

2. 恰当的授权审批

对于购货交易,注册会计师应关注以下两个关键点的授权审批程序:其一,每张请购单必须经过对这类支出承担预算责任的主管人员或特别授权人员签字批准后交购货部门;其二,购货价格、折扣均要经过相应主管人员审批。

3. 真实完整的购货记录

为了确保所记录的购货都确已收到物品或已接受劳务,并符合购货方的最大利益,被审计单位应执行的内部控制主要有:请购单、订货单、验收单和卖方发票一应俱全并附在付款凭单后;订货单、验收单、卖方发票均经事先编号并及时登记入账;购货按正确的级别批准;注销凭证以防止重复使用等。

4. 正确的估价和分摊

为确保购货交易估价或分摊正确,被审计单位常用的内部控制有:对购货交易的计算和金额进行内部核查;对购货价格和折扣进行适当的授权审批。

5. 正确的交易分类

为确保购货交易分类正确,被审计单位常用的内部控制有:采用适当的会计科目表;对购货业务分类进行适当的内部核查。

(二)付款交易的内部控制

对于每个企业而言,由于性质、所处行业、规模以及内部控制健全程度不同,与付款交易相关的内部控制内容可能也有所不同,但以下与付款交易相关的内部控制通常应共同遵守:

1. 企业应当按照《现金管理暂行条例》《支付结算办法》等有关货币资金内部控制的规定办理购货付款交易。

2. 企业财会部门在办理付款交易时，应当对购货发票、结算凭证、验收证明等相关凭证的真实性、完整性、合法性及合规性进行严格审核。

3. 企业应当建立预付账款和定金的授权批准制度，加强预付账款和定金的管理。

4. 企业应当加强应付账款和应付票据的管理，由专人按照约定的付款日期、折扣条件等管理应付款项。已到期的应付款项需经有关授权人员审批后方可办理结算与支付。

5. 企业应当建立退货管理制度，对退货条件、退货手续、货物出库、退货货款回收等做出明确规定，及时收回退货款。

6. 企业应当定期与供应商核对应付账款、应付票据、预付款项等往来款项。如有不符，应查明原因，及时处理。

(三)固定资产的内部控制

为了确保固定资产的真实、完整、安全和有效利用，被审计单位应当建立和健全固定资产的内部控制。

1. 明确的职责分工制度

固定资产的预算编制、可行性论证、预算审批，以及固定资产的取得、记录、保管、使用、维修、处置等，均应明确划分责任，由专门部门和专人负责。明确的职责分工制度，有利于防止舞弊，降低审计风险。

2. 严格的预算制度

大企业应编制旨在预测控制固定资产增减和合理运用资金的年度预算。小企业即使没有正规的预算，对固定资产的购建也要事先加以计划。固定资产的取得和处置均应依据预算，对实际支出与预算之间的差异以及未列入预算的特殊事项，要履行特别的审批手续。

3. 完善的授权批准制度

完善的授权批准制度包括：企业的资本性支出预算只有经过董事会等高层管理机构批准方可生效；所有固定资产的取得和处置均需经企业管理当局的书面认可。

4. 严格的凭证与记录制度

每项固定资产的增减变化均应有充分的原始凭证。除固定资产总账外，被审计单位还须设置固定资产明细分类账和固定资产登记卡，按固定资产类别、使用部门和每项固定资产进行明细分类核算。

5. 划清资本性支出和收益性支出的界限

企业应制定区分资本性支出和收益性支出的书面标准。通常须明确资本性支出的范围和最低金额，凡不属于资本性支出的范围、金额低于下限的任何支出，均应列作费用并抵减当期收益。

6. 固定资产的维护保养制度

固定资产应有严密的维护保养制度，以防止其因各种自然和人为的因素而遭受损失，并应建立日常维护和定期检修制度，以延长其使用寿命。

7. 固定资产的处置制度

固定资产的处置包括投资转出、报废、出售等，均要有一定的申请报批程序。企业有关部门和人员，应严格遵守报批程序，不得擅自处置固定资产。

8. 固定资产的定期盘点制度

对固定资产定期盘点，是被审计单位验证账面各项资产是否真实存在、了解资产放置地状况，以及发现是否存在未入账固定资产的必要手段。

(四)在建工程的内部控制

1. 岗位分工控制

企业应当建立工程项目业务的岗位责任制，明确相关部门和岗位的职责和权限，确保办理工程项目业务的不相容岗位相互分离、制约和监督。工程项目业务不相容岗位一般包括：项目建议、可行性研究与项目决策；概预算编制与审核；项目实施与价款支付；竣工决算与竣工审计。

2. 授权批准控制

企业应当对工程项目相关业务建立严格的授权批准制度，明确审批人的授权批准方式、权限、程序、责任及相关控制措施，规定经办人的职责范围和工作要求。审批人应当根据工程项目相关业务授权批准制度的规定，在授权范围内进行审批，不得超越审批权限。经办人应当在职责范围内，按照审批人的批准意见办理工程项目业务。对于审批人超越授权范围审批的工程项目业务，经办人有权拒绝办理，并及时向审批人的上级授权部门报告。

3. 业务流程控制

企业应当制定工程项目业务流程，明确项目决策、概预算编制、价款支付、竣工决算等环节的控制要求，并设置相应的记录或凭证，如实记载各环节业务的开展情况，确保工程项目全过程得到有效控制。

4. 项目决策控制

企业应当建立工程项目决策环节的控制制度，对项目建议书和可行性研究报告的编制、项目决策程序等做出明确规定，确保项目决策科学、合理。

5. 概预算控制

企业应当建立工程项目概预算环节的控制制度，对概预算的编制、审核等做出明确规定，确保概预算编制科学、合理。

6. 价款支付控制

企业应当建立工程进度价款支付环节的控制制度，对价款支付的条件、方式及会计核算程序做出明确规定，确保价款支付及时、正确。

7. 竣工决算控制

企业应建立竣工决算环节的控制制度，对竣工清理、竣工决算、竣工审计、竣工验收等做出明确规定，确保竣工决算真实、完整、及时。

【例 11－1】

甲公司仓库 9 月 5 日填制一张未连续编号的请购单，报公司主管采购的副总经理批准后，交采购部；采购部据此填制连续编号的订货单，并与一家老供货商谈判确定所购货物的品质、价格、到货时间和地点后，签订了采购合同。货物到达后，仓库根据订货单的内容验收了货物，并填制一式多联的未连续编号的验收单，一联交采购部编制付款凭单，付款凭单经采购部经理批准后，交会计部；会计部根据验收单和付款凭单登记有关账簿，结算采购货款。

分析要求：分析上述采购业务处理中不符合内部控制要求的地方。

【参考答案】

上述业务处理中不符合内部控制要求的地方主要是：

(1)与老供应商谈判签订供应合同，既无经批准的价目表控制，也没有竞价采购控制，使采购价格失去了控制；

(2)验收单未连续编号，不能保证其完整性和不重复，因而不能保证有关账簿记录真实、完整；

(3)由仓库负责验收货物，不符合不相容职务相分离原则，难以防止所购货物质量和数量方面存在的问题；

(4)由采购部编制和审批付款凭单，不符合不相容职务相分离原则，难以防止质次价高采购业务的发生；

(5)付款凭单未附订货单和供应商发票，难以证明采购业务的真实、正确；

(6)会计部未审核凭证是否真实、完整就登记入账，不利于保证账簿记录的真实、正确。

第二节　风险评估与控制测试

一、采购与付款循环的风险评估

在实施控制测试和实质性程序之前，注册会计师需要评估采购与付款交易和相关余额的重大错报风险，并对被审计单位特殊的交易活动和可能影响财务报表真实反映的事项保持职业怀疑。一般而言，影响采购与付款交易和相关余额的重大错报风险可能包括：

(一)管理层错报费用支出的偏好和动因

被审计单位管理层可能为了完成预算，满足业绩考核要求，保证从银行获得资金，吸引潜在投资者，误导股东，影响公司股价，或通过把私人费用计入公司进行个人牟利而错报支出。常见的方法可能有：把通常应当及时计入损益的费用资本化，然后通过资产的逐步摊销予以消化，进而增加当年的利润和留存收益；通过多计准备或少计负债和准备，把损益控制在被审计单位管理层希望的程度；利用特别目的实体把负债从资产负债表中剥离，或利用关联方间的费用定价优势制造虚假的收益增长趋势；通过复杂的税务安排推延或隐瞒所得税和增值税；管理层把私人费用计入企业费用，把企业资金当作私人资金运作。

(二)费用支出的复杂性

被审计单位可能以复杂的交易安排购买一定期间的多种服务，而管理层对于涉及的服务受益与付款安排所涉及的复杂性缺乏足够的了解。这可能导致费用支出分配或计提的错误。

(三)管理层凌驾于控制之上和员工舞弊的风险

被审计单位管理层可能利用自己的职权凌驾于内部控制之上，通过与第三方串通，把私人费用计入企业费用支出，或有意无意地重复付款。

(四)采用不正确的费用支出截止期

将本期采购收到的商品计入下一会计期间，或者将下一会计期间采购的商品提前计入本期；未及时计提尚未付款的已经购买的服务支出；等等。

(五)低估相关项目

在承受反映较高盈利水平和营运资本的压力下，被审计单位管理层可能试图低估准备和应付账款，包括低估对存货、应收账款应计提的减值以及对已售商品提供的担保(例如售后服务承诺)应计提的准备。

(六)不正确地记录外币交易

当被审计单位进口用于出售的商品时，可能由于采用不恰当的外币汇率而导致该项采购的记录出现差错。此外，还存在未能将诸如运费、保险费和关税等与存货相关的进口费用进行正确分摊的风险。

(七)舞弊和盗窃的固有风险

如果被审计单位经营大型零售业务，由于所采购商品和固定资产的数量及支付的款项庞大，交易复杂，容易造成商品发运错混，员工和客户发生舞弊和盗窃的风险较高。如果那些负责付款的会计人员有权接触应付账款主文档，并能够通过在应付账款主文档中擅自添加新的账户来虚构采购交易，风险也会增加。

(八)存货的采购成本没有按照适当的计量属性确认

被审计单位如果没有严格按照会计准则规定的计量属性确认采购成本，将会导致存货成本和销售成本的核算不正确，存货计价和当期损益的计算存在重大错报风险。

(九)存在未记录的权利和义务

如果漏记采购交易，低估费用和应付账款，将会导致高估利润、粉饰财务状况，以及资产负债表分类错误和财务报表附注不正确或披露不充分。

(十)计算机环境下的固有风险

在计算机环境下，注册会计师既应当考虑常用的控制活动的有效性，也应当考虑特殊的控制活动对于采购与付款交易的适用性。其中最为重要的控制应着眼于计算机程序的更改和供应商主文档中重要数据的变动。这方面的风险主要包括：遗失连续编号的验收单，漏记采购交易；出现重复的验收单或发票；供应商发票与订购单或验收单不符；供应商名称及代码与供应商主文档信息中的名称及代码不符；在处理供应商发票时出现计算错误；采购或验收的商品的存货代码无效；处理采购或付款的会计期间出现差错；通过电子货币转账系统把货款转入供应商的银行账户，但该账户并非供应商支付文档指定的银行账户。

总之，在采购与付款交易中，当被审计单位管理层具有高估利润的动机时，注册会计师应当主要关注费用支出和应付账款的低估。重大错报风险常常集中体现在遗漏交易，采用不正确的费用支出截止期，以及错误划分资本性支出和费用性支出。这些将对完整性、截止、发生、存在、准确性和分类认定产生影响。

二、采购与付款循环的控制测试

(一)以内部控制目标为起点的控制测试

1. 采购与付款交易的控制测试

(1)对于请购商品和劳务、编制订购单、验收商品三项主要业务活动。应抽取请购单、订购单和商品验收单，检查请购单、订购单是否得到适当审批，验收单是否有相关人员的签名，订购单和验收单是否按顺序编号。

(2)对于编制付款凭单、确认与记录负债这两项主要业务活动。应抽取订购单、验收单和采购发票，检查所载信息是否核对一致，发票上是否加盖了“相符”印戳。有时还应抽取应付账款调节表，检查调节项目与有效的支持性文件是否相符，以及是否与应付账款明细账相符。

(3)对于付款这项主要业务活动。应抽取付款凭证，检查其是否经会计主管复核和审批，并检查款项支付是否得到适当人员的复核和审批。

(4)对于各业务环节的职责分离控制。应通过观察有关人员的活动，以及与这些人员进行讨论来实施控制测试。

2. 固定资产的控制测试

(1)对于固定资产的预算制度。应选取固定资产投资预算和投资可行性项目论证报告,检查是否编制预算并进行论证,以及是否经适当层次审批,对实际支出与预算之间的差异以及未列入预算的特殊事项,应检查其是否履行特别的审批手续。如果固定资产增减均能处于良好的经批准的预算控制之下,注册会计师即可适当减少针对固定资产增加、减少实施的实质性程序的样本量。

(2)对于固定资产的授权批准制度。不仅应检查被审计单位固定资产授权批准制度本身是否完善,还应选取固定资产请购单及相关采购合同,检查是否得到适当审批和签署,关注授权批准制度是否切实得到执行。

(3)对于固定资产的账簿记录制度。检查固定资产明细分类账和登记卡,关注其是否设置完善。

(4)对于固定资产的职责分工制度。通过实地观察并询问相关人员,确定不相容职务是否分离。

(5)对于资本性支出和收益性支出的区分制度。应检查该制度是否遵循企业会计准则的要求,是否适应被审计单位的行业特点和经营规模,并抽查实际发生与固定资产相关的支出是否按照该制度进行恰当的会计处理。

(6)对于固定资产的处置制度。应检查是否建立了有关固定资产处置的分级申请报批程序;抽取固定资产盘点明细表,检查账实之间的差异是否经审批后及时处理;抽取固定资产报废单,检查报废是否经适当批准和处理;抽取固定资产内部调拨单,检查调入、调出是否已进行适当处理;抽取固定资产增减变动情况分析报告,检查是否经复核。

(7)对于固定资产的定期盘点制度。应了解和评价企业固定资产盘点制度,并应注意查询盘盈、盘亏固定资产的处理情况。

(8)对于固定资产的保险情况。应抽取固定资产保险单盘点表,检查是否已办理商业保险。

3. 在建工程的控制测试

(1)对工程项目业务相关岗位及人员的设置情况,应重点检查是否存在不相容职务混岗的现象。

(2)对工程项目业务授权批准制度的执行情况,应重点检查重要业务的授权批准手续是否健全,是否存在越权审批行为。

(3)对工程项目决策责任制的建立及执行情况,应重点检查责任制度是否健全,奖惩措施是否落实到位。

(4)对概预算控制制度的执行情况,应重点检查概预算编制的依据是否真实,是否按规定对概预算进行审核。

(5)对各类款项支付制度的执行情况,应重点检查工程款、材料设备款及其他费用的支付是否符合相关法规、制度和合同的要求。

(6)对竣工决算制度的执行情况,应重点检查是否按规定办理竣工决算、实施决算审计。

(二)以风险为起点的控制测试

1. 未经授权的供应商可能进入经批准的供应商主文档。应询问管理层并检查能够证明授权修改供应商信息的相关控制完成情况的文件。

2. 可能向未经批准的供应商采购。应检查被审计单位相关人员复核例外报告的证据,以及批准超越控制的人工控制的恰当签名。

3. 可能由未经授权的员工执行采购。应询问、检查授权批准和授权越权的文件；检查订购单并确定其是否在授权批准的范围之内。

4. 订购的商品或劳务可能未被提供。应询问并检查用于记录未执行订购单的文件，以证实对未执行的订购单的跟进情况。

5. 订购单的项目或数量可能不准确。应检查被审计单位生成的订货例外报告，证实问题已被适当处理。

6. 收到商品可能未被记录。应检查打印文件并追踪未完成订购单；检查应付账款的调整，并重新执行这些程序，以获取其是否正确的证据。

7. 收到的商品可能不符合订购单的要求或可能已被损坏。应询问、观察商品实物并与订购单进行核对；检查打印文件以获取复核和跟进的证据。

8. 收到的商品可能未被计入采购。应询问、检查例外报告和其他文件，以追踪商品已收到但发票未到、未做采购记录的情况。

9. 发票已到，但商品或劳务尚未收到的可能已做采购记录，或者可能重复做采购记录，应询问和检查被审计单位将订购单、入库单和发票比对后生成的例外报告，并追踪已收到但比对不符的发票。

10. 采购发票可能未被记录于正确的会计期间。应询问和检查被审计单位将采购日期和入库日期比对后生成的例外报告文件，并重新执行截止程序。

11. 记录的采购价格可能不正确。应询问和检查被审计单位将供应商发票上的单价与订购单上的单价比对后生成的例外报告，以及解决差异的证据，并重新执行价格比对测试。

12. 供应商发票可能未被分配至正确的应付账款账户。应询问和观察不符事项例外报告，以及解决例外情况的证据；重新执行分配费用支出的测试。

13. 发票可能未分配至个人客户的账户，或者在更新时使用了错误的应付账款文档。应检查连续运行控制总额的打印文件；询问对 IT 程序的一般控制，以确保应付账款主文档使用正确的版本。

14. 在记录或处理采购发票时可能出现错误。应询问、检查并重新执行应付账款总分类账的调节程序。

15. 购买的商品或劳务可能未被记录于正确的费用或资产账户。应询问和检查交易打印文件，以获取经管理层复核的证据；询问对于发现的错误是否采取了改正措施。

16. 开具的支票和电子货币转账支付凭证可能未被记录。应询问并观察实物控制和接触控制；重新执行支票编号顺序检查和调节银行存款余额的程序。

17. 电子货币转账支付可能由未经授权的人员执行。应询问、观察被审计单位是否只有得到授权、掌握密码的员工才能接触电子货币转账专用终端机的实物控制和接触控制。

18. 可能向不正确的供应商银行账户进行电子货币转账支付。应询问和检查电子货币转账支付经恰当授权签字的记录。

19. 开具的支票和电子货币转账支付凭证可能未被及时记录或分配到正确的应付账款账户。应检查并重新执行银行存款和应付账款账户余额调节程序。

20. 可能就虚构或未经授权的采购开具支票和电子货币转账支付凭证。应询问和观察支票开具流程；检查被审计单位将订购单、入库单、发票和供应商账户代码及名称比对后生成的例外报告，并追踪问题的解决。

21. 可能重复开具支票和电子货币转账支付。应检查例外报告以确定任何付款额超过应付余额的情况是否已得到解决;检查已注明“已付讫”标记的凭据。

22. 开具支票和电子货币转账支付的金额可能不正确。应询问和观察支票开具流程,并重新执行银行存款和应付账款账户余额调节程序。

第三节　实质性程序

一、采购与付款交易的实质性程序

采购与付款交易的主要重大错报风险通常是低估费用和应付账款,从而高估利润、粉饰财务状况。另一项重大错报风险是采购的商品、资产被错误分类,即对本应资本化的予以费用化,或对本应费用化的予以资本化。此外,对于付款交易,还应关注被审计单位是否存在未经授权或无效的付款,是否将应计入费用的付款有意无意地冲销了不相关的应付账款。注册会计师应针对评估的上述重大错报风险,对采购与付款交易实施实质性程序,包括实质性分析程序和细节测试。

(一)采购与付款交易的实质性分析程序

1. 根据对被审计单位的经营活动、供应商的发展历程、贸易条件和行业惯例的了解,确定应付账款和费用支出的期望值。

2. 根据本期应付账款余额组成与以前期间交易水平和预算的比较,确定采购和应付账款可接受的重大差异额。

3. 识别需要进一步调查的差异并调查异常数据关系,如与周期趋势不符的费用支出。这类程序通常包括:

(1)观察月度(或每周)已记录采购总额趋势,与往年或预算相比较。任何异常波动都必须与管理层讨论,如果有必要,还应做进一步的调查。

(2)将实际毛利与以前年度和预算相比较。如果被审计单位以不同的加价销售产品,就需要将相似利润水平的产品分组进行比较。任何重大的差异都需要进行调查。因为毛利可能由于销售额、销售成本的错误被歪曲,而销售成本的错误则又可能受采购记录的错误影响。

(3)计算记录在应付账款上的赊购天数,并将其与以前年度相比较。超出预期的变化可能由多种因素造成,包括未记录采购、虚构采购记录或截止问题。

(4)检查常规账户和付款。例如,租金、电话费和电费。这些费用是日常发生的,通常按月支付。通过检查可以确定已记录的所有费用及其月度变动情况。

(5)检查异常项目的采购。例如,大额采购,从不经常发生交易的供应商处采购,以及未通过采购账户而是通过其他途径记入存货和费用项目的采购。

(6)无效付款或金额不正确的付款,可以通过检查付款记录和付款趋势得以发现。例如,注册会计师通过查找金额偏大的异常项目并深入调查,可能发现重复付款或记入不恰当应付账款账户的付款。

4. 通过询问管理层和员工,调查重大差异额是否表明存在重大错报风险,是否需要设计恰当的细节测试程序以识别和应对重大错报风险。

5. 形成结论,即实质性分析程序是否能够提供充分、适当的审计证据,或需要对交易和余额实施细节测试以获取进一步的审计证据。

(二)采购与付款交易的细节测试

1. 为了查明应付款项的真实性,注册会计师应从被审计单位业务流程层面的主要交易中选取样本,检查其支持性证据。例如,从采购和付款记录中选取样本。

(1)检查支持性的订购单、商品验收单、发运凭证和发票,追踪至相关费用或资产账户以及应付账款账户。

(2)必要时,检查其他支持性文件,如检查交易合同的相关条款。

(3)检查已用于付款的支票存根或电子货币转账付款证明以及相关的汇款通知。如果付款与发票对应,则检查相关供应商发票,并追踪付款至相关的应付账款或费用账户。

2. 对采购交易实施截止测试

(1)选择已记录采购的样本,检查相关的商品验收单,保证交易已计入正确的会计期间。

(2)确定期末最后一份验收单的顺序号码并审查代码报告,以检测记录在本会计期间的验收单是否存在更大的顺序号码,或因采购交易被漏记或错记入下一会计期间而在本期遗漏的顺序号码。

3. 对付款交易实施截止测试

(1)确定期末最后签署的支票的号码,确保其后的支票支付未被当作本期的交易予以记录。

(2)追踪付款至期后的银行对账单,确定其在期后的合理期间内被支付。

(3)询问期末已签署但尚未寄出的支票,考虑该项支付是否应在本期冲回,计入下一会计期间。

4. 对未记录负债实施截止测试

(1)确定被审计单位期末用于识别未记录负债的程序,获取相关交易已计入应付账款的证据。

(2)复核供应商付款通知和供应商对账单,获取发票被遗失或未计入正确的会计期间的证据,询问并确定在资产负债表日是否应增加一项应计负债。

(3)调查关于订购单、商品验收单和发票不符的例外报告,识别遗漏的交易或计入不恰当会计期间的交易。

(4)复核截至审计外勤结束日记录在期后的付款,查找其是否在年底前发生的证据。

(5)询问审计外勤结束时仍未支付的应付账款。

(6)对于在建工程,检查承建方的证明或质量监督报告,以获取存在未记录负债的证据。

(7)复核资本预算和董事会会议纪要,获取是否存在承诺和或有负债的证据。

(三)采购与付款相关余额的细节测试

1. 复核供应商的付款通知,与供应商对账,获取发票遗漏、未计入正确的会计期间的证据。询问并检查对付款存在争议的往来信函,确定在资产负债表日是否应增加一项应计负债。

2. 在特殊情况下,注册会计师需要决定是否应通过供应商来证实被审计单位期末的应付余额。这种情况通常在被审计单位对采购与付款交易的控制出现严重缺失、记录被毁损时才会发生,或者在怀疑存在舞弊或会计记录在火灾或水灾中遗失时才会发生。

二、应付账款的实质性程序

应付账款是企业在正常经营过程中,因赊购商品和劳务等引起的短期债务,如采取赊购方式购买商品、原料、固定资产及其他办公用品等形成的短期债务。注册会计师应结合购货业务进行应付账款的审计。

应付账款的审计目标包括：(1)确定应付账款的发生和偿还记录是否完整；(2)确定应付账款的期末余额是否正确；(3)确定应付账款在财务报表上的披露是否恰当。

(一)获取或编制应付账款试算表

注册会计师应向被审计单位获取或自行编制结算日全部应付账款明细账户余额试算表，其中应列明债权人姓名、交易日期、购货数量、价格和应付账款金额。这主要是为了确定被审计单位资产负债表上应付账款的数额与其明细记录是否相符。然后作为应付账款实质性程序的起点，应从凭单或应付账款清单中选择一定数量的样本，并作详细审核。

(二)实施分析程序

根据被审计单位的实际情况，注册会计师可以选择以下指标进行分析：

1. 对本期期末应付账款余额与上期期末余额进行比较，分析其波动原因。

2. 分析长期挂账的应付账款，要求被审计单位作出解释，判断被审计单位是否缺乏偿债能力或利用应付账款隐瞒利润。

3. 计算应付账款对存货的比率、应付账款对流动负债的比率，并与以前期间对比分析，评价应付账款整体的合理性。

4. 根据存货、主营业务收入和主营业务成本的增减变动幅度，判断应付账款增减变动的合理性。

(三)函证应付账款

一般情况下，应付账款不需要函证，这是因为函证不能保证查出未记录的应付账款，况且注册会计师能够取得购货发票等外部凭证来证实应付账款的余额。但如果控制风险较高，某应付账款账户金额较大或被审计单位处于经济困难阶段，则应进行应付账款的函证。

进行函证时，应注意以下事项：

(1)函证对象。所选取的函证项目应包括：较大金额的债权人；在资产负债表日金额很小，甚至为零，但为企业重要的供货商；上一年度有业务往来而本年度没有业务的主要供货商；没有按时寄送对账单和存在关联方交易的债权人。

(2)函证方式。函证最好采用积极形式，并具体说明应付金额。

(3)函证的控制与评价。同应收账款的函证一样，注册会计师必须对函证的过程进行控制，要求债权人直接回函，并根据回函情况编制与分析函证结果汇总表；对未回函的，应考虑是否再次函证。

如果存在未回函的重大项目，应采用替代审计程序。比如，可以检查决算日后应付账款明细账及现金和银行存款日记账，核实其是否已支付，同时检查该笔债务的相关凭证资料，核实交易事项的真实性。

(四)查找未入账的应付账款

为了防止企业低估负债，确认应付账款的完整性，应检查被审计单位有无故意漏记应付账款行为。

1. 结合存货监盘，检查被审计单位在资产负债表日是否存在有材料入库凭证但未收到购货发票的经济业务。

2. 检查资产负债表日后收到的购货发票，关注购货发票的日期，确认其入账时间是否准确。

3. 检查资产负债表日后应付账款明细账贷方发生额的相应凭证，确认其入账时间是否准确。

4. 检查时，注册会计师还可以通过询问被审计单位的会计和采购人员、查阅资本预算及工作通知单和基建合同来进行。

如果注册会计师通过这些审计程序发现某些未入账的应付账款，应将有关情况详细记入审计工作底稿，然后根据其重要性确定是否需建议被审计单位进行相应的调整。

(五)审查债权人对账报告单

在良好的控制情况下，被审计单位应每月从债权人处取得对账单，并按时对应付账款各明细账户进行调节。如果注册会计师对这项控制的控制测试已获得满意的结果，可以直接依赖和利用。但如果被审计单位职员未调节或没有完全调节，则必须进行这方面的审查。在应付账款内部控制不甚健全时，注册会计师应控制寄来的函件，以便可以立即掌握卖方寄交被审计单位的对账单。调节卖方对账单时，常发现的差异为：卖方业已入账的交运货品而被审计单位既未收到、亦未记账。而正常的会计程序则是等收到商品、发票才记作负债。因此，在途商品应分行列表，并研究其重要性，以确定是否应予记入账册。

注册会计师执行这一程序的另一个目的是确保应付账款截止期的正确性。应付账款的截止期与年终存货购买截止期密切相关。因此，审计存货验收单的号码，据以确定结账日最后一张供应商发票及其应付账款分录，从而核实它们是否已正确地包括在应付账款之内或正确地排除在外。例如，假定在进行实物盘点时，最后一张验收单号码为3679，注册会计师应记下这个号码，然后追查该号码以及它前面的几个号码的卖方发票至应付账款清单和应付账款明细账，确定它们是否包括在内。同样，验收单上所记录的采购应付账款，如果其号码为3679号之后，就应排除于应付账款之外。

如果被审计单位的存货清点发生在年终最后一天之前，则仍需按上述方法执行应付账款的截止期限测试。但除此之外，还必须检查是否将所有发生在实物清点日和年度之间的购入都已经加入实物存货和应付账款之中去了。

(六)其他测试程序

1. 检查应付账款是否存在借方余额。如有，应查明原因，必要时建议被审计单位作重分类调整。

2. 结合预付账款的明细余额，查明有没有在应付账款和预付账款两面同时挂账的项目；结合其他应付款的明细余额，查明有无不属于应付账款的其他应付款，如有，应作出记录，必要时，建议被审计单位作重分类调整或会计误差调整。

3. 检查应付账款长期挂账的原因，作出记录，注意其是否可能无须支付。对确实无法支付的应付账款，看其是否按规定转入了营业外收入项目，相关依据和有关手续是否完备。

4. 检查带有现金折扣的应付账款是否按发票上记载的全部应付金额入账，待实际获得现金折扣时再冲减财务费用项目。

5. 被审计单位与债权人进行债务重组的，应结合债务重组事项的专项审计，检查有关的会计处理是否正确。

6. 关注是否存在应付关联方账款。如有，应通过了解关联交易事项的内容、价格和条件，检查采购合同等方法确认该应付账款的合法性和合理性；通过向关联方或其他注册会计师查询及函证等方法，以确认交易的真实性。

7. 对于用非记账本位币结算的应付账款，检查其采用的折算汇率是否正确。

(七)检查应付账款在资产负债表上的列报是否恰当

"应付账款"项目应根据"应付账款"和"预付账款"科目所属明细科目的期末贷方余额的合计数填列。如果被审计单位为上市公司,则在其财务报表附注中通常还应说明有无欠持有5%以上(含5%)表决权股份的股东单位账款;说明账龄超过3年的大额应付账款未偿还的原因,并在期后事项中反映资产负债表日后是否偿还。

【例11—2】

注册会计师对某企业2013年度财务报表进行审计时发现下列情况:

(1)资产负债表中应付账款项目金额110万元,预付款项项目金额48万元。

(2)应付账款明细账期末数为借方余额的有5户,余额合计18万元;为贷方余额的83户,余额合计128万元。

(3)预付账款明细账期末数为借方余额的有12户,余额合计56万元;为贷方余额的3户,余额合计8万元。

(4)应付账款——A期末借方余额为2013年12月20日以银行存款预付给施工单位的安装工程款10万元;应付账款——B期末借方余额为2013年3月10日预付货款,所购货物于2013年9月10日收到,并以"借:材料采购等,贷:预付账款"入账。

(5)检查2013年度开出的验收单,发现12月31日开出的验收甲材料60吨,估价6万元的验收单,因未收到卖方发票而未入账。

(6)应付账款明细账中有5户的情况如下:

户名	借方发生时间	借方发生额	贷方发生时间	贷方发生额	借方余额	贷方余额
A			2010-10-08	30 000		30 000
B	2013-04-20	40 000	2012-08-20	50 000		10 000
C	2013-08-30	60 000	2013-07-15	35 000	25 000	
D	2013-12-30	200 000	2013-08-15	205 000		5 000
E			2013-11-05	70 000		70 000

分析要求:

1. 审查该企业应付账款核算中存在的问题。

2. 如果从A、B、C、D、E五个明细账中选择应当函证的账户,你认为应选择哪些账户,为什么?

3. 如果你认为应付D单位账款可能有年末隐瞒负债的问题,你打算用什么方法予以查明?

【参考答案】

1. 情况(1)属于应付账款和预付账款报表列报错误。报表中的"应付账款"项目和"预付款项"项目应根据"应付账款"账户和"预付账款"账户明细账分析填列,而不应根据总账余额直接填列。

情况(4)属于应付账款和预付账款两边挂账,分类不正确,账务处理错误。已记为预付账款的交易,不能再在应付账款挂账。

情况(5)属于应付账款入账不完整的错误。资产负债表日,货到而发票未到的购货业务,应按暂估价入账。

2. 应选择A、C、D进行函证。因为：A长期挂账；C出现借方余额，可能存在记账错误等问题；D发生额大而余额小。

3. 见教材“查找未入账应付账款”的有关内容。

三、固定资产账面余额的实质性程序

固定资产是指为生产商品、提供劳务、出租或经营管理而持有的，并且使用寿命超过一个会计年度的有形资产。只有与该固定资产有关的经济利益很可能流入企业，并且该固定资产的成本能够可靠计量时，才能确认为固定资产。

固定资产的审计目标一般包括：

(1)确定固定资产是否存在；

(2)确定固定资产是否归被审计单位所有；

(3)确定固定资产增减变动的记录是否完整；

(4)确定固定资产的计价是否恰当；

(5)确定固定资产期末余额是否正确；

(6)确定固定资产在财务报表上的列报是否恰当。

(一)编制固定资产分析表并比较相关的账户记录

固定资产分析表又称固定资产及累计折旧汇总表，其内容包括固定资产的增减变动情况、固定资产折旧的计提情况等。注册会计师索取或编制固定资产分析表主要是为了分析固定资产账户余额的变动，并为固定资产的取得、处置和出售等提供进一步的证据。固定资产分析表的一般格式见表11－1。

表11－1　　固定资产及累计折旧汇总表

被审计单位名称：大江有限责任公司　　制表员：刘丽莉　　执行日期：20×8年1月22日

结账日期：20×7年12月31日　　复核人员：王若平　　执行日期：20×8年2月3日

账户编号	摘要	固定资产				累计折旧					
		期初余额	本期增加	本期减少	期末余额	折旧法	折旧率(%)	期初余额	本期增加	本期减少	期末余额
143	房屋	258 000			258 000√	直线	4.75	24 510	12 255		36 765√
144	机器	97 600	34 000*		131 600√	直线	9.5	18 548	18 887		29 427√
145	运设	86 000	12 000*	8 000#	90 000√	直线	19	32 680	17 480		46 360√
146	办设	2 000	2 000*		4 000√	直线	19	950	570	3 800#	1 520√
合计		443 600T	48 000T	8 000T	483 600T			76 680T	41 692T	3 800T	114 072T

注：*＝经核对与采购合同、所有权证书及发票相符。

#＝经核对与固定资产报废通知单相符。

√＝已核对全部明细账或登记卡余额合计无误。

T＝已复核加总。

表11－1中，固定资产的期初余额可分三种情况分析核实：在初次审计的情况下，注册会计师应对期初余额进行全面的审计；后任注册会计师可借阅前任注册会计师的有关工作底稿，并进行一般性的复核；在连续审计情况下，可与上年审计工作底稿相核对。

只有在认为期初余额正确后，才能通过检查本年度固定资产变动情况，来确定其期末余额是否正确。在这个过程中，通常要进行两项核对工作：一是以期末余额与总分类账试算表核对,并与固定资产明细卡余额合计数核对;二是以明细分类账和总分类账户的余额核对,如果不相符,则应查明从何时起不相符,然后从不符时起,将明细分类账与有关原始凭证进行核对,查明发生的错误,并予以改正。

(二)实施分析程序

根据被审计单位的实际情况,可以选择表11—2所列指标进行分析。

表11—2 分析程序的内容与可能存在的信息

比较的内容	可能存在的信息(即注册会计师的合理疑问)
将折旧额与固定资产总成本的比率同上年比较	本期折旧计算方面的错误
将折旧额与制造费用的比率与上年比较	折旧计算方面的错误
将累计折旧占制造费用的比率与上年比较	累计折旧记录中的错误
将累计折旧与固定资产总成本的比率同上年比较	累计折旧核算中的错误
将每月或全年的低值易耗、维修费与上年比较	将应当资本化的项目计入本期费用
将制造费用与产量的比率与上年比较	闲置或已减少的设备未作账务处理
将本期与以前各期的固定资产增加和减少比较	判断差异产生的原因的合理性
将固定资产原值与本期产品产量的比率同以前年度比较	固定资产闲置或已减少的设备未作账务处理
将固定资产的构成变动与相关信息交叉核对	固定资产相关金额的合理性和准确性

(三)验证固定资产所有权

对各类固定资产,应查阅相关原始凭证,以确定所审查的固定资产是否确实为被审计单位的合法财产。具体验证时应注意:

(1)对外购的机器设备等固定资产,通常经审核采购发票、购货合同等即可确定;

(2)对于房地产类固定资产,可查阅有关的合同、产权证明、财产税单、抵押贷款的还款凭据、保险单等书面文件;

(3)对融资租入的固定资产,应验证有关融资租赁合同,证实其并非经营租赁;

(4)对汽车等运输设备,应验证有关运营执照等证件。

(四)审查固定资产的增加

审查固定资产的增加,是固定资产实质性程序中的重要内容。固定资产的增加有购入、自制自建、投资者投入、更新改造增加、债务人抵债增加等多种来源渠道。审计中应注意以下几点:

1. 对于外购固定资产的审查,其内容如下:审查购买固定资产的批准文件,以查明其是否经合法的授权批准;核对购货合同、发票、保险单、发运凭证等文件;审查固定资产验收报告;审查购进土地、房屋等的契约和结算单,以确定其所有权的归属;确定被审计单位估计的固定资产使用年限和残值是否合理;测试固定资产计价是否正确,会计处理是否正确;对于以一笔款项购入多项没有单独标价的固定资产,还应检查是否按各项固定资产公允价值的比例对总成本进行分配,以分别确定各项固定资产的入账价值。

2. 对于在建工程转入的固定资产,审查内容如下:审查建设项目的批准文件,以查明其是否经合法的授权批准;审查建设成本的构成内容是否符合规定,计算是否正确;审查竣工决算、验收和移交报告是否正确,并与在建工程相关的记录是否核对相符,资本化利息金额是否恰当；对已经在用但尚未办理竣工决算的固定资产，检查其是否已经暂估入账，并按规定计提折旧，竣工决算完成后，是否及时调整；确定被审计单位估计的固定资产使用年限和残值是否合理。

3. 对于投资者投入的固定资产，应检查其入账价值与投资合同中关于固定资产作价的规定是否一致；须经评估确认的固定资产是否有评估报告并经国有资产管理部门等确认；固定资产交接手续是否齐全。

4. 对于更新改造增加的固定资产，应查明增加的固定资产原值是否真实，是否符合资本化条件，增计金额是否超过了该固定资产的可收回金额；重新确定的剩余折旧年限是否恰当。

5. 对于因债务人抵债而获得的固定资产，应检查产权过户手续是否齐备，固定资产计价及确认的损益是否符合相关会计制度的规定。

6. 对于以非货币性资产交换的固定资产，注册会计师应审阅相关的资产交换协议，关注资产交换各方是否存在关联方关系，判断该项交换是否具有商业性质，审定入账价值是否正确。

7. 对于盘盈的固定资产，应重点检查入账价值的确定是否真实、正确。

8. 对于因其他原因增加的固定资产，应检查相关的原始凭证，核对其计价及会计处理是否正确，法律手续是否齐全。

(五)审查固定资产的减少

固定资产的减少主要包括出售、报废、毁损、向其他单位投资转出、盘亏等。其审计要点如下：

1. 审查减少固定资产授权批准文件。

2. 审查减少固定资产的会计记录是否符合有关规定，验证其数额计算的准确性。

3. 审查出售和报废处置固定资产的净损益，验证其真实性与准确性，并与银行存款、营业外收支等有关账户相核对。

4. 审查是否存在未作会计记录的固定资产减少业务。具体内容如下：复核是否有本年新增加的固定资产替换了原有固定资产；分析"营业外收支"等账户，查明有无处置固定资产所带来的收支；若某种产品因故停产，追查其专业生产设备等的处理情况；向被审计单位的固定资产管理部门查询本年有无未作会计记录的固定资产减少业务。

(六)实地观察固定资产盘点

实施实地观察审计程序时，可以以固定资产明细分类账为起点，进行实地追查，以证明会计记录中所列固定资产确实存在，并了解其目前的使用状况；也可以以实地为起点，追查至固定资产明细分类账，以获取实际存在的固定资产均已入账的证据。

当然，实地观察的重点是本期新增加的重要固定资产，有时，观察范围也会扩大到以前期间增加的固定资产。观察范围的确定需要依据被审计单位内部控制的强弱、固定资产的重要性和注册会计师的经验来判断。如为初次审计，则应适当扩大观察范围。

(七)审查固定资产的租赁

租赁一般分为经营性租赁和融资性租赁两种。

1. 审查经营性租赁

审查经营性租赁时应查明：

(1)固定资产的租赁是否签订了合同、租约，手续是否完备，合同内容是否符合国家规定，是否经相关管理部门的审批。

(2)租入的固定资产是否确属企业必需，或出租的固定资产是否确属企业多余、闲置不用，双方是否认真履行合同,其中是否存在不正当交易。

(3)租金收取是否签有合同,有无多收、少收现象。

(4)租入固定资产有无久占不用、浪费损坏的现象;租出的固定资产有无长期不收租金、无人过问或变相馈送、转让等情况。

(5)租入固定资产是否已登入备查簿;对于租赁固定资产的改良工作,在租赁合同中双方是否有约定等。

2. 审查融资性租赁

在审查融资性租赁时,除可以参照经营性租赁固定资产审查的要点以外,还要注意融资偿付的利息,检查其利率的计算是否与市场利率相当,同时还要确定融资租入固定资产的计价是否正确,是否进行了正确的会计处理。

(八)分析保养和维修费用

应取得或编制按前后两年以逐月比较为基础的保养和维修费用分析表。审查的目的在于确认有无应予资本化的支出项目。

在全面初步审查保养与维修费用的基础上,选择那些金额较大或异常的项目进行严格审查,并且注意年与年之间或月与月之间的重大变化,查明差异原因。首先审查被审计单位的收益性支出与资本性支出的划分标准是否符合公认会计原则或有关法规制度;然后对照这一标准将应资本化的项目剔除出来。

(九)检查固定资产是否已在资产负债表上披露列报

应注意固定资产在财务报表附注中披露的内容是否符合会计准则规定。

【例 11—3】

注册会计师审计 B 公司固定资产时,发现表 11—3 所列情况:

表 11—3　　B 公司固定资产情况

固定资产名称	固定资产明细账	固定资产卡片	实存价值	每台价值
甲	80 000	80 000	78 000	2 000
乙	70 000	70 000	80 000	10 000
丙	100 000	90 000	100 000	10 000
丁	29 500	28 000	28 000	500

要求:针对上述情况,指出 B 公司固定资产可能存在的问题,并说明如何处理。

【参考答案】

(1)甲设备账卡相符,实物短缺 1 台,有可能是该设备已报废处理,但账卡未注销,查明后应予以注销;也有可能是保管不善,设备被盗,查明后要追究保管者的责任;也有可能是设备出租,但没有记入出租固定资产账户,应补记。

(2)乙设备账卡相符,实物多出 1 台,有可能是该设备已报废处理,卡片已注销,但实物仍在使用;也有可能是购入时未作固定资产入账,而作为低值易耗品入账,但盘点时作为固定资产。查明后,应对照其价值和使用年限,确认其符合固定资产标准的应补记固定资产;也有可能是将租入的固定资产误记作盘盈,查明后应将该设备在备查簿上登记。

(3)丙设备明细账与实物相符,但卡片上少 1 台,有可能是购货时有 1 台没有在卡片上登记,查明后应补记。

(4)丁设备卡片与实物相符,但明细账上多出3台,有可能是该设备已出售,但明细账没有注销,查明后应予以注销。

四、累计折旧的实质性程序

累计折旧审计的主要目标包括:确定折旧的处理政策和方法是否符合相关规定,是否一贯遵循;核实累计折旧增减变动的记录是否完整;审查折旧方法的使用是否前后一致,计算是否正确;确定累计折旧的期末余额是否正确;确定累计折旧的披露是否恰当。

(一)获取或编制累计折旧分类汇总表

根据固定资产总分类账户,编制会计年度内各类固定资产累计折旧分类汇总表,注册会计师应做好以下工作:

(1)核对上年度审计工作底稿,确定期初余额,如果是初次审计,则要追查至开账日进行详细分析。

(2)比较固定资产明细账或分类账的累计折旧合计是否等于总分类账户累计折旧的期末余额。

(二)实施分析程序

注册会计师应根据情况,选择以下方法对累计折旧实施分析程序,提出合理疑问:

(1)对折旧计提的总体合理性进行分析,是测试折旧正确与否的一个有效办法。计算、分析的方法是用应计提折旧的固定资产乘本期的折旧率。

(2)计算本期计提折旧额占固定资产原值的比率,并与上期比较,分析本期折旧计提额的合理性和准确性。

(3)计算累计折旧占固定资产原值的比率,评估固定资产的老化率,并估计因闲置、报废等原因可能发生的固定资产损失,结合固定资产减值准备,分析其是否合理。

(三)查验本期折旧费用的计提和分配是否正确

1. 分析本期与上期所使用的折旧范围、折旧率是否一致,如有差异,应查明原因。

2. 检查固定资产预计使用年限和预计净残值是否符合有关规定、是否合理。

3. 注意固定资产增减变动时,有关折旧的会计处理是否符合规定,查明通过更新改造、接受捐赠或融资租入而增加的固定资产的折旧费用计算是否正确。

4. 检查折旧费用的分配是否合理,与上期分配方法是否一致。

5. 检查有无已提足折旧的固定资产继续超提折旧的情况和应计提折旧的固定资产不提或少提折旧的情况。

6. 将"累计折旧"账户贷方的本期计提折旧额与相应的成本费用中的折旧费用明细账户的借方相比较,以查明所计提折旧金额是否已全部摊入本期产品成本或费用。一旦发现差异,应及时追查原因,并考虑是否应建议做适当调整。

(四)验明累计折旧的披露是否恰当

如果被审计单位是上市公司,则应在其财务报表附注中按固定资产类别分项列示累计折旧期初余额、本期计提额、本期减少额及期末余额。

五、固定资产减值准备的实质性程序

固定资产的可收回金额低于其账面价值称为固定资产减值。企业应当在资产负债表日判断固定资产是否存在可能发生减值的迹象。若存在减值迹象,应计提相应的固定资产减值准备。

固定资产减值准备审计的主要目标在于:核实固定资产减值准备增减变动的记录是否完整;审查固定资产减值准备的计提方法是否正确;确定固定资产减值准备的期末余额是否正确;确定固定资产减值准备的披露是否恰当。

(一)获取或编制固定资产减值准备明细表

获取或编制固定资产减值准备明细表,复核加计是否正确,并与总账数和明细账合计数核对是否相符。

(二)识别固定资产是否存在减值迹象

审计时,应获取闲置固定资产的清单并观察其实际状况,识别是否存在下列减值迹象:

(1)固定资产的市价当期大幅度下跌,其跌幅明显高于因时间的推移或正常使用而预计的下跌。

(2)企业经营所处的经济、技术或者法律等环境以及固定资产所处的市场在当期或者在近期发生重大变化,从而对企业产生不利影响。

(3)市场利率或者其他市场投资回报率在当期已经提高,从而影响企业计算固定资产预计未来现金流量现值的折现率,导致固定资产可收回金额大幅度降低。

(4)有证据表明固定资产陈旧过时或者其实体已经损坏。

(5)固定资产已经或者将被闲置、终止使用或者计划提前处置。

(6)企业内部报告的证据表明固定资产的经济绩效已经低于或者将低于预期,如固定资产所创造的净现金流量或者实现的营业利润(或者损失)远远低于(或者高于)预计金额等。

(7)其他表明固定资产可能已经发生减值的迹象。

(三)实施分析程序

计算本期末固定资产减值准备占期末固定资产原值的比率,并与期初该比率比较,分析固定资产的质量状况,判断固定资产减值准备计提是否充分。

(四)检查固定资产减值准备的计提依据是否正确

检查被审计单位计提固定资产减值准备的依据是否充分,会计处理是否正确;检查资产组的认定是否恰当,计提固定资产减值准备的依据是否充分,会计处理是否正确。

(五)检查固定资产减值准备的结转或转回是否正确

检查被审计单位处置固定资产时原计提的减值准备是否同时结转,会计处理是否正确。检查是否存在转回固定资产减值准备的情况。按照企业会计准则的规定,固定资产一经确认,在以后会计期间不得转回。

(六)检查固定资产减值准备的披露是否恰当

如果企业计提了固定资产减值准备,应在财务报表附注中披露当期确认的固定资产减值损失金额,以及企业计提的固定资产减值准备累计金额;如果发生重大固定资产减值损失,还应当说明导致重大固定资产减值损失的原因、固定资产可收回金额的确定方法,以及当期确认的重大固定资产减值损失的金额;如果被审计单位是上市公司,还应分项列示计提的固定资产减值准备金额、增减变动情况以及计提的原因。

关键概念

应付账款函证　观察固定资产　固定资产所有权审计

准确理解题

1. 下列有关应付账款审计的说法错误的有（　　）。

(1)客户相关控制缺失、余额较大、处于财务困难中，意味着应付账款可能被虚增，应当函证；

(2)注册会计师应从应付账款明细账中选择余额较大的债权人，用积极式询证函进行函证；

(3)检查决算日后应付账款明细账借方记录和库存现金、银行存款贷方记录的审计程序，不仅可以审查应付账款的真实性，而且可以审查应付账款的完整性；

(4)抽取若干套采购合同、供应商发票、验收单等凭证资料，核对应付账款账面记录，可查明应付账款真实性。

2. 下列有关固定资产审计的说法错误的有（　　）。

(1)被审计单位本年度修理费与往年相比大幅减少，意味着该企业可能存在"拼设备"、修理费过多资本化等问题；

(2)固定资产的真实性和完整性都可以通过实地观察法验证，因此它们的审计程序是相同的；

(3)注册会计师实际观察固定资产的重点应当放在单位价值较大的固定资产上；

(4)固定资产减值审计的重点是验证被审计单位估计固定资产可收回额的准确性上。

3. 下列有关固定资产折旧审计的说法错误的有（　　）。

(1)某企业本年房屋建筑物折旧率与上年持平，说明本年存在少提折旧的问题；

(2)某企业固定资产报废的实际净残值总是明显小于预计净残值，说明存在减值准备计提不足问题；

(3)经济不景气，固定资产负荷下降，可以重估延长固定资产预计使用年限；

(4)固定资产月初余额 1 000 万元，本月增加 200 万元，减少 100 万元，则本月应按照 1 000 万元计提折旧。

复习思考题

1. 采购业务面临的主要风险有哪些？应当实施哪些控制措施？如何进行控制测试？
2. 如何进行应付账款入账完整性和分类正确性的审查？
3. 如何审查固定资产的真实性和入账完整性？
4. 如何审查固定资产增加、减少和期末计价的正确性？
5. 固定资产折旧的审计应从哪些方面入手？如何进行审查？
6. 固定资产减值准备的审计应从哪些方面入手？如何进行审查？

讨论分析题

1. 注册会计师对甲公司 2014 年度财务报表进行审计时，对甲公司采购与付款循环内部控制进行了解和测试，在审计工作底稿中记录了下列情况：

(1)甲公司的材料采购需要经授权批准后方可进行。采购部根据经批准的请购单发出订购单。货物运达后，验收部根据订购单的要求验收货物，并编制一式多联的未连续编号的验收单。仓库根据验收单验收货物，在验收单上签字后，将货物移入仓库加以保管。验收单上有数量、品名、单价等要素。验收单一联交采购部登记采购明细账和编制付款凭单，付款凭单经批准后，月末交会计部；一联交会计部登记材料明细账；一联由仓库保留并登记材料明细账。会计部根据只附验收单的付款凭单登记有关账簿。

(2)会计部审核付款凭单后，支付采购款项。甲公司授权会计部的经理签署支票，经理将其授权给会计人员李明负责，但保留了支票印章。李明根据已适当批准的凭单，在确定支票收款人名称与凭单内容一致后签署支票，并在凭单上加盖“已支付”的印章。

(3)甲公司严格加强应付账款和应付票据的管理，由李梁按照约定的付款日期、折扣条件等管理应付款项并对已到期应付账款及时办理结算与支付，以保持良好的信誉。

要求：

(1)你认为采购与付款循环的主要控制活动应该有哪些？

(2)逐项指出上述三种情况中的内部控制是否存在控制缺陷；若存在控制缺陷，可能导致哪些错报风险？

2. 注册会计师李明对F公司的应付账款项目进行审计。根据需要，李明决定对F公司下列四个明细账户中的两个进行函证。

供货人	应付账款年末余额	本年度进货总额
甲公司	23 080 元	52 300 元
乙公司	0	2 250 000 元
丙公司	56 800 元	85 600 元
丁公司	250 000 元	3 562 000 元

要求：

(1) 注册会计师李明应选择哪两个公司进行函证，为什么？

(2)如果上述四个公司均为F公司的购货人(债务人)，资料中后两项分别是应收账款年末余额和本年度销货总额。注册会计师李明应选择哪两家公司进行函证，为什么？

3. 注册会计师审查W公司2014年度财务报表时，发现2014年12月31日购入的甲材料100万元，已包括在当年12月31日的实物盘点范围内，而购货发票于2015年1月2日才收到，该笔购货业务记录于2015年1月账簿中，2014年12月无对应的进货和负债记录。

要求：

(1)为防止被审计单位低估负债，查明是否存在未入账的应付账款，你认为注册会计师应实施哪些审计程序？

(2)针对上述事项，注册会计师应如何进行审计处理？

4. 2015年3月，注册会计师王大海对被审计单位Q的“固定资产”项目进行审计，在抽查盘点实物时，发现账面有奥迪汽车一辆，但没有找到相应实物。被审计单位有关人员称，B银行受Q单位委托出面代购汽车，现在这辆车在B银行使用。经过追加审计程序发现，“其他应收款”账户确有借方余额B银行22万元。但被审计单位未能提供与该汽车所有权相关的其他文件或资料。

要求：

(1)你认为被审计单位Q的“固定资产”项目的哪些认定存在错报风险？

(2)针对上述问题，注册会计师应如何处理？

5. 注册会计师对某企业固定资产进行审计时发现下列情况：

(1)观察固定资产盘点发现大量盘亏；

(2)固定资产提前报废的情况经常发生；

(3)销售固定资产总是发生大额清理损失；

(4)报废固定资产实际残值总是明显低于预计残值；

(5)固定资产清理账户年末有借方余额80万元。

要求：

(1)逐项指出上述情况中固定资产核算可能存在的问题。

(2)分析该企业这样做的目的。

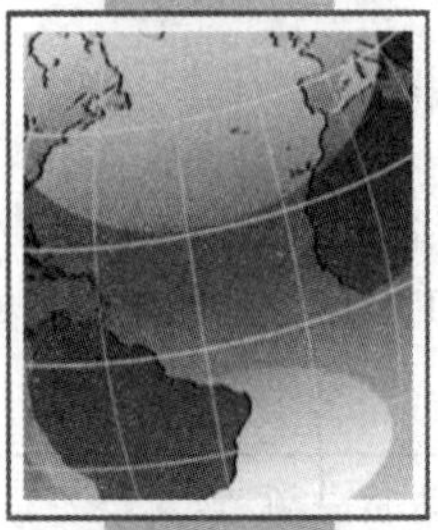

第十二章
生产与储存循环审计

第一节　业务流程与内部控制

一、本循环的业务流程

(一)计划和安排生产

企业计划部门应根据顾客订单或者对销售预测和存货需求的分析来决定生产授权。如决定授权生产,应签发预先连续编号的生产任务通知单,以通知生产车间组织产品制造,供应部门组织材料发放,会计部门组织成本计算。计划部门应将发出的所有生产任务通知单予以记录控制。

(二)发出原材料

仓库部门应根据生产任务通知单的要求,审核生产部门交来的领料凭证,如领料单、限额领料单、领料登记簿、退料单等,审核无误后发料。领料凭证通常需一式三联。仓库发料后,以其中一联连同材料交领料部门,一联留仓库登记材料卡片账,一联送会计部门进行材料收发核算和成本核算。

(三)生产产品

生产部门在收到生产任务通知单及领取原材料后,应立即组织生产,并做好产量和工时记录,包括工作通知单、工序进程单、工作班产量报告、产量通知单、产量明细表、废品通知单等。在产品生产完工后应交检验员验收并办理入库手续,或将产品交下一道工序进一步加工。

(四)核算产品成本

为了正确核算并有效控制产品成本,必须建立健全成本会计制度,将生产控制和成本核算有机结合在一起。一方面,生产过程中的各种记录、生产通知单、领料单、计工单、入库单等文件资料都要汇集到会计部门,由会计部门对其进行检查和核对,在核对无误的基础上编制材料费用分配表、人工费用分配表、制造费用分配表和产品成本计算单,计算产品成本,并据以登记有关账户;另一方面,会计部门要设置相应的会计账户,会同有关部门对生产过程中的成本进行核算和控制。完善的成本会计制度应该提供原材料转为在产品,在产品转为产成品,以及按成本中心、分批次生产任务通知单或生产周期所消耗的材料、人工和间接费用的分配与归集的详细资料。

(五)储存产成品

产成品入库时,须由仓库部门先行点验和检查,然后签收并登记产成品卡片账。签收后,仓库部门应将实际入库数量通知会计部门,以便会计部门登记产成品总账和明细账。仓库部门还应根据产成品的性质特征分类存放，并填制标签。

(六)发出产成品

产成品发出须由独立的发运部门进行。装运产成品时须持有经销售、信用等部门核准的发运通知单，并据此编制出库单。出库单至少一式四联：一联交仓库部门发货，一联交顾客，一联作为顾客开发票的依据，一联发运部门留存。

二、成本会计控制

(一)成本会计的内部控制

1. 生产指令、领料单和工资结算汇总表须经过授权审批，以合理保证生产业务是根据管理层一般或特定的授权进行的。

2. 成本的核算是以经过审核的生产通知单、领发料凭证、产量和工时记录、材料费用分配表、人工费用分配表、制造费用分配表为依据的，以合理保证记录的成本为实际发生的而非虚构的。

3. 生产通知单、领发料凭证、产量和工时记录、材料费用分配表、人工费用分配表、制造费用分配表均事先编号并已登记入账，以合理保证所有耗费和物化劳动均已反映在成本中。

4. 采用的成本核算方法和费用分配方法适当且前后期一致，采用的成本核算流程和账务处理流程适当并经常进行内部核查，以合理保证成本以正确的金额，在恰当的会计期间及时记录于适当的账户。

5. 存货的保管和记录职务相分离，以合理保证存货保管人员与记录、批准人员相互独立。

6. 定期进行存货盘点，以合理保证账面存货与实际存货定期核对相符。

(二)存货的内部控制

无论是生产企业，还是商品流通企业，存货取得、验收入库、仓储保管、领用发出、盘点清查、销售处置等是其共有的环节。存货储存内部控制应与这些业务环节整合在一起。

存货的内部控制除了涉及生产成本控制外，还涉及采购业务内部控制、储存业务内部控制和销售业务内部控制。由于采购业务内部控制已经在采购与付款循环中介绍，销售业务内部控制已经在销售与收款循环中介绍，所以下面只介绍储存业务的内部控制。

1. 仓储保管的内部控制

(1)存货保管应专人负责以明确保管责任，同时如实登记保管卡片账，详细反映存货的增减变动情况；存货保管人不得兼任采购、验收、发货销售、会计记录等其他工作；不同保管员负责的仓库和存货应当严格区分，不能混淆；重要存货应实行双人或多人共同控制；对于进入仓库的人员应办理进出登记手续，未经授权人员不得接触存货。

(2)存货仓储期间要按照仓储物资所要求的储存条件妥善贮存，做好防火、防洪、防盗、防潮、防病虫害、防变质等保管工作，不同批次、型号和用途的产品要分别存放。生产现场的在加工原料、周转材料、半成品等还要按照有助于提高生产效率的方式摆放，科学用材，防止浪费。

(3)对代管、代销、暂存、受托加工的存货，应单独存放和做备查记录，避免与本单位存货混淆。

(4)存货在不同仓库之间流动时应当填制出入库凭证，登记保管账，并将凭证传递给会计人员登记分类账。稽核员应经常将存货明细账记录与保管卡片账记录进行核对。会计登记的存货明细账应当采用数量金额式，除少数大宗低值存货外，其余存货应当采用永续盘存制登记明细账。

(5)加强存货的保险投保,保证存货安全,合理降低存货意外损失风险。

(6)保管人员应对保管的存货进行每日巡查和定期抽检质量,发现毁损、存在跌价迹象的,应及时与生产、采购、财务等相关部门沟通,提供有关信息。

2. 盘点清查的内部控制

存货盘点清查,一方面要核对实物的数量,看其是否与相关记录相符,是否账实相符;另一方面也要关注实物的质量,看其是否有明显的损坏、残缺。其主要控制措施包括:

企业应当建立存货盘点清查工作规程。结合本企业实际确定盘点周期、盘点流程、盘点方法等相关内容,定期盘点和不定期抽查盘点相结合。

盘点清查时,应拟定详细的盘点计划,合理安排和培训相关人员,使用科学的盘点方法和准确的计量器具;应当组成由保管、采购、销售、生产、财会、内审人员参加的盘点组,以便随时沟通有关情况,保证清点的顺利进行,实现清点结果的公认;应如实、详细、分品种编制盘存单,详细记录盘点人员、时间、地点以及所盘点存货名称、品种、数量、质量等情况,保持盘存单的真实与完整。盘点清查结果要及时根据真实、完整的盘存单和存货明细账记录编制盘点报告表,详细记录被盘点存货的账存数、实存数及账实不符情况和原因等。对盘点清查中发现的问题,应及时查明原因,落实责任,按照规定权限报经批准后处理。

3. 存货处置的内部控制

存货处置是存货退出企业生产经营的重要途径,包括存货因变质、毁损等进行的处置。其主要控制措施有:企业应定期对存货质量进行检查,对于存货变质、毁损、报废或流失的,要弄清原因,分清责任,权威审批,及时合理地加以处理,并及时登记账目,保证资产和盈亏真实。

第二节 风险评估与控制测试

一、本循环的风险评估

注册会计师应当清楚了解被审计单位管理层管理生产与存货交易的关键因素和关键业绩指标,因为这些将为识别潜在的重大错报风险提供线索。采购与付款交易的固有风险和检查风险的评估,对生产与存货交易基本上是适用的,这里不再赘述。生产与存货交易也有其自身的特点,以制造类企业为例,影响生产与存货交易和余额的重大错报风险可能包括:

(一)交易的数量和复杂性

制造类企业交易的数量庞大,业务复杂,这就增加了错误和舞弊的风险。

(二)成本基础的复杂性

制造类企业的成本基础是复杂的。虽然原材料和直接人工等直接费用的分配比较简单,但间接费用的分配就可能较为复杂,并且,同一行业中的不同企业也可能采用不同的认定和计量基础。

(三)产品的多元化

这可能要求聘请专家来验证其质量、状况或价值。另外,计算库存存货数量的方法也可能是不同的。例如,计量煤堆、筒仓里的谷物或糖、钻石或者其他贵重的宝石、化工品和药剂产品的存储量的方法都可能不一样。这并不是要求注册会计师每次清点存货都需要专家配合,如果存货容易辨认,存货数量容易清点,就无须专家帮助。

（四）某些存货项目的可变现净值难以确定

例如价格受全球经济供求关系影响的存货，由于其可变现净值难以确定，会影响存货采购价格和销售价格的确定，并将影响注册会计师对与存货计价认定有关的风险进行的评估。

（五）将存货存放在很多地点

大型企业可能将存货存放在很多地点，并且可以在不同的地点之间配送存货，这将增加商品途中毁损或遗失的风险，或者导致存货在两个地点被重复列示，也可能产生转移定价的错误或舞弊。

（六）寄存的存货

有时候存货虽然还存放在企业，但可能已经不归企业所有。反之，企业的存货也可能被寄存在其他企业。

二、本循环的控制测试

（一）以内部控制目标为起点的控制测试

1. 对于生产是否按计划进行。应抽取生产通知单检查是否与月度生产计划书中的内容一致。

2. 生产业务是否根据管理层一般或特定的授权进行。检查生产指令、领料单、薪酬结算单是否都经过特别审批或一般审批。

3. 对于发出原材料是否正确核算。抽取出库单及相关的领料单，检查是否正确输入计算机系统并经适当层次复核；抽取原材料盘点明细表并检查是否经适当层次复核，有关差异是否得到处理。

4. 记录的成本是否为实际发生的而非虚构的。检查有关成本的记账凭证是否附有生产通知单、领发料凭证、产量和工时记录、工薪费用分配表、材料费用分配表、制造费用分配表等，原始凭证的顺序编号是否完整。

5. 所有耗费和物化劳动是否均已反映在成本中。检查生产通知单、领发料凭证、产量和工时记录、工薪费用分配表、材料费用分配表、制造费用分配表的顺序编号是否完整。

6. 成本是否以正确的金额，在恰当的会计期间及时记录于适当的账户。选取样本测试各种费用的归集和分配以及成本的计算；测试是否按照规定的成本核算流程进行核算和账务处理。

7. 存货保管人员与记录、批准人员相互独立。实施询问和观察存货与记录的接触控制以及相应的批准程序。

8. 账面存货与实际存货是否定期核对相符。实施询问和观察存货盘点程序。

9. 存货收发业务是否真实。抽取产成品验收单、产成品入库单并检查输入信息是否准确；抽取发运通知单、出库单并检查是否一致；抽取发运单和相关销售订购单，检查内容是否一致；抽取销售成本结转凭证，检查与支持性文件是否一致并适当复核；抽取产成品存货盘点报告并检查是否经适当层次复核，有关差异是否得到处理。

（二）以风险为起点的控制测试

1. 生产规模可能不适当；可能因生产过量导致存货滞销，或者因产量不足导致存货脱销。检查授权生产的证据。

2. 产品可能没有按照客户要求的规格生产，导致顾客拒收而滞销。检查客户签署的认可函和生产经理批准的证据。

3. 原材料的发出可能未经授权或者发出用于生产的原材料可能不正确，原材料缺货可能导致生产延误，发出的原材料可能未分配或者未正确分配到生产任务中。检查生产经理复核生产任务通知单、跟进未分配的原材料和未完成的原材料通知单的情况。特别地，在期末查询没有分配的原材料发出通知单对于在产品的影响。

4. 原材料可能被盗。通过询问和观察以获取控制被执行的证据。

5. 直接人工工时可能未被记录或者未被分配至正确的生产任务，直接机器工时可能未被记录或者未被分配至正确的任务。检查管理层复核生产报告和工时调节表的证据，检查管理层复核工时差异例外报告的证据，并检查其纠正例外报告所反映的错误的证据。

6. 在产品可能未包括移送下一个生产阶段之前的所有累计成本。对于期末在产品，检查授权将生产任务转移至下一阶段的相关签名；比较原材料、人工工时和机器工时与完成该阶段生产任务的说明书，并检查生产经理监督和更正差异的证据。

7. 产成品仓库人员可能未记录接收的已完成产品，或接收了生产的残次品。检查接收完工产品到产成品仓库的证据；检查管理层复核完工生产报告和追踪出现的误差的证据；使用计算机辅助审计方法，将完成的生产任务与转移到产成品仓库的完工产品进行比对，检查转移的数量、成本是否一致。

8. 产成品可能被盗。询问并观察安全措施的充分性；监盘和观察客户持续或定期的盘点程序，并调整记录在存货主文档中的存货余额；检查出于存货损耗和对期末完工产品、采购商品、销售商品实施截止测试产生的调整。

9. 分配至生产的存货的成本可能存在错误，包括：分配至生产的原材料的金额发生错误；直接人工工时和机器工时未正确分配到生产任务或分配的金额不正确。检查每日生产报告和例外报告，获取管理层复核及采取相关措施的证据。

10. 分配至在产品和产成品的间接费用成本可能没有正确计算，可能未分配至正确的生产任务，或导致应该被费用化的部分可能被记入存货成本。检查管理层对标准成本、费用的分配率和分配基础的审批；询问会计政策的一贯性；检查管理层复核标准成本差异以及产品可变现净值的证据。

11. 已完工产品的生产成本可能没有转移到产成品中。使用计算机辅助审计方法，将完工产品与产成品仓库接收的产品的成本和数量进行核对；检查每日完工产品报告以及管理层复核的证据。

12. 记录的存货数量可能与实际存货数量不一致。检查存货盘点记录的存货余额；检查授权调整已记录存货余额的证据。

13. 存货主文档中总额可能和存货总分类账的金额不一致。检查管理层复核和经授权调整的证据。

14. 存货过时或者状况恶化，以至于其账面价值可能超过了可变现净值。检查管理层复核存货过时和存货减值的证据；询问计算存货减值准备人员的胜任能力；确认行业标准并考虑被审计单位的假设是否合理；测试确定存货销售量的程序化的控制。

15. 控制环境和控制活动可能未能使管理层关注存货的变动、计量或者计价，以及与之高度相关的财务报表中可能存在潜在错误、错报和舞弊。检查管理层监控程序和关键业绩指标的有效性，以防止、发现并纠正生产与存货交易和余额相关的错误和舞弊。

第三节 实质性测试程序

一、生产与存货循环的实质性测试

(一)生产与储存交易的分析测试

1. 根据对被审计单位的经营活动、供应商和顾客的发展历程、贸易条件、行业惯例和行业现状的了解,确定营业收入、营业成本、毛利以及存货周转和费用支出项目的期望值。

2. 根据本期存货余额组成、存货采购、生产水平与以前期间和预算的比较,确定营业收入、营业成本和存货可接受的重大差异额。

3. 实际存货余额、周转率与预期数比较。

4. 计算实际数和预计数之间的差异,并同管理层使用的关键业绩指标进行比较。

5. 通过询问管理层和员工,调查实质性分析程序得出的重大差异额是否表明存在重大错报风险,是否需要设计恰当的细节测试程序以识别和应对重大错报风险。

6. 形成结论,即实质性分析程序能够提供充分、适当的审计证据,或需要对交易和余额实施细节测试以获取进一步的审计证据。

(二)生产与储存交易的细节测试

1. 注册会计师应从被审计单位存货业务流程层面的主要交易流中选取一个样本,检查其支持性证据。例如,从存货采购、完工产品的转移、销售和销售退回记录中选取一个样本。

(1)检查支持性的供应商文件、生产成本分配表、完工产品报告、销售和销售退回文件。

(2)从供应商文件、生产成本分配表、完工产品报告、销售和销售退回文件中选取一个样本,追踪至存货总分类账户的相关分录。

(3)重新计算样本所涉及的金额,检查交易经授权批准而发生的证据。

2. 对期末前后发生的诸如采购、销售退回、销售、产品存货转移等主要交易,实施截止测试。

确认本期末存货收发记录的最后一个顺序号码,并详细检查随后的记录,以检测在本会计期间的存货收发记录中是否存在更大的顺序号码,或因存货收发交易被漏记或错计入下一会计期间而在本期遗漏的顺序号码。

(三)存货余额的细节测试

存货余额的细节测试内容很多,比如:观察被审计单位存货的实地盘存;通过询问,确定现有存货是否存在寄存情形,或者被审计单位存货在盘点日是否被寄存在他人处;获取最终的存货盘点表,并对存货的完整性、存在和计量进行测试;检查、计算、询问和函证存货价格;检查存货的抵押合同和寄存合同;检查、计算、询问和函证存货的可变现净值;等等。这些将在下面的成本审计和存货审计中详细介绍。

二、生产成本的实质性程序

(一)费用支出的审计

企业的费用支出是指一定时期企业为进行生产经营活动而发生的各种资产耗费。根据其用途不同,费用支出可分为生产费用和期间费用。生产费用是指企业在一定时期内为生产一定种类和数量的产品而发生的资产耗费,是形成产品成本的基础。期间费用是指企业在一定时期为了进行管理活动、营销活动和融资活动等而发生的资产耗费。

1. 直接材料费用的审查

直接材料构成产品的实体，直接材料费用在产品成本中往往占最大的比重，是产品成本审计的重点。直接材料费用审查的内容包括：直接材料数量的真实、合理性的审查；直接材料计价正确性的审查；直接材料费用分配合理性的审查。

(1)直接材料数量的真实、合理性的审查。直接材料耗用数量的真实性的审查，应从审阅领、退料凭证和材料费用分配表入手，查明直接材料耗用量中有无非产品生产用料，如工程、福利、车间一般耗用材料混入的情况。同时还要查明退回余料和回收废料的数量是否已从直接材料耗用量中剔除，有无虚增或隐瞒直接材料耗用量的问题。

直接材料耗用数量合理性的审查，主要是将直接材料实际耗用量与其定额耗用量进行对比，查明是否超支。对于耗用量超支的材料要进一步查明超支的原因。通常引起材料耗用量超支的原因有：生产中的损失浪费，领用时计量不准；原材料质量不好；余料或废料未冲账；月末已领未用的材料未办假退料手续；等等。

【例 12—1】

注册会计师对某企业某月直接材料耗用量的真实合理性进行审查时发现下列情况：(1)甲产品的直接材料耗用量，每件的定额耗用量为 10 公斤，实际耗用量为 12 公斤；(2)乙产品的月末在产品成本中的单位材料成本比该月完工产品单位成本还要高。

分析要求：分析上述情况中存在的问题，提出进一步审查的思路。

【参考答案】

甲产品的直接材料实际耗用量大大超过定额耗用量，说明材料耗用量严重不合理，材料费用内部控制不严，使用过程中有损失浪费问题、人为虚增材料成本等问题，也可能有将非生产用材料计入生产成本的问题。注册会计师应进一步审查领、发料的内部控制是否健全有效，深入仓库和车间检查材料质量是否合格，使用是否合理，有关残废料是否实际存在或做适当处理，有关领、发、退材料凭证是否真实、完整，用途是否明确，账务处理是否合规。

乙产品月末在产品成本中材料成本明显有虚增，它无论如何都不应高于完工产品成本，说明月末可能有已领未用材料未办理假退料手续，也可能是人为少结转完工产品成本所致。注册会计师应进一步深入车间，观察车间内是否存在已领未用的材料，盘点在产品的数量，验证完工产品成本结转的正确性。

(2)直接材料计价正确性的审查。直接材料计价正确性的审查应区别不同计价方法分别进行。

在按计划成本计价核算的情况下，重点要查明材料成本差异形成与分配的正确性。对于差异的形成，应重点查明收入材料实际成本计算的正确性；对于差异分配，应重点复算成本差异分配率的计算是否正确，分配额计算是否正确。注意有无通过调节成本差异形成与分配来调节成本的问题。

【例 12—2】

某企业某年 12 月份只采购了一批 A 材料 100 吨，单位买价2 000元，增值税率 17%，运杂费5 000元(假定不扣税)，采购员差旅费2 000元，验收入库实际数量 90 吨。在短少的 10 吨中，1 吨被确认为合理损耗，该企业实际入账该批材料的实际成本为207 000元，进项税额为34 000元。该企业制定的 A 材料计划成本为每吨2 000元。经查阅有关账簿记录得知，A 材料 12 月初结存 50 吨，有成本节约差异 390 元。本月只发出 A 材料一批 80 吨，供产品生产使用。

月末结转成本节约差异1 200元。

分析要求:(1)审查上述业务中存在的问题。

(2)做出有关的账项调整。

【参考答案】

分析存在的问题如下:

(1)存在多计采购成本和少转非常损失材料的进项税金的问题。采购成本共多计了20 450元。包括:采购员差旅费2 000元,非常损失 9 吨材料的实际成本18 450元(9×2 000+9×5 000/100)。少转进项税额3 060元(9×2 000×17%)。

(2)存在任意结转和分配材料成本差异以调节产品成本的问题。本月购入 A 材料的实际成本186 550元(207 000－2 000－18 450),计划成本为180 000元(90×2 000),成本差异为超支6 550元。成本差异分配率为 2.2%[(－390+6 550)/(100 000+180 000) ×100%],发出材料应负担的成本差异为超支3 520元(80×2 000×2.2%)。

上述情况共计隐瞒成本4 720元[3 520－(－1 200)]。

有关调整分录如下:

问题(1)的调整分录:

借:管理费用　　2 000

　待处理财产损失　　21 510

　　贷:材料采购(或材料成本差异)　　20 450

　　　应交税金——应交增值税(进项税额转出)　　3 060

问题(2)的调整分录:

借:生产成本　　4 720

　　贷:材料成本差异　　4 720

在按实际成本计价核算的情况下,除了要认真查明收入材料实际成本计算的正确性外,还要重点查明发出材料计价方法的合理性和使用的一贯性。注意有无利用随意选择和改变存货发出计价方法调节成本的问题。

[例 12－3]

某企业材料按实际成本计价核算,发出材料按全月一次加权平均法计价。注册会计师审查该企业去年 12 月份甲材料明细账发现:月初结存 500 吨,单价 120 元;12 月份只采购了一批 600 吨,单价 130 元,该月初根据生产通知单的要求共发出 700 吨,结转实际成本70 000元。发出材料全部用于开工时一次投料的 A 产品生产,经审查 A 产品成本明细账得知,目前正在生产的 A 产品 300 件全部为 12 月初投产,12 月底已完工 280 件并验收入库。月末办理假退料手续,冲减该产品材料成本12 000元。

分析要求:分析上述业务处理中存在的问题,应采取什么方法进一步查明这些问题,分析该企业这样做的动机可能是什么。

【参考答案】

该企业存在的问题主要有两个:

(1)任意改变存货发出计价方法,任意结转材料成本的问题。根据全月一次加权平均法的原理,本月发出存货的单位成本应当是 125.45 元,而实际结转的发出单位成本为 100 元,每吨少转 25.45 元。

(2)运用假退料手续,虚假冲减该产品材料成本12 000元。因为产品都是在月初投产的,材料也都是在月初产品投产时一次投入的，因此，月末一般不应该存在已领未用的材料。

要进一步查明上述问题，应当运用下列方法：运用复算法，计算核对发出材料的计价方法；运用监盘法，监盘车间是否确实存在已领未用的原材料。

该企业这样做的目的可能是为了隐瞒完工产品成本，虚增利润。

(3)直接材料费用分配合理性的审查。这方面，主要查明分配依据是否合理、分配计算结果是否正确等，注意有无随意分配材料费用、调节成本的问题。

2. 直接人工费用的审计

(1)审查直接人工费用的组成项目是否符合国家规定。审查方法：将薪酬结算单与国家和企业的有关规定进行核对。

(2)审查直接人工费用的内容是否真实、计算是否正确。审查方法：核对职工人事档案中有关薪酬等级的记录，检查职工考勤记录、产量记录、薪酬结算表等的真实性。

(3)审查直接人工费用分配的合理性。审查方法：检查薪酬费用分配表，审查其分配依据是否合理，复算其分配结果是否正确。

3. 制造费用的审计

(1)审查制造费用的组成项目是否合法。审查方法：将制造费用明细账记录与统一财务会计制度的规定进行核对。注意制造费用与相关的管理费用、财务费用、经营费用、营业外支出等的划分是否正确。

(2)审查制造费用发生额的真实性。审查方法：对直接支付的制造费用，要检查费用发生的有关凭证是否真实、合法；对于按比例提取的制造费用，应审查提取依据和比例是否真实合理，提取额的计算和账务处理是否正确；对于按期摊提的制造费用，应审查摊提项目是否符合财务会计制度的规定，摊提期限的确定是否合理，摊提额的计算和账务处理是否正确。

(3)审查制造费用分配的合理性。审查方法：检查制造费用分配表，审查其分配依据是否合理，复算其分配结果是否正确，注意年末应将制造费用全部分配，不得留有余额。

【例 12－4】

注册会计师在审阅某企业某年 12 月份制造费用明细账时，发现了下列记录：

1. 劳动保护费 3 000 元；
2. 劳动保险费 5 000 元；
3. 自然原因造成的在产品盘亏 1 000 元；
4. 意外停电造成的停工损失 5 000 元；
5. 供电车间使用的专利权摊销 1 200 元；
6. 月末制造费用账户的借方余额 6 000 元。

分析要求：分析上述情况中存在的问题，并提出审计处理建议。

【参考答案】

上述情况中存在的问题是：

(1)劳动保险费应计入管理费用；

(2)意外停电造成的停工损失应计入营业外支出；

(3)专利权摊销应计入管理费用；

(4)制造费用在每年 12 月末不应留有余额，借方余额为未分配的制造费用，应当全部转入当年生产成本中去。

(二)费用划分的审计

1. 计入成本与不计入成本的费用划分的审计

审查内容主要包括：应计入产品成本的费用与不应计入产品成本的费用的区分是否正确，查明有无将其他支出计入产品成本，或将应计入产品成本的费用转移到其他支出中去的问题。

审查方法主要是：对照财务制度规定的成本开支范围，审阅"生产成本明细账"和"制造费用明细账"，并与管理费用、其他业务支出、营业外支出、在建工程等明细账记录进行核对。发现疑点，应追查有关原始凭证。

2. 辅助生产费用分配合理性的审查

(1)检查辅助生产费用开支是否真实、合法和符合开支标准。审查方法：检查原始凭证，对照会计制度规定，与有关定额或预算进行比较。

(2)检查辅助生产费用分配方法是否合理和一贯使用，分配结果是否正确。

3. 完工产品与在产品费用划分合理性的审查

(1)在产品盘存数量和加工程度的审查。审查方法：首先，通过审查领退料凭证、产品入库单、废品通知单和在产品台账等记录，检查期末在产品数量有无异常变动；如果有异常变动，就应通过盘点验证在产品数量，或通过加工程度鉴定确定在产品完工程度。

(2)在产品计价的审查。包括：检查所使用的在产品计价方法是否合理，选定的计价方法是否一贯使用，有无任意估计在产品成本以调节完工产品成本的问题。

【例 12—5】

某企业某年 12 月份的 A 产品成本计算单如表 12—1 所示：

表 12—1　　A 产品成本计算单　　单位：元

项　目	产量(件)	直接材料	直接人工	制造费用	合　计
月初在产品成本	10	15 000	4 000	5 000	24 000
本月生产费用	110	150 000	60 000	100 000	310 000
生产费用合计	120	165 000	64 000	105 000	334 000
完工产品成本	100	137 500	55 652	91 304	284 456
月末在产品成本	20	27 500	8 348	13 696	49 544

该产品材料是在开工时一次投入的，产品消耗定额于每年末修订，账面记录在产品完工程度为 75%，月末办理假退料15 000元。

分析要求：

(1)如果你怀疑 A 产品本月材料费用有问题，那么依据是什么？你打算如何进一步查明可能存在的问题？

(2)如果经审查在产品的完工程度为 25%，月末生产车间没有已领未用的原材料，未发现其他问题，则说明该企业 A 产品成本计算存在什么问题？其动机是什么？试编制纠正有关错误后的 A 产品成本计算单。

【参考答案】

(1)怀疑 A 产品本月材料费用有问题的依据是：由于该产品的材料是开工时一次投入的，且年度中未修订消耗定额，因此，完工产品与在产品的单位材料成本应当是一致的。但 A 产品的月初单位材料成本为1 500元，而本月的单位材料成本为1 363.6元(150 000/110)，明显低于月初单位材料成本，说明本月A产品有隐瞒材料成本的问题。隐瞒的手法很可能是办理虚假的假退料手续。进一步审查的方法是到生产车间观察是否有可能存在已领未用的原材料及其数量，以推算12月末是否可能存在已领未用的原材料。

(2)在这种情况下，说明A产品成本计算中存在如下问题：通过办理虚假的假退料手续和加大月末在产品完工程度虚增月末在产品成本，以达到隐瞒完工产品成本、虚增利润的目的。纠正有关问题后重编的成本计算单如表12—2所示：

表12—2　　重编的A产品成本计算单　　单位：元

项　目	产量(件)	直接材料	直接人工	制造费用	合　计
月初在产品成本	10	15 000	4 000	5 000	24 000
本月生产费用	110	165 000	60 000	100 000	310 000
生产费用合计	120	180 000	64 000	105 000	334 000
完工产品成本	100	150 000	60 952	100 000	310 952
月末在产品成本	20	30 000	3 048	5 000	38 048

(三)销售成本的审计

1. 审查产品销售成本的结转是否符合配比原则

审查方法：检查主营业务成本与主营业务收入明细账中的产品品种、规格、数量等是否一致，成本结转与相关收入的确认是否在同一会计期间。

2. 审查产品销售成本的计算方法是否合理和一贯

审查时要注意被审计单位有无随意改变销售成本计算方法来调节当期损益的问题。

3. 审查关联方销售成本的结转与非关联方销售成本的结转是否一致

审查时要注意有无通过多转关联方销售成本，以虚增账面价值，虚增关联方销售收入和非关联方销售损益的问题。

【例12—6】

某企业甲产品明细账显示某年12月初结存500台，每台生产成本200元，12月份完工入库800台，每台生产成本220元，12月份共发出销售950台，均采用托收承付结算方式结算，其中已办理托收手续的有900台，且不存在退货期，也没有保留与所有权相关的控制权，其余50台均未办理托收手续。审查甲产品销售收入明细账记录，本月售出950台，每台售价300元，共计285 000元；审查甲产品销售成本明细账记录，本月结转900台的销售成本，每台200元，销售总成本180 000元。经审查，该企业产品销售成本结转一直使用一次加权平均法。

分析要求：分析上述业务处理中存在的问题及其动机。

【参考答案】

该企业上述账务处理中存在的问题主要是：

(1)存在任意结转销售成本的问题。正确的已销甲产品的单位销售成本为212.3元，比该企业实际结转的单位销售成本200元高出12.3元，因此，该企业实际少结转销售成本12.3×900＝11 070(元)，虚增利润11 070元。

(2)存在销售收入与销售成本不相配比的问题，多确认了50台产品的销售收入。共计多确认销售收入15 000元(50×300)。

两项共多计销售利润26 070元(11 070+15 000)。所以,该企业这样做的目的是为了虚增利润。

三、存货储存的实质性程序

通常,存货的重大错报对资产、生产成本、销售成本都有直接的影响,对于利润计算、所得税计征和利润分配额的确定等,都有间接影响。存货审计,尤其是对存货存在性的监盘和期末余额测试,通常是年度财务报表审计中最为复杂和最费时间的工作。因此,必须高度重视存货审计,选派专业技能更高的注册会计师,分配较多的审计时间,对其进行尽可能大范围的审计。

存货审计的目标是:已记录的存货在资产负债表日是否都存在;资产负债表日存在的存货是否都已列入存货总额;列入资产负债表的存货,企业是否都拥有所有权,有无用作抵押的存货;所有存货的收发计价是否正确,期末跌价准备的计提是否充分;结账日前后发生的存货收入业务是否都计入了适当的报告期;存货项目的有关加总计算和收发计价的计算是否准确;存货与固定资产的分类是否正确;存货的账务处理和报表披露是否符合企业会计准则的规定。

(一)存货的分析性复核

生产循环中常用的分析性复核方法是比较分析法和比率分析法。

1. 比较分析法

在生产循环的分析法复核中,注册会计师通常应进行下列比较分析:

(1)比较前后各期存货余额及其构成,以确定存货的总体合理性。

(2)比较前后各期存货各组成部分余额的变动,以确定它们的总体合理性。

(3)比较存货与供产销额的关系变动,以确定存货的总体合理性和质量。

(4)将本期存货处理损失额与存货跌价准备期末余额进行比较,以判断跌价准备计提的充分性。

(5)将与关联方发生的存货交易的频率、规模、价格和账款结算条件,与非关联方的存货交易相比较,以判断是否总体合理。

2. 比率分析法

在生产循环的分析中,注册会计师运用的比率主要是存货周转率和毛利率。

(1)存货周转率。存货周转率是本期主营业务成本与平均存货的比率。它是用来衡量销售能力和存货是否积压的指标。利用存货周转率与历史时期进行纵向比较或与同行业其他企业进行横向比较,可以分析存货周转率变动是否异常。如果存货周转率异常下降,就应重点审查存货是否存在积压、陈废、多计存货成本、少提跌价准备等问题。

(2)毛利率。毛利率是本期毛利额与主营业务收入的比率。它是反映盈利能力的主要指标,是用以衡量营业成本结转和营业收入确认的指标。将毛利率与历史时期进行纵向比较或与同行业其他企业进行横向比较,可以分析毛利率是否异常。假如毛利率异常升高,接下来的审计就应重点审查被审计单位是否存在少转营业成本或多计营业收入,以及销售价格和销售结构是否有异常波动的问题。

(二)存货的监盘

1. 存货监盘的意义

存货监盘就是注册会计师现场观察被审计单位存货的盘点,并对已盘点的存货进行适当的检查。其目的主要是为了获取有关存货数量和状况的审计证据,以查明被审计单位记录的所有存货是否确实存在(真实性),已经反映了被审计单位拥有的全部存货(完整性),并属于被审计单位的合法财产(所有权)。当然,要查明被审计单位存货的完整性和所有权,仅仅进行存货监盘往往是不够的,可能还需要实施其他审计程序。

定期盘点存货,合理确定存货的数量和状况是被审计单位管理当局的责任。实施存货监盘,获取有关期末存货数量和状况的充分与适当的审计证据是注册会计师的责任。

监盘存货是存货审计一项必不可少的审计程序。中外许多审计案例表明:不进行存货监盘就很可能发生审计失败。如果无法进行存货监盘,也无法实施满意的替代审计程序,以获取有关期末存货数量和状况的充分与适当的审计证据,就应当考虑出具保留意见或否定意见的审计报告。

2. 存货监盘计划的编制

(1)制定存货监盘计划应当实施的准备工作。为了制定周密、细致的存货监盘计划,以便有效地进行存货监盘,注册会计师制定存货监盘计划前应当充分做好下列准备工作:

①应当充分了解被审计单位存货的内容、性质和重要性,各类存货的重要程度以及存放场所。存货的重要性需要根据下列因素确定:存货与净利润、其他资产的相对金额与内在联系;原材料、在产品与产成品的相对金额;存放于各地店存货的相对金额。注册会计师应根据存货项目的重要程度决定审计资源的投入。

②了解与存货相关的采购、验收、仓储、领用、发运的内部控制和存货的盘存制度;了解与存货盘点相关的内部控制措施;制定合理的存货盘点计划,确定合理的存货盘点程序,配备适当的盘点人员将盘点结果与永续存货记录进行独立的核对、调节,对盘点表和盘点标签进行充分控制。

③评估与存货相关的重大错报风险和重要性。存货通常有较高的错报风险。存货错报风险的高低通常受下列因素影响:存货的数量和种类,品种越繁杂,风险越高;存货成本归集和分配的难易程度,如制造业成本计算较为复杂,故其存货的错报风险通常更高;观察的便捷程度,难以观察的存货,错报风险会较高;废旧过时的速度或易损坏程度,如时装及相关的流行行业,存货过时的风险较高;遭受失窃的可能性和难易程度,如珠宝、金银存货的错报风险通常会较高;等等。外部因素如技术进步、物价波动,也会导致期末存货估价出错,引发错报。存货错报风险越高,其重要性水平应定得越低。

④查阅以前年度的存货监盘工作底稿。这可以了解被审计单位存货储存和盘点情况,过去监盘的做法和发现的问题,为本次监盘提供参考。

⑤考虑实地查看存货的存放场所,特别是金额较大或性质特殊的存货存放场所。这里所谓性质特殊的存货是指难以盘点的、周转缓慢的、存放在多处的、过时或易残次的以及代销的存货。这有助于了解被审计单位存货的摆放、储存和管理情况,为合理安排存货监盘提供现实依据,防止监盘出现遗漏问题。

⑥考虑是否需要利用专家的工作或其他注册会计师的工作。存货监盘通常涉及存货品质鉴定,这往往需要注册会计师所不具备的专业知识与技能,此时,应当考虑利用专家的工作。

⑦获取、审阅和评价被审计单位的盘点计划。为了确保客户管理层的存货计划符合存货监盘的需要,保证监盘质量,在客户存货盘点计划编制过程中,注册会计师应当与客户管理层进行讨论和沟通,提出审计监盘的要求;客户盘点计划初稿编出后,注册会计师还应进行复核,检查盘点安排的合理性及与监盘工作的协调性。在复核或与管理层讨论其存货盘点计划时,注册会计师应当考虑下列因素,以评价其能否合理地确定存货的数量和状况:盘点的时间安

排；存货盘点范围和场所的确定；盘点人员的分工及胜任能力；盘点前的会议及任务布置；存货的整理和排列，对毁损、陈旧、过时、残次及所有权不属于被审计单位的存货的区分；存货的计量工具和计量方法；在产品完工程度的确定方法；存放在外单位的存货的盘点安排；存货收发截止的控制；盘点期间存货移动的控制；盘点表单的设计、使用与控制；盘点结果的汇总以及盘盈、盘亏的分析、调查与处理。

如果认为被审计单位存货盘点计划有缺陷或与监盘工作不协调，注册会计师应当提请被审计单位予以调整。

(2)存货监盘计划的主要内容。存货监盘计划应当包括下列主要内容：

①存货监盘的目标、范围及时间安排。存货监盘的目标是获取被审计单位资产负债表日有关存货数量和状况的审计证据，检查存货数量是否真实完整，是否归属被审计单位，有无毁损、陈废、残次等状况。监盘的范围取决于存货的重要性，存货相关内部控制的有效性，以前年度的监盘结果。监盘的时间包括实际查看盘点现场的时间、观察存货盘点的时间和对已盘点存货实施检查的时间等，应当与被审计单位实施存货盘点的时间相协调。

②存货监盘的要点及关注事项。监盘的要点主要包括注册会计师实施存货监盘程序的方法、步骤，各个环节应当注意的问题以及所要解决的问题。应当注意的问题包括盘点期间的存货移动、存货的状况、存货的截止确认、存货的存放地点及金额等。

③参加存货监盘人员的分工。应当根据被审计单位参加盘点人员分工、分组情况，存货监盘工作量大小和人员素质情况，确定参加存货监盘人员的组成，各组成人员的职责和具体负责的工作，并加强督导。

④检查存货的范围。注册会计师对已监盘存货的抽查范围取决于注册会计师观察到的被审计单位存货盘点的组织和实施情况、存货的相关内部控制的有效性及存货盘点的难易程度等。

【例 12—7】

甲公司为果汁生产企业，存货在资产中的比重较大，存货主要是苹果、果汁半成品和瓶装果汁产品。苹果储存在采购地的 10 个简易棚内，果汁半成品储存在 5 个百吨级大罐内，瓶装果汁产品存放在本企业仓库和 3 个经销点仓库中。甲公司对存货采取永续盘存制核算。为了获得银行贷款，甲公司首次聘请 ABC 事务所对其 2010 年度财务报表进行审计，ABC 事务所指派 A 注册会计师负责此项审计，其制定的存货监盘计划部分内容如下：

(1)认为苹果存放分散且存放地点简陋，出错和散失的风险较高，评估其重大错报风险较高，计划分 5 个组于 2010 年 12 月 30 日和 31 日对 10 个简易棚的苹果进行监盘，确定其实际存量。

(2)认为果汁半成品存放在本企业内的密实的大罐中，收发和保管都有详细的记录和有效的内部控制，评估其重大错报风险较低，计划 2010 年 12 月 31 日通过观察大罐存量指示器和检查相关收发凭证的方法确定其存量。

(3)认为瓶装果汁产品保管安全，收发和保管都有详细的记录和有效的内部控制，评估其重大错报风险较低，但考虑到有两个经销点比较遥远，亲自前往监盘成本较高，故计划在 2010 年 12 月 31 日对甲公司自己保管的和比较近的一个经销点保管的产品亲自进行监盘，其余两个经销点保管的产品采取函证的方法确定存量。

要求：逐项分析 A 编制的上述存货监盘计划条款是否存在问题，如果存在问题，请指出存在的问题并提出改进的建议(假定甲公司盘点时间与审计组的监盘时间一致)。

案例分析：

(1)存在的问题是没有同时监盘。建议安排同时监盘。

(2)果汁半成品的风险应当评估为特别风险，因为审计目的为银行贷款，存货资产的真实性十分重要，历史经验表明大型灌装资产特别容易造假。审计程序无法实现审计目标，还应使用浸蘸、测量棒、利用专家工作等方法确定实存数量。

(3)产品储存风险应当评估为较高，因为其储存分散，存量真实性对收入确认影响重大。对两个遥远的经销点保管的产品实际数量的确定应视其重要性而定。如果比较重要，应当采取委托当地事务所代为监盘的方法进行；如果不重要才能采取函证的方法确定其存量。

3. 存货监盘程序的实施

(1)实施观察程序。在被审计单位盘点存货前，注册会计师应当观察盘点现场，确定应纳入盘点范围的存货是否已经适当整理和排列，并附有盘点标识，防止遗漏或重复盘点。对未纳入盘点范围的存货，应当查明未纳入的原因。对所有权不属于被审计单位的货物，注册会计师应当取得其规格、数量等有关资料，确定是否已分别存放、标明和未被纳入盘点范围。

在实施存货监盘过程中，注册会计师应当跟随被审计单位的存货盘点人员，注意他们是否严格遵循盘点计划，进行充分的盘点，并准确地记录存货的数量和状况。

(2)实施抽查程序。注册会计师应当对已盘点的存货进行适当的检查，将检查结果与被审计单位盘点记录相核对，并形成相应记录。抽查的目的既可以是为了确证被审计单位的盘点计划得到适当执行(控制测试)，也可以是为了证实被审计单位的存货实物总额(实质性测试)。

如果观察程序能够表明被审计单位的组织管理得当，并存在充分有效的盘点、监督和复核程序，则可以减少所需抽查的存货项目。抽查规模的确定还应考虑存货的性质和样本选择方法。

注册会计师应当从被审计单位的盘点记录中选取抽查项目。选取抽查项目时应当注意将难以盘点、难以观察盘点、重要的及隐蔽性较强的存货纳入抽查范围，应尽可能将抽查项目对被审计单位保密。

在抽查中，应当从存货盘点记录中选择项目追查至存货实物，以测试盘点记录的真实性；还应当从存货实物中选择项目追查至存货盘点记录，以测试盘点记录的完整性。

如果注册会计师实施抽查时发现了差异，应当查明原因，及时提请被审计单位更正；如果差异较大，应考虑扩大抽查范围；如果追加的抽查仍发现较大的差异，应要求被审计单位重新盘点。如果重大差异仅限于某一地点、某些品种或某个盘点小组，也可将重新盘点的范围限于某一地点、某些品种或某个盘点小组。

(3)监盘时需要特别关注的情况。要关注存货的移动情况，防止遗漏或重复盘点。为此，最好能在盘点时停止存货收发流动。如果多处进行盘点，应同时停止收发和相互流动，以确保盘点质量。

注册会计师监盘时不仅应当关注存货的数量，而且应当关注存货的状况，观察被审计单位是否已经恰当区分所有毁损、陈旧、过时及残次的存货；关注存货状况是对被审计单位存货计价认定进行验证的重要方面。应当将观察的存货状况详细记录下来，以便编制和查验存货跌价准备明细表。

注册会计师应当获得盘点日前后存货收发及移动的凭证，检查库存记录与会计记录的期末截止是否正确。由于盘点日不一定就是截止日，因此，要验证截止日存货的真实性和完整性就需要获得：盘点日前后的存货收发及移动的凭证，验证存货盘点范围的真实完整性；截止日前后存货收发及移动的凭证，验证库存记录与会计记录的期末截止是否正确；盘点日至截止日之间的存货收发及移动的凭证，以便确定盘点日与截止日之间存货的变动是否已做出正确的记录，并根据监盘结果调节、验证期末（截止日）存货的真实、完整性。

（4）存货监盘结束时的工作。在被审计单位存货监盘结束前，注册会计师应当实施下列审计程序：再次观察盘点现场，以确定所有应纳入盘点范围的存货是否均已盘点；取得并检查已填用、作废及未使用盘点表单的号码记录，确定其是否连续编号，查明已发放的表单是否均已收回，并与存货盘点的汇总记录进行核对，以确定存货盘点记录的真实完整性。

如果存货盘点日不是资产负债表日，注册会计师应当实施适当的审计程序，确定盘点日与资产负债表日之间存货的变动是否已做了适当记录，以便根据这些适当的记录，再盘点存货量，调节核对资产负债表中的存货量是否正确。

如果被审计单位存货核算采用永续盘存制，注册会计师应当关注永续盘存制下的期末存货结余与存货盘点结果之间是否一致。如果两者之间存在重大差异，应当追加审计程序查明原因。如果是永续盘存记录错误所致，应当要求被审计单位进行适当调整；如果是盘点不准确所致，应当要求被审计单位重新进行盘点。

4. 几种特殊情况的处理

（1）由于存货的性质和位置而无法实施监盘程序的。由于存货的性质和位置而无法实施监盘程序的，注册会计师可考虑实施下列替代审计程序获取有关期末存货数量和状况的充分、适当的审计证据：检查进货交易凭证或者生产记录以及其他相关资料；检查资产负债表日后发生的销货交易凭证；向顾客或供应商函证。

具体来说：由于被审计单位存货的性质导致无法实施存货监盘的情况，包括但不限于：第一，存货涉及保密问题，例如商品生产过程中需要利用特殊配方或制造工艺，或者涉及了解机密的政府合同；第二，存货系有害物质，例如辐射物质、有害化学物质等。

对性质特殊而无法监盘的存货，通常可适用下列替代审计程序：审阅购货、生产或销售记录；向能够接触到相关存货的第三方函证；其他有关程序，如验证有害物质生产、储存、使用、处置的审批报告等。需要说明的是，这些替代审计程序的使用需要被审计单位存在值得信赖的相关内部控制，因此，应当进行相关的控制测试。

有时存货的位置特殊，如在途存货，也会导致无法实施监盘。由于此类存货比重往往较小，所以一般情况下可通过审查相关购销凭证加以验证。对于储存在公共仓库等地的存货，还可通过函证等方式审查。

（2）由于不可预见的因素导致无法在预定日期实施存货监盘，或接受委托时被审计单位存货盘点已经完成。在这两种情况下，注册会计师应当评估存货内部控制的有效性，对存货进行适当抽查或提请被审计单位另择日期重新盘点，同时测试该期间发生的存货交易，以获得有关期末存货数量和状况的充分与适当的审计证据。

不可预见的因素导致注册会计师无法在预定日期实施存货监盘的情况主要有两种：一是注册会计师无法亲临现场；二是注册会计师到达现场，但由于自然等不可抗拒原因而无法在预定日期抽查。前者可考虑提请被审计单位改变盘点日期或择日重新盘点，后者可改日进行抽查。两种情况下，都应当对原盘点日或抽查日与新盘点日或抽查日之间发生的交易进行测试。

受托时被审计单位存货盘点已经完成的，注册会计师应当首先评估存货内部控制的有效性。如果相关内部控制较为有效，存货不太重要的，可进行适当抽查，根据抽查结果和经测试的抽查日与盘点日之间的交易记录结果，验证盘点结果的真实完整性；如果相关内部控制不够有效，或存货较为重要的，应当提请被审计单位另择日期重新盘点，同时测试新盘点日与资产负债表日之间发生的存货交易，以获得有关期末存货数量和状况的充分与适当的审计证据。

(3)委托其他单位保管或以作出质押的存货。对委托其他单位保管或以作出质押的存货，注册会计师应当向保管人或债权人函证。如果此类存货的金额占流动资产或总资产的比例较大，还应当考虑实施存货监盘或利用其他注册会计师的工作。

(4)首次接受委托的情况。当首次接受委托未能对上期期末存货实施监盘，且该存货对本期财务报表存在重大影响时，如果已获取有关本期期末存货余额的充分、适当的审计证据，注册会计师应当实施下列一项或多项审计程序，以获取本期期初存货余额的充分、适当的审计证据：查阅前任注册会计师工作底稿；复核上期存货盘点记录及文件；检查上期存货交易记录；运用毛利百分比法等进行分析。

5. 存货监盘结果对审计报告的影响

注册会计师应当根据已获得的审计证据，形成有关期末存货数量和状况的审计结论，并确定对审计报告的影响。

(1)如果无法实施存货监盘，也无法实施替代审计程序以获取有关期末存货数量与状况的充分、适当的审计证据，应当考虑出具保留意见或无法表示意见的审计报告。

(2)如果通过实施存货监盘发现被审计单位财务报表存在重大错报，且被审计单位拒绝进行调整，应当考虑出具保留意见或否定意见的审计报告。

(3)如果首次接受委托，并实施准则规定的必要审计程序后，仍未能获取有关本期期初存货余额的充分、适当的审计证据，应当考虑出具保留意见或无法表示意见的审计报告。

【例 12－8】

资料：T 公司设立于 2003 年 7 月，从事海产品捕捞及销售业务。ABC 会计师事务所于 2003 年 11 月 30 日接受委托，承接了 T 公司 2003 年度会计报表审计业务。A 注册会计师受 ABC 会计师事务所指派，负责该项审计业务。2003 年 12 月中旬，A 注册会计师对 T 公司进行预审过程中，获知以下情况：(1)T 公司拥有 12 艘渔轮，其中 9 艘为近海渔轮，3 艘为远洋渔轮。由于远洋捕捞业务的季节性和特殊性，至 2003 年 12 月 31 日，3 艘远洋渔轮仍在海外作业，并将于 2004 年 6 月 30 日全部返港。(2)T 公司的 1 艘远洋渔轮捕捞的海产品全部委托 F 国的一家仓储公司代为储存，由 T 公司在 F 国设立的经销处组织销售。该艘远洋渔轮将在 2004 年 4 月 30 日到 F 国最后一次卸货，并于 6 月 30 日空载返回至国内休整。(3)T 公司将于 2003 年 12 月 31 日分别对不同地点的存货数量采用不同的方法予以核实：对于国内冷库库存存货，由公司组织相关人员进行盘点，填写盘点表，由财务部门核对确认；对于 9 艘近海渔轮，要求于 2003 年 12 月 31 日返港，由公司组织相关人员在卸货时采用磅秤测量的方法对其存货进行盘点并另库存放，由财务部门根据盘点表核对确认；对于外海作业的 3 艘远洋渔轮，要求按照公司统一部署实施盘点，填写盘点表并传真回公司，经公司的生产部门核实后，由财务部门核对确认；对于储存于 F 国的海产品存货，要求其经销处组织盘点，并将存货盘点表传真回公司，由财务部门核对确认。

A 注册会计师决定对国内冷库库存存货以及返港的 9 艘渔轮的存货实施监盘，并对储存于 F 国的海产品存货委托 F 国 G 会计师事务所实施监盘。

T 公司向有关部门提交年度会计报表的截止时间为 2004 年 4 月 30 日，注册会计师无法在该截止日前对远洋渔轮的存货实施监盘程序。T 公司希望 A 注册会计师理解公司存货存放位置的特殊性，要求通过检查公司生产计划与生产日志、存货收发存记录以及经财务部门核对确认的期末存货盘点表等，对远洋渔轮 2003 年 12 月 31 日的存货数量予以审计确认。

案例分析要求：

1. 针对资料(3)，对于 T 公司使用磅秤测量方法进行的存货盘点，简要说明 A 注册会计师在监盘过程中应当考虑实施哪些审计程序。

2. 针对资料(2)，请回答 A 注册会计师能否同意 T 公司的要求，并简要说明理由。

3. 针对资料(1)，假定 ABC 会计师事务所于 2004 年初接受委托审计 T 公司 2003 年度会计报表，而 T 公司已于 2003 年 12 月 31 日对存货进行了盘点。请回答，为确认 2003 年 12 月 31 日 T 公司国内冷库库存存货以及返港的 9 艘近海渔轮存货的数量，A 注册会计师应当实施哪些必要的审计程序。

案例分析：

1. 在监盘前和监盘过程中均应检查磅秤的准确性，并留意磅秤的位置移动与重新调校程序，将检查与重新称量的程序相结合，并检查重量单位换算是否准确。

2. 不应同意。由于资产负债表日中大比重的在途存货无法监盘，且不存在其他可替代的审计程序。

3. 首先，要评估该公司存货相关内部控制的健全、有效性，以确定抽盘规模；然后，提请客户择日对抽查到的存货重新盘点，并进行监盘；最后，在测试报表日志盘点日之间收发业务真实、正确性的基础上，调节报表日存货实存数，并与账存数进行核对，以查明期末存货的公允真实性。

(三)存货计价的审计

存货计价测试主要是针对被审计单位所使用的存货单位成本是否正确进行的测试。因此，存货成本审计是存货计价测试的一项主要内容，这已在本章第三节中详细讲述。这里主要介绍存货收发计价审计和存货期末计价审计两个方面。

1. 存货收发计价审计

测试计价正确性时，首先应对存货价格的组成内容进行审核，然后按照所了解到的计价方法对所选择的存货样本进行独立计价复算，最后将复算结果与被审计单位账面记录进行对比，编制对比分析表，确定有无差异，差异是否重大。如果差异重大，要分析差异形成原因。如果是测试范围不足所致，应当扩大测试范围；否则应当向被审计单位提出调整建议。

对收入存货计价的审查，可通过审核卖方发票、有关费用结算单、领单料、工资费用分配表、制造费用分配表、事先规定的损耗率等，审查收入存货的计价范围和内容是否符合会计准则的规定。根据企业会计准则规定，存货应按实际成本计价入账。不同行业不同来源存货的实际成本构成内容是不一样的。商业企业库存商品一般只按进价和有关税金作为实际成本计价入账；工业企业外购存货的实际成本包括买价、运杂费、途中合理损耗、入库前挑选整理费及其有关税金；自制存货的实际成本包括直接材料、直接人工和制造费用。审查时应注意，有无应计入实际成本的内容而没有计入、不应计入实际成本的内容反而计入的问题，计价的方法是否合理和一贯。

在实行计划成本、定额成本核算存货的工业企业和按售价金额核算库存商品的商业企业，收入各种存货时，可按计划成本、定额成本和商品售价入账，同时要将计划成本、定额成本和商品售价与实际成本的差额，记入成本差异账户。因此，在实行计划成本、定额成本和售价金额核算的企业，审查收入存货的计价是否正确时，还应重点复查成本差异形成与分配的正确性。

对于发出存货计价正确性的审查，应区别不同的计价方法分别进行审查。对于按实际成本计价的存货,会计准则规定,企业可以根据实际情况选择使用先进先出法、移动加权平均法、加权平均法、个别辨认法、后进先出法,商业企业还允许使用毛利率法和零售价格法。因此,审计时,应查明企业采用的是哪种计价方法,这种计价方法是否符合会计准则规定和被审计单位实际情况,前后各期使用的计价方法是否一致,如有变动,应查明原因。在此基础上,还应查明发出存货成本计算与结转的正确性。对于按计划成本、定额成本或售价金额核算的存货,其发出存货的实际成本是通过扣除或附加它应负担的成本差异或进销差价来计算的,因此,审计时应重点审查成本差异或进销差价分配结转的正确性,检查有无利用多转或少转成本差异或进销差价,调节企业盈亏的问题。

2. 存货期末计价审计

由于企业对期末存货采用成本与可变现净值孰低法计价,所以,应充分关注企业对存货可变现净值的确定及存货跌价准备的计提。

注册会计师应获取或编制被审计单位存货跌价准备明细表,检查被审计单位是否于期末对存货价值作出检查分析,存货跌价准备计提的依据、方法是否合理,前后各期是否一致,计算及会计处理是否正确。对计提了存货跌价准备的项目,应抽查其期后售价是否低于原始成本,跌价额与跌价准备计提额是否大致相符。此外,还应验明存货跌价准备的披露是否恰当。

【例 12—9】

资料:注册会计师 X 受事务所指派,负责审计 M 公司 2004 年度会计报表中的存货项目。审计中,他注意到 M 公司存货只有 A、B 两种产品。2004 年初有 A 产品20 000件,单位生产成本 300 元,A 公司为其确定的单位可变现净值为 295 元;有 B 产品10 000件,单位生产成本 100 元,A 公司确定的单位可变现净值为 110 元,存货跌价准备账户年初余额为 0。2005 年销售 A 产品12 000件,单位净售价 275 元;销售 B 产品6 000件,单位净售价 110 元,发出销售 A 产品采用先进先出法核算。2004 年完工入库 A 产品10 000件,单位生产成本均为 280 元;完工入库 B 产品5 000件,单位生产成本 95 元。年末估计单位 A 产品可变现净值为 280 元,B 产品可变现净值为 100 元,所以,年末存货跌价准备账户余额依然为 0。2005 年 1 月销售 A 产品8 000件,净售价 260 元。

分析要求:根据上述资料,分析该企业存货跌价准备核算中存在的问题。

案例分析:

1. 不分品种合并计提跌价准备是错误的,因而少提了跌价准备。年初少提 10 万元(20 000×5)。

2. 年末少提跌价准备金 8 万元(8 000×15—40 000)。

3. 少转销跌价准备 6 万元(12 000×5)。

4. 存货跌价准备计提不足,销售 A 产品时依然发生大额损失。

上述问题的目的在于虚增利润。

(四)存货的截止测试

1. 购货业务的截止测试

购货业务截止日的审查,主要是检查截至当年 12 月 31 日,企业所购存货是否已包括在 12 月 31 日存货盘点范围内,其对应的会计记录是否一并记入当年会计报表内。一般应以截止日为界限,分别向前倒推和向后顺推若干日,按顺序选择金额较大的购货业务发票或验收单进行审查。如果 12 月底入账的发票附有 12 月 31 日或之前日期的验收报告或入库单,则货物肯定已经入库,并已包括在本年的实际盘点存货范围内,如果验收报告或入库单日期为次年 1

月份的日期，则货物不会列入年底实地盘点的存货中；反之，如果仅有验收报告或入库单而无购货发票，则应认真审核每一份验收报告或入库单上面是否盖有暂估入库印章，并以暂估价记入当年存货账内，待次年初以红字冲销。

购货业务截止日的审查还可通过审阅验收部门的业务记录来进行。凡是结账日前后购入的货物，必须查明其相应的购货发票是否在同期入账；对于未收到购货发票但已入库的存货，应查明是否将入库单分开存放并暂估入账。

2. 产成品业务的截止测试

注册会计师必须审查结账日前后的若干日的产成品交库单、验收单和产成品的销货发票副联与提货单，核对其品种、数量、实际成本与生产成本的结转数以及与产品销售成本是否相符，以验证结账日产成品截止数的正确性，揭露截止期处理不当、人为调节库存产成品的情况。

关键概念

生产成本审计　存货监盘　存货计价审计　存货截止测试

准确理解题

1. 下列有关存货成本审计的说法错误的是(　　)。

(1)存货收入成本审计应主要审查构成内容是否合规和真实，发出成本审计应主要审查计价方法是否合理和一贯；

(2)将生产费用转移到基建支出中去对于本期而言会虚增资产和利润；

(3)虚列名单以虚报冒领工资问题的审查方法是检查工资结算表中是否有职工本人签字；

(4)年末将车间已经领取尚未投入实际使用的材料计入在产品成本。

2. 下列有关存货储存审计的说法错误的是(　　)。

(1)产品存货周转率下降意味着企业存在产品积压或销售成本结转过多等问题；

(2)存货监盘不但可以查明存货的真实性，而且有助于查明应付账款和应收账款的真实性；

(3)合理确定存货数量和状况是CPA监盘的责任；

(4)存货监盘的范围取决于存货的内容、性质，相关内控的有效性，重大错报风险的评估结果。

复习思考题

1. 如何进行直接材料费用审计、制造费用审计和销售成本审计？

2. 如何审计生产费用在不同会计期间、不同产品、在产品和完工产品之间的划分是否合理？

3. 存货监盘有何重要意义？存货监盘情况对财务报表审计意见的形成有何影响？

4. 注册会计师为什么要制定存货监盘计划？如何制定存货监盘计划？

5. 如何实地观察存货盘点？如何抽查存货盘点结果？对抽查发现的问题应作如何处理？

6. 如何进行存货计价审计和截止测试？

讨论分析题

1. ABC会计师事务所的注册会计师A和B受命负责审计甲公司2014年度财务报表。

2014年11月，A和B对甲公司的内部控制进行了初步了解和测试，注意到下列情况：(1)甲公司主要生产和销售电视机。(2)甲公司生产的电视机全部发往各地办事处和境外的销售分公司销售。办事处除自行销售外,还将一部分电视机寄销在各商场。每月初,办事处将上月收发存的数量汇总后报公司财务部门和销售部门,财务部门作相应的会计处理;甲公司生产的电视机约有30%出口。出口的电视机发往境外销售分公司,再分销到世界各地。境外销售分公司历年来未经审计,2014年也计划不安排审计。(3)鉴于每年末都是电视机销售旺季,为保证各办事处和境外销售分公司货源,甲公司总部仓库每年末不保留产成品。

通过内部控制的测试,A和B注意到甲公司存货相关内部控制存在如下缺陷:(1)以前年度虽有完整的存货会计记录和仓库记录,但未对存货实施盘点;(2)发出电视机时未全部按顺序进行会计和保管记录;(3)生产电视机所需的零星C材料由XYZ公司代为保管,甲公司未对C材料的变动进行会计记录;(4)每年12月25日以后发出的存货在仓库的明细账上进行记录,但未在会计账上进行反映;(5)发出材料存在不按既定计价方法核算的问题;(6)会计记录和仓库明细账均反映了代XYZ公司保管的E材料。

在A和B的参与下,2014年12月27日甲公司编制了存货盘点规划,其部分内容如下:(1)总部存货由采购、生产、销售、仓库和财务等部门相关人员组成的盘点小组,在12月31日进行盘点。办事处及境外存货的盘点分别由各办事处和境外销售分公司负责于12月31日前后进行,盘点结束后分别将盘点资料报送公司财务部门和仓库部门。(2)限于人力,寄销在各商场的电视机一个办事处的账面记录为准,不进行盘点。(3)由于年底前后是销售旺季,盘点时生产34寸彩电的生产线不能停产,12月31日仓库除发出34寸彩电之外,不对外发出其他存货。(4)各盘点单位按存货类别和相关明细记录填写盘点清单的账存数、摆放存货,填写连续编号的盘点标签。(5)由于XYZ公司寄存的E材料与甲公司自身的E材料并无区别,故未单独摆放。E材料的库存数以盘点数扣除XYZ公司寄存的E材料账面数确定;由XYZ公司代管的C材料不安排盘点,库存数直接根据XYZ公司的记录确定。(6)废品与毁损品不进行盘点,以财务部门和仓库部门账面记录为准。

根据甲公司存货内部控制的情况和盘点计划,A和B确定了存货监盘计划,其部分内容如下:(1)随机选择1/3的办事处进行存货监盘,其余直接查阅其盘点记录和账面记录;(2)对在各商场寄销的电视机以经审阅的办事处的账面记录为准;(3)对境外销售分公司的存货不进行监盘,直接审阅其盘点记录和账面记录;(4)对XYZ公司代管的C材料,采取向XYZ公司函证的方式确认;(5)在甲公司盘点后,注册会计师按存货期末余额的5%复盘;(6)复盘结束后,注册会计师与甲公司盘点人员分别在盘点清单上签字,并视情况考虑是否索取盘点前的最后一张验收报告单(或入库单)和最后一张发货凭证(或出库单)。

案例分析要求:

(1)A和B通过内部控制测试所注意到的各项缺陷分别会对存货的公允真实性产生什么影响?

(2)针对A和B注意到的甲公司存货内部控制的上述缺陷,请代A和B针对每一项缺陷确定一项最主要的实质性测试程序,并分别说明实施各项程序能够实现的审计目标。

(3)分析甲公司编制的上述盘点计划中的那些内容有哪些不妥当之处,并予以纠正。

(4)分析A和B编制的上述存货监盘计划中的那些内容有哪些不妥当之处,并予以纠正。

(5)如果A和B以甲公司境外销售分公司的存货未经实地监盘为由,决定对甲公司2014年度会计报表出具拒绝表示意见的审计报告,请判断是否妥当,并简要说明理由。(根据2005年全国注册会计师资格考试《审计》试题改编)

2. 某注册会计师在X公司2014年度财报审计中负责存货审计,审计中他发现了下列情况:

(1)3月7日采购的100吨甲材料,支付买价100万元,运杂费1万元,实际入库90吨,合理损耗1吨,该企业该批材料入账成本101万元(增值税率为买价的17%,可抵扣)。

(2)该企业A材料采用加权平均法进行发出计价,12月末确定该月发出A材料30吨,单价900元,月末结存10吨,单价1 300元。

(3)该企业B类材料按计划成本计价核算。原材料——B账户12月初借方余额100万元,本月借方发生200万元,贷方发生220万元;材料成本差异账户12月初为借方余额2万元,本月借方发生1万元,月末红字结转3万元。

(4)该企业生产三种产品,12月末库存甲产品成本20万元,可变现净值18万元;乙产品成本30万元,可变现净值31万元;丙产品成本25万元,可变现净值24万元;该企业年末计提产品存货跌价准备2万元(无年初余额)。

(5)2014 年末监盘该企业存货发现,库存 C 材料 2 吨,已无法使用,估计残值 1 万元,该企业入账成本每吨 10 万元,至 2014 年末已计提跌价减值准备 8 万元。

(6)2014 年末监盘该企业存货发现,甲产品存库账存 40 吨,实际结存 35 吨,每吨账面加权平均成本 0.5 万元。(假定入库数量是真实的,保管是安全的)

(7)检查甲产品生产成本明细账发现,该企业运用约当产量法确定其期末在产品成本,该产品材料按加工进程均匀投料。经查,月末在产品加工程度为 60%,12 月末甲产品在产品单位成本 0.8 万元,本月完工产品成本 0.5 万元。

要求:(1)分析上述情况存在的问题。

(2)提出处理上述问题的审计建议,并代替注册会计师作调整分录。

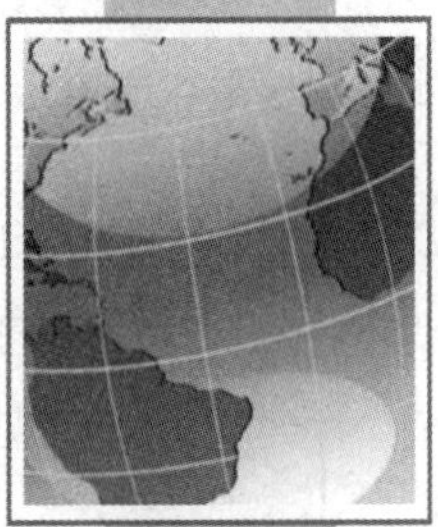

第十三章 筹资与投资循环审计

第一节　业务流程与内部控制

筹资与投资循环由筹资活动和投资活动的交易事项构成。筹资活动是指企业为满足生存和发展的需要，通过改变企业资本及债务规模和构成而筹集资金的活动。投资活动是指企业为享有被投资单位分配的利润，或为谋求其他利益，将资产让渡给其他单位而获得另一项资产的活动。筹资活动主要由借款交易和股东权益交易构成。投资活动主要由权益性投资交易和债权性投资交易构成。

一、本循环的业务流程

(一)筹资活动的主要业务

1. 审批授权

企业通过借款筹集资金需经管理层的审批，其中债券的发行每次均要由董事会授权；企业发行股票必须依据国家有关法规或企业章程的规定，报经企业最高权力机构(如董事会)及国家有关管理部门批准。

2. 签订合同或协议

向银行或其他金融机构融资须签订借款合同，发行债券须签订债券契约和债券承销或包销合同。

3. 取得资金

企业实际取得银行或金融机构划入的款项或债券、股票的融入资金。

4. 计算利息或股利

企业应按有关合同或协议的规定，及时计算利息或股利。

5. 偿还本息或发放股利

银行借款或发行债券应按有关合同或协议的规定偿还本息，融入的股本根据股东大会的决定发放股利。

(二)投资活动的主要业务

1. 投资交易的发生

管理层对所有投资交易进行授权。

2. 有价证券的收取和保存

企业所收到的凭证和有价证券应当保存在其经纪人处或由企业的开户银行保存在一个上

锁的安全箱里。

3. 投资收益的取得

如果企业发生了大量的投资活动,企业应当设立单独的银行账户,所有的投资收益都应当存入该账户。

4. 转让证券或收回其他投资

企业可以通过转让证券实现投资的收回;其他投资一经投出,除联营合同期满,或由于其他特殊原因导致联营企业解散外,一般不得抽回投资。

二、内部控制

(一)筹资活动的内部控制

企业的筹资交易涉及短期借款、长期借款和应付债券,这些内部控制基本类似。下面以应付债券为例说明筹资活动的内部控制和控制测试。一般来讲,应付债券内部控制的主要内容包括:

(1)应付债券的发行要有正式的授权程序,每次均要由董事会授权。

(2)申请发行债券时,应履行审批手续,向有关机关递交相关文件。

(3)应付债券的发行,需要有一个受托管理人来行使保护发行人和持有人合法权益的权利。

(4)每种债券发行都必须签订债券契约。

(5)债券的承销或包销必须签订有关协议。

(6)记录应付债券业务的会计人员不得参与债券发行。

(7)如果企业保存债券持有人明细分类账,应同总分类账核对相符,若这些记录由外部机构保存,则须定期同外部机构核对。

(8)未发行的债券必须有专人负责。

(9)债券的回购要有正式的授权程序。

(二)投资活动的内部控制

一般来讲,投资内部控制的主要内容包括下列几个方面:

1. 合理的职责分工

企业的投资业务,应在业务的授权、业务的执行、业务的会计记录以及投资资产的保管等方面都有明确的分工,不得由一人同时负责上述任何两项工作。

2. 健全的资产保管制度

企业对投资资产(指股票和债券资产)一般有两种保管方式:一种方式是由独立的专门机构保管,如在企业拥有较大的投资资产的情况下,委托银行、证券公司、信托投资公司等机构进行保管。这样可以防止各种证券及单据的失窃或毁损,并且由于它与投资业务的会计记录工作完全分离,可以大大降低舞弊的可能性。另一种方式是由企业自行保管,在这种方式下,必须建立严格的联合控制制度,即至少要由两名以上人员共同控制,不得一人单独接触证券。

3. 详尽的会计核算制度

企业的投资资产无论是自行保管还是由他人保管,都要进行完整的会计记录,并对其增减变动及投资收益进行相关会计核算。

4. 严格的记名登记制度

除无记名证券外,企业在购入股票或债券时应在购入的当日尽快登记于企业名下,切忌登记于经办人员名下，防止冒名转移并借其他名义牟取私利的舞弊行为发生。

5. 完善的定期盘点制度

对于企业所拥有的投资资产，应由内部审计人员或不参与投资业务的其他人员进行定期盘点，检查是否确为企业所拥有，并将盘点记录与账面记录相互核对以确认账实的一致性。

第二节 风险评估与控制测试

一、本循环的风险评估

(一)评估筹资活动的重大错报风险

与筹资交易与余额相关的特定固有风险包括：

(1)管理层缺乏完整的筹资战略规划导致的风险。

(2)管理层对企业资金现状不能够全面认识导致的风险。

(3)缺乏完善的授权审批制度导致的风险。

(4)缺乏对筹资条款的认真审核导致的风险。

(5)因无法或不能完全保证支付筹资成本导致的风险。

(6)缺乏严密的跟踪管理制度导致的风险。

(二)评估投资活动的重大错报风险

与投资交易与余额相关的特定固有风险包括：

(1)管理层错误表述投资业务或衍生金融工具业务，影响股价以误导投资者导致的风险。

(2)所取得资产的性质和复杂程度可能导致确认和计量导致的风险。

(3)可能难以计量所持有投资的公允价值产生的风险。

(4)确定持有待有资产或持有至到期投资公允价值的困难性可能最终影响到资产负债表中投资和衍生金融工具的账面价值。

(5)管理层凌驾于控制之上，可能导致投资交易未经授权导致的风险。

(6)可能存在很高的舞弊和盗窃风险，从而影响投资的存在导致的风险。

(7)负责记录投资处置义务的人员没有意识到某投资已经售出。

注册会计师应当通过实施询问、检查文件记录或观察控制程序的执行情况等程序获取准确的信息以支持对重大错报风险的评估。注册会计师不应低估衍生金融工具交易的复杂性，以及潜在的重大错报风险。

二、本循环的控制测试

(一)筹资活动的控制测试

如果企业应付债券业务不多，注册会计师可根据成本效益原则直接进行实质性程序；如果企业应付债券业务繁多，注册会计师可考虑进行控制测试。控制测试方法通常包括如下内容：

(1)取得债券发行的法律性文件，检查债券发行是否经董事会授权、是否履行了适当的审批手续、是否符合法律的规定。

(2)检查企业发行债券的收入是否立即存入银行。

(3)取得债券契约，检查企业是否根据契约的规定支付利息。

(4)检查债券入账的会计处理是否正确。

(5)检查债券溢(折)价的会计处理是否正确。

(6)取得债券偿还和回购的董事会决议,检查债券的偿还和回购是否按董事会的授权进行。

(二)投资活动的控制测试

投资活动的控制测试一般包括如下内容:

(1)索取投资授权批准文件,检查审批手续是否齐全。

(2)询问投资业务的职责分工情况及其内外部对账情况。

(3)检查会计科目表使用情况。

(4)检查会计主管复核印记。

【例 13-1】

甲公司为保证公司投资业务的不相容岗位相互分离、制约和监督,投资业务分别由不同部门或不同职员负责。其中:投资部的A职员负责对外投资预算的编制;投资部的B职员负责对外投资项目的分析论证及评估;财务部负责对外投资业务的相关会计记录。

分析要求:指出甲公司投资业务内部控制设计存在的重大缺陷。

【参考答案】

甲公司的投资业务内部控制存在设计上的重大缺陷。按照内部控制规范的要求,分析论证与评估属于不相容职务,应由不同的部门岗位办理,但甲公司这两种业务由同一人办理。

第三节　实质性测试与程序

一、实质性分析程序和交易的细节测试

(一)实质性分析程序

实质性分析程序是注册会计师在对企业业务了解的基础上进行分析,包括与上年度或预算的比较、比例分析、财务与非财务信息的比较。

(1)建立预测或预算。

(2)计算真实数据与预期之间的差异。

(3)调查重大差异并运用判断。

(4)确定重大差异或临界点。

(5)记录得出结论的基础。

(二)交易的细节测试

注册会计师对投资和筹资交易的细节测试,主要是对筹资和投资项目的发生性、完整性、准确性、截止和分类认定获取的审计证据。在期末,注册会计师应就账户余额的存在性、权利和义务、完整性、计价和分摊认定以及筹资和投资各报表项目账面价值列报与披露的情况获取审计证据。

二、短期借款的审计

(一)借款的审计目标

短期借款的审计目标一般包括:确定期末短期借款是否存在;确定应当列示的短期借款是否均已列示;确定期末短期借款是否为被审计单位应履行的偿还义务;确定短期借款的借入、

偿还及计息的记录是否完整;确定短期借款是否以恰当金额列示在财务报表中;确定短期借款的披露是否恰当。

(二)借款的实质性程序

短期借款的实质性程序通常包括:

1. 获取或编制短期借款明细表。注册会计师应首先获取或编制短期借款明细表,复核其加计数是否正确,并与明细账和总账核对相符。

2. 函证短期借款的实有数。注册会计师应在期末短期借款余额较大或认为必要时向银行或其他债权人函证短期借款。

3. 检查短期借款的增加。对年度内增加的短期借款,注册会计师应检查借款合同和授权批准,了解借款数额、借款条件、借款日期、还款期限、借款利率,并与相关会计记录相核对。

4. 检查短期借款的减少。对年度内减少的短期借款,注册会计师应检查相关记录和原始凭证,核实还款数额。

5. 检查有无到期未偿还的短期借款。注册会计师应检查相关记录和原始凭证,检查被审计单位有无到期未偿还的短期借款,如有,则应查明是否已向银行提出申请并经同意后办理延期手续。

6. 复核短期借款利息。注册会计师应根据短期借款的利率和期限,复核被审计单位短期借款的利息计算是否正确。

7. 检查外币借款的折算。注册会计师应检查外币短期借款的增减变动是否按业务发生时的市场汇率或期初市场汇率折合为记账本位币金额;期末是否按市场汇率将外币短期借款余额折合为记账本位币金额;折算差额是否按规定进行会计处理;折算方法是否前后期一致。

8. 检查短期借款在资产负债表上的披露是否充分。

三、长期借款的审计

(一)长期借款的审计目标

长期借款的审计目标一般包括:确定期末长期借款是否存在;确定应当列示的长期借款是否均已列示;确定期末长期借款是否为被审计单位应履行的偿还义务;确定长期借款的借入、偿还及计息的记录是否完整;确定长期借款是否以恰当金额列示在财务报表中;确定长期借款的披露是否恰当。

(二)长期借款的实质性程序

长期借款的实质性程序通常包括:

1. 获取或编制长期借款明细表,复核其加计数是否正确,并与明细账和总账核对相符。

2. 了解金融机构对被审计单位的授信情况以及被审计单位的信用等级评估情况,了解被审计单位获得短期借款和长期借款的抵押和担保情况,评估被审计单位的信誉和融资能力。

3. 对年度内增加的长期借款,应检查借款合同和授权批准,了解借款数额、借款条件、借款日期、还款期限、借款利率,并与相关会计记录相核对。

4. 检查长期借款的使用是否符合借款合同的规定,重点检查长期借款使用的合理性。

5. 向银行或其他债权人函证重大的长期借款。

6. 对年度内减少的长期借款,注册会计师应检查相关记录和原始凭证,核实还款数额。

7. 检查年末有无到期未偿还的借款,逾期借款是否办理了延期手续,分析计算逾期借款的金额、比率和期限,判断被审计单位的资信程度和偿债能力。

8. 计算短期借款、长期借款在各个月份的平均余额，选取适用的利率匡算利息支出总额，并与财务费用的相关记录核对，判断被审计单位是否高估或低估利息支出，必要时进行适当调整。

9. 检查非记账本位币折合记账本位币时采用的折算汇率，折算差额是否按规定进行会计处理。

10. 检查借款费用的会计处理是否正确。重点注意资本化的条件和数额是否正确。

11. 检查企业抵押长期借款的抵押资产的所有权是否属于企业，其价值和实际状况是否与抵押契约中的规定相一致。

12. 检查企业重大的资产租赁合同，判断被审计单位是否存在资产负债表外融资的现象。

13. 检查长期借款是否已在资产负债表上充分披露。注册会计师应注意长期借款的抵押和担保是否已在财务报表附注中作了充分的说明。

四、应付债券的审计

(一)应付债券的审计目标

应付债券的审计目标一般包括：确定期末应付债券是否存在；确定应当列示的应付债券是否均已列示；确定期末应付债券是否为被审计单位应履行的偿还义务；确定应付债券的发行、偿还及计息的记录是否完整；确定应付债券是否以恰当金额列示在财务报表中；确定应付债券的披露是否恰当。

(二)应付债券的实质性程序

应付债券的实质性程序一般包括：

1. 取得或编制应付债券明细表

注册会计师应首先取得或编制应付债券明细表，并同有关的明细分类账和总分类账核对是否相符。

2. 检查债券交易的有关原始凭证

检查债券交易的各项原始凭证，是确定应付债券金额及其合法性的重要程序，注册会计师应做好以下工作：

(1)检查企业现有债券副本，确定其发行是否合法，各项内容是否同相关的会计记录相一致。

(2)检查企业发行债券所收入现金的收据、汇款通知单、送款登记簿及相关的银行对账单。

(3)检查用以偿还债券的支票存根，并检查利息费用的计算。

(4)检查已偿还债券数额同应付债券借方发生额是否相符。

(5)如果企业发行债券时已作抵押或担保，注册会计师还应检查相关契约的履行情况。

3. 检查应计利息、债券折(溢)价摊销及其会计处理是否正确

此项工作一般可通过检查债券利息、溢价、折价等账户分析表来进行。

4. 函证"应付债券"账户期末余额

为了确定"应付债券"账户期末余额的真实性，注册会计师如果认为必要，可以直接向债权人及债券的承销人或包销人进行函证。函证内容应包括应付债券的名称、发行日、到期日、利率、已付利息期间、年内偿还的债券、资产负债表日尚未偿还的债券及注册会计师认为应包括的其他重要事项。

5. 检查到期债券的偿还

对到期债券的偿还，注册会计师应检查相关会计记录，检查其会计处理是否正确。对可转换公司债券持有人行使转换权利将其持有的债券转换为股票，则应检查其转股的会计处理是否正确。

6. 检查借款费用的会计处理是否正确

7. 检查应付债券是否已在资产负债表上充分披露

注册会计师应注意有关应付债券的类别是否已在财务报表附注中作了充分的说明。

【例 13－2】

审计人员李佳在审计 A 公司应付债券时，发现 2013 年 1 月 1 日该公司为第一条生产线建设筹资而发行 5 年期、面值为1 000万元的债券，票面利率为 6%。假定债券发行时的市场利率为 5%，2013 年 12 月 31 日，该公司计提利息和摊销溢价时，作会计分录为：

借：财务费用	980 000	
应付债券——债券溢价	20 000	
贷：应付债券——应计利息		1 000 000

分析要求：李佳应当提请该公司做怎样的账项调整？

【参考答案】

(1)分析：

债券实际发行价格：10 000 000×0. 783 5＋10 000 000×6%×4. 329 5＝10 432 700(元)

2013年末应付利息：10 000 000×6%＝600 000(元)

2013年末利息费用：10 432 700×5%＝521 635(元)

摊销的利息调整：600 000－521 635＝78 365(元)

(2)提请调整：

借：财务费用	980 000（框）	
应付债券——债券溢价	20 000（框）	
贷：应付债券——应计利息		1 000 000（框）
借：在建工程	521 365	
应付债券——利息调整	78 365	
贷：应付利息		600 000

五、财务费用的审计

(一)财务费用的审计目标

财务费用的审计目标一般包括：确定记录的财务费用是否已发生，且与被审计单位是否有关；确定财务费用记录是否完整；确定与财务费用有关的金额及其他数据是否已恰当记录；确定财务费用是否已记录于正确的会计期间；确定财务费用的内容是否正确；确定财务费用的披露是否恰当。

(二)财务费用的实质性程序

财务费用的实质性程序通常包括：

(1)获取或编制财务费用明细表，复核加计正确，与报表数、总账数及明细账合计数核对是否相符。

(2)将本期、上期财务费用各明细项目做比较分析，必要时比较本期各月份财务费用。如有重大波动和异常情况，应追查原因，扩大审计范围或增加测试量。

(3)检查利息支出明细账，确认利息支出的真实性及正确性。检查各项借款期末应计利息有无预计入账。注意检查现金折扣的会计处理是否正确。

(4)检查汇兑损失明细账，检查汇兑损益计算方法是否正确，核对所用汇率是否正确，前后期是否一致。

(5)检查“财务费用——其他”明细账，注意检查大额金融机构手续费的真实性与正确性。

(6)审阅下期期初的财务费用明细账，检查财务费用各项目有无跨期入账的现象，对于重大跨期项目，应作必要调整。

(7)检查从其他企业或非银行金融机构取得的利息收入是否按规定计缴增值税。

(8)检查财务费用的披露是否恰当。

六、实收资本(股本)的审计

(一)实收资本(股本)的审计目标

实收资本(股本)的审计目标一般包括：确定实收资本(股本)是否存在；确定实收资本(股本)的增减变动是否符合法律、法规和合同、章程的规定，记录是否完整；确定实收资本(股本)期末余额是否正确；确定实收资本(股本)的披露是否恰当。

(二)实收资本(股本)的实质性程序

实收资本(股本)的实质性程序通常包括：

1. 获取或编制实收资本(股本)增减变动情况明细表，复核加计正确，与报表数、总账数和明细账合计数核对是否相符。

2. 查阅公司章程、股东大会、董事会会议记录中有关实收资本(股本)的规定。收集与实收资本(股本)变动有关的董事会会议纪要、合同、协议、公司章程及营业执照、公司设立批文、验资报告等法律性文件，并更新永久性档案。

3. 检查实收资本(股本)增减变动的原因，查阅其是否与董事会纪要、补充合同、协议及其他有关法律性文件的规定一致，逐笔追查至原始凭证，检查其会计处理是否正确。注意有无抽资或变相抽资的情况，如有，应取证核实，作恰当处理。对首次接受委托的客户，应检查并复印记账凭证及进账单。

4. 对于以资本公积、盈余公积和未分配利润转增资本的，应取得股东(大)会等资料，并审核是否符合国家有关规定。

5. 以权益结算的股份支付，取得相关资料，检查是否符合相关规定。

6. 中外合作企业根据合同规定在合作期间归还投资的，检查以下内容：

(1)如系直接归还投资，检查是否符合有关的决议与公司章程和投资协议的规定，款项是否已付出，会计处理是否正确；

(2)如系以利润归还投资，还需检查是否与利润分配的决议相符，并检查与利润分配有关会计处理是否正确。

7. 根据证券登记公司提供的股东名录，检查被审计单位及其子公司、合营企业与联营企业是否有违反规定的持股情况。

8. 以非记账本位币出资的，检查其折算汇率是否符合规定。

9. 确定实收资本(股本)的披露是否充分。

【例 13－3】

审计人员对某股份公司年度财务报表审计时发现：甲投资方出资方式由原来的外币现金出资变更为财产物资出资，未办理财产转移手续，但是承诺及时补办；投资协议规定甲方投资85万元，但是实际出资100万元。

分析要求：审计人员应提出怎样的处理建议？

【参考答案】

(1)未办理财产转移手续的，该财产物资不得作为出资。

(2)如办理产权转移手续后，实际出资100万元超过协议规定85万元，应挂账处理：

借：资产	1 000 000	
贷：实收资本		850 000
其他应付款		150 000

七、资本公积的审计

(一)资本公积的审计目标

资本公积的审计目标一般包括：确定资本公积是否存在；确定资本公积的增减变动是否符合法律、法规和合同、章程的规定，记录是否完整；确定资本公积期末余额是否正确；确定资本公积的披露是否恰当。

(二)资本公积的实质性程序

资本公积的实质性程序通常包括：

1. 获取或编制资本公积明细表，复核加计正确，并与报表数、总账数和明细账合计数核对是否相符。

2. 收集与资本公积变动有关的股东(大)会决议、董事会会议纪要、资产评估报告等文件资料，更新永久性档案。首次接受委托的，应检查期初资本公积的原始发生依据。

3. 根据资本公积明细账，对股本溢价、其他资本公积各明细的发生额逐项审查：

(1)对股本溢价，应取得董事会会议纪要、股东(大)会决议、有关合同、政府批文，追查至银行收款等原始凭证，结合相关科目的审计，检查会计处理是否正确。

(2)检查以权益法核算的被投资单位除净损益以外所有者权益的变动，被投资单位是否按其享有的份额入账，会计处理是否正确；处置该项资产时，应注意是否转销与其相关的资本公积。

(3)对拨款转入，审阅有关拨款文件，检查拨款项目的完成情况，结合专项应付款的审计，检查会计处理是否正确。

(4)以权益结算的股份支付，取得相关资料，检查在权益工具授予日和行权日的会计处理是否正确。

(5)若有同一控制下企业合并，应结合长期股权投资科目，检查被审计单位(合并方)取得的被合并方所有者权益账面价值的份额与支付的合并对价账面价值的差额计算是否正确，是否依次调整本科目、盈余公积和未分配利润。

(6)被审计单位将回购的本单位股票予以注销、用于奖励职工或转让，其会计处理是否正确。

(7)对于在资产负债表日，满足运用套期会计方法条件的现金流量套期和境外经营净投资套期产生的利得和损失，是否进行了正确的会计处理。

(8)对资本公积转增资本,应取得股东(大)会决议、董事会会议纪要和政府批文等,检查资本公积转增资本是否符合有关规定,会计处理是否正确。

4. 检查资本公积各项目,考虑对所得税的影响。

5. 确定资本公积的披露是否恰当。

八、盈余公积的审计

(一)盈余公积的审计目标

盈余公积的审计目标一般包括:确定期末盈余公积是否存在;确定盈余公积的增减变动是否符合法律、法规和合同、章程的规定,记录是否完整;确定盈余公积期末余额是否正确;确定盈余公积的披露是否恰当。

(二)盈余公积的实质性程序

盈余公积的实质性程序通常包括:

1. 取得或编制盈余公积明细表,复核加计正确,并与报表数、总账数和明细账合计数核对是否相符。

2. 收集与盈余公积变动有关的董事会会议纪要、股东(大)会决议以及政府主管部门、财政部门批复等文件资料,进行审阅,并更新永久性档案。

3. 对法定盈余公积的发生额逐项审查至原始凭证:

(1)审查法定盈余公积的计提顺序、计提基数、计提比例是否符合有关规定,会计处理是否正确。

(2)审查盈余公积的减少是否符合有关规定,取得董事会会议纪要、股东(大)会决议,予以核实,检查有关会计处理是否正确。

4. 确定盈余公积的披露是否恰当。

九、未分配利润的审计

(一)未分配利润的审计目标

未分配利润的审计目标是:确定期末未分配利润是否存在;确定未分配利润增减变动的记录是否完整;确定未分配利润期末余额是否正确;确定未分配利润的披露是否恰当。

(二)未分配利润的实质性程序

未分配利润的实质性程序通常包括:

1. 获取或编制利润分配明细表,复核加计正确,与报表数、总账数及明细账合计数核对是否相符。

2. 检查未分配利润期初数与上期审定数是否相符,涉及损益的上期审计调整是否正确入账。

3. 收集和检查与利润分配有关的董事会会议纪要、股东(大)会决议、政府部门批文及有关合同、协议、公司章程等文件资料,更新永久性档案;对照有关规定确认利润分配的合法性;检查对资产负债表日后至财务报告批准报出日之间由董事会或类似机构所制定利润分配方案中拟分配的股利,是否在财务报表附注中单独披露。

4. 检查本期未分配利润变动除净利润转入以外的全部相关凭证,结合所获取的文件、资料,确定其会计处理是否正确。

5. 了解本年利润弥补以前年度亏损的情况,如果已超过弥补期限,且已因为抵扣亏损而确认递延所得税资产的，应当进行调整。

6. 结合以前年度损益调整科目的审计，检查以前年度损益调整的内容是否真实、合理，注意对以前年度所得税的影响。对重大调整事项应逐项核实其发生原因、依据和有关资料，复核数据的正确性。

7. 确定未分配利润的披露是否恰当。

十、应付股利审计

(一)应付股利的审计目标

应付股利的审计目标一般包括：确定期末应付股利是否存在；确定期末应付股利是否为被审计单位应履行的支付义务；确定应付股利的记录是否完整；确定应付股利的期末余额是否正确；确定应付股利的披露是否恰当。

(二)应付股利的实质性程序

应付股利的实质性程序通常包括：

1. 获取或编制应付股利明细表，复核加计是否正确，并与报表数、总账数和明细账合计数核对是否相符。

2. 审阅公司章程和股东(大)会决议中有关股利的规定，了解股利分配标准和发放方式是否符合有关规定并经法定程序批准。若被审计单位董事会或类似机构通过利润分配方案拟分配现金股利或利润的，注意是否披露。

3. 检查应付股利的发生额，是否根据股东(大)会决定的利润分配方案，从可供分配利润中计算确定，并复核应付股利计算和会计处理的正确性。

4. 检查股利支付的原始凭证的内容、金额和会计处理是否正确。

5. 现金股利是否按公告规定的时间、金额予以发放结算，对无法结算及委托发放而长期未结的股利是否做出适当处理。

6. 确定应付股利的披露是否恰当。

十一、交易性金融资产审计

(一)交易性金融资产的审计目标

交易性金融资产的审计目标一般包括：确定交易性金融资产是否存在；确定交易性金融资产是否归被审计单位所有；确定交易性金融资产的增减变动及其损益的记录是否完整；确定交易性金融资产的计价是否正确；确定交易性金融资产期末余额是否正确；确定交易性金融资产的披露是否恰当。

(二)交易性金融资产的实质性程序

交易性金融资产的实质性程序通常包括：

1. 获取或编制交易性金融资产明细表，复核加计正确，并与报表数、总账数和明细账合计数核对是否相符。

2. 对期末结存的相关交易性金融资产，向被审计单位核实其持有目的，检查本科目核算范围是否恰当。

3. 获取股票、债券及基金等交易流水单及被审计单位证券投资部门的交易记录，与明细账核对，检查会计记录是否完整、会计处理是否正确。

4. 监盘库存交易性金融资产，并与相关账户余额进行核对，如有差异，应查明原因，并做出记录或进行适当调整。

5. 向相关金融机构发函询证交易性金融资产期末数量以及是否存在变现限制(与存出投资款一并函证),并记录函证过程。取得回函时应检查相关签章是否符合要求。

6. 抽取交易性金融资产增减变动的相关凭证,检查其原始凭证是否完整合法,会计处理是否正确:

(1)抽取交易性金融资产增加的记账凭证,检查其原始凭证是否完整合法,成本、交易费用和相关利息或股利的会计处理是否符合规定。

(2)抽取交易性金融资产减少的记账凭证,检查其原始凭证是否完整合法,会计处理是否正确;注意出售交易性金融资产时其成本结转是否正确,原计入的公允价值变动损益有无调整至投资收益。

7. 复核与交易性金融资产相关的损益计算是否准确,并与公允价值变动损益及投资收益等有关数据核对。

8. 复核股票、债券及基金等交易性金融资产的期末公允价值是否合理,相关会计处理是否正确。

9. 关注交易性金融资产是否存在重大的变现限制。

10. 确定交易性金融资产的披露是否恰当。

十二、可供出售金融资产审计

(一)可供出售金融资产的审计目标

可供出售金融资产的审计目标一般包括:确定可供出售金融资产是否归被审计单位所有;确定可供出售金融资产的增减变动及其损益的记录是否完整;确定可供出售金融资产的计价是否正确;确定可供出售金融资产减值准备的计提方法是否恰当,计提是否充分;确定可供出售金融资产减值准备的增减变动记录是否完整;确定可供出售金融资产及其减值准备期末余额是否正确;确定可供出售金融资产及其减值准备的披露是否恰当。

(二)可供出售金融资产的实质性测试

可供出售金融资产的实质性测试程序通常包括:

1. 获取或编制可供出售金融资产明细表,复核和加计正确,并与总账数和明细账合计数核对是否相符。

2. 获取可供出售金融资产对账单,与明细账核对,并检查其会计处理是否正确。

3. 检查库存可供出售金融资产,并与相关账户余额进行核对,如有差异查明原因,并做出记录或进行适当调整。

4. 向有关金融机构发函询证可供出售金融资产期末数量,并记录函证过程。取得回函时应检查相关签章是否符合要求。

5. 对期末结存的可供出售金融资产,向被审计单位核实其持有目的,检查本科目核算范围是否恰当。

6. 抽取可供出售金融资产增减变动的相关凭证,检查其原始凭证是否完整合法,会计处理是否正确:

(1)抽取可供出售金融资产增加的记账凭证,检查其原始凭证是否完整合法,成本、交易费用和相关利息或股利的会计处理是否符合规定。

(2)抽取可供出售金融资产减少的记账凭证,检查其原始凭证是否完整合法,会计处理是否正确。

7. 复核可供出售金融资产的期末公允价值是否合理，检查会计处理是否正确。

8. 如果可供出售金融资产的公允价值发生较大幅度下降，并且预期这种下降趋势属于非暂时性的，应当检查被审计单位是否计提资产减值准备，计提金额和相关会计处理是否正确。

9. 已确认减值损失的可供出售金融资产，当公允价值回升时，检查其相关会计处理是否正确。注意债券等债务工具应从资产减值损失科目转回。

10. 若债券等债务工具类可供出售金融资产发生减值，检查相关利息的计算和会计处理是否正确。

11. 复核可供出售金融资产划转为持有至到期投资的依据是否充分，会计处理是否正确。

12. 检查债券投资计入损益的利息收入计算所采用的利率是否正确。

13. 结合银行借款等科目，了解是否存在已用于债务担保的可供出售金融资产。如有，则应取证并作相应的记录，同时提请被审计单位作恰当披露。

14. 确定可供出售金融资产的披露是否恰当。

十三、持有至到期投资审计

(一)持有至到期投资的审计目标

持有至到期投资的审计目标一般包括：确定持有至到期投资是否存在；确定持有至到期投资是否归被审计单位所有；确定持有至到期投资的增减变动及其损益的记录是否完整；确定持有至到期投资的计价是否正确；确定持有至到期投资减值准备的计提方法是否恰当，计提是否充分；确定持有至到期投资减值准备的增减变动的记录是否完整；确定持有至到期投资及其减值准备期末余额是否正确；确定持有至到期投资及其减值准备的披露是否恰当。

(二)持有至到期投资的实质性程序

持有至到期投资的实质性程序通常包括：

1. 获取或编制持有至到期投资明细表，复核加计正确，并与总账数和明细账合计数核对是否相符。

2. 获取持有至到期投资对账单，与明细账核对，并检查其会计处理是否正确。

3. 检查库存持有至到期投资，并与账面余额进行核对，如有差异，应查明原因，并做出记录或进行适当调整。

4. 向相关金融机构发函询证持有至到期投资期末数量，并记录函证过程。取得回函时应检查相关签章是否符合要求。

5. 对期末结存的持有至到期投资资产，核实被审计单位持有的目的和能力，检查本科目核算范围是否恰当。

6. 抽取持有至到期投资增加的记账凭证，注意其原始凭证是否完整合法，成本、交易费用和相关利息的会计处理是否符合规定。

7. 抽取持有至到期投资减少的记账凭证，检查其原始凭证是否完整合法，会计处理是否正确。

8. 根据相关资料，确定债券投资的计息类型，结合投资收益科目，复核计算利息采用的利率是否恰当，相关会计处理是否正确，检查持有至到期投资持有期间收到的利息会计处理是否正确。检查债券投资票面利率和实际利率有较大差异时，被审计单位采用的利率及其计算方法是否正确。

9. 结合投资收益科目，复核处置持有至到期投资的损益计算是否准确，已计提的减值准备是否同时结转。

10. 检查当持有目的改变时，持有至到期投资划转为可供出售金融资产的会计处理是否正确。

11. 结合银行借款等科目，了解是否存在已用于债务担保的持有至到期投资。如有，则应取证并作相应的记录，同时提请被审计单位作恰当披露。

12. 当有客观证据表明持有至到期投资发生减值的，应当复核相关资产项目的预计未来现金流量现值，并与其账面价值进行比较，检查相关准备计提是否充分。

13. 若发生减值，检查相关利息的计算及处理是否正确。

14. 确定持有至到期投资的披露是否恰当，注意一年内到期的持有至到期投资是否已重分类至一年内到期的非流动资产。

十四、长期股权投资审计

（一）长期股权投资的审计目标

长期股权投资的审计目标一般包括：确定长期股权投资是否存在；确定长期股权投资是否归被审计单位所有；确定长期股权投资的增减变动及投资损益的记录是否完整；确定长期股权投资的核算方法是否正确；确定长期股权投资减值准备的计提方法是否恰当；确定长期股权投资减值准备增减变动的记录是否完整；确定长期股权投资及其减值准备的期末余额是否正确；确定长期股权投资及其减值准备的披露是否恰当。

（二）长期股权投资的实质性程序

长期股权投资的实质性程序通常包括：

1. 获取或编制长期股权投资明细表，复核加计正确，并与总账数和明细账合计数核对相符；结合长期股权投资减值准备科目与报表数核对是否相符。

2. 根据有关合同和文件，确认股权投资的股权比例和持有时间，检查股权投资核算方法是否正确。

3. 对于重大的投资，向被投资单位函证被审计单位的投资额、持股比例及被投资单位发放股利等情况。

4. 对于应采用权益法核算的长期股权投资，获取被投资单位已经注册会计师审计的年度财务报表，如果未经注册会计师审计，则应考虑对被投资单位的财务报表实施适当的审计或审阅程序：

（1）复核投资收益时，应以取得投资时被投资单位各项可辨认资产的公允价值为基础，对被投资单位的净利润进行调整后加以确认；被投资单位采用的会计政策和会计期间与被审计单位不一致的，应当按照被审计单位的会计政策和会计期间对被投资单位的财务报表进行调整，据以确认投资损益。

（2）将重新计算的投资收益与被审计单位所计算的投资收益相核对，如有重大差异，则查明原因，并做适当调整。

（3）检查被审计单位是否按权益法核算长期股权投资，检查被审计单位会计处理是否正确。

（4）检查除净损益以外被投资单位所有者权益的其他变动，是否调整计入其他综合收益。

5. 对于采用成本法核算的长期股权投资，检查股利分配的原始凭证及分配决议等资料，确定会计处理是否正确；对被审计单位实施控制而采用成本法核算的长期股权投资，比照权益法编制变动明细表，以备合并报表使用。

6. 对于成本法和权益法相互转换的，检查其投资成本的确定是否正确。

7. 确定长期股权投资的增减变动的记录是否完整：

(1)检查本期增加的长期股权投资，追查至原始凭证及相关的文件或决议及被投资单位验资报告或财务资料等，确认长期股权投资是否符合投资合同、协议的规定，并已确实投资，会计处理是否正确。

(2)检查本期减少的长期股权投资，追查至原始凭证，确认长期股权投资的收回有合理的理由及授权批准手续，并已确实收回投资，会计处理是否正确。

8. 期末对长期股权投资进行逐项检查，以确定长期股权投资是否已经发生减值：

(1)核对长期股权投资减值准备本期与以前年度计提方法是否一致。如有差异，查明政策调整的原因，并确定政策改变对本期损益的影响，提请被审计单位作适当披露。

(2)对长期股权投资逐项进行检查，确定减值准备应计提数，并与被审计单位已计提数相核对。如有差异，查明原因。

(3)将本期减值准备计提金额与利润表资产减值损失中的相应数字核对。

(4)长期股权投资减值准备按单项资产计提，计提依据是否充分，是否得到适当批准。减值损失一经确认，在以后会计期间不得转回。

9. 结合银行借款等的检查，了解长期股权投资是否存在质押、担保情况。如有，则应详细记录，并提请被审计单位进行充分披露。

10. 确定长期股权投资在资产负债表上已充分披露。与被审计单位人员讨论确定是否存在被投资单位由于所在国家和地区及其他方面的影响，其向被审计单位转移资金的能力受到限制的情况。如存在，应详细记录受限情况，并提请被审计单位充分披露。

【例 13－4】

甲公司 2013 年对乙公司投资，占乙公司注册资本的 30%，且能够对乙公司施加重大影响。至 2013 年 12 月 31 日，甲公司对乙公司投资的账面价值为 400 万元，其中投资成本为 300 万元，损益调整为 100 万元。2014 年 1 月 20 日，甲公司将持有乙公司的股份对外转让一半，剩余部分的公允价值与账面价值一致，收到了 210 万元银行存款，但失去了重大影响力。甲公司在转让投资后进行了如下账务处理：

借：银行存款	2 100 000	
贷：长期股权投资——乙公司(成本)		1 500 000
——乙公司(损益调整)		500 000
投资收益		100 000

分析要求：分析该企业账务处理存在的问题并提出处理建议。

【参考答案】：失去重大影响后，应按会计准则规定将剩余股权部分划转为可供出售金融资产，相应调整账户：

借：可供出售金融资产——成本	2 000 000	
贷：长期股权投资——乙公司(成本)		1 500 000
——乙公司(损益调整)		500 000

十五、应收利息审计

(一)应收利息的审计目标

应收利息的审计目标一般包括:确定应收利息是否存在;确定应收利息是否归被审计单位所有;确定应收利息及其坏账准备增减变动的记录是否完整;确定应收利息可否收到,坏账准备的计提方法和比例是否恰当,计提是否充分;确定应收利息及其坏账准备的期末余额是否正确;确定应收利息及其坏账准备的披露是否恰当。

(二)应收利息的实质性程序

应收利息的实质性程序通常包括:

1. 获取或编制应收利息明细表,复核加计正确,并与总账数和明细账合计数核对是否相符,结合坏账准备科目与报表数核对是否相符。

2. 实质性分析程序。按照不同借款类别,将借款平均余额与平均利率的乘积,与账面利息收入相比较,确定两者差异额是否合理。

3. 与长期股权投资、交易性金融资产、可供出售金融资产、持有至到期投资等相关项目的审计结合,验证确定应收利息的计算是否充分、正确,检查会计处理是否正确。

4. 对于重大的应收利息项目,审阅相关文件,复核其计算的准确性。必要时,向有关单位函证并记录。

5. 检查应收利息减少有无异常。

6. 检查期后收款情况,对至审计时已收回金额较大的款项进行常规检查,如核对收款凭证、银行对账单、发票等。

7. 关注长期未收回及金额较大的应收利息,询问被审计单位管理人员及相关职员,确定应收利息的可收回性。必要时,向被投资单位函证利息支付情况,复核并记录函证结果。

8. 确定应收利息已恰当披露。

十六、应收股利审计

(一)应收股利的审计目标

应收股利的审计目标一般包括:确定应收股利是否存在;确定应收股利是否归被审计单位所有;确定应收股利的记录是否完整;确定应收股利是否收到;确定应收股利的期末余额是否正确;确定应收股利的披露是否恰当。

(二)应收股利的实质性程序

应收股利的实质性程序通常包括:

1. 获取或编制应收股利明细表,复核加计正确,并与总账数和明细账合计数核对相符,结合坏账准备科目与报表数核对是否相符。

2. 与长期股权投资、交易性金融资产、可供出售金融资产等相关项目的审计结合,检查应收股利的会计处理是否正确。

3. 对于重大的应收股利项目,审阅相关文件,复核其计算的准确性。必要时,向有关单位函证并记录。

4. 检查应收股利减少有无异常。

5. 检查期后收款情况,对至审计时已收回金额较大的款项进行常规检查,如核对收款凭证、银行对账单、发票等。

6. 关注长期未收回及金额较大的应收股利，询问被审计单位管理人员及相关职员，确定应收股利的可收回性。必要时，向被投资单位函证股利支付情况，复核并记录函证结果。

7. 确定应收股利已恰当披露。

十七、投资收益审计

(一)投资收益的审计目标

投资收益的审计目标一般包括：确定记录的投资收益是否已发生，且与被审计单位有关；确定投资收益记录是否完整；确定与投资收益有关的金额及其他数据是否已恰当记录；确定投资收益是否已记录于正确的会计期间；确定投资收益的内容是否正确；确定投资收益的披露是否恰当。

(二)投资收益的实质性程序

投资收益的实质性程序通常包括：

1. 获取或编制投资收益分类明细表，复核加计正确，并与总账数和明细账合计数核对相符，与报表数核对是否相符。

2. 对于重大的投资收益项目，审阅相关文件，测试其计算的准确性。必要时，向被投资单位函证并记录。

3. 检查投资收益减少有无异常。

4. 检查期后收款情况，对至审计时已收回金额较大的款项进行常规检查，如核对收款凭证、银行对账单、股利分配方案等。

5. 关注长期未收回且金额较大的投资收益，询问被审计单位管理人员及相关职员或者查询被投资单位的情况。必要时，向被投资单位函证股利支付情况，复核并记录函证结果。

6. 确定投资收益已恰当列报，确定境外投资收益汇回是否存在重大限制，如果存在，是否已充分披露。

十八、长期应付款的审计

(一)长期应付款的审计目标

长期应付款的审计目标一般包括：确定长期应付款的发生、偿还及计息的记录是否完整；确定长期应付款的期末余额是否正确；确定长期应付款的披露是否恰当。

(二)长期应付款的实质性程序

长期应付款的实质性程序通常包括：

1. 获取或编制长期应付款明细表，复核加计正确，并与报表数、总账数和明细账合计数核对是否相符；检查长期应付款的内容是否符合企业会计准则的规定。

2. 检查各项长期应付款相关的契约有无抵押情况。对融资租赁固定资产应付款，还应审阅融资租赁合约规定的付款条件是否履行，检查授权批准手续是否齐全，并作适当记录。

3. 向债权人函证重大的长期应付款。

4. 检查各项长期应付款本息的计算是否准确，会计处理是否正确。

5. 检查与长期应付款有关的汇兑损益是否按规定进行了会计处理。

6. 检查长期应付款的披露是否恰当，注意一年内到期的长期应付款应列入流动负债。

十九、资产减值准备审计

(一)资产减值准备的审计目标

资产减值准备的审计目标一般包括:确定记录的资产减值准备损失是否发生且与被审计单位有关;确定资产减值准备损失记录是否完整;确定资产减值准备损失有关的金额及其他数据是否已恰当记录;确定资产减值准备损失是否记录于正确的会计期间;确定资产减值准备损失的内容是否正确;确定资产减值准备损失的披露是否恰当。

(二)资产减值准备的实质性测试

1. 获取或编制资产减值准备损失明细表,复核加计正确,并与报表数、总账数和明细账合计数核对是否相符。

2. 检查资产减值准备损失内容是否符合规定。

3. 对本期增减变动情况检查如下:

(1)对本期增加及转回的资产减值损失,与坏账准备等科目进行交叉勾稽。

(2)对本期转销的资产减值损失,结合相关资产科目的审计,检查会计处理是否正确。

4. 确定资产减值损失的披露是否恰当。

二十、公允价值变动收益审计

(一)公允价值变动收益的审计目标

公允价值变动收益的审计目标一般包括:确定记录的公允价值变动收益是否已发生,且与被审计单位有关;确定公允价值变动收益记录是否完整;确定与公允价值变动收益有关的金额及其他数据是否已恰当记录;确定公允价值变动收益是否已记录于正确的会计期间;确定公允价值变动收益的内容是否正确;确定公允价值变动收益的披露是否恰当。

(二)公允价值变动收益的实质性程序

1. 获取或编制公允价值变动收益明细表,复核加计正确,与报表数、总账数及明细账合计数核对是否相符。

2. 根据公允价值变动收益明细账,对交易性金融资产(负债)、衍生工具、套期保值业务和投资性房地产等各明细发生额逐项检查:

(1)在资产负债表日,被审计单位是否将交易性金融资产(负债)的公允价值与其账面价值的差额记入本科目;处置交易性金融资产(负债)时,是否将原已记入本科目的公允价值变动金额转入投资收益。

(2)在资产负债表日,被审计单位是否将衍生金融工具的公允价值与其账面价值的差额记入本科目;终止确认衍生金融工具时,其会计处理是否正确。

(3)对于在资产负债表日,满足运用套期会计方法条件的现金流量套期和境外经营净投资套期产生的利得和损失,是否进行了正确的会计处理。

(4)以公允价值模式计量的投资性房地产的公允价值变动收益,应结合对应科目,检查其初始成本确定是否正确,期末公允价值确定是否合理;处置时原公允价值变动(含记入本科目和其他综合收益)有无正确结转至其他业务成本。

3. 确定公允价值变动收益的披露是否恰当。

二十一、营业外收入审计

(一)营业外收入的审计目标

营业外收入的审计目标一般包括:确定营业外收入的记录是否完整;确定营业外收入的计算是否正确;确定营业外收入的披露是否恰当。

(二)营业外收入的实质性程序

营业外收入的实质性程序通常包括:

1. 获取或编制营业外收入明细表,复核加计正确,并与报表数、总账数及明细账合计数核对是否相符。

2. 对营业外收入中各项目,包括非流动资产处理利得、非货币性资产交换利得、债务重组利得、政府补助、盘盈利得、接受捐赠利得等相关账户记录,核对是否相符,并追查至相关原始凭证。

3. 检查营业外收入的披露是否恰当。

二十二、营业外支出审计

(一)营业外支出的审计目标

营业外支出的审计目标一般包括:确定营业外支出记录是否完整;确定营业外支出的计算是否正确;确定营业外支出的披露是否恰当。

(二)营业外支出的实质性程序

营业外支出的实质性程序通常包括:

1. 获取或编制营业外支出明细表,复核加计正确,并与报表数、总账数及明细账合计数核对是否相符。

2. 对营业外支出的各项目,包括非流动资产处理损失、非货币性资产交换损失、债务重组损失、盘亏损失、公益性捐赠支出等,与固定资产、无形资产等相关账户记录核对是否相符,并追查至相关原始凭证。

3. 检查是否存在非公益性捐赠支出、税收滞纳金、罚金、罚款支出、各种赞助会费支出,必要时进行应纳税所得额调整。

4. 检查营业外支出的披露是否恰当。

关键概念

筹资与投资循环　长期借款审计　实收资本审计　长期股权投资审计

准确理解题

1. 下列有关负债审计的说法错误的有(　　)。

(1)负债审计的主要目标是确定其入账完整性,不需要函证;

(2)检查借款增加主要方法是将相关会计记录与借款合同、授权审批文件核对;

(3)检查长期负债抵押物的所有权和价值主要是为了判断企业持续经营能力;

(4)检查长期负债利息费用计算和处理的重点是核实有无跨期入账以及资本化数额和处理是否正确。

2. 下列有关所有者权益审计的说法错误的有（　　）。

（1）应检查核对股东大会、董事会会议记录，核实实收资本增减变动的真实、完整性；

（2）应检查应收母公司款项是否有真实交易为基础、是否按期收回，核实实收资本真实性；

（3）股本溢价，应取得董事会会议纪要、股东（大）会决议、有关合同、政府批文，追查至资产评估报告；

（4）对本年利润弥补以前年度亏损进行审查的内容包括本年利润的真实性、以前年度亏损的完整性。

3. 下列有关长期股权投资审计的说法错误的有（　　）。

（1）长期股权投资控制测试的首要任务是索取投资授权批准文件，检查审批手续是否齐全；

（2）审查采用成本法核算的长期股权投资时，应获取被投资单位已经注册会计师审计的年度财务报表和利润分配情况；

（3）复核被审计单位投资收益时，需要获得资料包括取得投资时被投资单位各项可辨认资产的公允价值、被投资单位的本期净利润和利润分配情况、被投资单位采用的会计政策及会计期间；

（4）要检查除净损益以外被投资单位所有者权益的其他变动，是否调整计入所有者权益。

复习思考题

1. 筹资、投资业务内部控制包括哪些内容？
2. 长期借款审计的主要内容有哪些？
3. 交易性金融资产审计的实质性程序有哪些？
4. 长期股权投资审计的要点包括哪些内容？
5. 公允价值变动损益审计主要采用的实质性程序有哪些？

讨论分析题

1. 审计人员在审计长期负债时，仅仅查阅了所有的长期负债记录，向被审计单位索取了债务说明书，然后就得出被审计单位的长期负债均已入账，且已入账债务均存在的结论。

请讨论分析：此结论是否恰当？如果不恰当，审计人员应该补充执行哪些审计程序？

2. 资料：注册会计师王二被审计组分派负责A公司2014年度财务报表审计中的长期借款审计，他首先审阅了资产负债表中的长期借款项目的金额和长期借款附注披露情况。发现：长期借款项目2014年年末余额为13 730万元。长期借款附注披露情况如下：

贷款单位	金额（万元）	借款期限	年利率（%）	借款条件
X银行	1 800	2014-08—2018-07	5.8	抵押贷款
Y银行	11 650	2012-09—2015-08	5.6	抵押贷款
Z银行	280	2013-12—2016-12	5.6	担保贷款
合　计	13 730			

审查分析要求：

（1）王二通过审阅资产负债表中的长期借款项目的金额和长期借款附注披露情况，应该能发现A公司的什么问题？他应当如何处理这种问题？

（2）为了查明A公司长期借款入账的完整性、使用的合理性、披露的充分性，王二还应当实施哪些审计程序？

3. 资料：A公司按净利润的10%提取盈余公积。A公司对B公司投资的有关业务如下：

(1)2014年1月2日，A公司对B公司投资，取得B公司80%的股权，取得成本为8 000万元，B公司可辨认净资产公允价值总额为12 000万元(假定公允价值与账面价值相同)。A公司和B公司在交易前不存在关联方关系。

(2)2014年2月2日，B公司派发2013年现金股利500万元，2014年B公司实现净利润1 000万元，B公司因可供出售金融资产变动导致其他综合收益增加200万元。

(3)2015年4月2日，A公司将其持有的对B公司40%的股权出售给某企业，出售取得价款6 000万元，在出售40%的股权后，A公司对B公司的持股比例为40%。

(4)2015年5月6日，B公司股东大会宣告分配现金股利500万元。

(5)2015年，B公司实现净利润3 000万元，其中1月至3月为1 500万元，4月至12月为1 500万元。2015年12月31日，B公司因可供出售金融资产的公允价值变动导致其他综合收益增加200万元。2015年12月31日，B公司董事会宣告分配2010年度的现金股利600万元和股票股利1 000万元。

(6)2015年12月31日，对B公司的长期股权投资的可收回金额为6 000万元。

(7)2015年末，A公司按照权益法进行核算，确认投资收益1 200万元，确认其他综合收益80万元。

(8)2015年末，长期股权投资账面价值为6 000万元。

要求：根据上述资料，不考虑其他因素，判断A公司的账务处理是否正确。

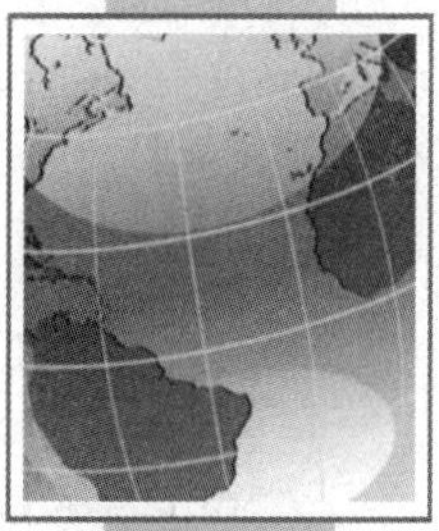

第十四章 特殊交易与事项审计

第一节　会计估计审计

一、会计估计的性质

由于经营活动具有内在不确定性，某些财务报表项目只能进行估计。

某些会计估计涉及相对较低的估计不确定性，并可能导致较低的重大错报风险。例如：

(1)从事不复杂的经营活动的实体作出的会计估计；

(2)因与常规交易相关而经常作出并更新的会计估计；

(3)从较易获得的数据(如公布的利率或证券交易价格)中得出的会计估计，这些数据在公允价值会计估计中可能被称为“可观察到的”；

(4)在适用的财务报告编制基础规定的公允价值计量方法简单且容易使用的情况下，对需要以公允价值计量的资产或负债作出的公允价值会计估计；

(5)在模型的假设或输入数据是可观察到的情况下，采用广为人知或被普遍认可的计量模型作出的公允价值会计估计。

然而，某些会计估计可能存在相对较高的估计不确定性，尤其是当这些会计估计以重大假设为基础时。例如：

(1)与诉讼结果相关的会计估计；

(2)非公开交易的衍生金融工具的公允价值会计估计；

(3)采用高度专业化的、由被审计单位自主开发的模型，或采用难以在市场上观察到的假设或输入数据作出的公允价值会计估计。

估计不确定性的程度取决于下列三个因素：

(1)会计估计的性质；

(2)作出会计估计所使用的方法或模型被普遍认可的程度；

(3)作出会计估计所使用的假设的主观程度。

在某些情况下，与某项会计估计相关的估计不确定性可能太大，以致无法满足适用的财务报告编制基础规定的确认标准，因而难以作出会计估计。

并非所有需要以公允价值计量的财务报表项目都涉及估计不确定性。例如，对于存在活跃和公开市场且能轻易获得交易发生时点价格的可靠信息的某些财务报表项目，公开的市场报价通常是确定公允价值的最佳审计证据。但是，即使能够明确地规定估值方法和数据，估计不确定性仍然存在。例如，如果持有量相对于市场存量重大或在交易方面存在限制，在以市场价格对具有活跃市场报价的证券估值时,可能需要做出调整。此外,当时的总体经济情况(如在特定市场缺乏流动性)也可能影响估计不确定性。

除公允价值会计估计外,其他可能需要作出会计估计的例子有:

(1)坏账准备;

(2)存货跌价准备(如存货过时);

(3)产品质量保证义务;

(4)折旧方法或资产预计使用寿命;

(5)如果投资的可收回性存在不确定性,对其账面价值计提的减值准备;

(6)长期合约的结果;

(7)由于了结诉讼或判决产生的成本。

其他可能需要作出公允价值会计估计的情形列举如下:

(1)不存在活跃和公开市场的复杂金融工具;

(2)股份支付;

(3)待处理房屋建筑物或机器设备;

(4)企业合并中获取的某些资产或负债,包括商誉和无形资产;

(5)独立的当事人之间进行的非货币性资产(或负债)交换,如不同业务生产线设备之间的非货币性交换。

估计需要基于编制财务报表时可获得的信息作出判断。对于许多会计估计,这些判断需要对作出估计时不确定的事项作出假设。注册会计师没有责任预测那些一旦在审计时知悉,就可能对管理层的行为或假设产生重大影响的未来情况、交易或事项。

二、风险评估程序和相关活动

风险评估程序和相关活动有助于注册会计师预期被审计单位作出的会计估计的性质和类型。注册会计师首要考虑的问题是所了解的情况是否足以识别和评估与会计估计相关的重大错报风险,以及计划进一步审计程序的性质、时间安排和范围。

(一)了解适用的财务报告编制基础的要求

了解适用的财务报告编制基础的要求,有助于注册会计师确定该编制基础是否:

(1)规定了会计估计的确认条件或计量方法;

(2)明确了某些允许或要求采用公允价值计量的条件(如与管理层执行与某项资产或负债相关的特定措施的意图挂钩);

(3)明确了要求作出或允许作出的披露。

了解适用的财务报告编制基础的要求,也为注册会计师就下列方面与管理层进行讨论提供了基础:

(1)管理层如何运用与会计估计相关的要求;

(2)注册会计师对这些要求是否得到恰当运用的判断。

当存在可供选择的点估计时,财务报告编制基础可能为管理层确定点估计提供指引。例如,某些财务报告编制基础要求所选择的点估计应当反映管理层对最可能出现的结果的判断;其他一些财务报告编制基础则要求使用预期概率加权折现价值。

(二)了解管理层如何识别是否需要作出会计估计

编制财务报表要求管理层确定是否有必要对某项交易、事项和情况作出会计估计,以及确定是否已按照适用的财务报告编制基础确认、计量和披露所有必要的会计估计。

注册会计师在实施风险评估程序时对被审计单位及其环境的了解，连同在审计过程中获取的其他审计证据，有助于注册会计师识别某些可能需要作出会计估计的情况（包括情况的变化）。

注册会计师可以向管理层询问下列情况：

(1)被审计单位是否已从事可能需要作出会计估计的新型交易；

(2)需要作出会计估计的交易的条款是否已改变；

(3)由于适用的财务报告编制基础的要求或其他规定的变化，与会计估计相关的会计政策是否已经相应变化；

(4)可能要求管理层修改或作出新会计估计的外部监管变化或其他不受管理层控制的变化是否已经发生；

(5)是否已经发生可能需要作出新估计或修改现有估计的新情况或事项。

在审计过程中，注册会计师可能识别出一些管理层没有识别出但需要作出会计估计的交易、事项和情况。这时应当确定这些情形是否与被审计单位风险评估过程相关的内部控制存在值得关注的缺陷有关。

(三)了解管理层如何作出会计估计

编制财务报表也要求管理层建立针对会计估计的财务报告过程（包括适当的内部控制）。这些过程通常包括选择适当的会计政策，并规定作出会计估计的流程。会计估计流程包括：适当的估计或估值的方法或模型（如适用）；形成或识别影响会计估计的相关数据和假设；定期复核需要作出会计估计和在必要时重新作出会计估计的情形。

在了解管理层如何作出会计估计时，注册会计师可能考虑的事项包括：与会计估计相关的账户或交易的类型（例如，会计估计是在对常规和重复发生的交易进行记录时作出的，还是在对异常或非重复发生的交易进行记录时作出的）；针对特定会计估计，管理层是否使用以及如何使用经认可的计量技术；会计估计是否以期中可获得的数据为基础，如是，管理层是否已考虑以及如何考虑期中时点至期末之间发生的事项、交易和变化产生的影响。

1. 计量方法（包括使用的模型）

在某些情况下，适用的财务报告编制基础可能规定会计估计的计量方法，如计量公允价值会计估计的特定模型。但是，在许多情况下，适用的财务报告编制基础没有规定计量方法，或可能规定了多种可供选择的计量方法。

当适用的财务报告编制基础没有规定具体环境下采用的特定计量方法时，注册会计师在了解管理层作出会计估计所采用的方法或模型（如适用）时可能考虑的事项包括：

(1)在选择特定方法时，管理层如何考虑需要作出估计的资产或负债的性质；

(2)被审计单位是否在某些业务领域、行业或环境中从事经营活动，而这些业务领域、行业或环境存在用于作出特定类型会计估计的通用方法。

如果管理层作出会计估计时采用了内部开发的模型或偏离了某一特定行业或环境中所采用的通用方法，则可能存在重大错报风险。

2. 相关控制

在了解相关控制时，注册会计师可能考虑的事项包括作出会计估计的人员的经验与胜任能力，以及与下列情况相关的控制：

(1)管理层如何确定作出会计估计所使用的数据的完整性、相关性和准确性；

(2)由适当层级的管理层和治理层(如适用)对会计估计(包括使用的假设或输入数据)进行复核和批准;

(3)将批准交易的人员和负责作出会计估计的人员进行职责分离,包括职责分配是否恰当地考虑了被审计单位的性质以及产品或服务的性质(例如,对于大型金融机构,相关职责分离可能包括负责对自有金融产品的公允价值作出估计和验证的独立部门,且该部门职员的薪酬不与这些产品挂钩)。

其他与作出会计估计相关的控制取决于具体情况。例如,如果被审计单位使用特定模型作出会计估计,管理层可能针对该模型建立专门的政策和程序。相关控制可能包括对下列事项的控制:(1)为特定目的而设计和开发或选择特定模型;(2)该模型的使用;(3)该模型可靠性的维护和定期验证。

3. 管理层利用专家的工作

管理层可能拥有作出点估计必要的经验和胜任能力,或者被审计单位可能雇用那些具备作出点估计必要的经验和胜任能力的人员。在某些情况下,管理层可能需要聘请专家作出或者帮助其作出会计估计。这些情况可能包括:

(1)需要作出会计估计的事项(如在采掘行业对矿产或油气储量的测量)具有特殊性质;

(2)满足适用的财务报告编制基础相关要求的模型(如对某些公允价值计量采用的模型)具有一定的技术含量;

(3)需要作出会计估计的情况、交易或事项具有异常性或偶发性,对小型被审计单位的特殊考虑。

4. 假设

假设是会计估计不可或缺的组成部分。在了解构成会计估计基础的假设时,注册会计师可能考虑的事项包括:

(1)假设(包括重大假设)的性质;

(2)管理层如何评价假设是否相关和完整(即考虑了所有相关变量);

(3)管理层如何确定所采用假设的内在一致性(如适用);

(4)假设是否与管理层所能控制的事项相关(如对可能影响资产使用年限的维修计划的假设),以及这些假设是否与被审计单位的经营计划和外部环境相符,或者假设与管理层控制之外的事项相关(如对利率、死亡率、潜在的司法或监管行为或未来现金流量的变动和时间安排的假设);

(5)支持假设的文件记录(如存在)的性质和范围。

假设可能由专家作出或识别,以有助于管理层作出会计估计。当管理层采用这些假设时,就成为管理层的假设。

管理层可能使用来源于内部和外部不同类型的信息来支持假设,这些信息的相关性和可靠性各不相同。在某些情况下,假设可能可靠地建立在来源于外部(如公布的利率或其他统计数据)或内部(如历史信息或被审计单位以前经历过的情况)适用的信息的基础上。在其他情况下,假设可能更具有主观性,如被审计单位缺乏经验或没有获取信息的外部来源。

对于公允价值会计估计,假设反映熟悉情况且自愿的公平交易参与方(有时称为市场参与方或类似称谓)在交换资产或清偿债务时用以确定公允价值可能使用的信息,或者假设与熟悉情况且自愿的公平交易参与方使用的信息一致。特定假设也可能因被估值资产或负债的特征、估值方法(如市场法或收益法)和适用的财务报告编制基础的要求的不同而不同。

对于公允价值会计估计、假设或输入数据因其来源和基础的不同而不同。例如：

(1)依据从独立于报告主体以外的渠道获得的市场数据(有时称为"可观察到的输入数据"或类似称谓)得出的假设或输入数据，反映了市场参与方在确定资产或负债价格时使用的信息；

(2)依据具体情况下可获得的最佳信息(有时称为"不可观察到的输入数据"或类似称谓)得出的假设或输入数据，反映了被审计单位自身对市场参与方在确定资产或负债价格时使用何种假设作出的判断。

在实务中，(1)和(2)之间的差别并不总是明显的，管理层可能有必要从不同市场参与方使用的假设中作出选择。

假设或输入数据的主观程度(如是否可观察到)影响估计不确定性的程度，并由此影响注册会计师对会计估计的重大错报风险的评估。

5. 用以作出会计估计的方法是否已经发生变化

在评价管理层如何作出会计估计时，注册会计师需要了解用以作出会计估计的方法与前期相比是否已经发生变化或应当发生变化。当影响被审计单位的环境或情况或者适用的财务报告编制基础的要求发生变化时，需要改变估计方法加以应对。如果管理层改变了用于作出会计估计的方法，则注册会计师需要确定管理层能够证明新方法更加恰当，或者新方法本身就是对变化的应对。例如，如果管理层将作出会计估计的依据从市场法转为模型法，注册会计师需要根据经济环境确定管理层关于市场的假设是否合理。

6. 估计不确定性

在了解管理层是否以及如何评估估计不确定性的影响时，注册会计师可能考虑的事项包括：

(1)管理层是否已经考虑以及如何考虑各种可供选择的假设或结果，如通过敏感性分析确定假设变化对会计估计的影响；

(2)当敏感性分析表明存在多种可能结果时，管理层如何作出会计估计；

(3)管理层是否监控上期作出会计估计的结果，以及管理层是否已恰当应对实施监控程序的结果。

(四)复核上期会计估计

会计估计的结果通常有别于上期财务报表中确认的会计估计。通过实施风险评估程序识别和了解差异产生的原因，注册会计师可能获得：

(1)关于上期会计估计流程有效性的信息，据此能够判断当前流程的有效性；

(2)证明在本期对上期会计估计作出的重新估计是适当的审计证据；

(3)有关可能需要在财务报表中披露的事项(如估计不确定性)的审计证据。

复核上期会计估计，也可能有助于注册会计师在本期识别那些增加会计估计对管理层偏向敏感性的环境或情况，或者显示可能存在的管理层偏向的环境或情况。注册会计师保持职业怀疑，有助于识别这些环境或情况，并确定进一步审计程序的性质、时间安排和范围。

对上期审计中识别出的具有高度估计不确定性的会计估计，或者自上期以来发生重大变化的会计估计，注册会计师可能认为需要进行更加详细的复核；反之，对因记录常规和重复发生交易而产生的会计估计，注册会计师可能认为运用分析程序作为风险评估程序足以实现复核目的。

对公允价值会计估计和其他以计量情况为基础的会计估计，上期财务报表中确认的公允价值金额与本期结果或为实现本期目的而重新作出估计的金额之间的差异可能更大。这是因为这些会计估计的计量目标是确定某一时点的价值，该价值可能随被审计单位经营环境的变化而发生显著和快速的变化。因此，注册会计师在复核时，可将重点放在获取与识别和评估重大错报风险相关的信息。例如，在某些情况下，如果市场参与方假设发生的变化影响上期公允价值会计估计的结果，则了解该变化可能难以提供与本期审计目的相关的信息。在这种情况下，注册会计师在对上期公允价值会计估计结果进行考虑时，可能着重了解管理层上期会计估计流程(即管理层的历史记录)的有效性，并据此判断管理层本期估计流程可能的有效性。

会计估计的结果与上期财务报表中已确认金额之间的差异，并不必然表明上期财务报表存在错报。但是，由于没有运用或错误运用下列两类信息而产生的差异可能表明上期财务报表存在错报：在上期财务报表编制完成阶段管理层可以获得的信息；合理预期管理层已经获得并在编制和列报财务报表时已予以考虑的信息。许多财务报告编制基础对界定会计估计变化是否构成错报以及相应的会计处理提供指引。

三、识别和评估重大错报风险

(一)估计不确定性

与会计估计相关的估计不确定性的程度受下列因素的影响：

(1)会计估计对判断的依赖程度；

(2)会计估计对假设变化的敏感性；

(3)是否存在可以降低估计不确定性的经认可的计量技术(当然，作为输入数据的假设，其主观程度仍可导致估计不确定性)；

(4)预测期的长度和从过去事项得出的数据对预测未来事项的相关性；

(5)是否能够从外部来源获得可靠数据；

(6)会计估计依据可观察到的或不可观察到的输入数据的程度。

与会计估计相关的估计不确定性程度，可能影响会计估计对管理层偏向的敏感性。

在评估重大错报风险时，注册会计师考虑的事项也可能包括：

(1)会计估计的实际的或预期的重要程度；

(2)会计估计的记录金额(即管理层的点估计)与注册会计师预期应记录金额的差异；

(3)管理层在作出会计估计时是否利用专家工作；

(4)对上期会计估计进行复核的结果。

(二)高度估计不确定性和特别风险

可能存在高度估计不确定性的会计估计举例如下：

(1)高度依赖判断的会计估计，如对未决诉讼的结果或未来现金流量的金额和时间安排的判断，而未决诉讼的结果或未来现金流量的金额和时间安排取决于多年后才能确定结果的不确定事项；

(2)未采用经认可的计量技术计算的会计估计；

(3)注册会计师对上期财务报表中类似会计估计进行复核的结果表明最初会计估计与实际结果之间存在很大差异，在这种情况下管理层作出的会计估计；

(4)采用高度专业化的、由被审计单位自主开发的模型，或在缺乏可观察到的输入数据的情况下作出的公允价值会计估计。

在某些情况下，估计不确定性非常高，以致难以作出合理的会计估计。因此，适用的财务报告编制基础可能禁止在财务报表中对此进行确认或以公允价值计量:在这种情况下,特别风险不仅与会计估计是否应予确认或以公允价值计量相关,而且与披露的充分性相关。针对这种会计估计,适用的财务报告编制基础可能要求披露会计估计和与之相关的高度估计不确定性。如果认为会计估计导致特别风险,注册会计师需要了解与会计估计相关的控制,包括控制活动。在某些情况下,会计估计的估计不确定性可能导致对被审计单位的持续经营能力产生重大疑虑。

四、应对评估的重大错报风险

注册会计师应当设计和实施审计程序(包括其性质、时间安排和范围),以应对与会计估计相关的评估的财务报表层次和认定层次重大错报风险。

(一)对适用的财务报告编制基础要求的运用

许多财务报告编制基础规定会计估计的确认条件,并详细说明作出会计估计的方法和需要作出的披露。这些规定可能较为复杂,并要求运用判断。根据实施风险评估程序时了解的情况,注册会计师需要重点关注适用的财务报告编制基础中容易被误用或产生不同解释的相关要求。

注册会计师确定管理层是否恰当地遵守适用的财务报告编制基础的要求,在某种程度上依据其对被审计单位及其环境的了解。例如,对某些项目(如在企业并购中获得的无形资产)的公允价值进行计量需要特别考虑被审计单位的性质及其经营活动的影响。

在某些情况下,为了确定管理层是否恰当地遵守适用的财务报告编制基础的要求,注册会计师有必要实施追加的审计程序,如检查资产当前实物状况。

在运用适用的财务报告编制基础的要求时,管理层需要考虑影响被审计单位的环境或情况的变化。例如,特定类型资产或负债开始引入活跃市场时,可能表明使用折现现金流量估计其公允价值不再恰当。

(二)方法的一致性和变化的基础

在情况没有发生变化或没有出现新的信息时,对会计估计或估计方法作出改变是武断的。武断地变化导致各期财务报表不一致,并可能产生财务报表重大错报,或显示存在管理层偏向。因此,注册会计师考虑会计估计或其估计方法自上期以来发生的变化是非常重要的。

管理层通常能够为不同期间基于环境的变化对会计估计或其估计方法的改变提供很好的理由。注册会计师需要根据判断确定什么是构成改变的很好的理由,以及该理由支持管理层观点(即环境已经发生变化,需要对会计估计或其估计方法作出改变)的充分性。

(三)应对评估的重大错报风险

注册会计师在确定单独或综合运用措施以应对重大错报风险时,需要考虑下列事项的影响:

(1)会计估计的性质,包括会计估计是源于常规交易还是非常规交易;

(2)预期审计程序能否有效地为注册会计师提供充分、适当的审计证据;

(3)评估的重大错报风险,包括评估的风险是否是特别风险。

例如,在评估坏账准备的合理性时,检查期后的现金回收情况并结合其他程序可能是有效的审计程序。当与会计估计相关的估计不确定性很高时,如会计估计是以采用不可观察到的输入数据的独有模型为基础时,可能有必要综合运用有关应对措施以获取充分、适当的审计证据。

下面着重就评价计量方法、评价模型的使用和管理层使用的假设三个方面进行讨论：

1. 评价计量方法

当适用的财务报告编制基础没有规定计量方法时，评价计量方法(包括适用的模型)是否适用于具体情况属于职业判断。为了评价计量方法是否适用于具体情况，注册会计师可能需要考虑如下事项：

(1)管理层选择计量方法的理由是否合理；

(2)管理层是否充分评价和恰当运用适用的财务报告编制基础提供的、用以支持所选择的计量方法的标准(如存在)；

(3)根据被估计的资产或负债的性质和适用的财务报告编制基础的要求，评价计量方法是否适用于具体情况；

(4)计量方法相对于被审计单位开展的业务、所处行业和环境是否恰当。

在某些情况下，管理层可能已确定采用不同的估计方法会导致一系列显著不同的会计估计。在这种情况下，了解被审计单位如何调查导致这些差异的原因可能有助于注册会计师评价管理层所选择方法的恰当性。

2. 评价模型的使用

在某些情况下，特别是作出公允价值会计估计时，管理层可能使用模型。使用的模型是否适用于具体情况，可能取决于多种因素，如被审计单位的性质及其环境，包括被审计单位所处的行业和需要计量的特定资产或负债。

根据所处的不同环境，在测试模型时，注册会计师还可能考虑如下事项：

(1)在使用前是否验证模型，并定期复核以确保其能持续满足预定用途。被审计单位的验证流程可能包括：评价模型理论上的合理性和数学上的可靠性，包括模型参数的恰当性；评价模型输入数据相对于市场惯例的一致性和完整性；与实际交易相比，评价模型的输出数据。

(2)是否存在针对模型变更的恰当控制政策和程序。

(3)是否定期校准和测试模型的有效性，特别是当输入数据具有主观性时。

(4)是否对模型输出数据作出调整，包括作出公允价值会计估计时，这些调整是否反映市场参与方在类似环境中所使用的假设。

(5)模型是否得到恰当记录，包括模型的预定用途、局限性和关键参数、要求的输入数据和实施验证分析的结果。

3. 管理层使用的假设

注册会计师对管理层使用的假设的评价，仅以其在审计时可获得的信息为基础。针对管理层假设而实施审计程序是为了财务报表审计的目的，而不是为了针对假设本身发表意见。

在评价管理层使用的假设的合理性时，注册会计师可能考虑诸如下列事项：

(1)单项假设是否显得合理；

(2)假设是否相互依赖且具有内在一致性；

(3)当将这些假设汇总起来考虑或结合其他假设考虑时，无论是对于特定会计估计还是其他会计估计，这些假设是否显得合理；

(4)对于公允价值会计估计，假设是否恰当地反映了可观察到的市场假设。

会计估计所依据的假设可能反映管理层对特定目标和战略结果的预期。注册会计师可以通过考虑假设是否与诸如下列事项相符，来实施审计程序评价这些假设的合理性：

(1)总体经济环境和被审计单位的经济情况；

(2)被审计单位的计划；

(3)以前期间所作的假设(如相关)；

(4)被审计单位的经验或以前经历的情况(这种历史信息在一定程度上可以代表未来情况或事项)；

(5)管理层使用的与财务报表相关的其他假设。

所使用的假设的合理性可能取决于管理层执行某项措施的意图和能力。管理层通常记录与特定资产或负债相关的计划和意图，而适用的财务报告编制基础可能也要求管理层作出这些记录；尽管所需获取的关于管理层意图和能力的审计证据的范围属于职业判断，注册会计师实施的程序可能包括：

(1)复核管理层过去声称的意图的实现情况；

(2)复核书面计划和其他文档，包括得到正式批准的预算、授权或会议纪要(如适用)；

(3)向管理层询问执行某项措施的理由；

(4)复核财务报表日至审计报告日之间发生的事项；

(5)根据被审计单位面临的经济环境，评价其执行某项措施的能力，包括对现有承诺的影响。

但是，某些适用的财务报告编制基础可能不允许在作出会计估计时考虑管理层的意图或计划。作出公允价值会计估计通常不考虑管理层的意图或计划，因为公允价值计量目标要求假设反映市场参与方可能运用的假设。

在评价管理层使用的构成公允价值会计估计基础的假设的合理性时，注册会计师还可能考虑下列事项：

(1)管理层是否以及如何在作出假设时加入特定市场输入数据(如相关)；

(2)假设是否与可观察到的市场情况和以公允价值计量的资产或负债的特征一致；

(3)市场参与方假设的来源是否相关和可靠，以及当存在多种市场参与方假设时管理层如何选择假设；

(4)管理层是否以及如何考虑在可比较的交易、资产或负债中使用的假设或有关信息(如适用)。

进一步讲，公允价值会计估计可能依据可观察到和不可观察到的输入数据。当公允价值会计估计依据不可观察到的输入数据时，注册会计师可能考虑的事项包括管理层是如何为下列方面提供合理支持的：

(1)识别与会计估计相关的市场参与方的特征；

(2)修改自有假设以反映市场参与方可能使用的假设；

(3)是否包括在具体情形下可获得的最佳信息；

(4)管理层的假设是如何考虑可比较的交易、资产或负债的(如适用)。

当存在不可观察到的输入数据时，注册会计师需要在评价假设时结合会计估计准则第十八条提出的其他应对措施，以获取充分、适当的审计证据。在这种情况下，注册会计师有必要实施其他审计程序，如检查适当层级的管理层和治理层(如适用)复核和批准会计估计的文件。

在评价支持会计估计的假设的合理性时，注册会计师可能识别出一个或多个重大假设，这可能表明会计估计存在高度估计不确定性并由此可能产生特别风险。

(四)测试控制运行的有效性

当管理层作出会计估计的流程设计、执行和维护良好时，测试与管理层如何作出会计估计相关的控制运行的有效性可能是适当的。例如：

(1)存在适当层级的管理层和治理层(如适用)对会计估计进行复核和批准的控制；

(2)会计估计源于被审计单位会计系统对数据的常规处理。

当存在下列情形之一时，注册会计师需要测试控制运行的有效性：

(1)在评估认定层次重大错报风险时，预期针对会计估计流程的控制的运行是有效的；

(2)仅实施实质性程序不能提供认定层次充分、适当的审计证据。

(五)作出点估计或区间估计，以评价管理层的点估计

即使被审计单位的控制得到恰当设计和执行，作出点估计或区间估计也可能是应对已评估风险的有效(从效率或效果方面考虑)措施。在其他情况下，在确定是否有必要实施进一步审计程序及其性质和范围时，注册会计师也可能考虑这种方法。

注册会计师在作出点估计或区间估计时使用的方法可能有所不同，这取决于具体情况下哪种方法最有效。例如，注册会计师可能开始时作出初始点估计，然后评估其对假设变化的敏感性，以确定用以评价管理层点估计的区间估计。在其他情况下，注册会计师可能首先作出区间估计，然后再确定点估计(如可能)。

注册会计师作出点估计(相对于区间估计)的能力取决于许多因素，包括使用的模型、可获得数据的性质和范围，以及会计估计涉及的估计不确定性。进一步讲，作出点估计或区间估计的决定可能受到适用的财务报告编制基础的影响。该适用的财务报告编制基础可能规定在考虑可供选择的结果和假设后所使用的点估计，或者规定特定计量方法(如使用预期价值概率加权折现法)。

当注册会计师作出点估计或区间估计并使用有别于管理层的假设或方法时，注册会计师需要充分了解管理层在作出会计估计时使用的假设或方法。这种了解可能向注册会计师提供与其作出恰当点估计或区间估计相关的信息，并有助于了解和评价任何有别于管理层点估计的重大差异。例如，差异可能源于注册会计师与管理层使用不同但同样有效的假设。这可能显示出会计估计对某些假设高度敏感，因此受高度估计不确定性的影响，这意味着会计估计可能存在特别风险。此外，差异也可能是由于管理层造成的事实错误所导致。根据具体情况，注册会计师在得出结论时，与管理层就使用的假设的基础及其有效性以及作出会计估计的方法差异(如存在)进行讨论可能是有帮助的。

当注册会计师认为运用区间估计(注册会计师的区间估计)来评价管理层点估计的合理性是恰当的时，作出的区间估计需要包括所有"合理"的结果而不是所有可能的结果。这是因为包括所有可能结果的区间估计太宽泛以至于不能有效地确定会计估计是否存在错报。如果注册会计师的区间估计范围足够小以至于能够确定会计估计是否存在错报，它就是有用和有效的。

通常情况下，当区间估计的区间已缩小至等于或低于实际执行的重要性时，该区间估计对于评价管理层的点估计是适当的。但是，对于某些特定行业，可能难以将区间缩小至低于某一金额。这并不必然否定管理层对会计估计的确认，但是可能意味着与会计估计相关的估计不确定性可能导致特别风险。

下列方法可以将区间估计的区间缩小至某一区域，使得在该区域内的所有结果被视为是合理的：

(1)从区间估计中剔除注册会计师认为不可能发生的极端结果；

(2)根据可获得的审计证据，继续缩小区间估计直至注册会计师认为该区间估计内的所有结果均视为是合理的。在极其特殊的情况下，注册会计师可能缩小区间估计直至审计证据指向点估计。

五、实施进一步实质性程序以应对特别风险

在审计导致特别风险的会计估计时，注册会计师在实施进一步实质性程序时需要重点评价下列事项：

(1)管理层是如何评估估计不确定性对会计估计的影响，以及这种不确定性对财务报表中会计估计的确认的恰当性可能产生的影响；

(2)相关披露的充分性。

(一)估计不确定性

1. 管理层对估计不确定性的考虑

管理层可能根据具体情况采用多种方法评价会计估计的可供选择的假设或结果。方法之一是敏感性分析，可能涉及确定会计估计的金额如何随着假设的不同而变化。即使对于公允价值会计估计，由于不同市场参与方使用不同的假设，会计估计仍然可能存在差异。敏感性分析可能针对"乐观"和"悲观"等不同情形得出一系列结果。

在处理估计不确定性时，某种特定方法(如敏感性分析)并不一定比其他方法更合适，管理层也并不一定需要通过细致的过程和详尽的记录来体现对可供选择的假设或结果的考虑。重要的是管理层是否已评估了估计不确定性影响会计估计的方式，而不是所采用的具体评估方法。相应地，当管理层没有考虑可供选择的假设或结果时，注册会计师有必要与管理层讨论其如何处理估计不确定性对会计估计的影响，并要求管理层提供支持性证据。

2. 重大假设

如果在作出会计估计时运用的某些假设的合理变化可能对会计估计的计量产生重大影响，则这些假设被视为重大假设。

从管理层建立的持续战略分析和风险管理流程中可能获得相关信息，以支持管理层根据其了解的情况作出的重大假设。即使没有建立正式的流程(如在小型被审计单位)，注册会计师可以通过询问管理层或与其讨论评价假设，并结合其他审计程序，获取充分、适当的审计证据。

3. 管理层的意图和能力

注册会计师需要考虑的与管理层作出的假设及其意图和能力相关的事项。

(二)作出区间估计

在编制财务报表时，管理层可能确信已经适当地处理了估计不确定性对导致特别风险的会计估计的影响。但是，在某些情况下，注册会计师可能认为管理层的工作是不够的，例如，注册会计师可能作出以下判断：

(1)通过评价管理层如何处理估计不确定性的影响不能获取充分、适当的审计证据；

(2)有必要进一步分析与会计估计相关的估计不确定性的程度，例如，注册会计师注意到类似环境下类似会计估计的结果存在较大差别；

(3)不大可能通过如复核截至审计报告日发生的事项等审计程序获得其他审计证据；

(4)可能有迹象表明管理层在作出会计估计时存在管理层偏向。

(三)确认和计量的标准

1. 财务报表中对会计估计的确认

如果管理层在财务报表中确认一项会计估计，注册会计师评价的重点是会计估计的计量是否足够可靠，能否满足适用的财务报告编制基础规定的确认标准。

对于没有在财务报表中确认的会计估计，注册会计师评价的重点是会计估计是否在实质上已满足适用的财务报告编制基础规定的确认标准。即使某一项会计估计没有得到确认，且注册会计师认为这种处理是恰当的，可能仍然有必要在财务报表附注中披露具体情况。注册会计师也可能认为有必要在审计报告中增加强调事项段，以提醒财务报表使用者关注重大不确定性的存在。

2. 会计估计的计量基础

对于公允价值会计估计，某些适用的财务报告编制基础在要求或者允许进行公允价值计量和披露时，是以公允价值可以可靠计量这一假定作为前提条件的。在某些情况下，如不存在恰当的计量方法或基础，这种假定可能不成立。在这种情况下，注册会计师评价的重点是管理层用以推翻适用的财务报告编制基础所规定的与采用公允价值相关的假定的依据是否恰当。

六、评价会计估计的合理性并确定错报

根据获取的审计证据，注册会计师可能认为这些证据指向与管理层的点估计不同的会计估计。当审计证据支持点估计时，注册会计师的点估计与管理层的点估计之间的差异构成错报。当注册会计师认为使用其区间估计能够获取充分、适当的审计证据时，则在注册会计师区间估计之外的管理层的点估计得不到审计证据的支持。在这种情况下，错报不小于管理层的点估计与注册会计师区间估计的最小差异。

当管理层根据其对环境变化的主观判断而改变某项会计估计，或者改变上期作出会计估计的方法时，基于获取的审计证据，注册会计师可能认为会计估计被管理层随意改变而产生错报，或者将其视为可能存在管理层偏向的迹象。

针对注册会计师为了评价未更正错报对财务报表的影响而如何区分错报，《中国注册会计师审计准则第 1251 号——评价审计过程中识别出的错报》及其应用指南做出了规定并提供了指引。一项错报，无论是由于舞弊还是错误导致，当与会计估计相关时，可能是由于下列因素导致的：

(1)毋庸置疑地存在错报(事实错报)；

(2)由注册会计师认为管理层对会计估计作出的判断不合理，或认为管理层对会计政策的选择或运用不恰当而产生的差异(判断错报)；

(3)注册会计师对总体中错报的最佳估计，包括由审计样本中识别出的错报推断出总体中的错报(推断错报)。

在某些涉及会计估计的情形中，错报可能由上述因素共同导致，因此难以或不可能区分出由哪一具体因素导致。

评价在财务报表附注中的会计估计和相关披露(无论是适用的财务报告编制基础要求的还是属于自愿披露的)合理性时考虑的事项，与在审计财务报表中确认的会计估计时考虑的事项在实质上是相同的。

七、与会计估计相关的披露

(一)按照适用的财务报告编制基础作出的披露

按照适用的财务报告编制基础列报财务报表，包括对重大事项的充分披露。适用的财务

报告编制基础可能允许或规定与会计估计相关的披露，并且某些实体可能在财务报表附注中自愿披露额外信息。例如，这些披露可能包括：

(1)使用的假设；

(2)使用的估计方法，包括适用的模型；

(3)选择估计方法的基础；

(4)改变上期估计方法产生的影响；

(5)估计不确定性的原因和影响。

这些披露与财务报表使用者理解在财务报表中确认或披露的会计估计相关，注册会计师需要就其披露是否符合适用的财务报告编制基础的规定获取充分、适当的审计证据。

在某些情况下，适用的财务报告编制基础可能对披露估计不确定性作出特别规定。例如：

(1)披露关键假设以及产生估计不确定性的其他原因，该估计不确定性具有导致对资产和负债账面价值作出重大调整的特别风险。这些要求可能用“估计不确定性的关键原因”或“关键会计估计”等术语表述。

(2)对于区间估计，披露可能出现的结果的区间和用以确定该区间的假设。

(3)披露关于公允价值会计估计相对于被审计单位财务状况和经营成果的重要程度的信息。

(4)披露定性信息(如受风险影响的情况、被审计单位管理风险的目标、政策和程序以及计量风险的方法)，以及自上期以来这些定性信息的任何变化。

(5)披露定量信息，如受风险影响的程度(以内部提供给关键管理人员的信息为基础)，包括信用风险、流动性风险和市场风险。

(二)披露导致特别风险的会计估计的估计不确定性

对具有特别风险的会计估计，即使已按照适用的财务报告编制基础的要求进行了披露，注册会计师仍可能根据所涉及的情况和事实认为对估计不确定性的披露是不充分的。会计估计可能结果的区间估计相对于重要性越大，注册会计师对估计不确定性的披露充分性的评价越重要。

当注册会计师认为管理层在财务报表中对估计不确定性的披露不充分或存在误导时，应当按照《中国注册会计师审计准则第 1502 号——在审计报告中发表非无保留意见》及其应用指南的规定进行处理。

八、可能存在管理层偏向的迹象

在审计过程中，注册会计师可能注意到管理层作出的、可能导致出现管理层偏向迹象的判断和决策。这些迹象可能影响注册会计师对有关风险评估结果和相关应对措施是否仍然恰当的判断，并且注册会计师可能有必要考虑对审计其他方面的影响。进一步讲，这些迹象可能影响注册会计师对财务报表整体是否不存在重大错报的评估。

与会计估计相关的、可能存在管理层偏向迹象的例子包括：

(1)管理层主观地认为环境已经发生变化，并相应地改变会计估计或估计方法；

(2)针对公允价值会计估计，被审计单位的自有假设与可观察到的市场假设不一致，但仍使用被审计单位的自有假设；

(3)管理层选择或作出重大假设以产生有利于管理层目标的点估计；

(4)选择带有乐观或悲观倾向的点估计。

九、书面声明

根据估计不确定性的性质、重要性和程度，有关财务报表中确认或披露的会计估计的书面声明可能包括下列内容：

(1)计量流程(包括管理层在根据适用的财务报告编制基础作出会计估计时使用的相关假设和模型)的恰当性，以及流程的一贯运用；

(2)假设恰当地反映了管理层代表被审计单位执行特定措施的意图和能力(当这些意图和能力与会计估计和披露相关时)；

(3)在适用的财务报告编制基础上与会计估计相关的披露的完整性和适当性；

(4)不存在需要对财务报表中会计估计和披露作出调整的期后事项。

针对未在财务报表中确认或披露的会计估计，书面声明也可能包括下列内容：

(1)管理层用于确定不满足适用的财务报告编制基础规定的确认或披露标准的依据的恰当性；

(2)针对未在财务报表中以公允价值计量或披露的会计估计，管理层用于推翻适用的财务报告编制基础规定的与使用公允价值相关的假定的依据的恰当性。

十、审计工作底稿

在审计过程中，记录识别出的可能存在管理层偏向的迹象，有助于注册会计师确定其风险评估结果和相关应对措施是否仍然恰当，以及评价财务报表整体是否不存在重大错报。

第二节　关联方交易及其审计

一、关联方关系及其交易的审计目标

(一)关联方定义

一方控制、共同控制另一方或对另一方施加重大影响，以及两方或两方以上同受一方控制、共同控制或重大影响的，构成关联方。控制是有权决定一个实体的财务和经营政策，并能据以从该实体的经营活动中获取利益；重大影响(可能通过章程、协议或持有股权获得)是对一个实体的财务和经营政策有参与决策的权力，但并不能够控制这些政策的制定。

1. 下列关系可能表明存在控制或重大影响

(1)其他实体直接或间接持有被审计单位的股权或其他财务利益；

(2)被审计单位直接或间接持有其他实体的股权或其他财务利益；

(3)被审计单位的治理层成员或关键管理人员(即拥有计划、指导和控制被审计单位经营活动的权力和职责的管理层成员)；

(4)与第(3)项所述成员关系密切的家庭成员；

(5)与第(3)项所述成员之间具有重大业务关系。

2. 具有支配性影响的关联方

借助对被审计单位财务和经营政策实施控制或重大影响的能力，关联方能够对被审计单位或管理层施加支配性影响。当注册会计师识别和评估由于舞弊导致的重大错报风险时，考虑这种支配性影响是相关的。

3. 作为关联方的特殊目的实体

在某些情况下，即使被审计单位只拥有特殊目的实体的少量权益甚至不拥有权益，但由于被审计单位可能在实质上控制该实体，该实体仍可能是被审计单位的关联方。

(二)职业谨慎

由于审计固有限制，即使注册会计师按照准则的规定恰当计划和实施了审计程序，也不可避免地存在财务报表中的某些重大错报未被发现的风险。就关联方来说，由于下列原因，对注册会计师发现重大错报能力的潜在影响会加大。

1. 管理层可能未能识别出所有关联方关系及其交易，特别是在适用的财务报表编制基础没有对关联方做出规定时；

2. 关联方关系可能为管理层的串通舞弊、隐瞒或操纵行为提供更多机会。

(三)关联方关系及其交易的审计目标

1. 无论适用的财务报表编制基础是否对关联方做出规定，充分了解关联方关系及其交易，以便能够确认是否存在由此产生的重大错报风险。

2. 根据获取的审计证据，就财务报表受到关联方关系及其交易的影响进行评价，确定财务报表是否实现公允反映。

3. 如果适用的财务报表编制基础对关联方做出规定，获取充分、适当的审计证据，确定关联方关系及其交易是否按照适用的财务报表编制基础得到恰当识别、会计处理和披露。

二、风险评估程序和相关工作

(一)了解关联方关系及其交易

1. 项目组内部的讨论

项目组内部讨论的内容可能包括：

(1)关联方关系及其交易的性质和范围(如利用在每次审计后更新的有关识别出的关联方的记录进行讨论)；

(2)强调在整个审计过程中对关联方关系及其交易导致的潜在重大错报风险保持职业怀疑的重要性；

(3)可能显示管理层以前未识别或未向注册会计师披露的关联方关系或关联方交易的情形或状况(如被审计单位组织结构复杂，利用特殊目的的实体从事表外交易，或信息系统不够完善)；

(4)可能显示存在关联方关系或关联方交易的记录或文件；

(5)管理层和治理层对关联方关系及其交易(如果适用的财务报告编制基础对关联方做出规定)进行识别、恰当会计处理和披露的重视程度，以及管理层凌驾于相关控制之上的风险。

在对舞弊进行讨论时，项目组内部讨论的内容还可能包括对关联方可能如何参与舞弊的特殊考虑。例如：如何利用管理层控制的特殊目的实体进行利润操纵；如何安排被审计单位与已知关键管理人员的商业伙伴之间进行交易，以达到侵占资产的目的。

2. 询问管理层

注册会计师应当向管理层询问下列事项：

(1)关联方的名称和特征；

(2)被审计单位和关联方之间的性质；

(3)被审计单位在本期是否与关联方发生交易。

如果适用的财务报告编制基础对关联方做出了规定，管理层可能容易获得有关关联方名称和特征的信息，因为被审计单位的信息系统需要记录、处理和汇总关联方关系及其交易，以满足适用的财务报告编制基础对关联方关系及其交易的会计处理和披露的要求。因此，管理层可能拥有关联方的详细清单以及自上期以来关联方发生变化情况的详细清单。在连续审计的情况下，向管理层进行询问，可以为注册会计师提供将其在以前审计中形成的有关关联方的工作记录与管理层提供的信息进行比较的基础。

如果适用的财务报告编制基础没有对关联方做出规定，被审计单位可能就没有上述信息系统。在这种情况下，管理层可能无法知悉所有关联方，但仍可能注意到存在符合本准则定义的关联方。在这种情况下，注册会计师对被审计单位关联方名称和特征的询问，可能构成风险评估程序和相关活动的一部分。注册会计师实施这些程序和活动旨在获得下列信息：

(1)被审计单位的所有权和治理结构；

(2)被审计单位正在实施和计划实施的投资的类型；

(3)被审计单位的组织结构和筹资方式。

如果被审计单位与另一实体受同一方控制，且这种关系对被审计单位具有重大经济影响，则管理层更可能注意到这种关系。此时，如果注册会计师重点询问与被审计单位从事重大交易或共享众多资源的另一实体是否为关联方，则询问可能更有效。

通过在业务接受或保持过程中对管理层的询问，注册会计师也可以获取有关关联方名称和特征的某些信息。

3. 与关联方关系及其交易相关的控制

被审计单位内部的其他人员也可能知悉关联方关系及其交易以及相关控制。这些人员在某种程度上并不构成管理层，可能包括：治理层成员；负责生成、处理或记录超出正常经营过程的重大交易的人员，以及对其进行监督或监控的人员；内部审计人员；内部法律顾问；负责道德事务的人员。

执行审计工作的前提是管理层和治理层(如适用)已认可并理解其应当承担按照适用的财务报告编制基础编制财务报表，包括使其实现公允反映(如适用)的责任，以及设计、执行和维护内部控制，使得编制的财务报表不存在由于舞弊或错误导致的重大错报的责任。因此，如果适用的财务报告编制基础对关联方做出规定，编制财务报表要求管理层在治理层的监督下设计、执行和维护与关联方关系及其交易相关的适当控制，使得关联方关系及其交易能够按照适用的财务报告编制基础的要求得到识别、适当的会计处理和披露。

治理层担当监督的角色，负责监督管理层如何履行这些控制责任。无论适用的财务报告编制基础是否对关联方做出规定，在履行监督责任的过程中，治理层需要向管理层获取信息，以了解关联方关系及其交易的性质和商业理由。

为了了解控制环境，注册会计师可以考虑控制环境中与降低关联方关系及其交易导致的重大错报风险相关的内容，例如：

(1)用于规范在何种情形下被审计单位可以从事特定类型关联方交易的内部职业道德手册，该手册已适当地向员工传达并得以贯彻执行；

(2)公开、及时披露管理层和治理层在关联方交易中的利益的政策和程序；

(3)被审计单位内部对识别、记录、汇总和披露关联方交易的职责分工；

(4)管理层和治理层就超出正常经营过程的重大关联方交易及时进行的讨论和披露，包括治理层是否通过向外部专业人员咨询等方式恰当质疑交易商业理由的合理性；

(5)对涉及现实或潜在利益冲突的关联方交易的批准,提供清晰的指引,例如由独立于管理层的人员组成的治理层的下设委员会进行审批;

(6)内部审计人员的定期检查(如适用);

(7)管理层为解决关联方披露问题而采取的积极行动,如向注册会计师或外部法律顾问咨询;

(8)举报政策和程序(如适用)。

在实务中,由于某些原因,被审计单位可能不存在与关联方关系及其交易相关的控制或控制存在缺陷。例如:

(1)管理层对识别和披露关联方关系及其交易的重视程度较低;

(2)缺乏治理层的适当监督;

(3)由于披露关联方可能会泄露管理层认为某些敏感信息(如关联方交易涉及管理层家庭成员),管理层有意忽视相关控制;

(4)管理层未能充分了解适用的财务报告编制基础对关联方的有关规定;

(5)适用的财务报告编制基础没有对关联方披露做出规定。

如果这些控制无效或者不存在,注册会计师可能无法就关联方关系及其交易获取充分、适当的审计证据。在这种情况下,注册会计师需要考虑对审计工作(包括审计意见)的影响。

虚假财务报告通常与管理层凌驾于控制之上有关,而此时控制可能看似有效运行。如果管理层和参与交易的另一方之间具有控制或重大影响的关系,管理层凌驾于控制之上的风险就较高,其原因是这些关系可能表明管理层有更大的动机和机会实施舞弊。例如,管理层在特定关联方中的财务利益可能驱使其通过下列方式凌驾于控制之上:指示被审计单位从事损害自身利益但能够使关联方获益的交易;与关联方串通或控制其行动。

实施舞弊的例子包括:

(1)虚构关联方交易条款,以对交易的商业理由作出不实表述;

(2)采用欺诈方式,安排与管理层或其他人员之间按照显著高于或低于市价的金额进行资产转让交易;

(3)与关联方(如特殊目的实体)从事复杂的交易,以使被审计单位财务状况或经营成果存在不实表述。

(二)在检查记录或文件时对关联方信息保持警觉

1. 检查的记录或文件

在审计过程中,注册会计师可以检查某些可能提供有关关联方关系及其交易信息的记录或文件,例如:

(1)除了向银行和律师获取的询证函回函外,注册会计师向其他第三方取得的询证函回函;

(2)被审计单位的所得税纳税申报表;

(3)被审计单位提供给监管机构的信息;

(4)被审计单位的股东登记名册(用以识别主要股东);

(5)管理层和治理层的利益冲突声明;

(6)被审计单位有关投资和养老金计划的记录;

(7)与关键管理层或治理层成员签订的合同和协议;

(8)超出被审计单位正常经营过程的重要合同和协议;

(9)被审计单位与专业顾问的往来函件和发票；

(10)被审计单位购买的人寿保险单；

(11)被审计单位在报告期内重新商定的重要合同；

(12)内部审计人员的报告；

(13)被审计单位向证券监管机构报送的文件(如招股说明书)。

2. 可能显示存在以前未识别或未披露的关联方关系或交易的安排

安排是指被审计单位和一方或多方基于下列目的签订的正式或非正式协议：

(1)通过适当的方式(如投资工具)或组织架构建立商业关系；

(2)根据特定条款和条件从事某种类型的交易；

(3)提供指定的服务或财务支持。

某些安排可能显示存在管理层以前未识别或未向注册会计师披露的关联方关系或交易，例如：

(1)与其他机构或人员组成不具有法人资格的合伙企业；

(2)按照超出正常经营过程的交易条款和条件，向特定机构或人员提供服务的安排；

(3)担保和被担保关系。

3. 识别超出正常经营过程的重大交易

注册会计师就超出正常经营过程的重大交易获取的进一步信息，使其能够评价是否存在舞弊风险因素，并能够在适用的财务报告编制基础对关联方做出规定的情况下识别重大错报风险。超出正常经营过程的交易可能包括：

(1)复杂的股权交易，如公司重组或收购；

(2)与处于公司法制不健全的国家或地区的境外实体之间的交易；

(3)对外提供厂房租赁或管理服务，而没有收取对价；

(4)具有异常大额折扣或退货的销售业务；

(5)循环交易，如售后回购交易；

(6)在合同期限届满之前变更条款的交易。

4. 了解超出正常经营过程的重大交易

注册会计师针对超出正常经营过程的重大交易的性质所进行的询问，涉及了解交易的商业理由、交易的条款和条件。

5. 询问交易是否可能涉及关联方

关联方参与超出正常经营过程的重大交易，可以通过成为交易的一方直接影响该交易，或是通过中间机构间接影响该交易。这些影响可能表明存在舞弊风险因素。

(三)项目组内部分享与关联方有关的信息

项目组成员可以分享有关关联方的信息，例如：

(1)关联方的名称和特征；

(2)关联方关系及其交易的性质；

(3)可能需要从审计的角度进行特别考虑的重大或复杂的关联方关系或关联方交易，特别是涉及管理层或治理层财务利益的交易。

三、识别和评估与关联方及其交易相关的重大错报风险

注册会计师应当识别和评估关联方关系及其交易导致的重大错报风险，并确定这些风险

是否为特别风险。

管理层由一人或少数人控制且缺乏相应的补偿性控制是一项舞弊风险因素。关联方施加的支配性影响可能表现在下列方面：

(1)关联方否决管理层或治理层作出的重大经营决策；

(2)重大交易需经关联方的最终批准；

(3)对关联方提出的业务建议，管理层和治理层未曾或很少进行讨论；

(4)对涉及关联方(或与关联方关系密切的家庭成员)的交易，极少进行独立复核和批准。

如果关联方在被审计单位的设立和日后管理中均发挥主导作用，也可能表明存在支配性影响。

在出现其他风险因素的情况下，存在具有支配性影响的关联方，可能表明存在由于舞弊导致的特别风险。例如：

(1)异常频繁变更高级管理人员或专业顾问，可能表明被审计单位为关联方谋取利益而从事不道德或虚假的交易；

(2)利用中间机构从事难以判断是否具有正当商业理由的重大交易，可能表明关联方出于欺诈目的，通过控制这些中间机构从交易中获利；

(3)有证据显示关联方过度干涉或关注会计政策的选择或重大会计估计的作出，可能表明存在虚假财务报告。

四、针对与关联方关系及其交易相关的重大错报风险的应对措施

为应对评估的与关联方关系及其交易有关的重大错报风险，注册会计师可能选择的进一步审计程序的性质、时间安排和范围，取决于风险的性质和被审计单位的具体情况。

如果管理层未能按照适用的财务报告编制基础的规定对特定关联方交易进行恰当的会计处理和披露，且注册会计师将其评估为一项特别风险(无论是舞弊还是错误导致)，可能实施的实质性程序的例子包括：

(1)如果可行且法律法规或注册会计师职业道德守则未予禁止，向银行、律师事务所、担保人或者代理商等中间机构函证或与之讨论交易的具体细节。

(2)向关联方函证交易目的、具体条款或金额(如果注册会计师认为被审计单位有可能对关联方的回函施加影响，可能降低这一审计程序的效果)。

(3)如果适用并且可行，查阅关联方的财务报表或其他相关财务信息，以获取关联方对关联方交易进行会计处理的证据。

如果存在具有支配性影响的关联方，并且因此存在由于舞弊导致的重大错报风险，注册会计师应将其评估为一项特别风险。注册会计师除了实施风险总体应对程序外，还可以实施下列审计程序，以了解关联方与被审计单位直接或间接建立的业务关系，并确定是否有必要实施进一步的恰当的实质性程序：

(1)询问管理层和治理层并与之讨论；

(2)询问关联方；

(3)检查与关联方之间的重要合同；

(4)通过互联网或某些外部商业信息数据库，进行适当的背景调查；

(5)如果被审计单位保留了员工的举报报告，查阅该报告。

根据实施风险评估程序的结果，注册会计师可能认为在获取审计证据时不对与关联方关

系及其交易相关的内部控制实施控制测试是恰当的。在某些情况下，针对与关联方关系及其交易相关的重大错报风险，仅实施实质性程序可能无法获取充分、适当的审计证据。

例如，被审计单位与其组成部分发生大量的内部交易，有关这些交易的大量信息在一个集成系统中以电子形式生成、记录、处理和报告，注册会计师可能认为不能通过设计有效的实质性程序将与这些交易相关的重大错报风险降低至可接受的水平。在这种情况下，注册会计师需要测试与关联方关系及其交易记录的完整性和准确性相关的控制。

(一)识别出以前未识别或未披露的关联方或重大关联方交易

向项目组成员传达与新识别的关联方有关的信息。及时向项目组成员传达有关新识别的关联方信息，有助于项目组成员确定这些信息是否对已实施风险评估程序的结果和由此得出的结论产生影响，包括是否需要重新评估重大错报风险。

针对新识别出的关联方或重大关联方交易，注册会计师可能实施的实质性程序的例子包括：

(1)询问被审计单位与新识别出的关联方之间的关系的性质，包括向非常了解被审计单位及其业务的外部人士询问(如适用，并且法律法规或注册会计师职业道德守则未予禁止)。这些外部人士包括法律顾问、主要代理商、主要业务代表、咨询专家、担保人或其他关系密切的商业伙伴等。

(2)分析与新识别出的关联方进行的交易的会计记录，可以采用计算机辅助审计技术进行分析。

(3)核实新识别出的关联方交易的条款和条件，评价是否已经按照适用的财务报告编制基础的规定对关联方交易进行恰当会计处理和披露。

如果管理层有意不向注册会计师披露关联方关系或重大关联方交易信息，可能存在由于舞弊导致的重大错报风险，评价这一情况对审计影响时，注册会计师可能考虑是否有必要重新评价管理层对询问的答复以及管理层声明的可靠性。

(二)识别出的超出正常经营过程的重大关联方交易

在评价超出正常经营过程的重大关联方交易的商业理由时，注册会计师可能考虑下列事项：

(1)交易是否过于复杂(如交易是否涉及集团内部多个关联方)；

(2)交易条款是否异常(如价格、利率、担保或付款等条件是否异常)；

(3)交易的发生是否缺乏明显且符合逻辑的商业理由；

(4)交易是否涉及以前未识别的关联方；

(5)交易的处理方式是否异常；

(6)管理层是否已与治理层就这类交易的性质和会计处理进行过讨论；

(7)管理层是否更强调需要采用某项特定的会计处理方式，而不够重视交易的经济实质。

如果管理层的解释与关联方交易条款存在重大不一致，注册会计师需要考虑管理层对其他重大事项作出的解释和声明的可靠性。

注册会计师也可以从关联方的角度了解上述交易的商业理由，这可能有助于注册会计师更好地了解交易的经济实质和发生原因。如果注册会计师了解的商业理由与关联方的业务性质不一致，则可能表明存在舞弊风险因素。

如果超出正常经营过程的重大关联方交易经管理层、治理层或股东(如适用)授权和批准，可以为注册会计师提供审计证据，表明该项交易已在被审计单位内部的适当层面进行了考虑，并在财务报表中恰当披露了交易的条款和条件。如果存在未经授权和批准的这类交易，且注册会计师与管理层或治理层进行讨论后仍未获取合理解释，则可能表明存在由于舞弊或错误导致的重大错报风险。在这种情况下，注册会计师可能需要对其他类似性质的交易保持警觉。然而，授权和批准本身不足以就是否不存在由于舞弊或错误导致的重大错报风险得出结论，其原因是如果被审计单位与关联方串通舞弊或关联方对被审计单位具有支配性影响，被审计单位授权和批准相关的控制可能是无效的。

（三）对关联方交易是否按照等同于公平交易中的通行条款执行的认定

针对关联方交易与类似公平交易的价格比较情况，注册会计师可以比较容易地获取审计证据。但实务中存在的困难，限制了注册会计师获取关联方交易与公平交易在所有其他方面都等同的审计证据。例如，注册会计师可能能够确定关联方交易是按照市场价格执行的，却不能确定该项交易的其他条款和条件（如信用条款、或有事项以及特定收费等）是否与独立各方之间通常达成的交易条款相同。因此，如果管理层认定关联方交易是按照等同于公平交易中通行的条款执行的，则可能存在重大错报风险。

如果管理层认定关联方交易是按照等同于公平交易中通行的条款执行的，则管理层在编制财务报表时需要证实这项认定。管理层用于支持这项认定的措施可能包括：

（1）将关联方交易条款与相同或类似的非关联方交易的条款进行比较；

（2）请外部专家确定交易的市场价格，并确认交易的条款和条件；

（3）将关联方交易条款与公开市场进行的类似交易的条款进行比较。

评价管理层如何支持这项认定，可能涉及以下一个或多个方面：

（1）考虑管理层用于支持其认定的程序是否恰当；

（2）验证支持管理层认定的内部或外部数据来源，对这些数据进行测试，以判断其准确性、完整性和相关性；

（3）评价管理层认定所依据的重大假设的合理性。

有些财务报告编制基础要求披露未按照等同于公平交易中通行的条款执行的关联方交易。在这种情况下，如果管理层未在财务报表中披露关联方交易，则可能隐含着一项认定，即关联方交易是按照等同于公平交易中通行的条款执行的。

五、评价识别出的关联方关系及其交易的会计处理和披露

（一）评价错报时对重要性的考虑

在评价错报是否重大时，注册会计师应当考虑错报的金额和性质以及错报发生的特定情况。对财务报表使用者而言，某项交易的重要程度，可能不仅取决于所记录的交易金额，还取决于其他特定的相关因素，如关联方关系的性质。

（二）评价对关联方的披露

注册会计师按照适用的财务报告编制基础的规定评价被审计单位对关联方关系及其交易的披露，需要考虑被审计单位是否已对关联方关系及其交易进行了恰当汇总和列报，以使披露具有可理解性。

当存在下列情形之一时，表明管理层对关联方交易的披露可能不具有可理解性：

（1）关联方交易的商业理由以及交易对财务报表的影响披露不清楚，或存在错报；

（2）未适当披露为理解关联方交易所必需的关键条款、条件或其他要素。

六、书面声明

在下列情况下，注册会计师向治理层获取书面声明可能是适当的：

(1)治理层批准某项特定关联方交易，该项交易可能对财务报表产生重大影响或涉及管理层；

(2)治理层就某些关联方交易的细节向注册会计师作出口头声明；

(3)治理层在关联方或关联方交易中享有财务或者其他利益。

注册会计师可能决定就管理层作出的某项特殊认定获取书面声明，如管理层对特殊关联方交易不涉及某些未予披露的“背后协议”的声明。

七、与治理层的沟通

注册会计师与治理层沟通审计工作中发现的与关联方相关的重大事项，有助于双方就这些事项的性质和解决方法达成共识。与关联方相关的重大事项的例子包括：

(1)管理层有意或无意未向注册会计师披露关联方关系或重大关联方交易，沟通这一情况可以提醒治理层关注以前未识别的重要关联方和关联方交易；

(2)识别出的未经适当授权和批准的、可能产生舞弊嫌疑的重大关联方交易；

(3)注册会计师与管理层在按照适用的财务报告编制基础的规定披露重大关联方交易方面存在分歧；

(4)违反适用的法律法规有关禁止或限制特定类型关联方交易的规定；

(5)在识别被审计单位最终控制方时遇到了困难。

第三节　期初余额审计

注册会计师首次接受委托对被审计单位的财务报表期初余额进行审计时应当把握以下两个方面的问题：一是注册会计师应当保持应有的职业谨慎，充分考虑期初余额对所审计财务报表的影响；二是注册会计师接受委托审计的毕竟是被审计单位本期的财务报表，如果对期初余额审计过于详细，势必会增加审计成本，延长审计时间，并给被审计单位带来审计费用过高的负担。因此，注册会计师对期初余额的审计，应该遵循适度原则。

一、期初余额的含义

期初余额是指期初已存在的账户余额。期初余额以上期期末余额为基础，反映了以前期间的交易和上期采用的会计政策的结果。正确理解期初余额的含义，需要把握以下三点：

1. 期初余额是期初已存在的账户余额

期初已存在的账户余额是由上期结转至本期的金额，或是上期期末余额调整后的金额。

2. 期初余额反映了以前期间的交易和上期采用的会计政策的结果

期初余额应以客观存在的经济业务为根据，是被审计单位按照上期采用的会计政策对以前会计期间发生的交易和事项进行处理的结果。

3. 期初余额与注册会计师首次接受委托相联系

所谓注册会计师首次接受委托，是指会计师事务所在首次接受被审计单位财务报表审计，或上期财务报表由前任注册会计师审计的情况下接受的审计委托。

注册会计师对财务报表进行审计，是对被审计单位所审期间财务报表发表审计意见，一般无须专门对期初余额发表审计意见，但因为期初余额是本期财务报表的基础，所以要对期初余额实施适当的审计程序。注册会计师应当根据期初余额对所审计财务报表的影响程度，合理运用专业判断，以确定期初余额的审计范围。判断期初余额对本期财务报表的影响程度应着眼于以下三方面：一是上期结转至本期的金额；二是上期所采用的会计政策；三是上期期末已存在的或有事项及承诺。注册会计师应以这三方面的内容为依据，确定期初余额对本期财务报表的影响。

二、期初余额的审计目标

对首次接受委托业务，注册会计师审计期初余额，应当获取充分、适当的审计证据，以确定：

(一)期初余额不存在对本期财务报表产生重大影响的错报

如果期初余额存在对本期财务报表产生重大影响的错报，则注册会计师在审计中必须对此提出恰当的审计调整或披露建议；反之，注册会计师无须对此予以特别关注和处理。

(二)期初余额反映的恰当的会计政策是否在本期财务报表中得到一贯运用，或会计政策的变更是否按照适用的财务报表编制基础作出恰当的会计处理和充分的列报

在审计期初余额时，注册会计师应当按照《企业会计准则第 28 号——会计政策、会计估计变更和差错更正》的有关要求，评价被审计单位是否一贯运用恰当的会计政策，或是否对会计政策的变更做出了正确的会计处理和恰当的列报。

三、期初余额的审计程序

为达成上述期初余额的审计目标，注册会计师对期初余额的审计程序通常包括：

(一)考虑被审计单位运用会计政策的恰当性和一贯性

注册会计师首先应了解、分析被审计单位所选用的会计政策是否恰当，是否符合企业会计准则的要求，按照所选用会计政策对被审计单位发生的交易或事项进行处理，是否能够提供可靠、相关的会计信息；其次，如果认定被审计单位所选用的会计政策恰当，应确认该会计政策是否在每一会计期间和前后各期得到一贯执行，有无变更；再次，如果发现会计政策发生变更，应审核其变更理由是否充分，是否按国家有关规定要求予以变更，或者由于具体情况发生变化，会计政策变更能够提供更可靠、更相关的会计信息，并关注被审计单位是否已经按照《企业会计准则第 28 号——会计政策、会计估计变更和差错更正》的要求，对会计政策变更做出适当的会计处理和充分披露。如果被审计单位上期适用的会计政策不恰当或与本期不一致，注册会计师在实施期初余额审计时应提请被审计单位进行调整或予以披露。

(二)确定上期期末余额是否正确结转至本期

上期期末余额已正确结转至本期，主要是指：(1)上期账户余额计算正确；(2)上期总账余额与各明细账余额合计数或日记账余额合计数相等；(3)上期各总账余额和相应的明细账余额或日记账余额已经分别恰当地过入本期的总账和相应的明细账或日记账。

上期期末余额通常应直接结转至本期，但在出现某些情形时，上期期末余额不应直接结转至本期，而应当做出重新表述。例如，企业会计准则和相关会计制度的要求发生变化；或者上期期末余额存在重大的前期差错，如果前期差错累积影响数能够确定，按照规定应当按追溯重述法进行更正。

(三)实施一项或多项审计程序

1. 上期财务报表由前任注册会计师审计情况下的审计程序

如果上期财务报表由前任注册会计师审计，注册会计师应当考虑通过查阅前任注册会计师的工作底稿获取有关期初余额的充分、适当的审计证据，并考虑前任注册会计师的独立性和专业胜任能力。

(1)查阅前任注册会计师的工作底稿。在首次接受委托的情况下，如果被审计单位上期财务报表已经前任注册会计师审计，后任注册会计师在对被审计单位本期财务报表进行审计时，就应当在征得被审计单位同意后，考虑与前任注册会计师沟通，利用前任注册会计师的工作。沟通的方式包括会谈、电话询问或发送调查问卷等，但最有效和常用的方式是查阅前任注册会计师的审计工作底稿。查阅的重点通常限于对本期审计产生重大影响的事项，如前任注册会计师对上期财务报表发表的审计意见的类型和主要内容、针对上期财务报表的审计计划和审计总结，以及上一年度其他相关重要事项。

(2)考虑前任注册会计师的独立性和专业胜任能力。在与前任注册会计师沟通时，注册会计师应当考虑前任注册会计师的独立性和专业胜任能力。如果认为前任注册会计师不具有独立性，或者不具有应有的专业胜任能力，则无法通过查阅其审计工作底稿获取有关期初余额的充分、适当的审计证据。

(3)与前任注册会计师沟通时的考虑。在与前任注册会计师沟通时，注册会计师应当遵守职业道德规范和《中国注册会计师审计准则第 1152 号——前后任注册会计师的沟通》的规定。

2. 上期财务报表未经审计或审计结论不满意时的审计程序

如果上期财务报表未经审计，或者上期财务报表虽经前任注册会计师审计，但在查阅前任注册会计师的工作底稿后未能获取有关期初余额的充分、适当的审计证据，未能对期初余额得出满意结论，注册会计师应当根据期初余额有关账户的不同性质，实施相应的审计程序。账户的性质主要按照账户属于资产类还是负债类、属于流动性还是非流动性等标准加以区分。

(1)对流动资产和流动负债的审计程序，注册会计师通常可以通过本期实施的审计程序获取部分审计证据。

(2)对非流动资产和非流动负债的审计程序，注册会计师通常检查形成期初余额的会计记录和其他信息。

3. 考虑账户的性质和本期财务报表中的重大错报风险

期初余额涉及的各财务报表项目的性质不同，对本期财务报表中的重大错报风险的影响程度也不同。注册会计师应当重点关注期初余额中性质重要、对本期财务报表中的重大错报风险产生较大影响的财务报表项目。

4. 考虑期初余额对于本期财务报表的重要程度

注册会计师接受委托进行审计并发表审计意见的对象毕竟是被审计单位本期的财务报表而不是期初余额。因此，在审计期初余额时，无论是考虑被审计单位运用的会计政策，还是上期财务报表是否经过审计，或者是考虑期初余额相关账户的性质，都应该同时考虑期初余额对于本期财务报表而言是否重要。如果期初余额本身并不重要，或者虽然对于上期财务报表是重要的，但由于本期被审计单位资产规模和经营规模的迅速扩大，期初余额对于本期财务报表而言已经变得不重要，则注册会计师无须对其予以特别关注。只有当期初余额对于本期财务报表重要时，注册会计师才需要对其予以特别关注并实施专门的审计程序。

四、期初余额审计对审计报告的影响

在对期初余额实施审计程序后，注册会计师应当分析已获取的审计证据，区分不同情况形成对被审计单位期初余额的审计结论，在此基础上确定其对本期财务报表出具审计报告的影响。

（一）审计后无法获取有关期初余额的充分、适当的审计证据

如果实施相关审计程序后无法获取有关期初余额的充分、适当的审计证据，注册会计师应当出具保留意见或无法表示意见的审计报告。

（二）期初余额存在重大错报对审计报告的影响

如果期初余额存在对本期财务报表产生重大影响的错报，注册会计师应当告知管理层。如果上期财务报表由前任注册会计师审计，注册会计师还应当考虑提请管理层告知前任注册会计师。如果错报的影响未能得到正确的会计处理和恰当的列报，注册会计师应当出具保留意见或否定意见的审计报告。

（三）会计政策变更对审计报告的影响

如果与期初余额相关的会计政策未能在本期得到一贯运用，并且会计政策的变更未能得到正确的会计处理和恰当的列报，注册会计师应当出具保留意见或否定意见的审计报告。

（四）前任注册会计师对上期财务报表出具了非标准审计报告

如果前任注册会计师对上期财务报表出具了非标准审计报告，注册会计师应当考虑该审计报告对本期财务报表的影响。如果导致出具非标准审计报告的事项对本期财务报表仍然相关和重大，注册会计师应当对本期财务报表出具非标准审计报告。前任注册会计师对上期财务报表出具了非标准审计报告，对本期财务报表可能产生影响，也可能不再产生影响，注册会计师在审计中应当对具体问题作具体分析，不能一概而论。例如，在上期财务报表审计中，前任注册会计师由于被审计单位在财务报表附注中对某项应当予以披露的重大事项未予披露而出具了非标准审计报告，该重大事项在本期已经消除或者虽仍存在，但被审计单位已经按照有关会计准则的要求作了充分披露，那么注册会计师在本期审计时就不需要因此而出具非标准审计报告。反之，如果该重大事项在本期仍然存在并且对本期财务报表的影响仍然重大，而被审计单位继续坚持不在本期财务报表附注中予以披露，那么注册会计师在本期审计时仍需因此而出具非标准审计意见报告。

关键概念

会计估计审计　关联方交易审计　期初余额审计

准确理解题

1. 下列有关会计估计审计的说法错误的有（　　）。

（1）会计估计需要基于编制财务报表前后的相关信息作出判断；

（2）会计估计的结果与上期财务报表中已确认金额之间有差异，表明上期财务报表存在错报；

（3）如果认为会计估计导致特别风险，注册会计师需要了解与会计估计相关的控制，并有可能对被审计单位持续经营能力产生重大疑虑；

(4)当注册会计师认为运用自己的区间估计来评价管理层点估计的合理性是恰当的时,作出的区间估计需要包括所有可能的结果。

2. 下列有关关联方交易及其审计的说法错误的有(　　)。

(1)无论适用的财务报表编制基础是否对关联方做出规定,注册会计师都要充分了解关联方关系及其交易,判断其会计处理和披露是否公允;

(2)注册会计师可以通过项目组内部讨论、询问管理层、评审相关内部控制、检查文件或记录来了解关联方关系及其交易;

(3)如果超出正常经营过程的重大关联方交易经管理层、治理层或股东(如适用)授权和批准,则注册会计师可得出不存在由于舞弊或错误导致的重大错报风险的结论;

(4)注册会计师评价管理层对关联方关系的披露时,需要考虑被审计单位是否已对关联方关系及其交易进行了恰当汇总和列报,以使披露具有真实可靠性。

3. 下列有关期初余额审计的说法错误的有(　　)。

(1)注册会计师对期初余额进行审计应当保持职业谨慎,遵循充分审计原则;

(2)注册会计师应当根据期初余额存在重大错报风险的水平,合理运用专业判断,以确定期初余额的审计范围;

(3)如果上期财务报表未经审计,注册会计师对期初余额中的流动资产和流动负债进行审计,通常要检查形成期初余额的会计记录和其他信息;

(4)如果与期初余额相关的会计政策是不适当的,但在本期得到了管理层的一贯运用,注册会计师应当出具保留意见或否定意见的审计报告。

复习思考题

1. 注册会计师对会计估计审计的目的是什么?
2. 期初余额审计结论可能对审计意见有哪些影响?
3. 关联方及其交易的审计要点包括什么?
4. 超出经常经营过程的交易通常包括哪些?
5. 对于识别出的超出正常经营过程的重大关联方交易,注册会计师应当实施哪些审计程序予以确认?

讨论分析题

1. 2014 年 12 月,甲公司决定与 A 会计师事务所解聘,改聘 B 会计师事务所审计其 2014 年度财务报表,并与 B 会计师事务所签订了审计业务约定书。

请讨论分析:在何种情况下,注册会计师应对甲公司 2014 年度财务报表的期初余额作适当审计?对期初余额实施审计的目的是什么?通常,A 会计师事务所的审计人员采用什么方式了解该公司期初余额的情况?了解的主要内容有哪些?

2. 恒通股份有限公司(以下简称“恒通公司”)所得税采用资产负债表债务法,所得税税率为 25%,按净利润 10%计提盈余公积。注册会计师王二于 2015 年 2 月对该公司审计时发现下列问题:

(1)2014 年末库存钢材账面余额为 305 万元。经检查,该批钢材的预计售价为 270 万元,预计销售费用和相关税金为 15 万元。当时,由于疏忽,将预计售价误记为 360 万元,未计提存货跌价准备。

(2)2014 年 12 月 15 日,恒通公司购入 800 万元股票,作为交易性金融资产。至年末尚未出售,12 月末的收盘价为 740 万元。恒通公司按其成本列报在资产负债表中。

(3)恒通公司于 2014 年 1 月 1 日支付 3 000 万元对价,取得了丁公司 80%的股权,实现了非同一控制下的企业合并,使丁公司成为恒通公司的子公司。2014 年丁公司实现净利润 500 万元,恒通公司按权益法核算确认了投资收益400万元。假设丁公司处于免税期。

(4)2014年1月恒通公司从其他企业集团中收购了100辆巴士汽车，确认了巴士汽车牌照专属使用权800万元，作为无形资产核算。恒通公司从2014年起按照10年进行该无形资产摊销。经检查，巴士牌照专属使用权没有使用期限。假设按照税法规定，无法确定使用寿命的无形资产按不少于10年的期限摊销。

(5)2014年8月恒通公司收到市政府拨付的技术款200万元，恒通公司将其计入了资本公积(其他资本公积)。此笔款项由于计入了资本公积，未作纳税调整，当年没有申报所得税。

要求：将上述发现的问题按照企业会计准则的要求进行差错更正。

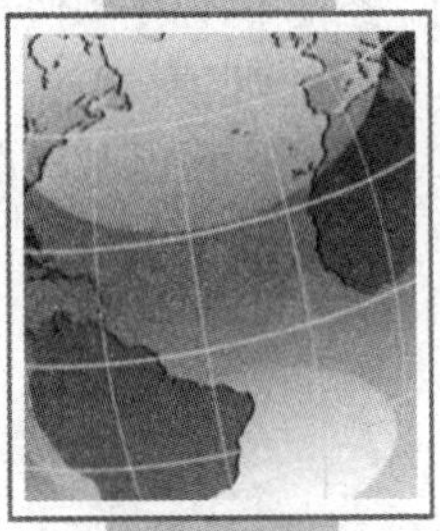

第十五章 终结审计及相关工作

第一节 终结审计的主要工作

注册会计师完成财务报表各项目和一些特殊项目的审计工作后，需要汇总审计测试结果，进行审计工作总结，如评价审计中的重大发现，汇总审计差异，考虑被审计单位持续经营的合理性，关注期后事项对财务报表的影响，撰写审计报告，复核审计底稿和财务报表等。在此基础上，评价审计结果，与客户沟通以后，获取管理层声明，确定出具的审计报告的意见类型和措辞，进而编制并致送审计报告，终结审计工作。

一、评价审计中的重大发现

在审计终结阶段，项目合伙人和审计项目组考虑的重大发现和事项主要有：

(1)期中复核中的重大发现及其对审计方法的影响；

(2)涉及会计政策的选择、运用和一贯性的重大事项，包括相关披露；

(3)就识别出的重大风险，对审计策略和计划的审计程序所做的修正；

(4)在与管理层和其他人员讨论重大发现和事项时得到的信息；

(5)与注册会计师的最终审计结论相矛盾或不一致的信息。

对实施的审计程序的结果进行评价，可能全部或部分地揭示出以下事项：

(1)是否有必要对重要性进行修订；

(2)对审计策略和计划的审计程序的重大修正；

(3)对审计方法有重要影响的值得关注的内部控制缺陷和其他缺陷；

(4)财务报表中存在的重大错报或漏报；

(5)就重大会计和审计事项达成最终结论的意见分歧；

(6)在实施审计程序时遇到的重大困难；

(7)向专业人士需要咨询的事项；

(8)与管理层及其他人员就重大发现以及与注册会计师的最终审计结论相矛盾或不一致的信息进行的讨论。

二、汇总审计差异

在完成按业务循环进行的控制测试、财务报表项目的实质性程序和特殊项目的审计后，审计项目经理应当根据审计重要性原则，对审计项目组成员在审计中发现的审计差异予以初步确定和汇总，并建议被审计单位进行调整，以便使经过审计的财务报表能够公允真实。这项工作主要是通过编制审计差异调整表和试算平衡表完成的。

(一)编制审计差异调整表

审计差异按是否需要调整账户记录可分为核算错误和重分类错误。核算错误是因企业对经济业务进行了不正确的会计核算而引起的错误。用审计重要性原则来衡量每一项核算错误，又可把核算错误区分为建议调整的不符事项和不建议调整的不符事项(即未调整不符事项)。重分类错误是因企业未按企业会计准则列报财务报表而引起的错误。

为便于事务所各级负责人对审计差异内容进行综合判断、分析和决定，便于有效编制试算平衡表和代编经审计的财务报表，通常需要将审计差异按建议调整的不符事项、重分类错误和未调整不符事项分别汇总编制账项调整分录汇总表、重分类调整分录汇总表和未更正错报汇总表。三张汇总表的参考格式分别见表15－1、表15－2和表15－3。

表15－1　　　　**账项调整分录汇总表**

客　　户______________　　　　签名　　　日期

项　　目 账项调整分录汇总表　　　编制人________ ________　　　索引号________

会计期间______________　　　　复核人________ ________　　　页　次________

序　号	调整内容及项目	索引号	调整金额		影响利润＋(－)
			借　方	贷　方	

表 15-2　　重分类调整分录汇总表

客　　户 ______________　　签名　　日期

项　　目 重分类调整分录汇总表　　编制人________ ________　　索引号________

会计期间 ______________　　复核人________ ________　　页　次________

序号	重分类内容及项目	索引号	重分类金额	
			借　方	贷　方

表 15-3　　未更正错报汇总表

客　　户 ______________　　签名　　日期

项　　目 未更正错报汇总表　　编制人________ ________　　索引号________

会计期间 ______________　　复核人________ ________　　页　次________

序号	未调整内容及说明	索引号	未调整金额		备　注
			借　方	贷　方	

未调整的影响：

项　目	金额	百分比	计划百分比
1. 净利润	________	________	________
2. 净资产	________	________	________
3. 资产总额	________	________	________
4. 营业收入	________	________	________

结论：

注册会计师在运用审计重要性原则划分建议调整的不符事项与未调整不符事项时，应当考虑核算错误的金额和性质两个因素。

1. 对于单笔核算错误达到或超过所涉及财务报表项目(或账项)层次重要性水平的,应视为建议调整的不符事项。

2. 对于单笔核算错误明显低于所涉及财务报表项目(或账项)层次重要性水平,但性质重要的,比如涉及舞弊与违法行为的核算错误,应视为建议调整的不符事项。

3. 对于单笔核算错误明显低于所涉及财务报表项目(或账项)层次重要性水平,并且性质不重要的,一般应视为未调整不符事项,但应当考虑小金额错报累计起来可能重要的可能性。

注册会计师确定了建议调整的不符事项和重分类错误后,应以书面方式及时征求被审计单位对需要调整财务报表事项的意见。在被审计单位同意采纳时,应取得被审计单位同意调整的书面确认;若被审计单位不同意采纳,应分析原因,并根据未调整不符事项的性质和重要程度,确定是否在审计报告中予以反映,以及如何反映。

(二)编制试算平衡表

试算平衡表是注册会计师在被审计单位提供未审计财务报表的基础上,考虑调整分录、重分类分录等内容以确定已审数与报表披露数的表式。有关资产负债表试算平衡表和利润表试算平衡表的参考格式分别见表 15－4 和表 15－5。

表 15－4　　**资产负债表试算平衡表**

客　　户＿＿＿＿＿＿＿＿　　　　签名　　日　期

项　　目 资产负债表试算平衡表　　编制人＿＿＿＿ ＿＿＿＿　　索引号＿＿＿＿

会计期间＿＿＿＿＿＿＿＿　　复核人＿＿＿＿ ＿＿＿＿　　页　次＿＿＿＿

项　目	期末未审数	账项调整		重分类调整		期末审定数	项　目	期末未审数	账项调整		重分类调整		期末审定数
		借方	贷方	借方	贷方				借方	贷方	借方	贷方	
货币资金							短期借款						
交易性金融资产							交易性金融负债						
应收票据							应付票据						
应收账款							应付账款						
预付款项							预收款项						
应收利息							应付职工薪酬						
应收股利							应交税费						
其他应收款							应付利息						
存货							应付股利						
一年内到期的非流动资产							其他应付款						
其他流动资产							一年内到期的非流动负债						
可供出售金融资产							其他流动负债						
持有至到期投资							长期借款						
长期应收款							应付债券						
长期股权投资							长期应付款						
投资性房地产							专项应付款						
固定资产							预计负债						
在建工程							递延所得税负债						
工程物资							其他非流动负债						

续表

项 目	期末未审数	账项调整		重分类调整		期末审定数	项 目	期末未审数	账项调整		重分类调整		期末审定数
		借方	贷方	借方	贷方				借方	贷方	借方	贷方	
固定资产清理							实收资本（或股本）						
无形资产							资本公积						
开发支出							盈余公积						
商誉							未分配利润						
长期待摊费用													
递延所得税资产													
其他非流动资产													
合 计							合 计						

表 15—5 **利润表试算平衡表**

客　户＿＿＿＿＿＿＿＿　　　　签名　　日　期

项　目＿＿＿＿＿＿＿＿　　编制人＿＿＿＿ ＿＿＿＿　　索引号＿＿＿＿

会计期间＿＿＿＿＿＿＿　　复核人＿＿＿＿ ＿＿＿＿　　页　次＿＿＿＿

项 目		审计前金额	调整金额		审定金额
			借 方	贷 方	
一	营业收入				
	减：营业成本				
	营业税金及附加				
	销售费用				
	管理费用				
	财务费用				
	资产减值损失				
	加：公允价值变动损益				
	投资收益				
二	营业利润				
	加：营业外收入				
	减：营业外支出				
三	利润总额				
	减：所得税费用				
四	净利润				

试算平衡表中的“期末未审数”栏，应根据被审计单位提供的未审计财务报表填列。“调整金额”和“重分类调整”栏，应分别根据账项调整分录汇总表和重分类调整分录汇总表填列。考虑到有些财务报表项目往往会在为调整这些审计差异所作的会计分录中多次出现，注册会计师可先通过财务报表项目设置的“丁”字形账户，区分调整分录与重分类分录，将它们分别进行汇总，然后分别过入试算平衡表中的“账项调整”和“重分类调整”栏内。

在编制完试算平衡表后，注册会计师应对相应的勾稽关系进行核对。如资产负债表试算平衡表左边的期末未审数、期末审定数各栏合计数应分别等于其右边相应各栏合计数；左边的调整金额栏中的借方合计数与贷方合计数之差应等于右边的调整金额栏中的贷方合计数与借方合计数之差；左边的重分类调整栏中的借方合计数与贷方合计数之差应等于右边的重分类调整栏中的贷方合计数与借方合计数之差。

三、复核审计工作底稿和财务报表

(一)复核财务报表总体合理性

在审计结束或临近结束时，为了确定审计调整后的财务报表整体是否与注册会计师对被审计单位的了解一致，注册会计师应当对财务报表运用分析程序进行总体复核。如果识别出以前未识别的重大错报风险，注册会计师应当重新考虑对全部或部分各类交易、账户余额、列报所评估的风险是否恰当，并在此基础上重新评价之前计划的审计程序是否充分，是否有必要追加审计程序。

(二)评价审计结果

注册会计师评价审计结果必须完成以下三项工作：

1. 复核审计工作底稿

在出具审计报告前，应由主任会计师或其委派的独立的、有经验的注册会计师对项目组做出的重大判断和在准备报告时形成的结论进行最终复核，也称项目质量控制复核。它对于确保审计工作达到事务所内统一的工作标准、消除妨碍注册会计师判断的偏见、作出正确的审计结论十分重要。

项目质量控制复核的要点包括：

(1)项目组就具体业务对事务所独立性做出的评价。

(2)在审计过程中识别的特别风险以及采取的应对措施。

(3)做出的判断，尤其是关于重要性和特别风险的判断。

(4)是否已就存在的意见分歧、其他疑难问题或争议事项进行适当咨询，以及咨询得出的结论。

(5)在审计中识别的已更正和未更正的错报的重要程度及处理情况。

(6)拟与管理层、治理层以及其他方面沟通的事项。

(7)所复核的审计工作底稿是否反映了针对重大判断执行的工作，是否支持得出的结论。

(8)拟出具的审计报告的适当性。

为了便于项目质量控制复核，很多会计师事务所都具有详细的业务执行复核工作核对表，如表 15－6 所示。

表 15－6　　　　　　　　　　　　　　项目的质量控制复核

复核事项 （由独立的项目质量控制复核人员进行复核。项目质量控制复核适用于上市实体财务报表审计或会计师事务所按有关规定确定的其他类型审计业务。）	是/否/不适用	备　注
1. 项目质量控制复核之前进行的复核是否均已得到满意的执行 2. 是否已复核项目组针对本业务对本所独立性作出的评价，并认为该评价是恰当的 3. 是否已复核项目组在审计过程中识别的特别风险以及采取的应对措施，包括项目组对舞弊风险的评估及采取的应对措施，认为项目组作出的判断和应对措施是恰当的 4. 是否已复核项目组作出的判断，包括关于重要性和特别风险的判断，认为这些判断恰当合理 5. 是否确定项目组已就存在的意见分歧、其他疑难问题或争议事项进行适当咨询，且咨询得出的结论是恰当的 6. 是否已复核审计过程中识别的已更正和未更正错报的重要程度及处理情况 7. 是否已复核项目组与管理层和治理层沟通的记录以及拟与其沟通的事项，对沟通情况表示满意 8. 是否认为所复核的审计工作底稿反映了项目组针对重大判断执行的工作能够支持得出的结论 9. 是否已复核已审计财务报表和拟出具的审计报告，认为已审计财务报表符合企业会计准则的规定，拟出具的审计报告已按照中国注册会计师审计准则的规定发表了恰当的审计意见		

签字：____________　日期：____________

2. 对重要性和审计风险进行最终评价

对重要性和审计风险进行最终评价，是决定发表何种类型审计意见的必要过程。该过程可通过以下步骤来完成：

（1）按财务报表项目确定可能的审计差异即可能错报金额。可能错报金额包括已经识别的具体错报和推断误差。

（2）确定各财务报表项目可能的错报金额的汇总数（即可能错报总额）对财务报表层次重要性水平和其他与这些错报有关的财务报表总额的影响程度。值得注意的是，上一期间的未更正可能错报有可能对本期财务报表产生大的影响，如果上一期间的未更正可能错报连同本期的可能错报，可能会导致本期财务报表被严重错报的风险高到无法接受的程度，那么注册会计师估计本期的可能错报总额时，就应包括上一期间的未更正可能错报。

通过完成上述两个步骤，如果注册会计师得出结论，审计风险处在一个可接受的水平（可能的错报总额明显低于该报表项目的重要性水平），则可以直接提出审计结果所支持的意见。如果注册会计师认为审计风险不能接受，则应追加实施额外的实质性程序或者说服被审计单位作必要调整，以便将重要错报的风险降低到一个可接受的水平；否则，注册会计师应慎重考虑该审计风险对审计报告的影响。

3. 形成审计意见并草拟审计报告

在审计终结阶段，为了对财务报表整体发表适当的意见，审计项目经理必须将审计项目组所有成员的审计结果加以汇总和评价，综合考虑在审计过程中所收集到的全部证据，从总体上评价已经获取的审计证据的充分性和适当性，以及对财务报表整体是否合法和公允所作审计结论的合理性，并逐级交给部门经理和主任会计师认真复核。

在评价财务报表合法性时，应当考虑下列内容：

（1）选择和运用的会计政策是否符合会计准则，并适合于被审计单位的具体情况。注册会计师在考虑被审计单位选用的会计政策是否适当时，应当关注重要的事项。重要事项包括重要项目的会计政策和行业惯例、重大和异常交易的会计处理方法、在新领域和缺乏权威性标准或共识的领域采用重要会计政策产生的影响、会计政策的变更等等。

（2）管理层作出的会计估计是否合理。管理层作出的会计估计发生重大错报的可能性较大。注册会计师应当判断管理层作出的会计估计是否合理，确定会计估计的重大错报风险是否是特别风险，是否采取了有效的措施予以应对。

（3）财务报表反映的信息是否具有相关性、可靠性、可比性和可理解性。

（4）财务报表是否作出充分披露，使财务报表使用者能够理解重大交易和事项对被审计单位财务状况、经营成果和现金流量的影响。

在评价财务报表公允性时，应当考虑下列内容：

（1）经管理层调整后的财务报表是否与注册会计师对被审计单位及其环境的了解一致。

（2）财务报表的列报、结构和内容是否合理。财务报表的列报、结构和内容应当符合企业会计准则及其指南对财务报表列报所做的规定。

（3）财务报表是否真实地反映了交易和事项的经济实质。

注册会计师在评价重要性与审计风险、审计过程中获取的审计证据以及审计结论的基础上，对财务报表整体初步形成审计意见，便可草拟审计报告。注册会计师通常会就草拟的审计报告与被审计单位管理层进行沟通，但所作的沟通并不应当影响注册会计师独立出具审计报告。如经沟通，被审计单位管理层同意就注册会计师要求调整、披露的事项进行调整、披露，注册会计师则可以出具无保留意见的审计报告；如被审计单位管理层拒绝接受注册会计师的建议，则需考虑事项的严重程度，从而发表非无保留意见的审计报告。

第二节　对持续经营的考虑

一、管理层的责任和注册会计师的责任

（一）管理层的责任

管理层应当根据企业会计准则的规定，对持续经营能力做出评估，考虑运用持续经营假设编制财务报表的合理性。如果认为以持续经营假设为基础编制财务报表不再合理时，管理层应当采用其他基础编制，如清算基础。

（二）注册会计师的责任

在执行财务报表审计业务时，注册会计师的责任是考虑管理层运用持续经营假设的适当性和披露的充分性。注册会计师应当按照审计准则的要求，实施必要的审计程序，获取充分、适当的审计证据，确定可能导致对持续经营能力产生重大疑虑的事项或情况是否存在重大不确定性，并考虑对审计报告的影响。需要注意的是，未提及持续经营能力存在重大不确定性的审计报告，不应被视为注册会计师对被审计单位能够持续经营做出的保证。

二、风险评估程序

风险评估程序，就是根据被审计单位存在的种种迹象，评价持续经营假设的合理性。它可以帮助注册会计师确定管理层运用持续经营假设是否可能是一个重要问题以及其对计划审计工作的影响。这些程序还使注册会计师可以更及时地与管理层讨论，包括讨论管理层的计划和针对识别出的持续经营问题的解决方案。

以下是单独或汇总起来可能导致对持续经营假设产生重大疑虑的事项或情况的示例。这些示例并不能涵盖所有事项或情况，也不意味着存在其中一个或多个项目就一定表明存在重大不确定性。

（一）财务方面

1. 净资产为负或营运资金出现负数；
2. 定期借款即将到期，但预期不能展期或偿还，或过度依赖短期借款为长期资产筹资；
3. 存在债权人撤销财务支持的迹象；
4. 历史财务报表或预测性财务报表表明经营活动产生的现金流量净额为负数；
5. 关键财务比率不佳；
6. 发生重大经营亏损或用以产生现金流量的资产的价值出现大幅下跌；
7. 拖欠或停止发放股利；
8. 在到期日无法偿还债务；
9. 无法履行借款合同的条款；
10. 与供应商由赊购变为货到付款；
11. 无法获得开发必要的新产品或进行其他必要的投资所需的资金。

（二）经营方面

1. 管理层计划清算被审计单位或终止经营；
2. 关键管理人员离职且无人替代；
3. 失去主要市场、关键客户、特许权、执照或主要供应商；
4. 出现用工困难问题；
5. 重要供应短缺；
6. 出现非常成功的竞争者。

（三）其他方面

1. 违反有关资本或其他法定要求；
2. 未决诉讼或监管程序，可能导致其无法支付索赔金额；
3. 法律法规或政府政策的变化预期会产生不利影响；
4. 对发生的灾害未购买保险或保额不足。

某些措施通常可以减轻这些事项或情况的严重性。例如，被审计单位无法正常偿还债务的影响，可能被管理层通过替代方法（如处置资产、重新安排贷款偿还或获得额外资本金）计划保持足够的现金流量所抵消。类似地，主要供应商的流失也可以通过寻找适当的替代供应来源以降低损失。

三、评价管理层的评估

(一)管理层的评估、支持性分析和注册会计师的评价

管理层对被审计单位持续经营能力的评估，是注册会计师考虑管理层运用持续经营假设的一个关键部分。

纠正管理层缺乏分析的错误不是注册会计师的责任。在某些情况下，管理层缺乏详细分析以支持其评估，可能不妨碍注册会计师确定管理层运用持续经营假设是否适合具体情况。例如，如果被审计单位具有盈利经营的记录并很容易获得财务支持，管理层可能不需要进行详细分析就能作出评估。在这种情况下，如果其他审计程序足以使注册会计师认为管理层在编制财务报表时运用的持续经营假设适合具体情况，注册会计师可能无须实施详细的评价程序，就可以对管理层评估的适当性得出结论。

在其他情况下，评价管理层对被审计单位持续经营能力所作的评估，可能包括评价管理层作出评估时遵循的程序、评估依据的假设、管理层的未来应对计划以及管理层的计划在当前情况下是否可行。

(二)管理层评估的期间

大多数明确要求管理层作出评估的财务报告编制基础都详细规定了管理层需要在多长期间内考虑所有可获得的信息。

四、超出管理层评估的期间

可能存在着已知的事项(预定的或非预定的)或情况，是超出管理层评估期间发生的，可能导致注册会计师对管理层编制财务报表时运用持续经营假设的适当性产生怀疑，注册会计师需要对存在这些事项或情况的可能性保持警觉。由于事项或情况发生的时点距离作出评估的时点越远，与事项或情况的结果相关的不确定性的程度也相应增加，因此在考虑更远期间发生的事项或情况时，只有持续经营事项的迹象达到重大时，注册会计师才需要考虑采取进一步措施。如果识别出这些事项或情况，注册会计师可能需要提请管理层评价这些事项或情况对于其评估被审计单位持续经营能力的潜在重要性。

除询问管理层外，注册会计师没有责任实施其他任何审计程序，以识别超出管理层评估期间并可能导致对被审计单位持续经营能力产生重大疑虑的事项或情况。

五、识别出事项或情况时实施追加的审计程序

注册会计师识别出事项或情况时实施追加相关的审计程序可能包括：

(1)与管理层分析和讨论现金流量、盈利及其他相关预测；

(2)分析和讨论可获得的被审计单位最近的中期财务报表；

(3)阅读公司债券和借款合同的条款并确定是否存在违约情况；

(4)阅读股东、治理层及相关委员会会议有关财务困境的会议纪要；

(5)向被审计单位的律师询问是否存在诉讼或索赔，管理层对诉讼或索赔结果的评估以及对其财务影响的估计是否合理；

(6)向关联方或第三方确认提供或保持财务支持的协议的存在性、合法性和可执行性，并对其提供额外资金的能力作出评估；

(7)评价被审计单位处理尚未完成的客户订单的计划；

(8)针对期后事项实施审计程序,以识别那些能够改善或影响被审计单位持续经营能力的事项;

(9)确认授信合同的存在性、条款和充分性;

(10)获取并复核有关监管行动的报告;

(11)对于拟处置的资产,确定支持证据的充分性。

如果管理层的假设包括第三方通过放弃贷款优先求偿权、承诺保持或提供补充资金或担保等方式向被审计单位提供持续的支持,且这种支持对于被审计单位的持续经营能力很重要,注册会计师可能需要考虑要求该第三方提供书面确认(包括条款和条件),并获得有关该第三方有能力提供这种支持的证据。

六、审计结论与报告

注册会计师应当根据获取的审计证据,运用专业判断,确定是否存在与事项或情况相关的重大不确定性(且这些事项或情况单独或汇总起来可能导致对被审计单位持续经营能力产生重大疑虑)并考虑对审计意见的影响。

(一)运用持续经营假设是适当的,但存在重大不确定性

1. 重大不确定性披露的充分性

确定财务报表披露的充分性,可能需要确定信息是否明确地提请财务报表使用者关注被审计单位可能无法在正常经营过程中变现资产、清偿债务。

2. 重大不确定性披露充分时的审计报告

以下是当注册会计师确信财务报表附注披露充分时强调事项段的举例:

强调事项

我们提醒财务报表使用者关注,如财务报表附注×所述,截至20×1年12月31日,该公司当年发生净亏损×元,在20×1年12月31日,该公司流动负债高于资产总额×元。这些情况连同附注×所示的其他事项,表明存在可能导致对该公司持续经营能力产生重大疑虑的重大不确定性。本段内容不影响已发表的审计意见。

当存在多项对财务报表整体具有重要影响的重大不确定性时,在极少数情况下,注册会计师可能认为发表无法表示意见而非增加强调事项段是适当的。

3. 重大不确定性披露不充分时的审计报告

以下是对注册会计师发表保留意见时相关段落的举例:

导致保留意见的事项

该公司融资协议期满,且未偿付余额将于20×1年3月19日到期。该公司未能重新商定协议或获取替代性融资。这种情况表明存在可能导致对该公司持续经营能力产生重大疑虑的重大不确定性。因此,该公司可能无法在正常经营过程中变现资产、清偿债务。财务报表(及其附注)并未对这一事实作出全面披露。

保留意见

我们认为,除“导致保留意见的事项”段所述事项产生的影响外,财务报表在所有重大方面按照企业会计准则的规定编制,公允反映了该公司20×0年12月31日的财务状况以及20×0年度的经营成果和现金流量。

以下是对注册会计师发表否定意见时相关段落的举例:

导致否定意见的事项

该公司融资协议期满，且未偿付余额于20×1年12月31日到期。该公司未能重新商定协议或获取替代性融资，正在考虑申请破产。这些情况表明存在可能导致对该公司持续经营能力产生重大疑虑的重大不确定性，因此，该公司可能无法在正常经营过程中变现资产、清偿债务。财务报表（及其附注）并未披露这一事实。

否定意见

我们认为，由于"导致否定意见的事项"段所述事项的重要性，财务报表没有在所有重大方面按照企业会计准则的规定编制，未能公允反映该公司20×1年12月31日的财务状况以及20×1年度的经营成果和现金流量。

（二）运用持续经营假设是不适当的

如果财务报表按照持续经营基础编制，而注册会计师运用职业判断认为管理层在编制财务报表时运用持续经营假设是不适当的，则无论财务报表对管理层运用持续经营假设的不适当性是否作出披露，注册会计师均应发表否定意见。

如果在具体情况下运用持续经营假设是不适当的，但管理层被要求或自愿选择编制财务报表，则可以采用替代基础（如清算基础）编制财务报表。注册会计师可以对财务报表进行审计，前提是注册会计师确定替代基础在具体情况下是可接受的编制基础。如果财务报表对此作出了充分披露，注册会计师可以发表无保留意见，但也可能认为在审计报告中增加强调事项段是适当或必要的，以提醒财务报表使用者注意替代基础及其使用理由。

（三）管理层不愿作出评估或延长评估期间

在某些情况下，注册会计师可能认为有必要提请管理层作出评估或延长评估期间。如果管理层予以拒绝，由于注册会计师可能无法获取有关运用持续经营假设编制财务报表的充分、适当的审计证据（如是否存在管理层提出的应对计划或其他缓解因素的审计证据），注册会计师发表保留意见或无法表示意见可能是适当的。

第三节　或有事项审计

一、或有事项的审计目标

或有事项，是指过去的交易或事项形成的，其结果须由某些未来事项的发生或不发生时才能决定的不确定事项。常见的或有事项主要包括未决诉讼或仲裁、债务担保、产品质量保证（含产品安全保证）、承诺、亏损合同、重组义务、环境污染整治等。

注册会计师对或有事项进行审计所要达到的审计目标一般包括：确定或有事项是否存在和完整；确定或有事项的确认和计量是否符合企业会计准则的规定；确定或有事项的列报是否恰当。

二、或有事项的审计程序

在审计或有事项时，注册会计师尤其要关注财务报表反映的或有事项的完整性。由于或有事项的种类不同，注册会计师在审计被审计单位的或有事项时，所采取的程序也各不相同。但总结起来，针对或有事项的审计程序通常包括：

1. 向被审计单位管理层询问其确定、评价与控制或有事项方面的有关方针、政策和工作程序。

2. 向被审计单位管理层索取下列资料，作必要的审核和评价：

(1)被审计单位有关或有事项的全部文件和凭证。

(2)被审计单位与银行之间的往来函件，以查找有关票据贴现、应收账款抵借、票据背书和对其他债务的担保。

(3)被审计单位的债务说明书。其中，除其他债务说明外，还应包括对或有事项的说明，即说明已知的或有事项均已在财务报表中作了适当反映。

3. 向被审计单位的法律顾问和律师进行函证，以获取法律顾问和律师对被审计单位资产负债表日业已存在的，以及资产负债日至复函日期间存在的或有事项的确认证据。分析被审计单位在审计期间所发生的法律费用，从法律顾问和律师处复核发票，视其是否足以说明存在或有事项，特别是未决诉讼或未决税款估价等方面的问题。

4. 复核上期和税务机构的税收结算报告。从报告中或许能发现被审计期间有关纳税方面可能发生的争执之处。如果税款拖延时间较长，发生税务纠纷的可能性就较大。

5. 向与被审计单位有业务往来的银行寄发含有要求银行提供被审计单位或有事项的询证函；银行函证可以反映商业票据贴现、应收账款抵借、票据背书情况和为其他单位的银行借款进行担保的情况(包括担保事项的性质、金额、担保期间等)。

6. 审阅截至审计工作完成日止被审计单位历次董事会纪要和股东大会会议记录，确定是否存在未决诉讼或仲裁、未决索赔、税务纠纷、债务担保、产品质量保证等方面的记录。

7. 复核现存的审计工作底稿，寻找任何可以说明潜在或有事项的资料。

8. 查询被审计单位对未来事项和协议的财务承诺，并向被审计单位管理层询问。承诺是指由合同或协议的要求引起的义务，在未来的特定期间内，只要满足特定条件，即发生现金流出、其他资产的减少或负债的增加。财务承诺与或有事项密切相关，例如按某一固定价格购买原材料或租赁设备的承诺，或者按某一固定价格出售商品的承诺。注册会计师应当获取并审阅截至审计外勤工作完成日止历次股东大会、董事会和管理层会议记录及其他重要文件(包括被审计单位的重要合同和往来通信档案等)，确定是否存在不可撤销的财务承诺事项。

9. 确定或有事项的确认和计量是否符合《企业会计准则第 13 号——或有事项》第二章“确认与计量”的规定。

10. 向被审计单位管理层获取书面声明，保证其已按照企业会计准则的规定，对其全部或有事项作了恰当反映。

11. 确定或有事项在财务报表上的披露是否遵循《企业会计准则第 13 号——或有事项》第三章“披露”的规定。

第四节　对期后事项的处理

一、期后事项的种类

期后事项是指资产负债表日至审计报告日之间发生的事项以及审计报告日后发生的事项。有两类期后事项需要管理当局考虑，并需要注册会计师审计：一是资产负债表日后调整事项，即对资产负债表日已经存在情况提供了新的或进一步证据的事项。这类事项影响财务报表金额，需提请被审计单位管理层调整财务报表及与之相关的披露信息。二是资产负债表日后非调整事项，即表明资产负债表日后发生的情况的事项。这类事项虽不影响财务报表金额，但可能影响财务报表的正确理解，需提请被审计单位管理层在财务报表的附注中作适当披露。

（一）资产负债表日后调整事项

这类事项既为被审计单位管理层确定资产负债表日账户余额提供信息，也为注册会计师核实这些余额提供补充证据。如果这类期后事项的金额重大，应提请被审计单位对本期财务报表及相关的账户金额进行调整。诸如：

1. 资产负债表日后诉讼案件结案，法院判决证实了企业在资产负债表日已经存在现时义务，需要调整原先确认的与该诉讼案件相关的预计负债，或确认一项新负债。例如，被审计单位由于某种原因在资产负债表日前被起诉，法院于资产负债表日后判决被审计单位应赔偿对方损失。因这一负债实际上在资产负债表日之前就已存在，所以，如果赔偿数额比较大，注册会计师应考虑提请被审计单位调整或增加资产负债表有关负债项目的数额，并加以说明。

2. 资产负债表日后取得确凿证据，表明某项资产在资产负债表日发生了减值或者需要调整该项资产原先确认的减值金额。例如，被审计单位原先对某库存商品未计提存货跌价准备，在资产负债表日后不久的销售情况显示其可变现净额低于库存商品期末成本，表明该库存商品在资产负债表日发生了减值，需要在被审计的财务报表中补记该项存货的跌价准备。又比如，资产负债表日被审计单位认为可以收回的大额应收款项，因资产负债表日后债务人突然破产而无法收回。在这种情况下，债务人财务状况显然早已恶化，所以注册会计师应考虑提请被审计单位计提坏账准备或者增加计提坏账准备，调整财务报表有关项目的数额。

3. 资产负债表日后进一步确定了资产负债表日前购入资产的成本或售出资产的收入。例如，被审计单位在资产负债表日前购入一项固定资产，并投入使用。由于购入时尚未确定准确的购买价款，故先以估计的价格考虑其达到预定可使用状态前所发生的可归属于该项固定资产的运输费、装卸费、安装费和专业人员服务费等因素暂估入账，并按规定计提固定资产折旧。如果在资产负债表日后商定了购买价款，取得了采购发票，被审计单位就应该据此调整该固定资产原价。

4. 资产负债表日后发现了财务报表舞弊或差错。利用期后事项审计以确认被审计单位财务报表所列金额时，应对资产负债表日已经存在的事项和资产负债表日后出现的事项严加区分，不能混淆。如果确认发生变化的事项直到资产负债表日后才发生，就不应将资产负债表日后的信息并入财务报表本身中去。

（二）资产负债表日后非调整事项

这类事项因不影响资产负债表日财务状况，所以不需要调整被审计单位的本期财务报表。但如果被审计单位的财务报表因此可能受到误解，就应在财务报表中以附注的形式予以适当披露。被审计单位在资产负债表日后发生的，需要在财务报表上披露而非调整的事项通常包括：

（1）资产负债表日后发生重大诉讼、仲裁、承诺。

（2）资产负债表日后资产价格、税收政策、外汇汇率发生重大变化。

（3）资产负债表日后因自然灾害导致资产发生重大损失。

（4）资产负债表日后发行股票和债券以及其他巨额举债。

（5）资产负债表日后资本公积转增资本。

（6）资产负债表日后发生巨额亏损。

（7）资产负债表日后发生企业合并或处置子公司。

(8)资产负债表日后企业利润分配方案中拟分配的以及经审议批准宣告发放的股利或利润。

期后事项按照时段可以将其划分为三个时段：第一时段期后事项，是指资产负债表日后至审计报告日之间发生的事项；第二时段期后事项，是指审计报告日后至财务报表报出日发生的事项；第三时段期后事项是指财务报表报出后发生的事项。资产负债表日是指财务报表涵盖的最近期间的截止日期；财务报表批准日是指被审计单位董事会或类似机构批准财务报表报出的日期；财务报表报出日是指被审计单位对外披露已审计财务报表的日期。

审计报告日不应早于注册会计师获取充分、适当的审计证据，并在此基础上对财务报表形成审计意见的日期。因此，在实务中审计报告日与财务报表批准日通常是相同的日期。

二、财务报表日至审计报告日之间发生的期后事项

（一）主动识别第一时段期后事项

注册会计师应当实施必要的审计程序，获取充分、适当的审计证据，以确定截至审计报告日发生的、需要在财务报表中调整或披露的事项是否均已得到识别。资产负债表日至审计报告日之间发生的期后事项属于第一时段期后事项。对于这一时段的期后事项，注册会计师负有主动识别的义务，应当设计专门的审计程序来识别这些期后事项，并根据这些事项的性质判断其对财务报表的影响，进而确定是进行调整，还是披露。

（二）用以识别期后事项的审计程序

注册会计师应当尽量在接近审计报告日时，实施旨在识别需要在财务报表中调整或披露事项的审计程序。通常情况下，针对期后事项的专门审计程序，其实施时间越接近审计报告日越好。越接近审计报告日，也就意味着离资产负债表日越远，被审计单位这段时间内累积的对资产负债表日已经存在的情况提供的进一步证据也就越多；越接近审计报告日，注册会计师遗漏期后事项的可能性也就越小。用以识别第一时段期后事项的审计程序通常包括：

(1)复核被审计单位管理层建立的用于确保识别期后事项的程序。

(2)查阅股东会、董事会及其专门委员会在资产负债表日后举行的会议的纪要，并在不能获取会议纪要时询问会议讨论的事项。

(3)查阅最近的中期财务报表，如认为必要和适当，还应当查阅预算、现金流量预测及其他相关管理报告。

(4)向被审计单位律师或法律顾问询问有关诉讼和索赔事项。

(5)向管理层询问是否发生可能影响财务报表的期后事项。

注册会计师针对期后事项询问管理层的内容应该具有针对性，主要包括：

(1)根据初步或尚无定论的数据做出会计处理的项目的现状。

(2)是否发生新的担保、借款或承诺。

(3)是否出售或购进资产，或者计划出售或购进资产。

(4)是否已发行或计划发行新的股票或债券，是否已签订或计划签订合并或清算协议。

(5)资产是否被政府征用或因不可抗力而遭受损失。

(6)在风险领域和或有事项方面是否有新进展。

(7)是否已做出或考虑做出异常的会计调整。

(8)是否已发生或可能发生影响会计政策适当性的事项。

此外，如果被审计单位的分支机构、子公司等组成部分的财务信息由其他注册会计师审

计，注册会计师应当考虑其他注册会计师对资产负债表日后事项所实施的审计程序。例如，其他注册会计师是否实施了专门针对期后事项的审计程序，实施专门审计程序的时间是否接近审计报告日。并且，注册会计师应当考虑是否需要向其他注册会计师告知计划的审计报告日。告知其他注册会计师计划的审计报告日，有助于其他注册会计师计划所负责的分支机构、子公司等组成部分的期后事项实施审计程序的时间，从而更好地降低审计风险。

（三）知悉对财务报表有重大影响的期后事项时的考虑

在实施了上述用以识别期后事项的审计程序后，如果知悉对财务报表有重大影响的期后事项，注册会计师应当考虑这些事项在财务报表中是否得到恰当的会计处理或予以充分披露。如果所知悉的期后事项属于调整事项，注册会计师应当考虑被审计单位是否已对财务报表做出适当的调整。如果所知悉的期后事项属于非调整事项，注册会计师应当考虑被审计单位是否在财务报表附注中予以充分披露。

三、审计报告日至财务报表报出日前知悉的事实

（一）被动识别第二时段期后事项

在审计报告日后，注册会计师针对被审计单位的审计业务已经结束，要识别可能存在的期后事项比较困难，因而无法承担主动识别第二时段期后事项的审计责任。但是，在这一阶段，被审计单位的财务报表并未报出，管理层有责任将发现的可能影响财务报表的事实告知注册会计师。当然，注册会计师还可能从媒体报道、举报信或者证券监管部门告知等途径获悉影响财务报表的期后事项。

（二）知悉第二时段期后事项时的考虑

在审计报告日后至财务报表报出日前，如果知悉可能对财务报表产生重大影响的事实，注册会计师应当考虑是否需要修改财务报表，并与管理层讨论，同时根据具体情况采取适当措施。如果注册会计师认为期后事项的影响足够重大，确定需要修改财务报表的，也还需要根据管理层是否同意修改财务报表，或审计报告是否已经提交等，具体情况采取适当措施。

在审计报告日后至财务报表报出日前，如果知悉了某事实，且若在审计报告日知悉可能导致修改审计报告，注册会计师应当与管理层和治理层（如适用）讨论该事项，确定财务报表是否需要修改；如果需要修改，询问管理层将如何在财务报表中处理该事项。

1. 管理层修改财务报表时的处理

（1）如果管理层修改财务报表，注册会计师应当根据具体情况对有关修改实施必要的审计程序；同时，除非下文述及的特殊情况适用，注册会计师应当将用以识别期后事项的上述审计程序延伸至新的审计报告日，并针对修改后的财务报表出具新的审计报告。新的审计报告日不应早于修改后的财务报表被批准的日期。

此时，注册会计师需要获取充分、适当的审计证据，以验证管理层根据期后事项所做出的财务报表调整或披露是否符合适用的财务报告编制基础的规定。

（2）特殊情况是，在有关法律法规或适用的财务报告编制基础未禁止的情况下，如果管理层对财务报表的修改仅限于反映导致修改的期后事项的影响，被审计单位的董事会、管理层或类似机构也仅对有关修改进行批准，注册会计师可以仅针对有关修改将用以识别期后事项的上述审计程序延伸至新的审计报告日。在这种情况下，注册会计师应当选用下列处理方式之一：

①修改审计报告，针对财务报表修改部分增加补充报告日期，从而表明注册会计师对期后

事项实施的审计程序仅限于财务报表相关附注所述的修改。

在这种处理方式下，注册会计师修改审计报告，针对财务报表修改部分增加补充报告日期，而对管理层作出修改前的财务报表出具的原审计报告日期保持不变。

有关补充报告日期的示例如下："除附注×所述事项的日期为仅针对附注×所述修改的审计程序完成日期之外，(原审计报告日)。"

②出具新的或经修改的审计报告，在强调事项段或其他事项段中说明注册会计师对期后事项实施的审计程序仅限于财务报表相关附注所述的修改。

2. 管理层不修改财务报表且审计报告未提交时的处理

如果认为管理层应当修改财务报表而没有修改，并且审计报告尚未提交给被审计单位，注册会计师应当按照《中国注册会计师审计准则第1502号——在审计报告中发表非无保留意见》的规定发表非无保留意见，然后再提交审计报告。

3. 管理层不修改财务报表且审计报告已提交时的处理

(1)如果认为管理层应当修改财务报表而没有修改，并且审计报告已经提交给被审计单位，注册会计师应当通知管理层和治理层(除非治理层全部成员参与管理被审计单位)在财务报表作出必要修改前不要向第三方报出。

(2)如果财务报表在未经必要修改的情况下仍被报出，注册会计师应当采取适当措施，以设法防止财务报表使用者信赖该审计报告。例如，针对上市公司，注册会计师可以利用证券传媒等刊登必要的声明，防止使用者信赖审计报告。注册会计师采取的措施取决于自身的权利和义务以及所征询的法律意见。

四、财务报表报出日后知悉的事实

(一)没有义务识别第三时段的期后事项

财务报表报出日后发现的事实属于第三时段期后事项，注册会计师没有义务针对财务报表做出查询。但是，并不排除注册会计师通过媒体等其他途径获悉可能对财务报表产生重大影响的期后事项的可能性。

(二)知悉第三时段期后事项时的考虑

在财务报表报出后，如果知悉在审计报告日已存在的、可能导致修改审计报告的事实，注册会计师应当考虑是否需要修改财务报表，并与管理层进行讨论。同时，注册会计师还需要根据管理层是否修改财务报表、是否采取必要措施确保所有收到原财务报表和审计报告的人士了解这一情况、是否临近公布下一期财务报表等具体情况采取适当措施。

应当予以指出的是，需要注册会计师在知悉后采取行动的第三时段期后事项是有严格限制的：(1)这类期后事项应当是在审计报告日已经存在的事实；(2)该事实如果被注册会计师在审计报告日前获知，可能影响审计报告。只有同时满足这两个条件，注册会计师才需要采取行动。

1. 管理层修改财务报表时的处理

如果管理层修改了财务报表，注册会计师应当采取如下必要的措施：

(1)实施必要的审计程序。例如，查阅法院判决文件、复核会计处理或披露事项，确定管理层对财务报表的修改是否恰当。

(2)复核管理层采取的措施能否确保所有收到原财务报表和审计报告的人士了解这一情况。在修改了财务报表的情况下，管理层应当采取恰当措施(如上市公司可以在证券类报纸、网站刊登公告，重新公布财务报表和审计报告），让所有收到原财务报表和审计报告的人士了解这一情况。注册会计师需要对这些措施进行复核，判断它们是否能达到这样的目标。例如，上市公司管理层刊登公告的媒体是否是中国证券监督管理委员会指定的媒体，若仅刊登在其注册地的媒体上，则异地的使用者可能无法了解这一情况。

(3)针对修改后的财务报表出具新的审计报告。新的审计报告应当增加强调事项段，提请财务报表使用者注意财务报表附注中对修改原财务报表原因的详细说明，以及注册会计师出具的原审计报告。新的审计报告日期不应早于董事会或类似机构批准修改后的财务报表的日期。相应地，注册会计师应当将用以识别期后事项的审计程序延伸至新的审计报告日，以避免重大遗漏。

2. 管理层未采取任何行动时的处理

如果管理层既没有采取必要措施确保所有收到原财务报表和审计报告的人士了解这一情况，又没有在注册会计师认为需要修改的情况下修改财务报表，注册会计师应当采取措施防止财务报表使用者信赖该审计报告，并将拟采取的措施通知治理层。

3. 临近公布下一期财务报表时的处理

如果获悉此类期后事项时，已临近公布下一期财务报表或下一期财务报表已编制完成，且能够在下一期财务报表中进行充分披露，注册会计师应当根据法律法规的规定确定是否仍有必要提请被审计单位修改财务报表，并出具新的审计报告。

第五节 获取有关书面声明

书面声明，是指管理层向注册会计师提供的书面陈述，用以确认某些事项或支持其他审计证据。书面声明不包括财务报表及其认定，以及支持性账簿和相关记录。书面声明是注册会计师在财务报表审计中需要获取的必要信息，是审计证据的重要来源。如果管理层修改书面声明的内容或不提供注册会计师要求的书面声明，可能使注册会计师警觉存在重大问题的可能性。而且，在很多情况下，要求管理层提供书面声明而非口头声明，可以促使管理层更加认真地考虑声明所涉及的事项，从而提高声明的质量。

尽管书面声明提供必要的审计证据，但其本身并不为所涉及的任何事项提供充分、适当的审计证据。而且管理层已提供可靠书面声明的事实，并不影响注册会计师就管理层责任履行情况或具体认定获取的其他审计证据的性质和范围。

一、针对管理层责任的书面声明

针对财务报表的编制，注册会计师应当要求管理层提供书面声明，确认其根据审计业务约定条款，履行了按照适用的财务报告编制基础编制财务报表并使其实现公允反映（如适用）的责任。

针对提供的信息和交易的完整性，注册会计师应当要求管理层就下列事项提供书面声明：(1)按照审计业务约定条款，已向注册会计师提供所有相关信息，并允许注册会计师不受限制地接触所有相关信息以及被审计单位内部人员和其他相关人员；(2)所有交易均已记录并反映在财务报表中。

如果未从管理层获取其确认已履行的责任，注册会计师在审计过程中获取的有关管理层已履行这些责任的其他审计证据是不充分的。这是因为，仅凭其他审计证据不能判断管理层是否在认可并理解其责任的基础上，编制和列报财务报表并向注册会计师提供了相关信息。例如，如果未向管理层询问其是否提供了审计业务约定条款中要求提供的所有相关信息，也没有获得管理层的确认，注册会计师就不能认为管理层已提供了这些信息。

上述书面声明，基于管理层认可并理解在审计业务约定条款中提及的管理层的责任，注册会计师要求管理层通过声明确认其已履行这些责任。注册会计师可能还要求管理层在书面声明中再次确认其对自身责任的认可与理解。当存在下列情况时，这种确认尤为适当：

(1)代表被审计单位签订审计业务约定条款的人员不再承担相关责任；

(2)审计业务约定条款是在以前年度签订的；

(3)有迹象表明管理层误解了其责任；

(4)情况的改变需要管理层再次确认其责任。

当然，再次确认管理层对自身责任的认可与理解，并不限于管理层已知的全部事项。

二、其他书面声明

如果注册会计师认为有必要获取一项或多项其他书面声明，以支持与财务报表或者一项或多项具体认定相关的其他审计证据，注册会计师应当要求管理层提供这些书面声明。

(一)关于财务报表的额外书面声明

除了针对财务报表的编制，注册会计师应当要求管理层提供基本书面声明以确认其履行了责任外，注册会计师可能认为有必要获取有关财务报表的其他书面声明。其他书面声明可能是对基本书面声明的补充，但不构成其组成部分。其他书面声明可能包括针对下列事项作出的声明：

1. 会计政策的选择和运用是否适当。

2. 是否按照适用的财务报告编制基础对下列事项(如相关)进行了确认、计量、列报或披露：

(1)可能影响资产和负债账面价值或分类的计划或意图；

(2)负债(包括实际负债和或有负债)；

(3)资产的所有权或控制权，资产的留置权或其他物权，用于担保的抵押资产；

(4)可能影响财务报表的法律法规及合同(包括违反法律法规及合同的行为)。

(二)与向注册会计师提供信息有关的额外书面声明

除了针对管理层提供的信息和交易的完整性的书面声明外，注册会计师可能认为有必要要求管理层提供书面声明，确认其已将注意到的所有内部控制缺陷向注册会计师通报。

(三)关于特定认定的书面声明

在获取有关管理层的判断和意图的证据时，或在对判断和意图进行评价时，注册会计师可能考虑下列一项或多项事项：

(1)被审计单位以前对声明的意图的实际实施情况；

(2)被审计单位选取特定措施的理由；

(3)被审计单位实施特定措施的能力；

(4)是否存在审计过程中已获取的、可能与管理层判断或意图不一致的任何其他信息。

此外，注册会计师可能认为有必要要求管理层提供有关财务报表特定认定的书面声明，尤其是支持注册会计师就管理层的判断或意图或者完整性认定从其他审计证据中获取的了解。例如，如果管理层的意图对投资的计价基础非常重要，但若不能从管理层获取有关该项投资意图的书面声明，注册会计师就不可能获取充分、适当的审计证据。尽管这些书面声明能够提供必要的审计证据，但其本身并不能为财务报表特定认定提供充分、适当的审计证据。

三、书面声明的日期和涵盖的期间

书面声明的日期应当尽量接近对财务报表出具审计报告的日期，但不得在审计报告日后。书面声明应当涵盖审计报告针对的所有财务报表和期间。

由于书面声明是必要的审计证据，在管理层签署书面声明前，注册会计师不能发表审计意见，也不能签署审计报告。而且由于注册会计师关注截至审计报告日发生的、可能需要在财务报表中作出相应调整或披露的事项，书面声明的日期应当尽量接近对财务报表出具审计报告的日期，但不得在其之后。

在某些情况下，注册会计师在审计过程中获取有关财务报表特定认定的书面声明可能是适当的。此时，可能有必要要求管理层更新书面声明。管理层有时需要再次确认以前期间作出的书面声明是否依然恰当，因此，书面声明需要涵盖审计报告中提及的所有时间。注册会计师和管理层可能认可某种形式的书面声明，以更新以前期间所作的书面声明。更新后的书面声明需要表明，以前期间所作的声明是否发生了变化，以及发生了什么变化(如有)。

在实务中可能会出现这样的情况，即在审计报告中提及的所有期间内，现任管理层均尚未就任。他们可能由此声称无法就上述期间提供部分或全部书面声明。然而，这一事实并不能减轻现任管理层对财务报表整体的责任。相应地，注册会计师仍然需要向现任管理层获取涵盖整个相关期间的书面声明。

四、书面声明的形式

书面声明应当以声明书的形式致送注册会计师。

参考格式 15－1 列示了一种声明书的范例。有必要先介绍一下与该声明书相关的几点背景信息：(1)被审计单位采用企业会计准则编制财务报表；(2)与《中国注册会计师审计准则第 1324 号——持续经营》中有关就被审计单位持续经营能力获取书面声明的要求不相关；(3)所要求的书面声明不存在例外情况，如果存在例外情况，则需要对本参考格式列示的书面声明的内容予以调整，以反映这些例外情况。

参考格式 15－1：

(致注册会计师)：

本声明书是针对你们审计 ABC 公司截至 20×1 年 12 月 31 日的年度财务报表而提供的。审计的目的是对财务报表发表意见，以确定财务报表是否在所有重大方面已按照企业会计准则的规定编制，并实现公允反映。

尽我们所知，并在作出了必要的查询和了解后，我们确认：

一、财务报表

1. 我们已履行[插入日期]签署的审计业务约定书中提及的责任，即根据企业会计准则的规定编制财务报表，并对财务报表进行公允反映。

2. 在作出会计估计时使用的重大假设(包括与公允价值计量相关的假设)是合理的。

3. 已按照企业会计准则的规定对关联方关系及其交易作出了恰当的会计处理和披露。

4. 根据企业会计准则的规定，所有需要调整或披露的资产负债表日后事项都已得到调整或披露。

5. 未更正错报，无论是单独还是汇总起来，对财务报表整体的影响均不重大。未更正错报汇总表附在本声明书后。

6.[插入注册会计师可能认为适当的其他任何事项]。

二、提供的信息

7. 我们已向你们提供了下列工作条件：

(1)允许接触我们注意到的、与财务报表编制相关的所有信息(如记录、文件和其他事项)；

(2)提供你们基于审计目的要求我们提供的其他信息；

(3)允许在获取审计证据时不受限制地接触你们认为必要的本公司内部人员和其他相关人员。

8. 所有交易均已记录并反映在财务报表中。

9. 我们已向你们披露了由于舞弊可能导致的财务报表重大错报风险的评估结果。

10. 我们已向你们披露了我们注意到的、可能影响本公司的与舞弊或舞弊嫌疑相关的所有信息，这些信息涉及本公司的：

(1)管理层；

(2)在内部控制中承担重要职责的员工；

(3)其他人员(在舞弊行为导致财务报表重大错报的情况下)。

11. 我们已向你们披露了从现任和前任员工、分析师、监管机构等方面获知的、影响财务报表的舞弊指控或舞弊嫌疑的所有信息。

12. 我们已向你们披露了所有已知的、在编制财务报表时应当考虑其影响的违反或涉嫌违反法律法规的行为。

13. 我们已向你们披露了我们注意到的关联方的名称和特征、所有关联方关系及其交易。

14.[插入注册会计师可能认为必要的其他任何事项]。

附：未更正错报汇总表

ABC公司　　　　　　　　　　　　ABC公司管理层

(盖章)　　　　　　　　　　　　(签名并盖章)

中国××市　　　　　　　　　　　二〇×二年×月×日

五、对书面声明可靠性的疑虑以及管理层不提供要求的书面声明

(一)对书面声明可靠性的疑虑

1. 对管理层的胜任能力、诚信、道德价值观或勤勉尽责存在疑虑

如果对管理层的胜任能力、诚信、道德价值观或勤勉尽责存在疑虑，或者对管理层在这些方面的承诺或贯彻执行存在疑虑，注册会计师应当确定这些疑虑对书面或口头声明和审计证据总体的可靠性可能产生的影响。注册会计师可能认为，管理层在财务报表中作出不实陈述的风险很大，以至于审计工作无法进行。在这种情况下，除非治理层采取适当的纠正措施，否则注册会计师可能需要考虑解除业务约定(如果法律法规允许)。很多时候，治理层采取的纠正措施可能并不足以使注册会计师发表无保留意见。

2. 书面声明与其他审计证据不一致

如果书面声明与其他审计证据不一致，注册会计师应当实施审计程序以设法解决这些问题。注册会计师可能需要考虑风险评估结果是否仍然适当。如果认为不适当，注册会计师需要修正风险评估结果，并确定进一步审计程序的性质、时间安排和范围，以应对评估的风险。

如果问题仍未解决，注册会计师应当重新考虑对管理层的胜任能力、诚信、道德价值观或勤勉尽责的评估，或者重新考虑对管理层在这些方面的承诺或贯彻执行的评估，并确定书面声明与其他审计证据的不一致对书面或口头声明和审计证据总体的可靠性可能产生的影响。

如果认为书面声明不可靠，注册会计师应当采取适当措施，包括确定其对审计意见可能产生的影响。

（二）管理层不提供要求的书面声明

如果管理层不提供要求的一项或多项书面声明，注册会计师应当：

（1）与管理层讨论该事项；

（2）重新评价管理层的诚信，并评价该事项对书面或口头声明和审计证据总体的可靠性可能产生的影响；

（3）采取适当措施，包括确定该事项对审计意见可能产生的影响。

如果存在下列情形之一，注册会计师应当对财务报表发表无法表示意见：

（1）注册会计师对管理层的诚信产生重大疑虑，以至于认为其作出的书面声明不可靠；

（2）管理层不提供审计准则要求的书面声明。

这是因为，如果注册会计师认为有关这些事项的书面声明不可靠，或者管理层不提供有关这些事项的书面声明，则注册会计师无法获取充分、适当的审计证据，这对财务报表的影响可能是广泛的，并不局限于财务报表的特定要素、账户或项目。在这种情况下，注册会计师需要对财务报表发表无法表示意见。

另外，管理层对注册会计师所要求的书面声明的内容作出调整，并不一定意味着管理层不提供书面声明。然而，作出调整的真正原因可能影响审计意见的类型。例如：

（1）有关管理层财务报表编制责任履行情况的书面声明可能声称，除了与适用的财务报告编制基础的某一要求有重大不符外，管理层认为财务报表已按照适用的财务报告编制基础编制。由于注册会计师认为管理层已提供可靠的书面声明，需要考虑不符事项对审计意见的影响。

（2）有关管理层向注册会计师提供审计业务约定条款中要求提供的所有相关信息的责任的书面声明，可能声称除火灾中毁损的信息外，管理层认为其已向注册会计师提供了所有相关信息。由于注册会计师认为管理层已提供了可靠的书面声明，需要考虑火灾中毁损信息对财务报表产生影响的广泛性，进而确定其对审计意见的影响。

关键概念

审计差异调整　持续经营　或有事项审计　期后事项审计　或有事项审计　书面声明

准确理解题

1. 下列有关终结审计有关工作的说法错误的有（　　）。

（1）核算错误都是需要建议调整的审计差异；

（2）建议调整的不符事项和重分类错误遭被审计单位拒绝后注册会计师应在审计报告中予以反映；

（3）如果运用分析程序对已审计财务报表进行总体复核，发现以前未识别的重大错报风险，应当发表非无保留意见；

（4）如果可能的错报总额明显低于该报表项目的重要性水平，则可以直接提出无保留意见。

2. 下列有关期后事项审计处理的说法错误的有（　　）。

(1)审计报告日与财务报表批准日通常是相同的日期;

(2)资产负债表日至审计报告日之间发生的期后事项,注册会计师应当设计专门的审计程序在接近资产负债表日来识别这些期后事项;

(3)在审计报告日后至财务报表报出日前注册会计师应当积极了解该期间被审计单位发生的期后事项,并经常与客户管理层和治理层讨论;

(4)财务报表报出后,如果注册会计师知悉客户发生了影响已审计财务报表理解的事项,应当修改审计报告。

复习思考题

1. 审计差异的分类有哪几种?
2. 审计工作底稿复核包括哪几个层次?
3. 被审计单位运用持续经营假设适当但存在重大不确定,注册会计师如何判断并发表审计意见?
4. 或有事项的主要审计程序包括哪些?
5. 期后事项的种类包括哪几种?
6. 对于财务报表日至审计报告日之间发生的事项,注册会计师应当采取何种审计程序?
7. 针对管理层提供的信息和交易的完整性,注册会计师应当要求管理层就哪些事项提供书面说明?

讨论分析题

1. 金舟会计师事务所接受委托对宏光公司20×1年度会计报表进行审计。假定经项目组注册会计师审查后发现下列情况:

(1)宏光公司当年结转主营业务成本61 683万元,而实际应结转61 022万元。

(2)宏光公司外销商品一批,销售成本30万元,已于12月29日运出,此项商品系CIF付款条件的在途货物,会计部门对此已贷记销售收入35万元。

(3)宏光公司12月6日支付了11万元的20×2年度广告费,均已计入当年的期间费用。

要求:

(1)分析宏光公司上述情况中存在的问题。

(2)在"试算平衡表工作底稿——宏光公司20×1年度利润表"审计前金额的基础上进行调整,编制调整后的利润表,并计算出新的审定金额。

2. 甲公司成立于2004年1月,是一家注册资本为30 000万元的大型制造业企业。该公司2013年12月31日未经审计的财务报表列示的资产总额为45 000万元,该年度的营业收入为6 000万元,营业成本为5 000万元,利润总额及净利润分别为900万元和500万元。W会计师事务所的注册会计师A、B于2014年3月5日至3月15日对该公司2013年度财务报表实施了外勤审计工作,并于2014年3月20日完成审计工作,送交审计报告。注册会计师确定的财务报表层的重要性水平为235万元。在审计过程中,A、B发现以下情况:

(1)2014年1月15日,甲公司因2013年11月为G公司的巨额借款提供担保而受到连带赔偿的诉讼,索赔金额为800万元。2014年3月10日,法院判决G公司和甲公司分别赔偿原告方200万元和600万元。甲公司已表示接受判决,并作为资产负债表日后事项在2013年财务报表附注中进行了披露。

(2)2014年2月8日,甲公司原材料仓库失火,造成其生产必需且市场上供不应求的关键原材料毁损2 400万元,原因尚未查明,甲公司也未作会计处理。据了解,采购部门已经采取措施购买此种原材料,以免对正常生产造成重大影响和不能按照销售合同约定的期限向其主要客户供货,但至3月16日仍未购得该材料。

请讨论分析:单独考虑以上事项,指出甲公司所做的会计处理等是否适当,并简要说明理由。需要进行调整的,请列出调整分录。

3. 乙公司2013年11月销售给丙企业一批产品，销售价格250万元(不含应向购买方收取的增值税额)，销售成本200万元，货款于当年12月31日尚未收到。2013年12月25日接到丙企业通知，丙企业在验收物资时，发现该批产品存在严重的质量问题需要退货。乙公司希望通过协商解决问题，并与丙企业协商解决办法。乙公司在12月31日编制资产负债表时，将该应收账款292.5万元(包括向购买方收取的增值税额)列示于资产负债表的“应收账款”项目内，乙公司按应收账款年末余额的5%计提坏账准备。2014年2月10日双方协商未成，乙公司收到丙企业通知，该批产品已经全部退回。乙公司于2014年2月25日收到退回的产品，以及购货方退回的增值税专用发票的发票联和税款抵扣联(假如该物资增值税税率为17%，乙公司为增值税一般纳税人，不考虑其他税费因素。同时，乙公司为上市公司，并假定财务报告批准报出日均为次年4月30日，所得税税率为25%，资产负债表日计算的税前会计利润等于按税法规定计算的应纳税所得额。公司按净利润的10%提取法定盈余公积，提取后未作其他分配。

根据以上资料，要求：

(1)假设审计报告日为2014年2月10日、2014年2月20日、2014年2月27日，那么注册会计师该如何判断该产品的退回处理？

(2)如需在财务报表进行调整或披露，注册会计师应如何建议？

4. 注册会计师负责审计甲公司2014年度财务报表。在考虑甲公司运用持续经营假设的适当性时，A注册会计师遇到下列事项：

(1)在确定管理层评估持续经营能力的适当性时，应实施哪些必要的审计程序？

(2)如何识别对持续经营能力产生重大疑虑的事项和情况？

(3)假设甲公司寻找到了某应对计划，很有可能缓解A注册会计师对持续经营能力的重大疑虑，注册会计师会对此如何建议？

5. 甲公司主要生产A、B、C三种家电产品，注册会计师对甲公司2015年度财务报表审计时发现如下事项：

(1)2015年12月10日，甲公司认为本企业应享受一项税收优惠，获得税收返还，但税务部门迟迟不予落实执行。甲公司遂将税务部门告上法庭。律师认为，法律已经有明文规定，本诉讼基本确定能获胜，如果获胜，甲公司将获得返还款200万元。

(2)2015年12月1日，甲公司接到法院通知，其联营企业在两年前的一笔借款到期，本息合计1 000万元，因联营企业无力偿还，债权单位(贷款单位)已将本笔贷款的担保企业甲公司告上法庭，要求甲公司履行担保责任，代为清偿。甲公司经研究认为，目前联营企业的财务状况较差，甲公司有80%的可能承担全部本息的偿还责任。

(3)2015年7月1日，甲公司与乙公司签订一份不可撤销合同，合同约定：甲公司在2012年2月1日以每件3万元的价格向乙公司销售10件A产品，乙公司应预付定金5万元，若甲公司违约，双倍返还定金。

2015年12月31日，甲公司库存A产品10件，成本总额为40万元，按目前市场价格计算的市价总额为38万元，假定不考虑相关税费。

(4)2015年12月25日，甲公司司机驾驶大货车在高速公路上追尾，致使被追尾车辆连同产品遭受重大损失，受害单位要求赔偿20万元。交警已明确责任，这次事故应由甲公司负全部责任，甲公司认为情况属实，是因为当时急需材料，强令司机日夜兼程，疲劳驾驶，引致重大交通事故。甲公司已同意赔偿损失20万元，款项已于12月31日支付。

2015年末，甲公司对第(1)事项确认了200万元营业外收入，对第(2)事项确认了1 000万元预计负债，并在财务报表中做了充分披露。

根据上述资料要求：

(1)判断资料(1)、(2)、(3)、(4)是否属于或有事项。

(2)判断财务报表反映的1 000万元预计负债披露的完整性。

第十六章
企业内部控制审计

第一节　内部控制审计的计划

一、内部控制审计的范围与基准日

(一)内部控制审计的范围

内部控制审计是指会计师事务所接受委托对特定基准日财务报告内部控制设计与运行的有效性发表审计意见。

财务报告内部控制是指企业为了合理保证财务报告及相关信息真实完整而设计和运行的内部控制,以及用于保护资产安全的内部控制中与财务报告可靠性目标相关的控制。

财务报告内部控制审计意见覆盖的范围是:

(1)对财务报告内部控制有效性发表审计意见;

(2)对内部控制审计过程中注意到的非财务报告内部控制的重大缺陷,在内部控制审计报告中增加非财务报告内部控制重大缺陷描述段(简略描述段)予以披露。

(二)内部控制审计基准日

内部控制审计基准日,是指注册会计师评价内部控制在某一时日是否有效所涉及的基准日,也是被审计单位评价基准日,即最近一个会计期间截止日。

注册会计师不可能对企业内部控制在某个期间段(如一年)内每天的运行情况进行描述,然后发表审计意见。这样做既不经济,也没有必要,因为内部控制会经常发生变化。

注册会计师对特定基准日内部控制的有效性发表意见,并不意味着注册会计师只测试基准日这一天的内部控制,而是需要考察足够长一段时间内部控制设计和运行的情况,获取内部控制在基准日之前一段足够长的期间内有效运行的审计证据。对控制有效性的测试涵盖的期间越长,提供的控制有效性的审计证据越多。

在整合审计中,控制测试所涵盖的期间应当尽量与财务报表审计中拟信赖内部控制的期间保持一致。

二、计划内部控制审计工作应考虑的事项

(一)与企业相关的风险

了解企业面临的风险可以帮助识别重大错报风险,识别重要账户或列报和相关认定以及识别重大业务流程,对内部控制的重大风险形成初步评价。例如,被审计单位应收账款余额较高且逾期应收账款明显上升时,应收账款控制失效风险很可能高于往年。

(二)相关法律法规和行业概况

在整合审计中,注册会计师应重点关注可能直接影响财务报表金额与披露的法律法规,同时关注违法违规情况对企业财务报表产生的重大影响,并初步判断是否可能造成非财务报告内部控制的重大缺陷,还应当了解行业因素,以确定其对被审计单位经营环境的影响,进而确定对内部控制的影响。

(三)企业组织结构、经营特点和资本结构等相关重要事项

注册会计师应当了解被审计单位的股权结构、实际控制人及关联方,以便评价企业是否存在重大的、可能引起重大错报的非常规业务和关联交易,是否构成重大错报风险,以及相关的内部控制是否可能存在重大缺陷。

(四)企业内部控制最近发生变化的程度

内部控制的变化将会直接影响到内部控制审计程序的性质、时间安排和范围。例如,针对企业新增业务的重大业务流程,应安排有经验的审计人员在实施审计工作中的前期识别相关控制,以尽早地与企业沟通相关控制是否可能存在重大设计缺陷。

(五)与企业沟通过的内部控制缺陷

如以前年度发现的控制缺陷未得到有效整改,则需评价这些缺陷对当期的内部控制审计意见的影响。

(六)重要性、风险等与确定内部控制重大缺陷相关的因素

注册会计师应当对与确定内部控制重大缺陷相关的重要性、风险及其他因素进行初步判断,评价对财务报表和内部控制的影响程度。

注册会计师应当更多地关注内部控制审计的高风险领域,没有必要测试那些即使有缺陷,也不可能导致财务报表重大错报的控制。

(七)对内部控制有效性的初步判断

注册会计师综合上述考虑以及借鉴以前年度的审计经验,形成对企业内部控制有效性的初步判断。

对于内部控制可能存在重大缺陷的领域,注册会计师应运营下列方式给予充分的关注:

(1)对相关的内部控制亲自进行测试而非利用他人工作;

(2)在接近内部控制评价基准日的时间测试内部控制;

(3)选择更多的子公司或业务部门进行测试;

(4)增加相关内部控制的控制测试量等。

(八)可获取的、与内部控制有效性相关的证据的类型和范围

计划内部控制审计工作时,注册会计师应当了解可获取的、与内部控制有效性相关的证据的类型和范围。

应当了解的证据类型包括:是第三方证据还是内部证据;是书面证据还是口头证据;所获得证据可以覆盖所有测试领域还是仅能覆盖部分领域。

内部控制特定领域存在重大缺陷的风险越高,所需获取的审计证据客观性、可靠性越强。

三、总体审计策略和具体审计计划

(一)总体审计策略

总体审计策略用以总结计划阶段的成果,确定审计的范围、时间和方向,并指导具体审计计划的制定。

注册会计师应当在总体审计策略中体现下列内容：

1. 确定内部控制审计的业务特征，以界定审计范围

(1)被审计单位采用的内部控制标准。

(2)预期审计工作涵盖的范围，包括组成部分的数量及地点，在基准日或此前收购的实体，在基准日作为终止经营进行会计处理的业务，针对按照权益法核算的投资的相关会计处理而实施的控制(但通常不包括对权益法下被投资方的控制)。

(3)拟审计的经营分部的性质，包括是否需要具备专门知识。

(4)对被审计单位内部控制评价工作的了解以及拟利用被审计单位内部相关人员工作的程度。

(5)被审计单位使用服务机构的情况，以及注册会计师如何取得有关服务机构内部控制设计和运行有效性的证据。

(6)对利用在以前审计工作中或财务报表审计工作中获取的审计证据的预期。

(7)信息技术对审计程序的影响，包括数据的可获得性和对使用计算机辅助审计技术的预期。

2. 明确报告目标以计划审计的时间安排和所需沟通的性质

这方面的计划具体包括：

(1)被审计单位对外公布内部控制审计报告的时间安排。

(2)注册会计师与管理层和治理层讨论内部控制审计工作的性质、时间安排和范围。

(3)注册会计师与管理层和治理层讨论注册会计师拟出具的报告的类型和时间安排以及沟通的其他事项，包括审计报告、管理建议书和向治理层通报的其他事项。

(4)注册会计师与管理层讨论预期就整个审计业务中对审计工作的进展进行的沟通。

(5)项目组成员之间沟通的预期性质和时间安排。

(6)预期是否需要和第三方进行其他沟通。

3. 根据职业判断，考虑用以指导项目组工作方向的重要因素

这些重要因素包括：

(1)财务报表整体的重要性和实际执行的重要性。

(2)初步识别的可能存在较高重大错报风险的领域。

(3)评估的报表层次的重大错报风险对指导、监督和复核的影响。

(4)被审计单位经营活动或内部控制最近发生变化的程度。

(5)与被审计单位沟通过的内部控制缺陷。

(6)有关管理层对内部控制重视程度的证据。

(7)注册会计师对内部控制有效性的初步判断和对内部控制重大缺陷的初步识别。

(8)可获取的、与内部控制有效性相关的证据的类型和范围。

(9)与评价财务报表发生重大错报的可能性和内部控制有效性相关的公开信息。

4. 考虑初步业务活动的结果和执行其他业务的经验是否相关

执行其他业务的经验主要包括：

(1)在执行其他业务时对被审计单位财务报告内部控制的了解。

(2)影响所处行业的事项，如报告惯例、经济状况和技术革新等。

(3)与被审计单位相关的法律法规和监管环境。

(4)与经营相关的事项，包括组织结构、经营特征和资本结构。

(5)经营活动的复杂程度以及与被审计单位相关的风险。

(6)以前审计中对内部控制运行有效性评价的结果，包括识别出的缺陷的性质和应对措施。

(7)影响被审计单位的重大业务发生变化，包括信息技术和业务流程的变化，关键管理人员变化，以及收购、兼并和处置。

5. 确定执行业务所需资源的性质、时间安排和范围

所需资源的性质、时间安排和范围主要包括：项目组成员的选择以及对项目组成员审计工作的分派，项目时间预算等。

制定总体审计策略的过程有助于注册会计师结合风险评估程序的结果确定下列事项：向具体审计领域分配资源的类别和数量，包括向高风险领域分派经验丰富的项目组成员，向高风险领域分配的审计时间预算等；何时分配这些资源，包括是在期中审计阶段还是在关键日期调配资源等；如何管理、指导和监督这些资源，包括预期何时召开项目组预备会和总结会，预期项目合伙人和经理如何进行复核，是否需要实施项目质量控制复核等。

(二)具体审计计划

具体审计计划比总体审计策略更加详细，内容包括项目组成员拟实施的审计程序的性质、时间安排和范围。

第二节　自上而下的测试方法

一、自上而下方法的含义与步骤

(一)自上而下方法的含义

注册会计师应当采用自上而下的方法选择拟测试的控制。

自上而下方法始于财务报表层次，以注册会计师对财务报告内部控制整体风险的了解开始，然后将关注重点放在企业层面的控制上，并将工作逐渐下移至重要账户、列报及其相关认定，随后确认其对被审计单位业务流程中控制风险的了解，并选择能足以应对评估的每个相关认定的重大错报风险的控制进行测试。

(二)自上而下方法的步骤

自上而下方法分为下列步骤：

(1)从财务报表层次初步了解内部控制整体风险；

(2)识别、了解和测试企业层面控制；

(3)识别重要账户、列报及其相关认定；

(4)了解潜在错报的来源并识别相应的控制；

(5)选择拟测试的控制。

如果控制测试表明相关控制足以防止或发现并纠正财务报表的重大错报，则可以认为内部控制不存在重大缺陷；反之，如果所测试的控制不能防止或发现并纠正财务报表重大错报，表明内部控制存在重大缺陷。

二、了解和测试企业层面控制

(一)企业层面控制的内涵

企业层面控制为应对财务报表整体层面风险而设计,具体包括:

1. 与控制环境相关的控制;
2. 针对管理层和治理层凌驾于控制之上的风险而设计的控制;
3. 被审计单位的风险评估过程;
4. 对内部信息传递和期末财务报告流程的控制;
5. 对控制有效性的内部监督和内部控制评价;
6. 集中化的处理和控制;
7. 监控经营成果的控制;
8. 针对重大经营控制及风险管理实务的政策。

(二)企业层面控制对其他控制及其测试的影响

对企业层面控制的评价结果将影响注册会计师测试其他控制的性质、时间安排及范围。因此,注册会计师可以考虑在执行业务的早期阶段对企业层面控制进行测试,以便在测试业务层面控制时考虑企业层面控制测试的影响,进而适当减少业务层面控制测试。

业务层面控制主要针对交易的生成、记录、处理和报告等环节。

内部控制五要素中的"控制活动"要素中除"业绩评价"控制外的绝大部分可归于业务层面控制,即业绩评价、信息处理、实物控制、职责分离。

企业层面控制的评价结果不但可能影响业务层面控制的效果,而且可能减少甚至代替业务层面控制及其控制测试的性质、时间安排和范围。

例如,作为企业层面控制,财务总监定期审阅经营收入的详细月度分析报告。该项企业层面控制虽不足以及时防止或发现并纠正相关认定的重大错报,但能监督其他控制的有效性。如果这个控制有效,可能使注册会计师修改其原本拟对其他控制所进行的测试,有可能减少原拟对其他控制有效性进行的测试。

又如,被审计单位设立了银行余额调节表的监督审阅流程,并对下属所有分级机构作出定期检查。如果该项企业层面控制程序足够精确,注册会计师可能取消对下属每个单位的银行余额调节表相关控制进行测试。

三、识别重要账户或列报及其相关认定

(一)重要账户或列报及其相关认定的概念

在确定重要性水平后,应当识别重要账户或列报及其相关认定。

1. 重要账户或列报

如果某账户或列报可能存在一个错报,该错报单独或连同其他错报将导致财务报表发生重大错报,则该账户或列报为重要账户或列报。

2. 相关认定

如某财务报表认定可能存在一个或多个错报,这个或这些错报将导致财务报表发生重大错报,则该认定为相关认定。

(二)识别重要账户或列报及其相关认定

识别重要账户或列报及其相关认定时,不仅应当从定量方面进行评价,而且应当从定性方

面作出评价，包括考虑舞弊的影响。不仅应当在重要账户或列报层面考虑风险，而且应当深入账户或列报的成分，注册会计师还应当将所有可获得的信息加以综合考虑。

1. 定量评价

超过报表层次重要水平的账户、列报，无论是在内部控制审计还是财务报表审计中，无论评估的重大错报风险是高估风险还是低估风险，通常情况下应被认定为重要账户或列报。

2. 定性评价

即使账户或列报从金额上看并不重大，但注册会计师可能因为固有风险或舞弊风险的影响而将其确定为重要账户或列报。例如，某负债类账户很可能被显著低估，则该负债类账户应被确定为重要账户。

在识别重要账户、列报及其相关认定时，注册会计师不应考虑控制的影响，因为内部控制审计的目标本身就是评价控制的有效性。

3. 侧面评价

注册会计师不仅应当在重要账户或列报层面考虑风险，而且应当深入账户或列报的成分。

例如，固定资产账户由机器设备、房屋建筑物等部分组成。营业收入可分为主营业务收入和其他业务收入。主营业务收入还可以按产品、客户进行进一步细分。

如果某账户或列报的各成分存在的风险差异较大，被审计单位可能需要采用不同的控制以应对这些风险，注册会计师应当分别予以考虑，并针对各自的风险设计审计程序。

4. 全面评价

在确定某账户、列报是否重要和某认定是否相关时，注册会计师应当将所有可获得的信息加以综合考虑。例如，A公司的年度管理费用总额为1亿元，注册会计师确定的财务报表整体重要性金额为2 000万元。管理费用的核算比较简单，固有风险很低，以前年度审计从未发现管理费用存在错报，也从未发现相关控制缺陷。根据以上信息，注册会计师确定管理费用账户属于重要账户。因为只有完整性和发生认定可能导致财务报表发生重大错报的风险，因此，将这两项认定确定为相关认定。

四、了解潜在错报的来源并识别相应的控制

(一)了解潜在错报的来源

1. 了解与相关认定有关的交易的处理流程，包括交易的生成、批准、处理及记录；
2. 验证识别出的业务流程中可能发生重大错报的环节；
3. 识别用于应对这些错报或潜在错报的控制；
4. 识别用于未经授权的、导致重大错报的资产取得、使用或处置的控制。

注册会计师应当亲自执行能够实现上述目标的程序，或对提供直接帮助的人员的工作进行督导。穿行测试通常是实现上述目标和评价控制设计的有效性以及确定控制是否得到执行的有效方法。

(二)实施穿行测试

1. 穿行测试的要求

穿行测试是指追踪某笔交易从发生到最终被反映在财务报表中的整个处理过程。穿行测试涵盖交易生成、授权、记录、处理和报告整个过程，以及识别出的重要流程中的控制，包括针对舞弊风险的控制。穿行测试是一种评估设计有效性的有效方法。

实施穿行测试时往往综合运用询问、观察、检查相关文件记录和重新执行。

2. 穿行测试的范围

下列特定情况下,注册会计师一般要实施穿行测试:存在较高固有风险的复杂领域;以前年度审计中识别出了的缺陷,特别是重大缺陷;由于引进新的人员、新的系统,采取新的会计政策而导致流程发生重大变化。

如首次接受内部控制审计委托,通常对重要流程实施穿行测试。

一般而言,对每个重要流程选取一笔交易或事项实施穿行测试即可。如采用集中化系统为多个组成部分执行重要流程,则可能不必在每个重要经营场所或业务单元选取一笔交易事项实施穿行测试。

五、选择拟测试的控制

(一)选择的基本要求

1. 必须测试重要领域的控制

控制测试只需要测试对形成内部控制审计意见有重大影响的控制。对于每个重要账户和列报以及相关的所有相关认定,至少应当有一个对应的关键控制进行测试。

2. 不必测试非重要领域的控制

注册会计师没有责任对单项控制的有效性发表意见。通常不会选取所有控制,也没有必要测试相关认定的所有控制。

如果识别并选取了能够充分应对重大错报风险的控制,则不需要再测试针对同样认定的其他控制,更无须测试那些即使有缺陷也合理预期不会导致财务报表重大错报的控制。

3. 可以借助企业层面控制

如企业层面控制是有效的且得到精确执行,能够及时防止或发现并纠正影响一个或多个认定的重大错报,可能不必就所有流程、交易或应用层面控制运行有效性获取审计证据。

(二)选择的考虑因素

选取关键控制需要职业判断。在选择关键控制时,注册会计师需要考虑下列因素:

1. 哪些控制是不可缺少的;
2. 哪些控制直接针对相关认定;
3. 哪些控制可以应对错误或舞弊导致的重大错报风险;
4. 控制的运行是否足够精确。

如果存在多个控制均应对相关认定的重大错报风险,注册会计师通常会选择那个(些)能够以最有效的方式予以测试的控制。

第三节　测试控制的有效性

一、控制有效性与控制风险

(一)内部控制有效性

内部控制有效性包括控制设计的有效性和控制运行的有效性。

1. 控制设计的有效性

按规定和要求执行控制,就能够有效地防止或发现并纠正可能导致重大错报的错误或舞弊。

2. 控制运行的有效性

控制正在按照设计运行、执行人员拥有有效执行控制所需的授权和专业胜任能力，能够实现控制目标。

3. 控制有效性的证据

(1)控制在所审计期间的相关时点是如何运行的；

(2)控制是否得到一贯执行；

(3)控制由谁或以何种方式执行。

(二)与控制相关的风险

与控制相关的风险包括一项控制可能无效的风险，以及如果该控制无效可能导致重大缺陷的风险。

与控制相关的风险越高，需要获取的审计证据就越多。

1. 连续审计中影响与控制相关的风险的特定因素

(1)以前审计所执行的审计程序的性质、时间安排和范围；

(2)以前审计控制测试的结果；

(3)自上次审计以来控制或流程是否发生变化。

2. 一般情况下，影响与控制相关的风险的10项因素

(1)该项控制拟防止或发现并纠正的错报的性质和重要程度；

(2)相关账户、列报及其认定的固有风险；

(3)交易数量和性质是否发生变化进而可能影响控制的有效性；

(4)相关账户或列报是否曾经出现错报；

(5)企业层面控制(特别是监督其他控制的控制)的有效性；

(6)该项控制的性质及其执行频率；

(7)该项控制对其他控制有效性的依赖程度；

(8)执行该项控制或监督该项控制执行的人员的专业胜任能力，以及其中的关键人员是否发生变化；

(9)该项控制是人工控制还是自动化控制；

(10)该项控制的复杂程度，以及在运行过程中依赖判断的程度。

二、测试控制有效性的程序性质

测试控制有效性的审计程序包括询问、观察、检查和重新执行。

(一)询问

注册会计师通过与被审计单位有关人员进行讨论以取得与内部控制相关的信息。在讨论中要保持职业怀疑态度。虽然询问是一种有用的手段，但仅实施询问程序不能为某一特定控制的有效性提供充分适当的证据，它必须与其他测试手段结合使用才能发挥作用。

(二)观察

观察是测试不留下书面记录的控制(例如职责分离)的有效方法，也可用于测试对实物的控制(例如查看仓库门是否锁好，或空白支票是否妥善保管)。

通常，通过观察直接获取的证据比间接获取的证据更可靠。但观察所提供的审计证据仅限于观察发生的时点，而且被观察人员的行为可能因被观察而受到影响，这也会使观察提供的审计证据受到限制。

(三)检查

检查通常用于确认控制是否得以执行。例如检查审核人员留下的记号,可以作为控制得到执行的证据。

存在书面证据不一定表明控制一定有效。例如,签名不一定能证明审核人员认真审核了凭证,可能只粗略浏览凭证,甚至未审核而直接签名。因此通过检查凭证签名获得的审计证据的质量可能不具有说服力。

检查记录和文件可以提供可靠程度不同的审计证据。证据的可靠性取决于记录或文件的性质和来源,进而取决于生成该记录或文件的内部控制的有效性。

(四)重新执行

重新执行的目的是评价控制的有效性而不是测试特定交易或余额的存在或准确性,即重新执行属于定性测试而非定量测试,因此,一般不必选取大量的项目进行测试,也不必特意选取金额重大的项目进行测试。

注册会计师在内部控制审计中对重新执行的运用程度可能比在财务报表审计中的运用程度更高,因为控制测试在内部控制审计中的地位更重要。

注册会计师在测试自动控制时实施的重新执行可能多于测试人工控制时实施的重新执行,因为测试自动控制的成本更低。

三、控制测试的时间安排

(一)对基准日与涵盖期间的考虑

对控制有效性测试的实施时间越接近基准日,提供的控制有效性的审计证据越有力。对控制有效性的测试涵盖的期间越长,提供的控制有效性的审计证据越多。注册会计师应当获取内部控制在基准日之前一段足够长的期间内有效运行的审计证据。

在整合审计中,控制测试所涵盖的期间应尽量与财务报表审计中拟信赖内部控制的期间保持一致。注册会计师应当在下列两个因素之间作出平衡,以确定测试的时间:

(1)尽量在接近基准日实施测试;

(2)实施的测试需要涵盖足够长的期间。

(二)对整合审计的考虑

在整合审计中,注册会计师有两种选择:一是在期中实施控制测试,然后对剩余期间实施前推测试;二是将样本分成两部分,一部分在期中测试,剩余部分在临近年末的期间测试。

第一种选择下,在将期中测试结果前推至基准日时,需获取的补充审计证据,应当考虑下列因素:

(1)基准日之前测试的特定控制,包括与控制相关的风险、控制的性质和测试结果;

(2)期中获取的有关审计证据的充分性和适当性;

(3)剩余期间的长短;

(4)期中测试之后,内部控制发生重大变化的可能性;

(5)基于对控制的依赖程度拟减少进一步实质性程序的程度(仅适用于整合审计);

(6)控制环境。

(三)对控制变化的考虑

1. 如果被审计单位对控制作出改变,注册会计师应当考虑这些变化并适当予以记录。

2. 如果认为新的控制能够满足控制的相关目标且已运行足够长时间,足以使注册会计师通过实施控制测试评估其设计和运行的有效性，则不再需要测试被取代控制。

3. 如果被取代控制的运行有效性对财务报表审计的控制风险评估具有重要影响，应当适当地测试被取代控制。

（四）对自动化控制的考虑

如果期中对一般控制实施了测试，则通常还需要实施前推程序。

如果信息技术一般控制有效且关键的自动化应用控制未发生任何变化，就不需要对该自动化应用控制实施前推测试。比如，认为重要的一般控制无效，需要评估其对总体信息技术环境及自动化应用控制的持续有效性的影响。又如，重要的一般控制无效，且无法获得替代证据证实关键的自动化应用控制自上次测试后未发生变化，在执行内部控制审计时，通常就需要获取有关该自动化应用控制在接近基准日的期间内是否有效运行的证据。

（五）案例：期中控制测试的前推程序

X 公司的销售采用客户上门提货的方式，因此通常产品出库即实现销售。注册会计师对 X 公司（基准日为 12 月 31 日）截至 9 月 30 日对应收账款流程中的关键控制实施了测试，并对 10 月 31 日的应收账款余额实施了细节测试。

在实施年末审计程序时，注册会计师考虑是否需要对期中测试结果实施前推程序。考虑到自实施期中控制测试后到基准日（即剩余期间）之间的间隔长度以及在制定财务报表审计计划时拟对这些控制取得较高程度的保证，注册会计师决定实施一定的前推测试。

注册会计师针对不同控制分别制定的前推测试计划如下：

控制一：应收账款会计每天将分类账中的收款记录与在线银行收款记录进行核对，并调查任何超过某一金额的差异。

应收账款会计负责该控制在全年度内的执行，并且注册会计师期中控制测试时未发现控制偏差。

该控制并不复杂，执行时不需要作出重大判断。因此，注册会计师认为向应收账款会计询问该控制是否得到一贯执行以及在 9 月 30 日至 12 月 31 期间是否出现任何异常现象，就可以为该控制是否持续有效运行提供充分的证据。

控制二：每月末财务总监取得该月最后三天的产品出库报告，将其与当月入账的应收账款明细账进行核对，以确保应收账款余额的完整性和存在。

尽管该控制并不复杂，但每月最后一周的产品出库量占全月出库量的比例很重大。此外，通过将当月入账的应收账款与出库记录进行比较，财务总监可以监控是否存在故意错报应收账款的行为。

考虑到该控制具有多重目的及其运行无效所导致后果较严重，注册会计师决定向财务总监和应收账款会计进行询问，并对财务总监执行该复核控制实施数次观察。

控制三：每月末，财务总监、首席财务官和客户信用经理复核应收账款账龄分析表并共同决定是否需要对长期未收款的应收账款余额计提坏账准备。

在此过程中他们利用了多方面的信息，包括客户以往付款记录以及与客户之间的沟通文件、账龄一年以上和两年以上的应收账款小计金额占应收账款总金额的比例，以及本年度至今为止的坏账核销金额与坏账准备的比较。该控制具有较高的主观性（虽然并不复杂）且对资产负债表和利润表均具有潜在的重大影响。由于该控制涉及管理层估计，因此还存在潜在的舞弊风险。

考虑到这些因素，决定检查关于该控制在基准日之前几次运行情况的证据，包括上述人员共同讨论的记录和与客户沟通的记录。

前推程序是否表明内部控制持续有效运行，会影响注册会计师如何将期中实质性程序的结果延伸至期末。

(1)如果在实施期中控制测试和前推程序中没有发现任何控制缺陷，在制定计划以对10月31日已实施函证程序的应收账款实施前推程序时，可以对控制给予高度的信赖(即获得高度保证)。在这种情况下，注册会计师可能会决定将10月31日的应收账款余额前推至12月31日，并对该期间的收款金额进行非常有限的测试(实质性分析程序或选取大额/高风险项目进行细节测试)。

(2)如果控制存在缺陷，可能决定对剩余期间的交易金额实施大量细节测试，甚至对12月31日的应收账款余额再次实施函证。

四、控制测试的范围

测试范围应当足以为基准日内部控制是否不存在重大缺陷提供合理保证。

(一)测试人工控制的最小样本规模

表16—1 测试人工控制的最小样本规模

控制运行频率	控制运行的总次数	测试的最小样本规模区间
每年1次	1	1
每季1次	4	2
每月1次	12	2～5
每周1次	52	5～15
每天1次	250	20～40
每天多次	大于250次	25～60

在运用表16—1时，注册会计师应当注意下列事项：测试的最小样本规模是指所需测试的控制运行次数；注册会计师应根据与控制相关的风险，基于最小样本规模区间确定具体样本规模。表16—1假设控制的运行偏差率预期为零；如不为零，应当扩大样本规模。如果不能确定控制运行的频率，但是知道控制运行的总次数，可根据“控制运行的总次数”一列确定测试的最小样本规模。

存在下列情况之一时，可以使用表16—1中测试的最小样本规模区间的最低值(如每天运行多次的控制，选择25个样本规模)：与账户及其认定相关的固有风险和舞弊风险为低水平；是日常控制，执行时需要的判断很少；穿行测试和以前年度审计的结果表明未发现控制缺陷；管理层针对该项控制的测试结果表明未发现控制缺陷；存在有效的补偿性控制，且管理层针对补偿性控制的测试结果为运行有效；根据对控制性质以及内部审计人员客观性和胜任能力的考虑，注册会计师拟更多地利用他人的工作。

案例：某公司存在一项每月运行1次[频率]的控制，对50个银行账户每月编制银行余额调节表。

第一步，计算控制每年运行的总次数，12×50＝600。

第二步，根据总次数大于250次，样本规模应为25～60。

确定控制运行的总次数时，还要注意控制是否是同质，能否作为一个总体。如由多个人员执行同一控制，应当分别针对每个人员确定样本规模。如果由 2 人执行 600 次控制，应针对每人测试 25 次，共 50 个样本。

如由统一的财务主管复核每个人编制的银行余额调节表，可以保证经复核的控制是同质的，则可以将 2 人执行的控制作为 1 个总体。

(二)测试自动化应用控制的最小样本规模

信息技术处理具有内在一贯性。可能只需要对自动化应用控制的每一相关属性进行一次系统查询以检查其系统设置，即可得出所测试自动化应用控制是否运行有效的结论。

对于自动化应用控制，一旦确定在执行，通常无须扩大控制测试的范围，但需要考虑执行下列测试以确定该控制持续有效运行：

(1)测试与该应用控制有关的一般控制的运行有效性；

(2)确定系统是否发生变动，如果发生变动，是否存在适当的系统变动控制；

(3)确定对交易的处理是否使用授权批准的软件版本。

(三)控制测试中发现偏差时的处理

1. 确定控制偏差对下列各项的影响

(1)与所测试控制相关的风险的评估；

(2)需要获取的审计证据；

(3)控制运行有效性的结论。

评价控制偏差的影响需要注册会计师运用职业判断，并受到控制的性质和所发现偏差数量的影响。如果发现的控制偏差是系统性偏差或人为有意造成的偏差，应当考虑舞弊的可能迹象以及对审计方案的影响。

2. 评价偏差是否构成控制缺陷

(1)该偏差是如何被发现的。例如，如果某控制偏差是被另外一项控制所发现的，则可能意味着被审计单位存在有效的检查性控制。

(2)该偏差是与某一特定的地点、流程或应用系统相关，还是对被审计单位有广泛影响。

(3)该控制出现偏差的严重程度。例如，某项控制在执行上晚于被审计单位政策要求的时间，但仍在编制财务报表之前得以执行，还是该项控制根本没有得以执行。

(4)与控制运行频率相比，偏差发生的频率大小。

3. 考虑扩大样本规模判断偏差的代表性

由于有效的内部控制不能为实现控制目标提供绝对保证，单项控制并非一定要毫无偏差地运行，才被认为有效。如发现控制偏差，应考虑偏差的原因及性质，并考虑采用扩大样本规模等适当的应对措施以判断该偏差是否对总体不具有代表性。

例如，对每日发生多次的控制，如果初始样本规模为 25 个，当测试发现一项控制偏差，且该偏差不是系统性偏差，可以扩大样本规模进行测试，所增加的样本规模至少为 15 个[多阶段抽样]。

如果测试后再次发现偏差，则可得出控制无效的结论。如果扩大样本规模没有再次发现偏差，则注册会计师可以得出控制有效的结论。

五、企业层面控制测试

(一)与控制环境相关的控制

在进行内部控制审计时,注册会计师可以先了解控制环境的各个要素,在此过程中考虑其是否得到执行。

了解时需要考虑的主要内容:

(1)管理层的理念和经营风格是否促进有效的财务报告内部控制。

(2)在治理层的监督下,管理层是否营造并保持了诚信和合乎道德的文化。

(3)治理层是否了解并监督财务报告过程和内部控制。

(二)针对凌驾控制的风险而设计的控制

一般而言,针对凌驾风险采用的控制可以包括但不限于:

(1)针对重大的异常交易的控制。

(2)针对关联方交易的控制。

(3)与管理层的重大估计相关的控制。

(4)能够减弱管理层伪造或操纵财务结果的动机及压力的控制。

(5)内部举报投诉制度的建立和执行。

(三)被审计单位的风险评估过程

在了解和测试与风险评估过程相关的内部控制时,可以考虑被审计单位是否:

(1)有计划地收集内外部相关信息,及时进行风险评估。

(2)关注内外部主要风险因素并分类整理,形成企业风险清单。

(3)对识别的风险分析和排序,确定关注重点和优先控制的风险。

(4)综合运用控制措施,将风险控制在可承受范围之内。

(四)对内部信息传递和期末财务报告流程的控制

1. 期末财务报告流程

将交易总额登入总分类账的程序;与会计政策的选择和运用相关的程序;总分类账中会计分录的编制、批准等处理程序;对财务报表进行调整的程序;编制财务报表的程序。

2. 评价财务报告流程的时间

由于期末财务报告流程通常发生在管理层评价日之后,注册会计师一般只能在该日之后测试相关控制。同时,结合财务报表审计的要求,还应当了解管理层为确保识别期后事项而建立的程序。

(五)对控制的监督和评价

对控制的监督可能包括对运营报告的复核和核对、与外部人士的沟通、其他未参与控制执行人员的监控活动,以及信息系统所记录的数据与实物资产的核对等。

了解和测试内部监督时,注册会计师可以特别考虑管理层是否:

(1)定期地将会计系统中记录的数额与实物资产进行核对。

(2)为保证内部审计活动的有效性而建立了相应的控制。

(3)建立了相关控制以保证自我评价或定期的系统评价的有效性。

(4)建立了相关的控制以保证监督性控制能够在一个集中的地点有效进行,如共享服务中心等。

(六)集中化的处理和控制

集中化的处理和控制(如财务共享服务中心)可以视作企业内部各单位会计处理业务的“外包”安排,以取得规模效益并实现业务经营管理与会计处理的分离而改进控制环境,也可能有助于降低财务报表错报的风险。由于共享服务中心内部控制的影响较大,可以考虑在较早的阶段执行测试。

(七)监督经营成果的控制

对经营情况的监控是企业层面的主要内部控制之一。例如,下属单位或业务部门的管理人员可能定期复核其上报的财务报表的准确性,并在上报的资料上签字确认,同时下属单位或业务部门对财务报表发生的错报承担责任。

在了解监督经营成果相关控制时,注册会计师可以从性质上分析这些控制是否有足够的精确程度以取代或减少对业务流程、应用系统或交易层面的控制测试。

(八)重大风险预警与应急处理机制的测试

注册会计师可以考虑的主要因素包括但不限于:

1. 企业是否建立了重大风险预警机制,明确界定哪些风险是重大风险,哪些事项一旦出现必须启动应急处理机制。

2. 企业是否建立了突发事件应急处理机制,确保突发事件得到及时妥善处理。

六、业务流程、应用系统或交易层面的控制测试

(一)了解企业经营活动和业务流程

1. 划分业务循环

对制造业企业,通常可以划分为销售与收款循环、采购与付款循环、存货与生产循环、工资与人员循环、筹资与投资循环等。

2. 了解业务流程

(1) 业务流程中的交易影响的重要账户及其相关认定;

(2) 已识别的有关这些重要账户及其相关认定的经营风险和财务报表重大错报风险;

(3) 交易生成、记录、处理和报告的过程以及相关的信息技术处理系统。

3. 询问活动流程

(1) 向负责处理具体业务人员的上级进行询问通常更加有效,因为这些人员很可能对分管的整个业务流程十分熟悉;

(2) 对一些简单的业务,财会人员可以提供足够的信息;

(3) 通常需要和信息技术处理人员讨论,以了解复杂业务是如何发生、处理、记录和报告的。

(二)识别可能发生错报的环节

1. 根据重要认定确定控制目标

尽管不同的被审计单位对业务流程设计和实施不同的控制,但都是为实现某些控制目标。这些控制目标与财务报表重要交易类别、重要账户余额的认定相联系。注册会计师在此时通常不考虑列报认定,此类认定通常在财务报告流程中予以考虑。

2. 根据控制目标确认控制程序

针对控制目标,确认是否存在控制来防止错报的发生,或发现并纠正错报,然后重新提交到业务流程处理程序中进行处理。

3. 根据控制目标实现情况确定易错环节

注册会计师通过设计一系列关于控制目标是否实现的问题，来确认某项业务流程中需要加以控制的环节，如表16－2所示：

表16－2

项　目	情　况
控制目标是否实现	相关认定
怎样确保没有记录虚构或重复的销售	发生
怎样确保所有的销售和收款都已记录	完整性
怎样保证货物运送给正确的收货人	发生
怎样保证发货单据只有在实际发货时才开具	发生
怎样保证发票正确反映了发货的数量	准确性

(三)识别和了解相关控制

针对业务流程中容易发生错报的环节，注册会计师应当确定被审计单位是否建立了有效的控制，是否遗漏了必要的控制，是否识别了可以最有效测试的控制。

1. 控制的类型

(1)预防性控制。预防性控制通常用于正常业务流程的每一项交易，以防止错报的发生。

表16－3　　预防性控制示例

对控制的描述	控制用来防止的错报
计算机程序自动生成收货报告，同时更新采购档案	防止出现购货漏记账的情况
更新采购档案前须先有收货报告	防止记录了未收到货物的采购交易
销货发票上的价格根据价格清单上的信息确定	防止销货计价错误
计算机将各凭证上的账户号码与会计科目表对比，然后进行一系列的逻辑测试	防止出现分类错报

(2)检查性控制。建立检查性控制的目的是发现流程中可能发生的错报。例如，按月编制银行存款余额调节表，跟踪调查挂账的项目。

检查性控制通常并不适用于所有交易，而适用于一般业务流程以外已经处理或部分处理的某类交易，可能一年只运行几次，也可能每周运行，甚至一天运行几次。

如果确信存在以下情况，就可以将检查性控制作为一个主要手段来合理保证某特定认定发生重大错报的可能性较小：控制所检查的数据是完整、可靠的；控制对于发现重大错报足够敏感；发现的所有重大错报都将被纠正。

2. 识别和了解方法

识别和了解控制的主要方法是询问各级别的负责人员。业务流程越复杂，越有必要询问信息系统人员，以辨别有关的控制。

通常，首先询问级别较高的人员，再询问级别较低的人员。这种询问方法能迅速地辨别重要的控制，特别是检查性控制。

注册会计师不需要了解与每一控制目标相关的所有控制。如果多项控制能够实现同一目标，则不必了解与该目标相关的每一项控制。

（四）记录相关控制

注册会计师可以通过备忘录、笔记或复印被审计单位相关资料而逐步使信息趋于完整。

七、信息系统控制测试

（一）与信息技术相关的控制

1. 自动控制的好处

（1）自动控制能够有效处理大流量交易及数据，因为自动信息系统可以提供与业务规则一致的系统处理方法；

（2）自动控制比较不容易被绕过；

（3）自动信息系统、数据库及操作系统安全控制可实现职责分离；

（4）自动信息系统可以提高信息的及时性、准确性，并使信息变得更易获取；

（5）自动信息系统可提高管理层对业务活动及政策的监督水平。

2. 自动控制的风险

（1）信息系统或相关系统程序可能会对数据进行错误处理，也可能会去处理那些本身存在错误的数据。

（2）自动信息系统、数据库及操作系统的相关安全控制如果无效，会增加对数据信息非授权访问的风险，这种风险可能导致系统内数据遭到破坏和系统对非授权交易或不存在的交易作出记录，系统、系统程序、数据遭到不适当的改变，系统对交易进行不适当的记录，以及信息技术人员获得超过其职责范围的过大系统权限等。

（3）数据丢失风险或数据无法访问风险，如系统瘫痪。

（4）不适当的人工干预，或人为绕过自动控制。

3. 自动控制不能代替人工控制

采用信息系统处理业务，并不意味着手工控制被完全取代，与财务报告相关的控制活动一般由一系列手工控制和自动控制所组成。由于被审计单位信息技术的特点及复杂程度不同，被审计单位的手工及自动控制的组合方式往往会有所区别。

（二）信息技术内部控制测试

1. 信息技术一般控制测试

信息技术一般控制包括程序开发、程序变更、程序和数据访问以及计算机运行四个方面。

由于程序变更控制、计算机操作控制及程序数据访问控制影响到系统驱动组件的持续有效运行，注册会计师需要对这三个领域实施控制测试。

如果信息技术一般控制存在缺陷，注册会计师在整合审计中可能不能信赖应用控制。

2. 信息技术应用控制测试

应用控制造成的影响程度比信息技术一般控制要显著得多，并且需要进一步的手工调查。

所有的自动应用控制都会有一个手工控制与之相对应。每个自动系统控制都要与其对应的手工控制一起进行测试，才能得到控制是否可信赖的结论。

自动系统控制关注信息处理目标的四个要素：完整性、准确性、经过授权和访问限制。

第四节 内部控制缺陷评价与审计报告

一、内部控制缺陷

(一)内部控制缺陷的分类

1. 按缺陷来源分类

(1)设计缺陷是指缺少为实现控制目标所必需的控制,或现有控制设计不适当,即使正常运行也难以实现预期控制目标。

(2)运行缺陷是指现存设计适当的控制没有按设计意图运行,或执行人员没有获得必要授权或缺乏胜任能力,无法有效地实施内部控制。

2. 按缺陷程度分类

(1)重大缺陷是内部控制中存在的、可能导致不能及时防止或发现并纠正财务报表重大错报的一项控制缺陷或多项控制缺陷的组合。

(2)重要缺陷是内部控制中存在的、严重程度不如重大缺陷但足以引起负责监督财务报告的人员关注的一项控制缺陷或多项控制缺陷的组合。

(3)一般缺陷是内部控制中存在的、除重大缺陷和重要缺陷之外的控制缺陷。

(二)评价控制缺陷的严重程度

1. 总体要求

注册会计师应当评价控制缺陷的严重程度,以确定缺陷单独或组合起来是否构成内部控制重大缺陷。控制缺陷严重程度取决于:

(1)控制不能防止或发现并纠正账户或列报发生错报的可能性。

(2)因一项或多项控制缺陷导致的潜在错报的金额大小。

需要注意,控制缺陷的严重程度与错报是否发生无关。

2. 评价错报发生的可能性

在评价一项控制缺陷或多项控制缺陷的组合是否可能导致账户或列报发生错报时,注册会计师应当考虑的风险因素包括:

(1)所涉及的账户、列报及其相关认定的性质;

(2)相关资产或负债易于发生损失或舞弊的可能性;

(3)确定相关金额时所需判断的主观程度、复杂程度和范围;

(4)该项控制与其他控制的相互作用或关系;

(5)控制缺陷的相互作用;

(6)控制缺陷在未来可能产生的影响。

3. 评价潜在错报的金额大小

在评价因一项或多项控制缺陷导致的潜在错报的金额大小时,注册会计师应当考虑的因素包括:受控制缺陷影响的财务报表金额或交易总额;在本期或预计未来期间受控制缺陷影响的账户余额或各类交易涉及的交易量。评价潜在错报的金额大小时,最大多报金额通常是已记录的金额,但其最大少报金额可能超过已记录的金额。通常,小金额错报比大金额错报发生的概率更高。

4. 评价控制缺陷的组合影响

注册会计师应当确定，对同一重要账户、列报及其相关认定或内部控制要素产生影响的各项控制缺陷组合起来是否构成重大缺陷。

(1)如果多项控制缺陷影响财务报表的同一账户或列报，错报发生的概率就会增加。

(2)存在多项控制缺陷时，即使单项不重要，但组合起来也可能构成重大缺陷。

(3)确定一项或多项控制缺陷的组合是否构成重大缺陷时，应评价补偿性控制的影响。评价时，应当考虑补偿性控制是否有足够的精确度以防止或发现并纠正可能发生的重大错报。

5. 评价案例

案例1：一般缺陷

A注册会计师执行甲公司的内部控制审计，财务报表整体重要性确定为2 000万元，实际执行的重要性水平为1 200万元。

在对付款授权进行控制测试时，其中一项程序是检查付款发票是否有适当的审批且有相关的文件对其进行支持这一关键控制。

这项控制活动与1 600万元的发票交易相关，选择25笔付款并测试它们是否经过了适当的审批，理想状态下应没有异常。但测试结果表明有1笔付款(与维修维护相关)未经过授权。

步骤一：发现的缺陷是否与一个或多个财务报表认定直接相关？由于该缺陷涉及支出，直接影响财务报表认定。

步骤二：该项缺陷是否可能不能防止或发现财务报表错报？是，付款没有得到审批，有可能导致错报。

步骤三：缺陷可能导致潜在错报金额的大小？涉及支出问题总金额1 600万元，大于1 200万元的实际执行重要性水平。

步骤四：是否存在补偿性控制并有效运行，足以防止或发现财务报表重大错报？经了解和测试，存在有效补偿性控制。

步骤五：该缺陷的重要程度是否足以引起负责监督企业财务报告的相关人员的关注？否。

因此，该缺陷为一般缺陷。

案例2：重大缺陷

A注册会计师执行甲公司内部控制审计，财务报表整体重要性确定为2 000万元，实际执行的重要性水平为1 200万元。在对月度银行对账进行控制测试时，其中一项程序是检查公司每月是否对其付款账户与银行对账。

这项控制活动与5 000万元的现金收据以及付款相关。

选择两笔对账并且确定是否每笔对账都已完成以及是否对所有重大或异常事件进行了调查并及时解决，理想状态下应没有例外。但测试结果表明这两笔银行对账都没有完全完成，存在重大未对账差异(共计200万元)且差异存在已超过1年。

步骤一：发现的缺陷是否与一个或多个财务报表认定直接相关？是，涉及银行存款和付款的问题，直接影响财务报表认定。

步骤二：该项缺陷是否可能不能防止或发现财务报表错报？是，对账没有完成，有可能导致错误不能及时发现。

步骤三：该项缺陷可能导致财务报表潜在错报的金额大小？这项控制与交易相关且所涉及金额大于5 000万元，超过了判定指标。

步骤四：是否存在补偿性控制并有效运行，足以防止或发现财务报表重大错报？会计经理会对每次银行对账进行审核并签字确认，但没有发现这些重大对账错误，因此补偿性控制也被判断为失效。

因此，该缺陷为重大缺陷。

(三)内部控制缺陷整改

1. 如在基准日前对存在缺陷的控制进行整改，整改后的控制需要运行足够长的时间，才能得出其是否有效的审计结论。

2. 如在基准日前对存在重大缺陷的内部控制进行了整改，但新控制没有运行足够长时间，应视为内部控制在基准日存在重大缺陷。

3. 注册会计师应当根据控制的性质和与控制相关的风险，合理运用职业判断，确定整改后控制运行的最短期间(或最少运行次数)以及最少测试数量。

二、出具内部控制审计报告

注册会计师在评定客户内部控制缺陷后，应当对内部控制的有效性发表审计意见，包括无保留意见、无法表示意见和否定意见。

(一)无保留意见

1. 发表无保留意见的条件

(1)审计范围未受限：注册会计师已按《企业内部控制审计指引》的要求计划和实施审计工作，在审计过程中未受到限制。

(2)重大缺陷不存在：在内部控制基准日，被审计单位按照适用的内部控制标准的要求，在所有重大方面保持了有效的内部控制。

2. 无保留意见审计报告的要素

(1)标题：内部控制审计报告。

(2)收件人：载明全称。一般是指审计业务的委托人。

(3)引言段：说明企业的名称和内部控制已经过审计。

(4)企业对内部控制的责任段：按照企业内部控制基本规范、应用指引、评价指引的规定，建立健全和有效实施内部控制，并评价其有效性。

(5)注册会计师的责任段：在实施审计工作的基础上，对财务报告内部控制的有效性发表审计意见，并对注意到的非财务报告内部控制的重大缺陷进行披露。

(6)内部控制固有局限性的说明段：内部控制具有固有局限性，存在不能防止和发现错报的可能性。此外，由于情况的变化可能导致内部控制变得不恰当，或对控制政策和程序遵循的程度降低，根据内部控制审计结果推测未来内部控制的有效性具有一定风险。

(7)财务报告内部控制审计意见段：企业是否按照《企业内部控制基本规范》和相关规定在所有重大方面保持了有效的财务报告内部控制。

(8)注册会计师的签名和盖章。

(9)会计师事务所的名称、地址及盖章。

(10)报告日期。审计报告的日期不应早于注册会计师获取充分、适当审计证据(包括董事会认可对内部控制及评价报告的责任且已批准评价报告的证据)，并在此基础上对内部控制的有效性形成审计意见的日期。

如果内部控制审计和财务报表审计整合进行，注册会计师对内部控制审计报告和财务报表审计报告需要签署相同的日期。

参考格式16－1:无保留意见内部控制审计报告

内部控制审计报告

××股份有限公司全体股东：

按照《企业内部控制审计指引》及中国注册会计师执业准则的相关要求，我们审计了××股份有限公司(以下简称“××公司”)××年×月×日的财务报告内部控制的有效性。

一、企业对内部控制的责任

按照《企业内部控制基本规范》《企业内部控制应用指引》《企业内部控制评价指引》的规定，建立健全和有效实施内部控制，并评价其有效性是××公司董事会的责任。

二、注册会计师的责任

我们的责任是在实施审计工作的基础上，对财务报告内部控制的有效性发表审计意见，并对注意到的非财务报告内部控制的重大缺陷进行披露。

三、内部控制的固有局限性

内部控制具有固有局限性，存在不能防止和发现错报的可能性。此外，由于情况的变化可能导致内部控制变得不恰当，或对控制政策和程序遵循的程度降低，根据内部控制审计结果推测未来内部控制的有效性具有一定风险。

四、财务报告内部控制审计意见

我们认为，××公司于××年×月×日按照《企业内部控制基本规范》和相关规定在所有重大方面保持了有效的财务报告内部控制。

××会计师事务所　　　　中国注册会计师：×××

（盖章）　　　　（签名并盖章）

中国××市　　　　中国注册会计师：×××

（签名并盖章）

二〇××年×月×日

(二)无法表示意见

1. 发表无法表示意见的条件

只要认为审计范围受到的限制将导致无法获取充分、适当的审计证据，注册会计师即可解除业务约定或发表无法表示意见。

(1)发表无法表示意见时，注册会计师应就未能完成整个内部控制审计工作的情况，以书面形式与管理层和治理层进行沟通。

(2)发表无法表示意见时，内部控制审计报告的日期应为注册会计师已就该报告中陈述的内容获取充分、适当的审计证据的日期。

(3)发表无法表示意见时，不应在内部控制审计报告中指明所执行的程序，也不应描述内部控制审计的特征，以避免误解。

2. 强调法规豁免的审计范围

(1)如果法律法规的相关豁免规定允许被审计单位不将某些实体纳入内部控制的评价范围，注册会计师可以不将这些实体纳入内部控制审计的范围。这种情况不构成审计范围受到限制，但应当在内部控制审计报告中增加强调事项段或者在注册会计师的责任段中，就这一情况作出与被审计单位类似的恰当陈述。

(2)注册会计师应当评价被审计单位针对该项豁免权作出的陈述是否恰当。如认为不恰当，应当提请其作出适当修改。如果被审计单位未作出恰当修改，应当在强调事项段中说明被审计单位的陈述需要修改的理由。

3. 说明已发现的重大缺陷

发表无法表示意见时，如果在已执行的有限程序中发现内部控制存在重大缺陷，应当在内部控制审计报告的"识别的财务报告内部控制重大缺陷"部分对重大缺陷做出详细说明，该部分还应当包括下列内容：

(1)重大缺陷的定义；

(2)对识别出重大缺陷的描述，包括重大缺陷的性质、重大缺陷在存在期间对企业编制的财务报表产生的实际和潜在影响等信息。

(三)否定意见

1. 发表否定意见的条件

如果认为内部控制存在一项或多项重大缺陷，并且审计范围没有受到限制，应当对内部控制发表否定意见。

否定意见的内部控制审计报告还应当包括重大缺陷的定义、重大缺陷的性质及其对内部控制的影响程度。

无法表示意见优先于否定意见。如果在发现内部控制重大缺陷后审计范围受到限制，应当发表无法表示意见而不是否定意见。

2. 考虑评价报告的反映

(1)只要存在重大缺陷，即使管理层已识别内部控制重大缺陷并已反映在内部控制评价报告中，注册会计师仍应发表否定意见，但需在审计报告中提及评价报告的反映。

(2)如果评价报告中包含了重大缺陷，但注册会计师认为这些重大缺陷未在所有重大方面得到公允反映，应当在内部控制审计报告中说明这一结论，并公允表达重大缺陷的必要信息。注册会计师还应当就这些情况以书面形式与治理层沟通。

(3)如重大缺陷尚未包含在评价报告中，应在内部控制审计报告中说明重大缺陷已经识别、但没有包含在企业内部控制评价报告中。

3. 说明重大缺陷对审计的影响

如果拟对内部控制的有效性发表否定意见，那么在财务报表审计中不应依赖存在重大缺陷的控制，而是通过实施实质性程序确定与该控制相关的账户是否存在重大错报。

(1)如果实施实质性程序的结果表明该账户存在重大错报，注册会计师可以对财务报表发表非无保留意见。

(2)如果实施实质性程序的结果表明该账户不存在重大错报，注册会计师可以对财务报表发表无保留意见。

注册会计师应当分别上述两种情况，在内部控制审计报告中说明针对内部控制发表的否定意见对财务报表审计意见的影响，以免引起审计报告使用者的误解。

在第(1)种情况下，对针对财务报表发表的审计意见受到影响，注册会计师应当在导致否定意见的事项段中增加以下类似说明：

"在××公司××××年财务报表审计中，我们已经考虑了上述重大缺陷对审计程序的性质、时间安排和范围的影响。"

在第(2)种情况下，对财务报表发表的审计意见未受影响，应当在导致否定意见的事项段中增加以下说明：

"在××公司××××年财务报表审计中，我们已经考虑了上述重大缺陷对审计程序的性质、时间安排和范围的影响。本报告并未对我们在××××年×月×日对××公司××××年财务报表出具的审计报告产生影响。”

这一说明对使用者理解财务报表的无保留意见非常重要。

参考格式16－2:否定意见内部控制审计报告

内部控制审计报告

××股份有限公司全体股东：

按照《企业内部控制审计指引》及中国注册会计师执业准则的相关要求，我们审计了××股份有限公司（以下简称“××公司”）××××年×月×日的财务报告内部控制的有效性。

一、企业对内部控制的责任

二、注册会计师的责任

三、内部控制的固有局限性

四、导致否定意见的事项

重大缺陷是内部控制中存在的、可能导致不能及时防止或发现并纠正财务报表出现重大错报的一项控制缺陷或多项控制缺陷的组合。

[已识别的重大缺陷及其性质和对财务报告内部控制的影响程度]

有效的内部控制能够为财务报告及相关信息的真实完整提供合理保证，而上述重大缺陷使××公司内部控制失去这一功能。

××公司管理层已识别出上述重大缺陷，并将其包含在企业内部控制评价报告中。上述缺陷在所有重大方面得到公允反映。

在××公司××××年财务报表审计中，我们已经考虑了上述重大缺陷对审计程序的性质、时间安排和范围的影响。本报告并未对我们在××××年×月×日对××公司××××年财务报表出具的审计报告产生影响。

五、财务报告内部控制审计意见

我们认为，由于存在上述重大缺陷及其对实现控制目标的影响，××公司于××××年×月×日未能按照《企业内部控制基本规范》和相关规定在所有重大方面保持有效的财务报告内部控制。

××会计师事务所　　　　中国注册会计师：×××
（盖章）　　　　（签名并盖章）
中国××市　　　　中国注册会计师：×××
（签名并盖章）
二〇××年×月×日

（四）强调事项段

如果认为内部控制虽然不存在重大缺陷，但仍有一项或多项重大事项需要提请内部控制审计报告使用者注意，应当在内部控制审计报告中增加强调事项段予以说明，并指明该段内容仅用于提醒内部控制审计报告使用者关注，不影响对内部控制发表的审计意见。

如果存在下列情况，应当考虑增加强调事项段：

（1）注册会计师知悉在基准日不存在、但在期后期间发生的事项，且这类期后事项对内部控制有重大影响。

（2）企业内部控制评价报告对要素的列报不完整或不恰当。

（3）法律法规的相关豁免规定允许被审计单位不将某些实体纳入内部控制的评价范围。

此外，注册会计师应当评价相关豁免权是否符合法律法规的规定，以及被审计单位针对该项豁免权作出的陈述是否恰当。如果认为被审计单位有关该项豁免权的陈述不恰当，应当提请其作出适当修改。如未作出恰当修改，应当在内部控制审计报告的强调事项段中说明被审计单位的陈述需要修改的理由。

强调是必须的：如果被审计单位关于豁免的陈述不恰当，强调陈述需要修改的理由；如果陈述恰当，强调被审计单位所作的恰当陈述。

参考格式16－3：带强调事项段的无保留意见内部控制审计报告

五、强调事项

我们提醒内部控制审计报告使用者关注。本段内容不影响已对财务报告内部控制发表的审计意见。

（略）

（五）非财务报告内部控制重大缺陷

对于审计过程中注意到的非财务报告内部控制缺陷，如果发现某项或某些控制对企业发展战略、法规遵循、经营的效率效果等控制目标的实现有重大不利影响，确定该项非财务报告内部控制缺陷为重大缺陷的，注册会计师应当以书面形式与企业董事会和经理层沟通，提醒企业加以改进；同时在内部控制审计报告中增加非财务报告内部控制重大缺陷描述段，对重大缺陷的性质及其对实现相关控制目标的影响程度进行披露，提示内部控制审计报告使用者注意相关风险，但无须对其发表审计意见。

关键概念

内部控制审计　财务报告内部控制　整合审计　内部控制重大缺陷　内部控制重要缺陷
内部控制有效性　前推程序　内部控制设计有效性　内部控制执行有效性　自上而下方法
穿行测试　期中测试

准确理解题

1. 下列关于内部控制审计的说法错误的有（　　）。
(1)只测试基准日这一天的内部控制；
(2)审计报告也要对非财报内部控制有效性发表审计意见；
(3)注册会计师应了解所有与内部控制有效性相关的证据的类型和范围；
(4)内部控制特定领域存在重大缺陷的风险越高，所需获取的审计证据应越多。

2. 下列关于控制测试的说法错误的有（　　）。
(1)如果企业层面控制是有效的且得到精确执行，仍需对应用层面控制运行有效性获取审计证据；
(2)如果一个认定对应多个关键控制，则都应当进行测试；
(3)观察所提供的特定控制的有效性审计证据总是比较有效的；
(4)检查通常能获得控制是否得以执行的书面证据，能比较可靠地证明内控有效性。

3. 下列关于内控缺陷评价的说法错误的有（　　）。
(1)控制缺陷的严重程度与错报是否发生无关；
(2)受控错报金额越小，发生的概率越高，相关内控缺陷越严重；
(3)同一账户或列报的多项相关内控不重大缺陷加在一起也还是不重大的；

(4)一项或多项控制缺陷的组合是否构成重大缺陷,取决于是否存在补偿性控制。

4. 下列关于内控审计报告的说法错误的有(　　)。

(1)如果内控审计范围受到限制就要发表无法表示意见;

(2)只要内控存在重大缺陷和重要缺陷,就要发表否定意见;

(3)如果内控审计范围受限,已执行审计发现内控重大缺陷,应发表无法表示意见,不需要报告发现的重大缺陷;

(4)财报审计报告日与内控审计报告日应当一致。

复习思考题

1. 计划内部控制审计工作应当考虑哪些事项?如何进行考虑?

2. 如何采用自上而下方法进行内部控制测试?

3. 如何运用穿行测试进行内控测试?

4. 如何评价控制缺陷的严重程度?

5. 如何决策和表述内部控制审计意见?

讨论分析题

1. 甲公司聘请 ABC 会计师事务所的 A 注册会计师担任甲公司 2016 年度内部控制审计的项目合伙人,相关情况如下:

(1)A 注册会计师认为内部控制审计意见覆盖的范围是财务报告和非财务报告内部控制的有效性。

(2)A 注册会计师在制定总体审计策略时,确定了了解和识别内部控制的程序的性质。

(3)考虑到内部控制是个整合框架,所以 A 注册会计师在审计企业层面内部控制有效性的基础上,没有再识别重要账户、列报及其相关认定的相关控制的有效性。

(4)A 注册会计师将穿行测试运用于了解内控和测试内部控制两个阶段,以便充分发挥其作用。

(5)A 注册会计师认为如果多项控制能够实现同一目标,则不必了解与该目标相关的每一项控制。

(6)甲公司在基准日前对存在缺陷的控制进行了整改,A 注册会计师检查整改当天控制运行有效,得出了内部控制有效的结论。

要求:针对上述事项(1)至(6),假定不考虑其他条件,逐项指出 A 注册会计师的做法是否恰当;如不恰当,简要说明理由。

2. ABC 会计师事务所接受甲公司委托为其进行整合审计。注册会计师确定的财务报表整体重要性水平为2 000万元,实际执行的重要性水平为1 000万元。项目组长有如下观点:

(1)在执行内部控制审计时,对于内部控制中可能存在的重大缺陷领域,选择在期中尽可能早的时间测试内部控制,以便督促被审计单位及早采取措施弥补缺陷。

(2)在采用自上而下方法执行内部控制审计时,应识别并选取能够充分应对重大错报风险的控制,不需要再测试针对同样认定的其他控制。

(3)甲公司财务人员每月与前 25 名主要往来客户对账,如有差异进行调查。因此,审计时可以与各主要往来客户的每次对账为抽样单元,采用非统计抽样测试该控制,确定控制运行频率是每月 1 次,最小样本规模区间是 2～5 次。

(4)项目组成员在对月度银行对账进行控制测试时,其中一项程序是检查公司稽核员每月是否独立获取对账单与公司银行账进行核对和调节,并对发现的所有重大或异常事件进行了调查和处理。内控审计时发现,1 月份存在两笔共1 200万元支出,发生时间为上年 12 月 23 日。经与甲公司治理层沟通,甲公司在 2016 年 12 月 31 日前对稽核员进行了批评教育并对上述两笔支出进行了账项调整,因此可以认定在基准日前内控缺陷已经整改，不再将其视为重大缺陷。

(5)审计师应当在实施审计工作的基础上对内部控制有效性发表审计意见，并对建立健全和有效实施内部控制承担责任。

(6)从以前年度内部控制审计工作中了解到甲公司内部审计人员客观性很高、胜任能力很强，计划利用该公司内部审计人员的内部控制评价结果，以减轻注册会计师的审计工作量和责任。

要求：请根据内部控制审计相关指引的规定，逐项指出(1)至(6)的观点是否恰当；如不恰当，请简要说明理由。

参考文献

1. 中国注册会计师协会拟订、中华人民共和国财政部发布:《中国注册会计师执业准则(2017)》,中国财经出版传媒集团、中国财政经济出版社 2017 年版。

2. 中国注册会计师协会制定:《中国注册会计师执业准则应用指南(2017)》,中国财经出版传媒集团、中国财政经济出版社 2017 年版。

3. 中国注册会计师协会组织编写:《审计》,中国财经出版传媒集团、中国财政经济出版社 2018 年版。

4. 秦荣生、卢春泉:《审计学》(第九版),中国人民大学出版社 2017 年版。

5. 陈汉文:《审计学》(第 2 版),中国人民大学出版社 2017 年版。

6. 李晓慧:《审计学——实务与案例》,中国人民大学出版社 2017 年版。

7. 郑石桥、吴青川:《审计学》,东北财经大学出版社 2017 年版。

8. 阿尔文·A. 阿伦斯、兰德尔·埃尔德、马克·S. 比斯利著,谢盛纹改编:《审计学——一种整合方法》(英文版·第 15 版),中国人民大学出版社 2017 年版。

9. O. 雷·惠廷顿、库尔特·帕尼著,耿建新、刘松青改编:《审计学原理》(英文版·第 19 版),中国人民大学出版社 2015 年版。

10. 文硕:《世界审计史》,企业管理出版社 1996 年版。